教你打官司 丛书

交通事故权益纠纷

肖　静　李吉斌　王婵媛 编著

山西出版集团 山西教育出版社

图书在版编目（C I P）数据

交通事故权益纠纷/肖静，李吉斌，王婵媛著．—太原：山西教育出版社，2010．4
（教你打官司）
ISBN 978-7-5440-4202-4

Ⅰ．①交…　Ⅱ．①肖…　②李…　③王…　Ⅲ．①公路运输-交通运输事故-民事纠纷-案例-分析-中国　Ⅳ．①D922.296.5

中国版本图书馆 CIP 数据核字（2009）第 205383 号

交通事故权益纠纷

责任编辑　魏雪萍
复　　审　邓吉忠
终　　审　樊爱香
装帧设计　刘志斌
印装监制　贾永胜

出版发行　山西出版集团・山西教育出版社
（太原市水西门街馒头巷 7 号　电话：4035711　邮编：030002）
印　　装　山西新华印业有限公司
开　　本　850×1168　1/32
印　　张　12
字　　数　382 千字
版　　次　2010 年 4 月第 1 版　2010 年 4 月山西第 1 次印刷
印　　数　1—7000 册
书　　号　ISBN　978-7-5440-4202-4
定　　价　21.00 元

序　言

俗话说："无规矩不成方圆。"法律虽然抽象，但离我们的生活并不遥远。法律规则在现代社会人与人的交往中发挥着重要的作用，尤其是在预防和减少纷争、维护自身权益方面。我国正处在经济迅速发展、法制日臻完善的时期，法律的制定和修订也比较快，因此，对于普通百姓而言，我们不仅需要了解基本法律理念，还需要了解最新的、与我们生活密切相关的法律知识。

本套"教你打官司"丛书本着"为你打官司支招，为你赢官司献计"的宗旨，以通俗易懂的方式向读者宣讲法律知识，传播法治理念，让百姓明白自己有哪些权益是受法律保护的，应当怎样运用法律武器维护自己的合法权益。

本丛书共23册，各册的内容体系不是严格按照学术分类或是法律部门进行划分，而是以"与百姓的生活密切相关"为标准，将大量的法律概念、法律原理融入一个个典型而精彩的案例中，让读者在不知不觉中学到法律知识。每册书均采用以案说法的形式，运用简明通俗的语言、根据最新的法律规范深入浅出地解说法律问题。每个案例都由"事情是这样的"、"律师专线"、"法律规范"和"专家释惑"四个部分构成。其中"事情是这样的"旨在简要介绍法律问题的事实背景；"律师专线"是从律师实务的角度指明所涉法律问题，判断问题处理得对错与否，为当事人妥善解决此类问题提出相应的建议与技巧，比如所涉纠纷的核心问题是什么、有效解决问题的措施是什么、该向什么部门反映等；“法律规范”是摘录与案件有关的核心法条，为读者指明解决问题所援引的法律依据；“专家释惑”则是对与案件有关的法律知识进行更专业的阐释与介绍。有些案例还附有“联系本案”的内容，为读者防范或处理相关问题进行提醒。

衷心希望本丛书能成为普通百姓学习基本法律知识的得力助手，使大家不再觉得法律陌生而遥远，为我们认知和维护自身权益略尽绵薄之力。

兰　花

2009 年 7 月于中国政法大学

目　录

第一章　道路交通事故

第一节　车辆和驾驶人事故

一、未办理过户手续的车辆发生交通事故，责任由谁承担？　1
案例1　李寿益等诉刘远学、刘远模、李祥德交通事故损害赔偿案　1
二、无证驾车但未违反交通规则，是否承担交通事故责任？　7
案例2　徐某交通肇事案　7
三、将车辆交由他人无证驾驶造成事故，责任谁承担？　11
案例3　孙某诉路某道路交通事故人身损害赔偿案　11
四、指使未成年人驾车造成事故，如何承担责任？　13
案例4　苏某诉唐某交通事故损害赔偿案　13
五、明知司机醉酒仍然乘坐，搭车人是否自己承担责任？　18
案例5　赵某诉崔某、张某交通事故损害赔偿案　18

第二节　道路通行事故与责任承担

六、行人横穿马路造成事故，应当承担何种责任？　21
案例6　胡某交通肇事案　21
七、因紧急避险造成交通事故的，责任如何认定？　25
案例7　黄某交通肇事案　25
八、司机酒后驾车，自行车抢道通行，谁应承担事故责任？　28
案例8　蔡某家属诉佘某道路交通事故损害赔偿纠纷案　28

九、抛锚车辆被撞，责任如何认定？ 35
案例9 华某等诉孔某道路交通事故人身损害赔偿纠纷案 35
十、超速行驶撞死横穿高速公路的行人，应当承担何种责任？ 38
案例10 郑某家属诉郭某道路交通事故损害赔偿案 38
十一、因天气原因造成交通事故，是否承担责任？ 40
案例11 莫某诉聂某等道路交通事故损害赔偿案 40
十二、两车相撞伤及第三者，是否构成共同侵权？ 45
案例12 龚某诉费某、毕某道路交通事故人身损害赔偿纠纷案 45
十三、雇员因执行职务发生交通事故致人损害的，雇主是否承担责任？ 49
案例13 广西中国旅行社诉林某交通事故损害赔偿案 49
十四、车辆出事故，挂靠单位是否承担赔偿责任？ 52
案例14 熊某诉苗某道路交通事故人身损害赔偿案 52
十五、出租车出事故，责任由谁承担？ 58
案例15 凌某诉出租车公司等道路交通事故人身损害赔偿案 58
十六、无偿帮工发生交通事故的，能否要求被帮工人赔偿？ 62
案例16 丁某诉王某等道路交通事故人身损害赔偿纠纷案 62
十七、被盗车辆发生交通事故，原车主是否承担赔偿责任？ 66
案例17 颜某与腾某等道路交通事故损害赔偿纠纷案 66
十八、车辆所有人善意让他人搭乘车发生交通事故的，应否赔偿搭乘人的损失？ 70
案例18 张某诉孔某道路交通事故损害赔偿案 70
十九、车辆正常行驶途中乘客摔出车外，车主应当承担何种责任？ 73
案例19 张某诉某长途汽车公司公路旅客运输合同纠纷案 73
二十、驾驶员按照交警的指挥通行造成交通事故，赔偿责任由

谁承担？ 75

案例 20　白某诉江某道路交通事故人身损害赔偿纠纷案 75

第三节　交通事故处理

二十一、一方当事人有酒后驾车行为的，是否可以私了？ 78

案例 21　林某与许某道路交通事故私了案 78

二十二、发生交通事故，受害方可以自行扣押肇事车辆吗？ 81

案例 22　夏某交通肇事案 81

二十三、自愿达成交通事故赔偿协议并已实际履行的，能否反悔？ 84

案例 23　兰某诉杜某道路交通事故人身损害赔偿案 84

二十四、在什么情况下，可以适用简易程序处理交通事故？ 89

案例 24　石某与杨某交通事故调解案 89

二十五、当事人不服交警部门的交通事故责任认定书该怎么办？ 94

案例 25　成某诉公安机关要求撤销交通事故认定书不予受理案 94

二十六、交通事故中如何选定受诉法院？举证时需要注意哪些问题？ 97

案例 26　小陶被山西太原来京办事车辆撞倒，是否必须到太原起诉？ 97

二十七、发生交通事故后没有保护现场导致责任无法认定，应当如何处理？ 101

案例 27　董某与李某交通事故案 101

二十八、公安机关在法定幅度内作出过重的交通处罚，能否要求变更？ 105

案例 28　小李诉公安机关行政处罚纠纷案 105

二十九、非道路交通事故如何处理？ 108

案例 29　彭某诉孟某人身伤害赔偿案 108

第四节　交通事故损害赔偿

三十、交通事故导致受害人伤残，受害人可以要求交通事故肇事人承担哪些赔偿费用？ 112
案例 30　陈某诉某公交公司道路交通事故损害赔偿案 112
三十一、擅自转院花费的医疗费用，致害人是否赔偿？ 119
案例 31　金某诉闵某道路交通事故损害赔偿案 119
三十二、后续治疗费能否获得赔偿？ 122
案例 32　秦某诉魏某道路交通事故损害赔偿案 122
三十三、交通事故死者家属能否同时要求死亡赔偿金和精神损害抚慰金？ 125
案例 33　刘某诉某客运公司道路交通事故损害赔偿案 126
三十四、如何确定被扶养人范围和生活费标准？ 130
案例 34　李某家属诉赵某等道路交通事故损害赔偿案 130
三十五、农村户口人员在城务工，能否按城市居民标准赔偿？ 135
案例 35　张某家属诉周某道路交通事故损害赔偿案 136
三十六、因交通事故导致受损车辆停运的间接损失是否应赔偿？ 140
案例 36　蒋某诉某公司在负全责的交通事故中应对其被损车辆修复期间的停运损失予以赔偿案 140
三十七、交通事故责任无法认定，受害人的损失如何赔偿？ 144
案例 37　夏某诉万某等道路交通事故损害赔偿案 144
三十八、出租车司机和乘客约定发生交通事故不承担责任，有效否？ 147
案例 38　李某诉程某道路交通事故损害赔偿案 147
三十九、公安机关为侦查犯罪截停车辆造成交通事故，应否承担赔偿责任？ 151

案例 39　应某诉某公安机关道路管理强制措施不当要求损害赔偿案　151

第五节　交通事故保险理赔

四十、车辆被他人擅自驾驶造成事故，保险公司能否拒赔？　155

案例 40　邹某诉某保险公司车辆保险合同理赔纠纷案　155

四十一、交通事故受害人的急救费用如何支付？　158

案例 41　单某诉某保险公司等道路交通事故损害赔偿案　158

四十二、投保车辆卖出后未过户前发生驾驶员负全责的交通事故如何理赔？　163

案例 42　罗某诉中保财保某市分公司投保车辆在卖出后未过户前发生驾驶员负全责的交通事故理赔案　163

四十三、乘客下车后被所乘车辆撞伤，能否按第三者责任险予以赔偿？　170

案例 43　某旅游公司诉某保险公司保险合同纠纷案　170

四十四、肇事司机故意藏匿受害人致其死亡，保险公司应否赔偿？　173

案例 44　某工厂诉某保险公司保险合同理赔纠纷案　173

四十五、人车都失踪，如何进行保险理赔？　177

案例 45　贾某家属诉某保险公司保险合同理赔案　177

四十六、公安机关未划分交通事故责任比例，保险公司能否拒赔？　180

案例 46　某企业诉某保险公司车辆保险合同理赔纠纷案　180

第六节　道路交通刑事责任

四十七、肇事车辆单位主管人员能否构成交通肇事罪？　187

案例 47　车主王某强令雇佣司机违章驾驶发生交通事故，与司机同时构成交通肇事罪　187

四十八、肇事司机委托他人照顾伤者而自行离开，是否属于肇事后逃逸？ 191
案例 48 李某交通肇事案 191
四十九、酒后驾车致多人死伤，应如何定罪？ 197
案例 49 钱某交通肇事致多人死伤案 197
五十、肇事车主否认车辆由其驾驶又拒绝提供驾车人线索，是否构成犯罪？ 200
案例 50 宋某交通肇事案 200

第二章 铁路运输事故

一、机动车抢越无人看守的铁路道口发生事故的，能否要求铁路部门赔偿？ 205
案例 51 张某等诉赵某违章驾驶导致道口交通事故赔偿案 205
二、列车员未及时抢救发病旅客，铁路部门应否赔偿？ 210
案例 52 祝某等诉济南铁路局济南铁路分局旅客死亡赔偿纠纷案 210
三、上车旅客拥挤导致人身伤害，由谁承担赔偿责任？ 215
案例 53 庞某诉广州铁路集团长沙铁路总公司等旅客损害赔偿案 215
四、货物逾期到达目的地，承运人应当赔偿哪些损失？ 223
案例 54 某医疗器械公司诉石家庄铁路分局石家庄站案 223
五、货物误交付，铁路部门是否承担赔偿责任？ 228
案例 55 某化工公司诉宁波北站向铁路货物运输合同的非收货人交付货物造成损失赔偿案 228
六、携带易燃易爆物品上车，发生事故的，构成什么罪？ 234
案例 56 宋根强、马建国、宋振江危险物品肇事案 234

第三章 航空运输事故

一、航班延误怎么办？ 240

案例 57　王某等人诉中国南方航空股份有限公司航空旅客运输合同案　240
二、食用机上食物造成人身伤害怎么办?　247
案例 58　汪某诉港龙航空有限公司人身损害赔偿案　247
三、发生空难,对所载乘客如何赔偿?　254
案例 59　"4·15"国航釜山空难和"11·21"包头空难赔偿案　254
四、航空器对地(水)面第三人的损害赔偿额如何确定?　264
案例 60　上海盛帆房地产开发有限公司诉韩国大韩航空有限公司赔偿纠纷案　264
案例 61　死者家属诉韩国大韩航空有限公司人身损害赔偿案　272
五、托运行李丢失怎么赔?　280
案例 62　徐某等因托运行李丢失诉某国际航空公司案　280
六、空运货物被冒领怎么办?　296
案例 63　湖南高纯化学试剂厂诉湖南长沙黄花国际机场航空运输服务有限公司等航空货物运输合同纠纷案　296

第四章　水上(海上)运输事故

一、无单放货后造成的损失由谁负责?　308
案例 64　浙江花神丝绸进出口有限责任公司诉日昇物流和日昇航运海上货物运输无单放货赔偿纠纷案　308
二、海上作业中雇员因工受伤,雇主应赔偿吗?　314
案例 65　凌某诉梁某海上人身伤害赔偿纠纷案　314
三、海上运输货物被抢,未签发提单情况下应向谁承担赔偿责任?　319
案例 66　中国平安财产保险股份有限公司江门中心支公司诉

中国外运广东有限公司江门分公司海上货物运输合同货损赔偿纠纷案 319

四、船舶碰撞事故双方当事人的责任如何认定？ 325

案例 67 “天通”号渔船诉“观龙”号货轮海上碰撞损害赔偿纠纷案 325

五、船舶触碰码头设施如何赔偿？ 335

案例 68 上海集装箱码头有限公司诉上海船厂船舶触碰侵权损害赔偿纠纷案 335

六、货物在海上运输过程中变质损坏，该由谁负责？ 341

案例 69 中设（南通）机械设备进出口公司进口分公司诉新加坡成功海事私人有限公司海上货物损害赔偿纠纷案 341

七、违约方就扩大的损失应该承担责任吗？ 346

案例 70 青岛铁路旅游发展有限公司诉北海海运总公司海上旅客运输合同损害纠纷案 346

八、海上运输提单中既约定了管辖法院又有仲裁条款的，以哪个为准？ 351

案例 71 日本安斯法特运输公司诉大连腾发进出口有限责任公司海上货物运输合同损害纠纷案 351

九、轮船失火造成损害，船票丢失的乘客的赔偿请求能否获得支持？ 359

案例 72 王日奎诉中国大连航运集团大连海运总公司海上旅客运输合同损害纠纷案 359

十、集装箱里的家具被水泡，责任在谁？ 366

案例 73 湛江信威工艺品有限公司诉马士基物流（中国）有限公司广州分公司与湛江港中海集装箱码头有限公司货物损害赔偿纠纷案 366

第一章　道路交通事故

第一节　车辆和驾驶人事故

内容提要

我国对机动车实行登记制度。机动车所有权转移、登记内容变更、抵押、报废的，应当办理相应的登记。驾驶机动车，应当依法取得机动车驾驶证。机动车驾驶人应当遵守道路交通安全法律、法规的规定，按照操作规范安全驾驶、文明驾驶，不得酒后驾驶、疲劳驾驶等。机动车驾驶人应当遵守上述规定，否则容易“惹祸上身”。

一、未办理过户手续的车辆发生交通事故，责任由谁承担？

案例 1　李寿益等诉刘远学、刘远模、李祥德交通事故损害赔偿案

事情是这样的

2005 年 5 月 13 日，刘远模驾驶农用四轮车驶往邻镇购买化肥，行至大铜路 21 公里处在转弯过程中，因观察估计不足，与杨华明驾驶的摩托车相撞，造成两车受损，杨华明当场死亡，搭乘人李博经人民医院抢救无效死亡的重大交通事故。交警队作出了刘远模负事故主要责任，杨华明负事故次要责任，李博无责任的责任认定。事后，李博的近亲属李寿益等人诉至县人民法院。要求刘远学、刘远模、李祥德赔偿李博的抢救费、死亡补偿费、被抚养人生活补助费、衣物等各种损失费共计71823.25元。

另查明，农用车登记车主为刘远学，2002年9月18日将该车卖给陈世华，2003年陈世华又将此车卖给刘远模。2005年2月28日刘远模将该车卖给李祥德，并订有协议，其后李祥德雇用刘远模为其驾驶员，李祥德为实际车主。

2005年7月16日，县人民法院经审理后认定：农用四轮车在刘远学、陈世华、刘远模、李祥德连环转卖过程中均未办理过户手续，2005年5月13日刘远模驾驶该车发生交通事故，造成杨华明、李博死亡，李寿益等人作为死者李博的近亲属提起诉讼，要求肇事者及车主承担民事赔偿责任，应受到法律的保护和支持，即刘远模、李祥德应承担本案的民事赔偿责任。依据最高人民法院于2001年12月31日作出的《关于连环购车未办理过户手续原车主是否对机动车发生交通事故致人身损害承担责任的复函》，刘远学不应承担民事赔偿责任。

律师专线

本案争议的焦点就在于连环购车未办理过户手续的情况下，原车主刘远学是否仍应承担责任的问题。就本案审理查明的事实而言，该农用四轮车登记车主是刘远学，但刘远学已于2002年9月18日将该车卖给陈世华，2003年陈世华又将此车卖给刘远模。2005年2月28日，刘远模将该车卖给李祥德，并订有协议，虽然该车经几次转卖过程中均未办理车辆过户手续，但该车的物权权利人先后以直接支配物的权利出卖转让了该车，该车的实际车主应是李祥德。因此，在整个案件中，刘远学与陈世华是合同关系，只能承担因卖车事实和陈世华产生的合同责任以及相关行政法规规定的行政责任。该连环购车未办理过户手续，因车辆已交付，刘远学既不能支配该车的使用，也不能从该车的使用中获得利益，故刘远学不应对该车发生交通事故致人损害承担责任，而该车肇事的侵权责任只能由实际车主李祥德及驾驶员刘远模承担。

法律规范

中华人民共和国道路交通安全法

（2003 年 10 月 28 日第十届全国人民代表大会常务委员会第五次会议通过　根据 2007 年 12 月 29 日第十届全国人民代表大会常务委员会第三十一次会议《关于修改〈中华人民共和国道路交通安全法〉的决定》修正）

第十一条　驾驶机动车上道路行驶，应当悬挂机动车号牌，放置检验合格标志、保险标志，并随车携带机动车行驶证。

机动车号牌应当按照规定悬挂并保持清晰、完整，不得故意遮挡、污损。

任何单位和个人不得收缴、扣留机动车号牌。

第十二条　有下列情形之一的，应当办理相应的登记：

（一）机动车所有权发生转移的；

（二）机动车登记内容变更的；

（三）机动车用作抵押的；

（四）机动车报废的。

中华人民共和国道路交通安全法实施条例

（2004 年 4 月 28 日国务院第 49 次常务会议通过）

第七条　已注册登记的机动车所有权发生转移的，应当及时办理转移登记。

申请机动车转移登记，当事人应当向登记该机动车的公安机关交通管理部门交验机动车，并提交以下证明、凭证：

（一）当事人的身份证明；

（二）机动车所有权转移的证明、凭证；

（三）机动车登记证书；

（四）机动车行驶证。

最高人民法院关于连环购车未办理过户手续原车主是否对机动车发生交通事故致人损害承担责任的复函

（〔2001〕民一他字第 32 号）

江苏省高级人民法院：

你院《关于连环购车未办理过户手续，原车主是否对机动车发生交通事故致人损害承担责任的请示》收悉。经研究认为：

连环购车未办理过户手续，因车辆已交付，原车主既不能支配该车的运营，也不能从该车的运营中获得利益，故原车主不应对机动车发生交通事故致人损害承担责任。但是，连环购车未办理过户手续的行为，违反有关行政管理法规的，应受其规定的调整。

最高人民法院关于购买人使用分期付款购买的车辆从事运输因交通事故造成他人财产损失保留车辆所有权的出卖方不应承担民事责任的批复

（2000 年 12 月 1 日　法释〔2000〕38 号）

四川省高级人民法院：

你院川高法〔1999〕2 号《关于在实行分期付款、保留所有权的车辆买卖合同履行过程中购买方使用该车辆进行货物运输给他人造成损失的，出卖方是否应当承担民事责任的请示》收悉。经研究，答复如下：

采取分期付款方式购车，出卖方在购买方付清全部车款前保留车辆所有权的，购买方以自己名义与他人订立货物运输合同并使用该车运输时，因交通事故造成他人财产损失的，出卖方不承担民事责任。

此复

最高人民法院关于被盗机动车辆肇事后由谁承担损害赔偿责任问题的批复

（1999 年 6 月 25 日　法释〔1999〕13 号）

河南省高级人民法院：

你院《关于被盗机动车辆肇事后肇事人逃跑由谁承担损害赔偿责任的请示》收悉。经研究，答复如下：

使用盗窃的机动车辆肇事，造成被害人物质损失的，肇事人应当依法承担损害赔偿责任，被盗机动车辆的所有人不承担损害赔偿责任。

此复

公安部关于确定机动车所有权人问题的复函

（公交管〔2000〕98 号）

最高人民法院执法工作办公室：

你办 5 月 23 日来函收悉，现复函如下：

根据现行机动车登记法规和有关规定，公安机关办理的机动车登记，是准予或者不准予上道路行驶的登记，不是机动车所有权登记。为了交通管理工作的需要，公安机关车辆管理所在办理车辆牌证时，凭购车发票或者人民法院判决、裁定、调解的法律文书等机动车来历凭证确认机动车的车主。因此，公安机关登记的车主，不宜作为判别机动车所有权的依据。

特此函复。

2000 年 6 月 5 日

专家释惑

现行的机动车登记只是一种行政管理手段，而非机动车所有权转移的前置条件。公安部《关于确定机动车所有权人问题的复函》中规定："根据现行机动车登记法规和有关规定，公安机关办理的机动车登记，是准予或者不准予上道路行驶的登记，不是机动车所有权登记。"因此，公安机关登记的车主，不宜作为判别机动车所有权的依据。另外，最高人民法院研究室关于如何认定买卖合同中机动车财产所有权转移时间问题的《复函》也对此答复称，关于如何认定买卖合同中机动车财产所有权转移时间问题，需进一步研究后才能作出规定，但请示中涉及的具体案件，应认定机动车所有权从机动车交付时起转移。

既然车辆所有权已经于交付时转移，发生了交通事故后该由谁负赔偿责任？车辆买卖未经过户登记但转移占有的情况下，买受人对车辆已经具有事实上的支配地位，同时车辆的运营利益也为买受人所有，这与风险责任的转移相一致。买受人作为实际车主，已将车辆实际占有和使用，其所享有的占有、使用、收益权能是具有直接经济内容的权能。而对于原车主来说，其虽然是登记车主，但因交付车辆已丧失了对车辆的运行支配和运营利益，车辆实际上已脱离了他的控制范围，也无管理的可能。在买受人占有车辆期间，原车主不应再承担风险。

道路交通事故发生的民事责任属于侵权责任，其归责原则应适用过错责任原则，因此当事人承担责任的基础必须符合侵权责任的构成要件，即过错、损害结果、损害行为、损害行为和损害结果之间存在因果关系。在此类案件中，对交通事故的发生，原车主是没有过错的，有过错的是买受人。原车主虽然是名义车主，但这一身份与损害结果之间没有任何关系，只有损害行为与损害结果之间才有因果关系。

最高人民法院《关于被盗机动车辆肇事后由谁承担损害赔偿责任问题的批复》、《关于购买人使用分期付款购买的车辆从事运输因交通事故造成他人财产损失保留车辆所有权的出卖方不应承担民事责任的批复》和《关于连环购车未办理过户手续原车主是否对机动车发生交通事故致人损害承担责任的复函》等三个司法解释，都包含了车辆买卖未过户发生交通事故不应承担损害赔偿责任的精神，特别是第三个司法解释规定得更加明确清晰：连环购车未办理过户手续，因车辆已交付，原车主不应对机动车发生交通事故致人损害承担责任。但是，连环购车未办理过户手续的行为，违反有关行政管理法规的，应受其规定的调整。

我国对机动车实行登记制度，在下列情况下，应当按照国家有关规定办理相应的登记：所有权发生转移的、登记内容变更的、机动车用作抵押的、机动车报废的。

联系本案

对于登记车主来说，只要证明自己车辆已交付，不能支配车辆的营运，也不能从车辆的营运中获得利益，那么根据相关司法解释，就不需要承担车主的责任。对此，要提供车辆买卖协议、交易证明、收款证明等。

对于实际车主或者受害方来说，如果认为登记车主要承担交通事故的连带责任的，那么必须证明登记车主为车辆的实际车主，即其可以控制、管理车辆，或者提供转让车辆行为无效的其他证据。

二、无证驾车但未违反交通规则，是否承担交通事故责任？

案例2 徐某交通肇事案

事情是这样的

徐某系某工厂货运司机。2004年9月某日，徐某驾车到邻县运输货物。在返回途中，行经县城的十字路口，与张某正常行驶的小客车相撞，两车损失惨重，张某受轻伤。公安机关在调查中发现，张某系无证驾车，但事故的发生是由于徐某违反了《中华人民共和国道路交通安全法实施条例》第52条第4项“相对方向行驶的右转弯的机动车让左转弯的车辆先行”的规定，由此认定徐某负事故的全部责任。徐某不服，认为张某无证驾驶，对事故亦负有责任。

律师专线

本案中，张某无证驾驶虽然是一种交通违法行为，但这个行为对于本起事故的发生没有法律上的因果关系，不承担事故责任，应由徐某承担全部的事故责任。对张某的交通违法行为应当由公安机关交通管理部门依据《道路交通安全法》的规定，“未取得机动车驾驶证、机动车驾驶证被吊销或者机动车驾驶证被暂扣期间驾驶机动车的”，处以200元以上2000元以下罚款。

法律规范

中华人民共和国道路交通安全法

(2003 年 10 月 28 日第十届全国人民代表大会常务委员会第五次会议通过 根据 2007 年 12 月 29 日第十届全国人民代表大会常务委员会第三十一次会议《关于修改〈中华人民共和国道路交通安全法〉的决定》修正)

第十九条　驾驶机动车，应当依法取得机动车驾驶证。

申请机动车驾驶证，应当符合国务院公安部门规定的驾驶许可条件；经考试合格后，由公安机关交通管理部门发给相应类别的机动车驾驶证。

持有境外机动车驾驶证的人，符合国务院公安部门规定的驾驶许可条件，经公安机关交通管理部门考核合格的，可以发给中国的机动车驾驶证。

驾驶人应当按照驾驶证载明的准驾车型驾驶机动车；驾驶机动车时，应当随身携带机动车驾驶证。

公安机关交通管理部门以外的任何单位或者个人，不得收缴、扣留机动车驾驶证。

第二十二条　机动车驾驶人应当遵守道路交通安全法律、法规的规定，按照操作规范安全驾驶、文明驾驶。

饮酒、服用国家管制的精神药品或者麻醉药品，或者患有妨碍安全驾驶机动车的疾病，或者过度疲劳影响安全驾驶的，不得驾驶机动车。

任何人不得强迫、指使、纵容驾驶人违反道路交通安全法律、法规和机动车安全驾驶要求驾驶机动车。

中华人民共和国道路交通安全法实施条例

(2004 年 4 月 28 日国务院第 49 次常务会议通过)

第九十一条　公安机关交通管理部门应当根据交通事故当事人的行为对发生交通事故所起的作用以及过错的严重程度，确定当事人的责任。

道路交通事故处理程序规定

(2008 年 7 月 11 日公安部部长办公会议通过)

第四十六条　公安机关交通管理部门应当根据当事人的行为对发生道路交通事故所起的作用以及过错的严重程度，确定当事人的责任。

（一）因一方当事人的过错导致道路交通事故的，承担全部责任；

（二）因两方或者两方以上当事人的过错发生道路交通事故的，根据其行为对事故发生的作用以及过错的严重程度，分别承担主要责任、同等责任和次要责任；

（三）各方均无导致道路交通事故的过错，属于交通意外事故的，各方均无责任。

一方当事人故意造成道路交通事故的，他方无责任。

……

专家释惑

确定当事人是否应当承担事故责任，其中重要的一点是要确定当事人的交通违法行为与交通事故的发生之间是否有因果关系。认定交通事故当事人的责任主要有三个标准：1. 事故当事人行为与事故发生之间有无因果关系。认定事故当事人的责任，首先要看行为人的行为和事故的发生和损害之间有没有因果关系，如果没有因果关系，即使行为人的行为属于严重违法行为，也不应承担事故责任。如当事人无证驾驶，但在道路上严格遵守了通行的规则，在道路上正常行驶，却被后车追尾。在这种情况下，当事人无证驾驶的行为就与事故发生之间没有因果关系，无证驾驶的前车当事人就没有责任，而应当认定后车当事人承担全部责任。2. 事故当事人行为对发生交通事故所起的作用，即对事故发生原因力的大小。原因力是指在导致事故发生的共同原因中，每一个原因对于损害结果发生或者扩大所发挥的作用力。3. 当事人过错的程度。在因果关系确定以后，对当事人的责任比例的确定，主要是根据当事人过错的严重程度来确定的。

违章行为是造成交通事故的原因，但并不是所有违章都能引发交通事故。无证驾驶是一种严重违章行为，但并不意味着只要无证驾驶，就一定发生交通事故，有驾驶证不一定就不发生交通事故。

实践证明，无证驾驶本身不是事故发生的必然因素。在分析事故原因时，应先将有无驾驶证暂搁置一旁，强调不管是有证还是无证，都应遵守有关道路交通管理法规，谁有违章行为，且该行为与事故的发生有因果关系，谁就应当承担事故的责任。无证驾驶者除了"无证"外，在驾驶过程中如果没有其他违章行为，就不承担交通事故责任。当然，我们必须同时加大对无证驾驶行为处罚的力度，因为无证驾驶本身是一种严重危害交通安全的行为。

驾驶员是道路交通环节中最主要的部分，因而对驾驶员的管理也是道路交通管理中最为重要的内容。世界各国对驾驶员的管理主要是通过对驾驶证的管理来完成的，我国也不例外。实践中，引发道路交通事故的重要行为之一便是无证驾驶，即没有取得驾驶证而驾驶机动车。这种行为的存在，既破坏了国家对驾驶证的管理秩序，也给道路交通安全带来严重隐患。因此，我们必须严格规范驾驶证的管理，只有依法取得驾驶证才能上道路行驶。驾驶证是取得正式驾驶员资格的技术证明。凭该证可以在全国道路上驾驶准驾车型的民用机动车。副证作为记录审验、违章、肇事、奖励及增学驾驶车型使用。获得驾驶证是准予驾驶机动车的证明。在教练员的随车指导下，按照规定学习驾驶民用机动车。临时驾驶证主要是核发给持有我国承认的有效驾驶执照，临时来我国大陆需要驾驶机动车的外国人、无国籍人以及我国的香港、台湾、澳门人员的驾驶证件。该凭证可以在规定的时间、路线上驾驶准予驾驶的机动车。机动车驾驶证记载持证人的身份证件号码、姓名、性别、出生日期、长期住址、国籍、准驾（学）车型代号、初次领证日期、有效期和管理记录，并有发证机关印章、档案编号和持证人的照片。临时驾驶证还应记载有效区间。驾驶证的取得主要通过两种方式，即考试和考核。前者主要是指经过驾驶培训学校、驾驶培训班的系统学习，经考试合格后，或者向主管部门直接申请考试合格后，由公安机关交通管理部门发给驾驶证；后者主要是针对持有境外机动车驾驶证的我国公民和其他人。

联系本案

驾驶证是公安机关交通管理部门根据国家有关法律法规，对报考机动车驾驶资格的人员在考试和审查合格后所发给的允许驾驶报考车型的凭证。申请机动车驾驶证的，应当向车辆管理所履行下列手续：1. 填写《机动车驾驶证申请表》；2. 交验身份证明（居民身份证、护照等）；3. 提交县级或者部队团级以上医疗机构出具的有关身体条件的证明。

三、将车辆交由他人无证驾驶造成事故，责任谁承担？

案例3　孙某诉路某道路交通事故人身损害赔偿案

事情是这样的

路某和孙某是多年好友。2005年5月2日，路某驾驶私家车与孙某决定到城郊某风景区游玩。途中，孙某见路上车辆较少，想到自己正在学车，便提出由其驾车。路某有些犹豫，但还是答应了，将车辆交给孙某驾驶。当孙某驾驶车辆行至郊区某路段转弯处时，恰逢村民汤某横穿马路，孙某由于缺乏驾驶经验，慌乱中踩错油门，将汤某当场撞死。公安机关经现场勘察后认定孙某无证驾驶，应当负此次交通事故的全部责任。人民检察院以交通肇事罪对孙某提起公诉，汤某的家属提起附带民事诉讼。

人民法院经审理后判决：孙某构成交通肇事显而易见，判处有期徒刑2年；刑事附带民事赔偿7万元。由于孙某无赔偿能力，汤某的家人又向人民法院提起民事诉讼，要求车主路某给予赔偿。

律师专线

机动车所有人对自己的机动车疏于管理，明知孙某不具有机动车的驾驶资格，驾驶技术不过关，驾车上道行驶可能会有危险，即预见到自己交付车辆的行为与孙某驾车的行为的结合会导致某种损害结果的发生，但其轻信可以避免，仍然将车辆交予孙某。孙某不具备机动车驾驶资格，仍然违法驾驶机动车上道行驶，其主观过错也属于应当预见到自己的行为可能造成某种损害但轻信可以避免的过失。可见，路某和孙某对此次交通事故的发生是具有共同的过失的，构成共同侵权，应当对受害人的损失承担损害赔偿的连带责任。

法律规范

中华人民共和国民法通则

（1986 年 4 月 12 日第六届全国人民代表大会第四次会议通过　自 1987 年 1 月 1 日起施行）

第一百三十条　二人以上共同侵权造成他人损害的，应当承担连带责任。

最高人民法院关于审理人身损害赔偿案件适用法律若干问题的解释

（2003 年 12 月 4 日最高人民法院审判委员会第 1299 次会议通过　法释〔2003〕20 号）

第三条　二人以上共同故意或者共同过失致人损害，或者虽无共同故意、共同过失，但其侵害行为直接结合发生同一损害后果的，构成共同侵权，应当依照民法通则第一百三十条规定承担连带责任。

二人以上没有共同故意或者共同过失，但其分别实施的数个行为间接结合发生同一损害后果的，应当根据过失大小或者原因力比例各自承担相应的赔偿责任。

专家释惑

车主路某将车辆交予无驾驶证的孙某驾驶，为该次事故的发生提供了前提条件，路某与孙某对受害人构成共同侵权，应承担损害赔偿的连带责任。

所谓共同侵权行为，是指两人或两人以上基于共同的故意或过失侵害他人合法权益的行为。构成共同侵权必须符合以下条件：共同侵权是指两人以上共同故意或者共同过失致人损害，或者虽无共同故意、共同过失，但其侵权行为直接结合发生同一损害后果的。其法律特征为：1. 共同侵权行为的主体须为两人或两人以上的多个人构成。共同侵权可以是自然人，也可以是法人。2. 共同侵权行为的行为人之间，在主观上存在共同过错。即在数个共同行为人之间须有共同致人损害的故意或者过失。共同故意好鉴别，所谓共同过失，是指行为人应当认识到或预见到自己的行为会与他人的行为发生结合并造成对受害人的同一损害，但因为疏忽大意而没有认识和预见，以至于发生了这种结果的共同心理态度。3. 数个共同加害人的共同行为所造成的损害是同一的，不可分割的。共同加害的行为是相互联系的共同行为，其行为无论是否有分工，都造成同一损害结果。4. 数个共同加害人的行为与损害结果都具有因果关系。5. 共同侵权行为的法律后果，是由共同侵权行为人承担连带侵权责任。所谓连带责任，是指侵权人共同对受害人承担侵权责任，各个侵权人都负有对全部损害予以赔偿的义务，从而使受害人获得更为充分、有效的补偿。

四、指使未成年人驾车造成事故，如何承担责任？

案例 4　苏某诉唐某交通事故损害赔偿案

事情是这样的

被告唐某家中有一辆两轮摩托车，平时由其丈夫和弟弟驾驶，唐某本人不会驾驶。2004 年 11 月 12 日，被告唐某的丈夫外出，同村苏某（15 岁）前来串门，唐某问其会不会驾驶摩托车，原告苏某见此询问，便夸自己能十分熟练地驾驶摩托车，唐某遂让苏某驾驶摩托车带着自己到镇上赶集。到了繁忙的小镇上，因原告苏某缺乏驾驶经验，集市上又比较拥挤，摩托车在行驶中将路边摆摊的谢某撞伤，谢某在医院治疗过程中共花去医疗费约4000元。经公安机关交通管理部门调查后认定，原告苏某应当承担事故的全部责任。在公安机关交通管理部门的调解下，原告苏某赔偿了谢某的经济损失。

原告苏某赔偿谢某的经济损失后认为，自己是受被告的委托前往集市购物的，被告唐某未经原告父母的同意指使未成年人开车，造成交通事故，被告唐某应当分担此次交通事故中受害人的一部分损失。苏某在多次找唐某协商未果的情况下，将唐某诉到人民法院。

被告唐某认为，自己在请求原告苏某驾车前往集市的过程中，曾反复询问苏某驾驶技术如何，能否保证安全，可原告苏某一再承诺能保证安全，在这样的情况下，自己才让原告苏某驾驶摩托车带自己前往集市。到了集市，由于人多拥挤，再加上原告苏某驾车技术生疏，不能及时作出应急措施，将谢某撞伤，此件交通事故完全是由于原告苏某驾驶技术不过关造成的，和自己无关。原告苏某认为和自己形成委托合同关系是没有事实根据的，自己让原告帮个小忙，根本也谈不上什么合同关系。因此，此次交通事故中谢某的经济损失应当由原告苏某自行承担，自己不应当承担任何责任。

律师专线

被告唐某应当承担此次交通事故的主要责任，原告苏某承担此次交通事故的次要责任。其理由是原告苏某年仅15岁，依据《民法通则》第12条的规定，原告苏某属于限制民事行为能力人。他可以进行与其年龄、智力相适应的民事活动，其他民事活动由其法定代理人代理，或者征得其法定代理人的同意。被告唐某在未征得原告父母同意的情况下，指使原告苏某驾车为其服务。虽然此次交通事故是由于原告苏某的驾驶技术不过关、缺乏驾驶经验造成的，但原告苏某驾车的行为显然不属于与其年龄、智力相适应的行为。因此，此次交通事故应当由指使其驾车的被告唐某承担主要责任，原告苏某承担次要责任。谢某的损失由被告唐某和原告苏某按责任比例分别负责赔偿。原告苏某是未成年人，损害赔偿责任应当由其监护人承担。

法律规范

中华人民共和国民法通则

（1986年4月12日第六届全国人民代表大会第四次会议通过　自1987年1月1日起施行）

第十二条　十周岁以上的未成年人是限制民事行为能力人，可以进行与他的年龄、智力相适应的民事活动；其他民事活动由他的法定代理人代理，或者征得他的法定代理人的同意。

不满十周岁的未成年人是无民事行为能力人，由他的法定代理人代理民事活动。

第一百三十三条　无民事行为能力人、限制民事行为能力人造成他人损害的，由监护人承担民事责任。监护人尽了监护责任的，可以适当减轻他的民事责任。

有财产的无民事行为能力人、限制民事行为能力人造成他人损害的，从本人财产中支付赔偿费用。不足部分，由监护人适当赔偿，但单位担任监护人的除外。

中华人民共和国道路交通安全法

（2003年10月28日第十届全国人民代表大会常务委员会第五次会议通过　根据2007年12月29日第十届全国人民代表大会常务委员会第三十一次会议《关于修改〈中华人民共和国道路交通安全法〉的决定》修正）

第十九条　驾驶机动车，应当依法取得机动车驾驶证。

申请机动车驾驶证，应当符合国务院公安部门规定的驾驶许可条件；经考试合格后，由公安机关交通管理部门发给相应类别的机动车驾驶证。

持有境外机动车驾驶证的人，符合国务院公安部门规定的驾驶许可条件，经公安机关交通管理部门考核合格的，可以发给中国的机动车驾驶证。

驾驶人应当按照驾驶证载明的准驾车型驾驶机动车；驾驶机动车时，应当随身携带机动车驾驶证。

公安机关交通管理部门以外的任何单位或者个人，不得收缴、扣留机动车驾驶证。

机动车驾驶证申领和使用规定

（公安部令第91号）

第十一条　申请机动车驾驶证的人，应当符合下列规定：

（一）年龄条件：

1. 申请小型汽车、小型自动挡汽车、轻便摩托车准驾车型的，在十八周岁以上，七十周岁以下；

2. 申请低速载货汽车、三轮汽车、普通三轮摩托车、普通二轮摩托车或者轮式自行机械车准驾车型的，在十八周岁以上，六十周岁以下；

3. 申请城市公交车、中型客车、大型货车、无轨电车或者有轨电车准驾车型的，在二十一周岁以上，五十周岁以下；

4. 申请牵引车准驾车型的，在二十四周岁以上，五十周岁以下；

5. 申请大型客车准驾车型的，在二十六周岁以上，五十周岁以下。

（二）身体条件：

1. 身高：申请大型客车、牵引车、城市公交车、大型货车、无轨电车准驾车型的，身高为155厘米以上。申请中型客车准驾车型的，身高为150厘米以上；

2. 视力：申请大型客车、牵引车、城市公交车、中型客车、大型货车、无轨电车或者有轨电车准驾车型的，两眼裸视力或者矫正视力达到对数视力表5.0以上。申请其他准驾车型的，两眼裸视力或者矫正视力达到对数视力表4.9以上；

3. 辨色力：无红绿色盲；

4. 听力：两耳分别距音叉50厘米能辨别声源方向；

5. 上肢：双手拇指健全，每只手其他手指必须有三指健全，肢体和手指运动功能正常；

6. 下肢：运动功能正常。申请驾驶手动挡汽车，下肢不等长度不得大于5厘米。申请驾驶自动挡汽车，右下肢应当健全；

7. 躯干、颈部：无运动功能障碍。

专家释惑

在本案中，原告苏某驾驶摩托车造成交通事故时尚不满16岁，是限制民事行为能力人。依据《民法通则》第133条的规定，限制民事行为能力人造成他人损害的，由其监护人承担责任。但该条规定是有其具体的适用条件的，即限制行为能力人在不受他人制约的情况下所实施的个人行为造成他人损害的，才应当由其监护人负责。而在本案中，原告苏某作为限制行为能力人，是在被告唐某未征得其父母同意的情况下，听从被告苏某的意见，为其开车服务的过程中造成他人损害的。这种情况应当排除在《民法通则》第133条规定的适用范围之外。

《道路交通安全法》第19条规定："驾驶机动车，应当依法取得机动车驾驶证。"而不满16周岁的限制行为能力人，在我国是不可能取得机动车驾驶执照的，可见在本案中，原告苏某不具有驾驶机动车上路行驶的资格，这是每一个公民应当知晓和自觉遵守的内容，而被告唐某却没有遵守《道路交通安全法》规定的内容。因此，在本案中，被告唐某请求没有取得驾驶执照的未成年人为其提供开车服务，其主观上是存在过错的。如果原告苏某的监护人知道其驾车上路行驶而不加制止，或者为其驾驶机动车提供便利条件，则属于监护人未对限制行为能力人尽到其监护职责，监护人应当对其行为和产生的后果负责，而不能以未得到自己的同意为由开脱责任。但是，如果监护人以外的其他人雇用或者指使限制行为能力人从事其行为能力不允许从事的行为，实际上就是借助限制行为能力人延伸和扩展了自己的活动范围，则指使人应当对受指使人在受指使范围内实施的行为和产生的后果承担责任。

综上所述，在本案中，被告唐某与原告苏某是同村居民，相互之间已经非常熟悉，对原告苏某是限制行为能力人，不具备驾车上路行驶的法律资格，应当有非常清醒的认识，不应当请求原告苏某为其开车，即便原告苏某同意为其开车，也应当设法征求其监护人的意见。但在本案中，被告唐某听信原告苏某的吹嘘，在没有征求原告监护人同意的情况下，遂让原告驾驶车辆带其前往集市购物，可见其主观上存在严重过错，由此造成的后果，应当由被告唐某承担主要责任。同时，交通事故是由于原告苏某缺乏驾驶经验造成的，原告苏某具有过错，应当承担次要责任。但因原告苏某是未成年人，民事损害赔偿责任应当由其监护人承担。

五、明知司机醉酒仍然乘坐，搭车人是否自己承担责任？

案例5　赵某诉崔某、张某交通事故损害赔偿案

事情是这样的

2005年6月17日晚，赵某明知崔某喝了酒，还搭乘他的车一同外出，后在公路上与张某驾驶的大货车相撞，两车均有损坏，崔某和赵某不同程度受伤。交通支队认定崔某对此事故负全责。原告赵某将司机崔某和张某告到了法院，要求两被告共同给付其医疗费、护理费、交通费、伙食补助费、误工费、精神损失费共计约20万元以及残疾赔偿金。

法院经审理后认为：机动车与机动车之间发生交通事故，由有过错的一方承担责任。崔某酒后驾车导致事故发生，因此崔某应当对此次交通事故负全责。而原告赵某明知崔某已经喝醉，应当能预见到酒后驾车容易导致交通事故的后果，其不但纵容崔某驾车，还乘坐该车，故原告对损害事故结果的发生也有过错，应承担一定的责任。据此，崔某对赵某的经济损失应承担70%的赔偿责任，赵某应自行承担30%的责任。对于赵某和崔某提出的司机张某对事故后果存在责任的主张，因未提供相关证据推翻交通队出具的事故责任认定书，法院对此主张不予采纳，司机张某对此事故不负责任。

律师专线

赵某这种明知酒后驾车的危险性却仍然乘坐醉酒者所驾驶车辆的行为，在法律上被称为自甘冒险的行为。这种行为在社会生活中十分常见，如各种危险运动的参加者，攀岩、登山、赛车、斗牛等，还包括特技和做某些技术上尚不成熟的手术等。自甘冒险者明知这种行为有生命危险，但是却甘冒此危险，虽大多数人自信能够避免，但如果无法避免也宁愿承担任何后果。

一般情况下，法律不保护自甘冒险者的人身权利，除非其所受损害另有其他原因介入，如他人未尽到应尽的保护义务或其他义务。因此，本案中赵某对于自己明知驾驶员醉酒仍然搭乘其车所造成的损害，无权主张全部赔偿。但是驾驶员有保护乘客人身安全的义务，无论乘客是有偿乘车还是无偿搭乘。本案司机崔某因酒后驾车与大货车相撞造成搭乘人身体损害，对事故负全部责任，其没有尽到保护义务，并且对此存有过失，应承担一定的责任。

法律规范

中华人民共和国道路交通安全法

（2003 年 10 月 28 日第十届全国人民代表大会常务委员会第五次会议通过　根据 2007 年 12 月 29 日第十届全国人民代表大会常务委员会第三十一次会议《关于修改〈中华人民共和国道路交通安全法〉的决定》修正）

第二十二条　机动车驾驶人应当遵守道路交通安全法律、法规的规定，按照操作规范安全驾驶、文明驾驶。

饮酒、服用国家管制的精神药品或者麻醉药品，或者患有妨碍安全驾驶机动车的疾病，或者过度疲劳影响安全驾驶的，不得驾驶机动车。

任何人不得强迫、指使、纵容驾驶人违反道路交通安全法律、法规和机动车安全驾驶要求驾驶机动车。

中华人民共和国道路交通安全法实施条例

（2004 年 4 月 28 日国务院第 49 次常务会议通过）

第九十一条　公安机关交通管理部门应当根据交通事故当事人的行为对发生交通事故所起的作用以及过错的严重程度，确定当事人的责任。

专家释惑

酒后驾车是一种严重违反道路交通管理秩序的行为，对人民的生命、财产安全有重大威胁。崔某酒后驾车，造成交通事故，交通队认定其承担全部责任，是正确的。本案关键在于赵某明知崔某酒后驾车仍然要求搭乘，其是否能就交通事故造成的人身和财产损害要求赔偿。

赵某的行为属于自甘冒险。所谓自甘冒险，是指受害人明知可能遭受来自于特定危险源的风险，却依然冒险行事。自甘冒险与过失相抵极为相似，因为在两者中，受害人与加害人双方均有过失。而且，当受害人自甘冒险时，通常通过过失相抵制度对加害人的赔偿责任进行相应的减轻甚至免除。但是，两者之间仍然存在一定的区别：首先，自甘冒险中受害人的过失内容并不包含对加害人此种未尽注意义务的预见。例如，本案中赵某明知崔某酒后驾车是十分危险的，却仍然搭乘，便是属于自甘冒险。再如，王某骑摩托车上班没有戴头盔，结果摩托车被有过失的司机段某的汽车所撞，王某受伤。王某没有戴头盔显然是有过失的，但是其并不能预见到会被段某的汽车所撞，因此属于过失相抵而非自甘冒险。其次，自甘冒险中，受害人只是对于损害的发生有过错，而在过失相抵中，受害人可能是对损害的发生具有过错，也可能是对损害的扩大具有过错。在本案中，赵某明知崔某饮酒后驾车属违法行为，具有很高的安全风险，但其仍然乘坐，对造成的后果存在过错。因此，赵某对事故造成的损失也应当承担部分责任。

第二节　道路通行事故与责任承担

内容提要

机动车、非机动车及行人应当遵守我国道路交通法律有关道路通行的规定，各行其道、有序通行。机动车在行驶过程中须遵守有关限速的规定，与前车保持足以采取紧急制动措施的安全距离，遵守有关让行的规定，不得超载等。发生交通事故后，确定承担责任的主体非常重要，直接关系着道路交通事故损害赔偿官司中赔偿义务人的确定。

六、行人横穿马路造成事故，应当承担何种责任？

案例 6　胡某交通肇事案

事情是这样的

2004 年 5 月，程某外出找工作，当他在某公交车站下车后，见到有人横穿马路，便尾随其后，在密集的车流中见缝插针，由南向北横过马路。当程某行至机动车道的快慢车道的分道线上时，恰好有胡某驾驶的金杯中型客车由西向东驶来。程某先是在快慢车道的分道线上驻足犹豫，在金杯车驶到距其仅 10 米处时，又忽然起步，横穿机动车道。金杯车驾驶人胡某见状，立即采取紧急制动措施，但为时已晚，疾驶中的金杯车将程某撞出 5 米左右，程某当场死亡。金杯车由于采取紧急制动措施，与后车发生追尾，造成后车的保险杠和前灯损坏，金杯车的后保险杠被撞弯，后灯破碎。经公安机关现场勘察，金杯车当时的车速为每小时 70 公里，超过该路段的最高限制时速 65 公里。程某家属要求机动车驾驶人胡某赔偿死亡赔偿金、被抚养人生活费等 20 万元。后车驾驶人沈某认为，由于胡某紧急刹车造成两车追尾事故，要求胡某承担修车费用。胡某认为，此次事故的发生主要是由于行人程某违反交通规则横穿马路造成的，其存在重大过错，是造成此次交通事故的主要原因，应当减轻自己的责任。

律师专线

在此次交通事故中，行人程某在有人行横道的路段不走人行横道，而在机动车临近时犹豫不决，最后又冒险抢越机动车道，说明其缺乏交通经验和安全常识，是导致此次交通事故的决定性因素。在此次交通事故中，金杯车存在超速行驶的问题，但是其超速行驶的行为与交通事故的发生之间没有必然联系。现场勘察显示：即使金杯车不超速，此次交通事故同样无法避免。换而言之，金杯车的超速行驶的违章行为与交通事故的发生没有因果关系。在此次交通事故中，对机动车一方可以适当减轻其责任。《道路交通安全法》第43条规定，同车道行驶的机动车，后车应当与前车保持足以采取紧急制动措施的安全距离。后车在行驶过程中违反了上述规定，与前车距离过近，造成前车紧急制动时两车追尾，对由此造成的损失，后车应承担全部责任。

法律规范

中华人民共和国道路交通安全法

（2003年10月28日第十届全国人民代表大会常务委员会第五次会议通过 根据2007年12月29日第十届全国人民代表大会常务委员会第三十一次会议《关于修改〈中华人民共和国道路交通安全法〉的决定》修正）

第四十三条　同车道行驶的机动车，后车应当与前车保持足以采取紧急制动措施的安全距离。有下列情形之一的，不得超车：

（一）前车正在左转弯、掉头、超车的；

（二）与对面来车有会车可能的；

（三）前车为执行紧急任务的警车、消防车、救护车、工程救险车的；

（四）行经铁路道口、交叉路口、窄桥、弯道、陡坡、隧道、人行横道、市区交通流量大的路段等没有超车条件的。

第六十二条　行人通过路口或者横过道路，应当走人行横道或者过街设施；通过有交通信号灯的人行横道，应当按照交通信号灯指示通行；通过没有交通信号灯、人行横道的路口，或者在没有过街设施的路段横过道路，应当在确认安全后通过。

第七十六条　机动车发生交通事故造成人身伤亡、财产损失的，由保险公司在机动车第三者责任强制保险责任限额范围内予以赔偿；不足的部分，按照下列规定承担赔偿责任：

（一）机动车之间发生交通事故的，由有过错的一方承担赔偿责任；双方都有过错的，按照各自过错的比例分担责任。

（二）机动车与非机动车驾驶人、行人之间发生交通事故，非机动车驾驶人、行人没有过错的，由机动车一方承担赔偿责任；有证据证明非机动车驾驶人、行人有过错的，根据过错程度适当减轻机动车一方的赔偿责任；机动车一方没有过错的，承担不超过百分之十的赔偿责任。

交通事故的损失是由非机动车驾驶人、行人故意碰撞机动车造成的，机动车一方不承担赔偿责任。

专家释惑

非机动车、行人存在过失时适当减轻机动车一方的责任属于过失相抵。所谓过失相抵原则，是指在加害人依法应承担损害赔偿责任的前提下，如果受害人对于损害事实的发生也有过失，则可以根据受害人的过失程度减轻直至免除加害人的赔偿责任。过失相抵，并非加害人过失与受害人过失相互抵消，而是受害人的过失所致损害部分与全部损害相比从中抵消之意。过失相抵原则的核心在于贯彻公平责任原则，合理分配责任负担，避免将己方的过失带来的损害后果转嫁于他方，从而实现社会的公正。我国《民法通则》第131条规定，受害人对于损害的发生也有过错的，可以减轻侵害人的民事责任。这是我国民事法律对侵权行为适用过失相抵的明确规定。过失相抵既可以适用于过错责任，也可以适用于无过错责任。《道路交通安全法》第76条规定了无论是机动车之间发生的交通事故，还是机动车和非机动车、行人之间发生的交通事故都可以适用过失相抵原则。

本案中金杯客车驾驶人胡某在看到行车道上突然出现行人后采取了一系列应变措施，基本达到了作为机动车驾驶员在遇紧急状况时所应作出的必然反应，其尽管存在超速驾驶行为，但与事故的发生并没有必然联系，其过失程度可以说是很低的，受害人程某有严重的违法行为，对该事故的发生存在重大过错，胡某已经采取了必要的处置措施，可以减轻胡某的责任。

根据《道路交通安全法》的相关规定，行人通过路口或者横过道路时应当履行安全通行的义务，遵循确认安全原则。所谓确认安全原则，主要包括以下两方面：一是不能斜穿，要直行通过。因为斜穿会延长行人在行车道的步行距离，增加了人车混行的时间，也影响行人观察来往车辆的视野。二是要注意避让来往车辆，不要在车辆临近时突然横过道路。行人横过道路要先看左边，再看右边，因为左边来车距离行人最近，待确保安全后再继续通行。如果行人不注意先左后右去观察情况通过道路，对于机动车驾驶人而言，则属于突然情况，不能迅速作出判断，采取防止事故发生的措施。因车辆在不同速度下有不同的制动距离，行人如果在制动距离内突然横过道路，事故往往无法避免。最后，在确认安全后，行人需要迅速通过，不要在道路上延误通行时间。

对于本案中后车与金杯车相撞所致的车辆损失，由于后车违反了《道路交通安全法》关于行车安全距离的规定，应当自担责任。行车安全距离是指车辆在行驶中应该保持足以采取紧急制动措施的距离，具体来讲指同车道行驶的车辆，后车与前车之间，需根据行驶速度和路面情况，保持在紧急情况下，有足够的距离采取制动措施，不至于发生碰撞或摩擦，确保安全。一般来说，如果行驶速度是 100 公里/小时则要求保持至少 100 米的车距，若行驶速度为 60 公里/小时则要求保持至少 60 米的车距，当然驾驶人还应考虑天气和路面情况，如果出现结冰、雨、雾等恶劣天气或者车辆在上下坡等容易发生碰撞或摩擦等情况时则应该比正常情况加大车与车之间的距离，以足够采取制动措施使车停止，不至于发生交通事故。在同车道行驶的机动车，后车具有应当与前车保持足以采取紧急制动措施的安全距离的义务。

七、因紧急避险造成交通事故的，责任如何认定？

案例 7　黄某交通肇事案

事情是这样的

黄某是个体运输户。某日，黄某驾车为他人送货，途经某大学门口时，适逢该校学生田某骑自行车冲出校门横穿马路。黄某由于疏于注意路面情况，直到其驾驶的车辆与田某的自行车接近时才引起警觉，慌乱中急忙打方向盘避免与田某相撞。黄某驾驶的车辆逆行冲入非机动车道，将骑自行车的李某撞倒，致其当场死亡。李某家属向法院提起民事诉讼，要求黄某赔偿因事故引起的经济损失。黄某感到十分委屈，认为是由于骑自行车人田某突然出现，自己紧急避险才引起事故的，骑自行车人应当承担主要责任。

律师专线

在本案中，田某横穿马路时，没有注意到避让在机动车道上正常行驶的机动车，造成交通事故的险情。田某在此次交通事故中负有重要过错，作为交通事故中险情的造成人，应当承担相应的责任。

机动车驾驶人黄某在田某骑自行车贸然横穿马路的情况下，不采取向左打轮逆行的避让措施，就会撞到田某，在当时的情况下，极有可能导致田某死亡的损害结果。因此，黄某的行为属于紧急避险。但黄某逆行后，险情已经避免，这时黄某应当采取必要的处置措施，使此次紧急避险不发生损害结果或将损害结果控制在最小的范围内。但黄某未采取制动措施，致使其所驾驶的车辆又沿逆行方向冲上非机动车道，导致将处于正常行驶状态下的骑自行车人李某当场撞死。黄某的行为属于“避险过当”。同时，黄某在险情发生前，没有尽到机动车驾驶人“高度注意”的义务，对险情的发生也有一定的过错。如果黄某在驾驶机动车的过程中密切注意路面情况，及时发现田某骑自行车横穿马路的意图，并相应采取减速、鸣笛等处置措施，此次交通事故是可以避免的。此次交通事故应当由机动车驾驶人黄某与骑自行车人田某承担同等责任。

法律规范

中华人民共和国民法通则

（1986 年 4 月 12 日第六届全国人民代表大会第四次会议通过　自 1987 年 1 月 1 日起施行）

第一百二十九条　因紧急避险造成损害的，由引起险情发生的人承担民事责任。如果危险是由自然原因引起的，紧急避险人不承担民事责任或者承担适当的民事责任。因紧急避险采取措施不当或者超过必要的限度，造成不应有的损害的，紧急避险人应当承担适当的民事责任。

中华人民共和国道路交通安全法

（2003 年 10 月 28 日第十届全国人民代表大会常务委员会第五次会议通过　根据 2007 年 12 月 29 日第十届全国人民代表大会常务委员会第三十一次会议《关于修改〈中华人民共和国道路交通安全法〉的决定》修正）

第三十八条　车辆、行人应当按照交通信号通行；遇有交通警察现场指挥时，应当按照交通警察的指挥通行；在没有交通信号的道路上，应当在确保安全、畅通的原则下通行。

专家释惑

所谓“紧急避险”，是指为使国家、公共利益、本人、他人的人身、财产权益免受正在发生的危险，不得已采取的牺牲较小利益而保全较大利益的行为。本处仅研究涉及交通损害的紧急避险，如车突然失灵，司机为避免汽车冲入人群造成多人伤亡，而撞向路边货摊造成他人财产损害等情况。构成紧急避险需要具备以下条件：

1. 必须是为使国家、公共利益、本人、他人的人身、财产权益免受损害，而不是其他非法利益。必须是受到现实危险的威胁，即危险必须现实存在，且已威胁到上述合法权益的安全。危险的来源可以是多方面的，如可能是不可抗拒、意外事件、受害人或第三人过错导致危险，饲养动物导致危险等。

2. 必须是危险正在发生，如危险尚未发生或危险已过去，就不再适用紧急避险。紧急避险损害的对象不限于危险制造者，因为紧急避险中危险的原因可能来自自然原因，没有制造者，也可能有人为制造者，但紧急避险不限于指向危险制造者。

3. 紧急避险必须是迫不得已采取的。如果在当时的情况下，依交通行为人的一般技术水平标准，本可以不损害他人合法利益而达到避险目的，而行为人的行为造成的损害却远远超过了紧急避险所保护的利益，则避险人仍需承担赔偿义务。

4. 紧急避险保全的利益应大于受损害利益。这必须根据具体情况来分析判断，如为了保全自己的生命而不惜牺牲他人生命，为了保全自己运载的少量货物而损害国家重要资财等都构成避险过当。

由此可见，对于交通损害者来说，如果紧急避险采取措施不当或者超过必要的限度，即不是迫不得已采取的或保全的利益不是大于受损害利益的，则紧急避险不能构成免责事由，当事人仍需按其过错程度承担相应的民事责任。如紧急避险的险情是由第三人引起的，紧急避险又符合上述要件要求，则构成避险人免责事由，而由第三人承担民事责任。如紧急避险的险情系自然原因引起的，紧急避险又符合上述要件，原则上应构成免责事由，但根据情况，也不排除避险人按公平原则承担适当的民事责任。

八、司机酒后驾车，自行车抢道通行，谁应承担事故责任？

案例8 蔡某家属诉佘某道路交通事故损害赔偿纠纷案

事情是这样的

佘某是某机关车队司机。某日，佘某驾驶"红旗"轿车前往参加朋友的婚礼。婚宴持续到深夜，佘某在席间与参加婚礼的宾客频频举杯，持续饮白酒达到一斤半，并喝了不少的啤酒。婚宴结束后，佘某驾车返回单位。当其驾车以时速约80公里的高速行至市中心广场北侧时，佘某发现正在路边骑自行车的蔡某突然打把进入自己行驶的小型机动车道，欲横穿马路。佘某立即采取紧急制动措施。当"红旗"轿车与自行车相距仅两米左右时，佘某见自行车即将穿越小型机动车道，判断危险的情况已过，于是抬脚松开制动踏板，而蔡某在自行车前轮刚压上大小型机动车分道线时，突然捏闸减速。佘某驾驶的"红旗"轿车前角与蔡某的自行车后轮接触，蔡某被撞出十余米，当场死亡。

蔡某的家属认为，被告佘某酒后驾车，其行为已经违反了《道路交通安全法》的有关规定，对造成的交通事故应当承担全部责任。据此，蔡某的家属依法向人民法院提起诉讼，要求被告佘某赔偿蔡某安葬费、死亡补偿金以及家属的精神损失费合计20万元。佘某辩称，蔡某不遵守"分道通行"的交通规则，贸然进入机动车道，且不避让在道路上行驶的机动车，是造成此次交通事故的重要原因，对事故应承担同等责任。

律师专线

这起交通事故是由"红旗"轿车驾驶人佘某酒后开车、超速行驶以及自行车骑行人蔡某违章抢行、横穿机动车道等多个违章行为共同引起的。两者的违章行为均与事故的发生有因果关系，都应负有责任。在认定当事人责任大小时，应当以当事人的违章行为在事故中所起的作用大小为标准。作用大的责任大，作用小的责任小。根据这一原则考察机动车驾驶人佘某与骑车人蔡某的责任时可以看出，佘某酒后开车判断失误（踩下制动踏板后，过早松开）和骑车人蔡某违章抢行的行为对事故的形成所起作用基本上是等同的。

由于机动车驾驶人佘某与非机动车驾驶人蔡某在此次交通事故中都有过错和违章行为，对交通事故中机动车一方的责任，依据《道路交通安全法》的规定“有证据证明非机动车驾驶人、行人有过错的情况下，可以根据过错程度适当减轻机动车一方的赔偿责任”定责。在本案中，如果可以证明非机动车驾驶人蔡某有违反交通规则的行为，对事故的发生亦起到作用，就可以适当减轻机动车一方的责任。

法律规范

中华人民共和国道路交通安全法

（2003年10月28日第十届全国人民代表大会常务委员会第五次会议通过　根据2007年12月29日第十届全国人民代表大会常务委员会第三十一次会议《关于修改〈中华人民共和国道路交通安全法〉的决定》修正）

第二十二条　机动车驾驶人应当遵守道路交通安全法律、法规的规定，按照操作规范安全驾驶、文明驾驶。

饮酒、服用国家管制的精神药品或者麻醉药品，或者患有妨碍安全驾驶机动车的疾病，或者过度疲劳影响安全驾驶的，不得驾驶机动车。

任何人不得强迫、指使、纵容驾驶人违反道路交通安全法律、法规和机动车安全驾驶要求驾驶机动车。

第三十八条　车辆、行人应当按照交通信号通行；遇有交通警察现场指挥时，应当按照交通警察的指挥通行；在没有交通信号的道路上，应当在确保安全、畅通的原则下通行。

第四十二条　机动车上道路行驶，不得超过限速标志标明的最高时速。在没有限速标志的路段，应当保持安全车速。

夜间行驶或者在容易发生危险的路段行驶，以及遇有沙尘、冰雹、雨、雪、雾、结冰等气象条件时，应当降低行驶速度。

第五十七条　驾驶非机动车在道路上行驶应当遵守有关交通安全的规定。非机动车应当在非机动车道内行驶；在没有非机动车道的道路上，应当靠车行道的右侧行驶。

第七十六条　机动车发生交通事故造成人身伤亡、财产损失的，由保险公司在机动车第三者责任强制保险责任限额范围内予以赔偿；不足的部分，按照下列规定承担赔偿责任：

（一）机动车之间发生交通事故的，由有过错的一方承担赔偿责任；双方都有过错的，按照各自过错的比例分担责任。

（二）机动车与非机动车驾驶人、行人之间发生交通事故，非机动车驾驶人、行人没有过错的，由机动车一方承担赔偿责任；有证据证明非机动车驾驶人、行人有过错的，根据过错程度适当减轻机动车一方的赔偿责任；机动车一方没有过错的，承担不超过百分之十的赔偿责任。

交通事故的损失是由非机动车驾驶人、行人故意碰撞机动车造成的，机动车一方不承担赔偿责任。

中华人民共和国道路交通安全法实施条例

（2004 年 4 月 28 日国务院第 49 次常务会议通过）

第四十五条　机动车在道路上行驶不得超过限速标志、标线标明的速度。在没有限速标志、标线的道路上，机动车不得超过下列最高行驶速度：

（一）没有道路中心线的道路，城市道路为每小时三十公里，公路为每小时四十公里；

（二）同方向只有一条机动车道的道路，城市道路为每小时五十公里，公路为每小时七十公里。

第六十八条　非机动车通过有交通信号灯控制的交叉路口，应当按照下列规定通行：

（一）转弯的非机动车让直行的车辆、行人优先通行；

（二）遇有前方路口交通阻塞时，不得进入路口；

（三）向左转弯时，靠路口中心点的右侧转弯；

（四）遇有停止信号时，应当依次停在路口停止线以外。没有停止线的，停在路口以外；

（五）向右转弯遇有同方向前车正在等候放行信号时，在本车道内能够转弯的，可以通行；不能转弯的，依次等候。

第六十九条　非机动车通过没有交通信号灯控制也没有交通警察指挥的交叉路口，除应当遵守第六十八条第（一）项、第（二）项和第（三）项的规定外，还应当遵守下列规定：

（一）有交通标志、标线控制的，让优先通行的一方先行；

（二）没有交通标志、标线控制的，在路口外慢行或者停车瞭望，让右方道路的来车先行；

（三）相对方向行驶的右转弯的非机动车让左转弯的车辆先行。

第七十条　驾驶自行车、电动自行车、三轮车在路段上横过机动车道，应当下车推行，有人行横道或者行人过街设施的，应当从人行横道或者行人过街设施通过；没有人行横道、没有行人过街设施或者不便使用行人过街设施的，在确认安全后直行通过。

因非机动车道被占用无法在本车道内行驶的非机动车，可以在受阻的路段借用相邻的机动车道行驶，并在驶过被占用路段后迅速驶回非机动车道。机动车遇此情况应当减速让行。

第七十二条　在道路上驾驶自行车、三轮车、电动自行车、残疾人机动轮椅车应当遵守下列规定：

（一）驾驶自行车、三轮车必须年满十二周岁；

（二）驾驶电动自行车和残疾人机动轮椅车必须年满十六周岁；

（三）不得醉酒驾驶；

（四）转弯前应当减速慢行，伸手示意，不得突然猛拐，超越前车时不得妨碍被超越的车辆行驶；

（五）不得牵引、攀扶车辆或者被其他车辆牵引，不得双手离把或者手中持物；

（六）不得扶身并行、互相追逐或者曲折竞驶；

（七）不得在道路上骑独轮自行车或者二人以上骑行的自行车；

（八）非下肢残疾的人不得驾驶残疾人机动轮椅车；

（九）自行车、三轮车不得加装动力装置；

（十）不得在道路上学习驾驶非机动车。

专家释惑

本案例主要涉及机动车在驾驶中的行为要求以及对禁止驾驶车辆情形的规定。根据道路交通安全相关法律规定，驾驶人具有下列情形之一的，不得驾驶机动车：1. 饮酒。饮酒是指机动车驾驶人饮用白酒、啤酒、果酒、汽酒等含有酒精的饮料，在酒精作用期间驾驶机动车的。为了保障交通安全，凡发现驾驶人有酒精反应的，均可按酒后开车予以处罚。在一般情况下，人的正常反应时间为0.75秒，而饮酒会麻醉人的中枢神经，饮酒后反应时间是正常反应时间的2至3倍，达到2秒钟左右。如果车辆以80公里的时速行驶，2秒钟行驶距离为45米，在此距离内，驾驶员不能作出正确的反应动作。饮酒后驾驶车辆已成为危及公民生命和安全的重要因素，对于交通安全的危害性已经成为全世界的共识，世界各国都有对酒后驾车的禁止性规定。2. 服用国家管制的精神药品和麻醉药品。这包括毒品及其他国家管制的精神药品和麻醉品。精神药品是指直接作用于中枢神经系统，使之兴奋或抑制，连续使用能产生依赖性的药品。麻醉药品是指连续使用后易产生身体依赖性、能成瘾癖的药品，包括阿片类、可卡因类、大麻类、合成麻醉药类及卫生部指定的其他易成瘾癖的药品、药用原植物及其制剂。吸食或注射毒品的人，对交通安全构成的威胁自在不言中。服用镇静和麻醉类的药品后会对当事人的神经产生抑制作用，使当事人昏昏欲睡，减弱甚至失去观察、判断事物和控制自己行为的能力，因而在服用镇静和麻醉类的药品后，不准驾驶车辆。3. 患有妨碍安全驾驶机动车的疾病，指的是患有足以影响观察、判断事物能力和控制行为能力的疾病。如心脑血管疾病、癫痫、眩晕、发烧、严重的耳疾、眼疾、肢体严重伤残等。4. 过度疲劳影响安全驾驶的。过度疲劳是指驾驶员每天驾车超过8小时或者从事其他劳动体力消耗过大或睡眠不足，以致行车中困倦瞌睡、四肢无力，不能及时发现和准确处理路面交通情况的。睡眠不足是造成疲劳驾驶的主要因素。驾驶员一天驾驶超过10小时以上时，如果睡眠不足4.5小时，则事故率最高，据统计因疲劳驾驶造成的交通事故60%是睡眠不足3.5小时引起的。在这种情况下，驾驶员不得再继续驾驶车辆，应当适当休息，等身体恢复后，再驾驶车辆。

机动车上路行驶还需遵守有关车速的规定。机动车是一种高速运转的交通工具，在行驶中存在着造成交通事故，侵犯人民生命财产安全的隐患，因此对机动车行驶的最高速度作出限制，是消除这种危险隐患的重要因素。限速包括最高限速、最低限速。最高限速标志是指机动车驶入前方道路时对其最高时速的限制；最低限速表示机动车驶入前方道路时对最低时速的限制，一般用于高速公路上，且必须与最高时速一起使用，最低时速适用时是以道路通行条件良好为前提的。限速标志包括限制速度标志、解除限制速度标志，后者是指表示该标志到前方解除限制速度标志的路段内，机动车行驶速度不准超过标志所示数值。限速标志的设定由道路主管部门根据道路设定，其他任何单位无权设定限速标志。当然，在现实生活中，许多道路未设置限速标志，但并不说明对该路段行驶的机动车没有限制。在没有限速标志的路段，应当保持安全车速。这里的安全车速，是个相对概念，主要由机动车驾驶人根据道路的实际情况、机动车性能、天气状况、车辆的多寡等因素灵活掌握，但前提是在保证出现意外情况时能够及时采取制动措施处理。此外，在特定的情况下，机动车应当降低速度行驶。在机动车行驶过程中，夜间行驶或者天气恶化的情况下行驶，容易发生交通事故，即夜间、某些容易发生危险的路段或者沙尘、冰雹、雨、雪、雾、结冰等气象条件，属于交通事故的重要致害因素。在任何一种情况出现时，机动车都有降低速度行驶的义务。降低速度的标准是足以确保安全，在遇到紧急情况时能够及时停车，不至于发生交通事故。在夜间行驶应降低速度是因为夜间视线较差，人的视力也大受影响，据研究，人在夜间的视力仅及白天光线良好时的50%。而多年来的交通事故统计表明，在车流量比白天少70%的情况下，夜间发生交通事故的几率与白天相当或略高于白天，重大、特大交通事故明显多于白天。因此夜间行车应根据道路状况、光线强弱、视力所受影响、交通复杂程度等情况降低行驶速度，以确保安全。容易发生危险的路段一般包括：弯路、窄路、混合道路、铁路道口、隧道、无信号灯控制的路口、坡路、城市繁华路段等，同时包括事故多发点、段、区域等。当机动车行驶至上述地段时，应当降低车辆行驶速度，是因为上述路段多为地形、地势、道路设计、周边环境存在不安全因素的地段，容易引发危险，因此，机动车驾驶人在行经上述路段时应注意降低行驶速度。沙尘、冰雹、雨、雪、雾、结冰等恶劣天气属于自然气候，在这些自然现象出现后，给驾驶人的视线会带来极大的影响，驾驶人对远方的车辆、行人及其他路面交通状况的准确判断力下降，容易发生事故，对人民生命及财产造成威胁。由于雨雪天气或人为因素造成的路面结冰将会影响路面的附着系数，造成机动车制动效果减弱，如果车速过快，一旦遇到危险情况，就会造成危险的后果。

驾驶非机动车在道路上行驶亦须遵守有关交通安全的规定。非机动车包括自行车、人力客货运三轮车、残疾人机动轮椅车、电动自行车、畜力车等。非机动车是我国道路交通中的重要组成部分，但由于非机动车驾驶员并没有进行专门的道路交通安全法律、法规的学习，道路交通法律意识不强，有时会成为影响良好交通秩序建立的负面因素，且易引发交通事故，对驾驶者本人及他人的生命与财产安全造成损害。《道路交通安全法》及《道路交通安全法实施条例》对非机动车通行作出了较为详细的规定。

九、抛锚车辆被撞，责任如何认定？

案例9　华某等诉孔某道路交通事故人身损害赔偿纠纷案

事情是这样的

华某驾车载其妻外出办事。途中汽车轮胎爆胎，华某便将汽车停在小型车道内换轮胎（未开前后闪光灯）。车辆修复后，在华某将坏胎放置后备箱时，恰逢孔某驾车（未开远光灯）从后面驶来。临近时，孔某才发现前方华某的汽车，立即采取紧急制动措施，但由于雨天路滑，停车不及，将华某撞倒，并将华某的汽车撞到人行道内。在孔某的车后方随行的车辆赶到的驾驶员江某见状紧急制动，因距前车过近，结果撞在孔某车尾部，致使孔某的车又将华某之妻撞倒。华某夫妇为此花去医疗费、修车费用等8万元，两人认为，事故发生时，自己将汽车停在小型快速车道内，该车被撞时是静止状态，在修车换胎长达20余分钟的时间里过往许多车辆均未发生事故，所以事故原本是可以避免的。正是由于孔某与江某驾车时精神不集中，遇有情况处理不当，并有违反交通规则的行为，才导致了事故的发生，应当承担自己因事故产生的经济损失。而孔某和江某则认为，在发生事故时，华某所驾驶的汽车虽然处于静止状态，但是华某将车停在快车道内换轮胎，其在完全有条件将车推离现场移到路边修理的情况下不仅未将车移开，也没有设任何标志，妨碍了正常交通的畅通与安全，应对该事故负主要责任。

律师专线

对交通事故的成因分析和责任认定，仅仅以车辆的静和动的状态来衡量是不足为据的，应当全面客观地进行定性与定量的分析。首先，要考察当事人在交通事故中是否有违章行为，或者说是否有过错。其次，还要考察当事人的违章行为与交通事故的发生之间是否存在因果关系。再次，要考虑当事人与交通事故存在因果关系的违章行为在交通事故中所起的作用的大小。只有这样，才能正确地认定当事人的责任。

华某的车辆发生故障后，在有条件将机动车移至不妨碍交通的地方停放的情况下，将车辆停放在机动车道内，违反了道路交通安全法律法规，既妨碍了交通的安全、畅通，也给自己的生命和财产安全造成了威胁。因此，华某在此次交通事故中负有重大过错，是导致交通事故的决定性因素，应当承担交通事故的主要责任。而驾驶员孔某在行驶中遇有视线不清的情况下未开远光灯，加之精神不集中，发现险情较晚，采取制动措施不得力，未能履行法律规定的交通安全注意义务。驾驶员江某在行车过程中与前车距离过近，同样违反了法律规定。但孔某与江某的过错和违章行为对交通事故的发生不起决定性的作用，与华某违章停车的行为相比，处于次要地位。因此，孔某与江某在此次交通事故中应当承担次要责任。

法律规范

中华人民共和国道路交通安全法

（2003 年 10 月 28 日第十届全国人民代表大会常务委员会第五次会议通过　根据 2007 年 12 月 29 日第十届全国人民代表大会常务委员会第三十一次会议《关于修改〈中华人民共和国道路交通安全法〉的决定》修正）

第二十二条　机动车驾驶人应当遵守道路交通安全法律、法规的规定，按照操作规范安全驾驶、文明驾驶。

饮酒、服用国家管制的精神药品或者麻醉药品，或者患有妨碍安全驾驶机动车的疾病，或者过度疲劳影响安全驾驶的，不得驾驶机动车。

任何人不得强迫、指使、纵容驾驶人违反道路交通安全法律、法规和机动车安全驾驶要求驾驶机动车。

第四十三条　同车道行驶的机动车，后车应当与前车保持足以采取紧急制动措施的安全距离。有下列情形之一的，不得超车：

（一）前车正在左转弯、掉头、超车的；

（二）与对面来车有会车可能的；

（三）前车为执行紧急任务的警车、消防车、救护车、工程救险车的；

（四）行经铁路道口、交叉路口、窄桥、弯道、陡坡、隧道、人行横道、市区交通流量大的路段等没有超车条件的。

第五十二条　机动车在道路上发生故障，需要停车排除故障时，驾驶人应当立即开启危险报警闪光灯，将机动车移至不妨碍交通的地方停放；难以移动的，应当持续开启危险报警闪光灯，并在来车方向设置警告标志等措施扩大示警距离，必要时迅速报警。

中华人民共和国道路交通安全法实施条例

（2004 年 4 月 28 日国务院第 49 次常务会议通过）

第六十条　机动车在道路上发生故障或者发生交通事故，妨碍交通又难以移动的，应当按照规定开启危险报警闪光灯并在车后五十米至一百米处设置警告标志，夜间还应当同时开启示廓灯和后位灯。

专家释惑

机动车在使用的过程中，由于各个部件的物理特性、设计标准、工作强度的不同，很可能因为某一个部件的损坏、丧失功能而发生故障。故障的产生容易导致机动车不能正常行驶，影响到自身安全、其他车辆通行甚至可能导致交通事故发生，因此，我国有关道路交通安全的法律法规规定了机动车发生故障时驾驶人应采取的安全措施。

根据《道路交通安全法》的相关规定，机动车在道路上发生故障，需要停车排除故障时，需要采取以下措施：一是驾驶人应当立即开启危险报警闪光灯，将机动车移至不妨碍交通的地方停放。“不妨碍交通的地方”，就是不影响其他车辆正常行驶的地方。通常的做法是：当车辆发生故障不能继续行驶时，驾驶人应首先尽量利用行驶的惯性，将车辆移出车行道，停在右侧路肩或者紧急行车带上，千万不要在行车道内停车修车，并及时设置警示标志，否则容易引发交通事故。二是故障车辆难以移动的，应当持续开启危险报警闪光灯，并在来车方向设置警告标志等措施扩大示警距离，必要时迅速报警。这主要是考虑到有些故障车辆难以移动的情形，为了避免由于处理故障车辆不当引起不必要的交通事故，有必要采取相应的措施提醒来车注意，因此，最佳的办法是持续开启报警闪光灯，并在距离来车方向相应的距离处设置警告标志，以便来车能够及时采取措施予以处置。这里的“来车方向”，并不是单指发生故障的车辆行驶的方向，假如故障车辆被迫停在了逆向车道内，来车方向应是相反方向，因此，来车方向应根据故障车辆停放的车行道来确定。“危险报警闪光灯”即俗称的“双蹦灯”，夜间还应打开机动车大灯和光线穿透力较强的防雾灯。示警的安全距离应该根据实际情况来确定，在高速公路上发生故障时，警告标志应当设置在故障车来车方向150米以外。

一般情况下，故障车辆在原地抢修不会影响道路的畅通，只要采取的措施有效，保证安全即可。但在高速公路、城市主干道或者其他交通流量大而可能造成交通堵塞的路段，故障车驾驶人必须立即报警，使公安机关交通管理部门及时处理故障车辆，保证道路畅通。

道路交通安全法律法规明确规定了发生故障车辆的驾驶人是应当采取安全措施的责任人，如果未按规定采取安全措施导致危害后果的发生，驾驶人应承担不作为的责任。

十、超速行驶撞死横穿高速公路的行人，应当承担何种责任？

案例10　郑某家属诉郭某道路交通事故损害赔偿案

事情是这样的

2003年6月9日，某村村民郑某在准备过高速公路时，为抄近路，打算从路基防护网的破损处进入公路，被郭某驾驶的高速行驶中的白色桑塔纳卧车猛烈撞击，身体在空中旋转数圈，水平落下，当场死亡。事故发生后，经公安机关现场勘察认定：车辆的行驶速度为每小时126公里，超过该路段的最高限制时速每小时120公里。郑某家属向法院起诉，要求法院判令机动车驾驶人郭某赔偿死亡赔偿金、被抚养人生活费等费用26万元。郭某辩称，该起事故是因为郑某违法进入高速公路引起的，自己不应当承担责任。

律师专线

郑某违章进入高速公路是导致此次交通事故的直接原因和决定性因素。行人不得进入高速公路是法律的明文规定，也是一般人应具备的常识。郑某作为成年人应该知道自己进入高速公路的危险性。在此次交通事故中，郑某具有严重的过错，应当承担事故的主要责任。机动车驾驶人郭某在此次交通事故中也有过错，交通事故发生时，该车的时速高达126公里，超过了最高时速限制，处于违章行驶的状态，因此应当承担次要责任。

法律规范

中华人民共和国道路交通安全法

（2003年10月28日第十届全国人民代表大会常务委员会第五次会议通过　根据2007年12月29日第十届全国人民代表大会常务委员会第三十一次会议《关于修改〈中华人民共和国道路交通安全法〉的决定》修正）

第六十七条　行人、非机动车、拖拉机、轮式专用机械车、铰接式客车、全挂拖斗车以及其他设计最高时速低于七十公里的机动车，不得进入高速公路。高速公路限速标志标明的最高时速不得超过一百二十公里。

中华人民共和国道路交通安全法实施条例

（2004年4月28日国务院第49次常务会议通过）

第七十八条　高速公路应当标明车道的行驶速度，最高车速不得超过每小时一百二十公里，最低车速不得低于每小时六十公里。

在高速公路上行驶的小型载客汽车最高车速不得超过每小时一百二十公里，其他机动车不得超过每小时一百公里，摩托车不得超过每小时八十公里。

同方向有两条车道的，左侧车道的最低车速为每小时一百公里；同方向有三条以上车道的，最左侧车道的最低车速为每小时一百一十公里，中间车道的最低车速为每小时九十公里。道路限速标志标明的车速与上述车道行驶车速的规定不一致的，按照道路限速标志标明的车速行驶。

专家释惑

高速公路是一种非常特殊的交通环境，行人和不符合要求的其他车辆不得进入。如果行人或不符合要求的其他车辆违反有关的交通管理法规，进入高速公路，就要承担因此而发生的后果。所以在本案中，行人郑某应承担事故的主要责任。同时，在高速公路上，机动车在正常驾驶的过程中虽然较一般的道路享有更高的路权，但这并不意味着驾驶员在高速公路上就可以不尽机动车驾驶人的高度注意、谨慎驾驶、确保安全和结果避免的义务。这是机动车驾驶人在任何情况下的当然义务。在本案中，驾驶员驾车超过了法律规定的最高时速，违反了其应尽的义务，构成了违章。《道路交通安全法》和《道路交通安全法实施条例》均规定最高时速，小客车不得超过120公里。所以，机动车驾驶人也应当承担交通事故的次要责任。

联系本案

机动车在高速公路上正常行驶时，除须遵守关于时速的限制外，还必须遵守以下规定：1. 不准倒车、逆行，不准穿越中央分割带掉头或者转弯；2. 不准进行试车和学习驾驶机动车；3. 不准在匝道、加速车道或者减速车道上超车；4. 不准骑、压车道分界线行驶和在超车道上连续行驶；5. 不准右侧超车；6. 除遇障碍、发生故障等必须停车的情况，不准随意停车、停车上下人员或者装卸货物；7. 除因停车驶入或者驶出紧急停车带和路肩外，不准在紧急停车带和路肩上行车。

十一、因天气原因造成交通事故，是否承担责任？

案例11　莫某诉聂某等道路交通事故损害赔偿案

事情是这样的

聂某与云某是某工厂司机。受单位的指派，两人到外地接收生产设备。出发前，两人对其驾驶的重型卡车进行检查和修理。聂某发现卡车防雾灯已经损坏，便与云某商量将该车开到附近的维修厂进行修理。但遭到云某拒绝："修什么修，八辈子都用不上一回，岂不是糟蹋修理费。"（当地天气干燥，极少遇到大雾天气，防雾灯一般用不上）故两人未对损坏的防雾灯加以修理即出发上路。当车行驶至南方某市附近时，遇上百年不遇的大雾天气。道路上的能见度仅为一米左右。聂某见道路上无法看清对面情况，就建议云某将车停靠到路边安全的地方。云某觉得时间紧迫，工厂等着用设备，所以没有停止行驶，但将车速降低。在卡车行至某道路转弯处时，由于路面的能见度太低，该车将一辆同向行驶的农用三轮车撞翻，重型卡车车轮从三轮车上碾过，三轮车被轧毁，驾驶人莫某当场死亡。后经公安机关现场勘察，该道路路面宽12米，未划分机动车道与非机动车道，三轮车驾驶人莫某在驾驶三轮车时未按规定靠道路右侧边沿行驶，贴近道路中心线。交通事故发生时，卡车的车速为时速23公里，未打开防雾灯。事后，莫某家属向法院起诉，要求肇事司机聂某与云某赔偿损失。被告聂某与云某则认为此次事故是由大雾引起的，属不可抗力，所以不承担赔偿责任。

律师专线

对于被告所说的不可抗力所以免责的说法，按照当前的气象技术，对于大雾、暴雨、暴雪等灾害性天气已经在一定程度上能够预见，而且在防雾技术上，如果机动车的防雾灯处于正常使用状态，或大雾时停止前行，车主完全可以防止大雾的干扰以避免此次事故的发生，所以大雾天气并不符合不可抗力的条件，不属于不可抗力。在本案中，从公安机关交通部门对交通事故的现场勘察的情况来看，如果机动车的防雾灯处于正常使用状态，那么此次交通事故是完全可以避免的。所以，肇事车辆未打开防雾灯是造成此次交通事故的直接原因，大雾天气和三轮车驾驶人违反道路通行规定与此次交通事故没有必然的联系，不能以此为由减轻或者免除机动车一方的责任。因此，在本案中聂某和云某应当承担此次交通事故的全部责任。

法律规范

中华人民共和国民法通则

（1986 年 4 月 12 日第六届全国人民代表大会第四次会议通过　自 1987 年 1 月 1 日起施行）

第一百零七条　因不可抗力不能履行合同或者造成他人损害的，不承担民事责任，法律另有规定的除外。

第一百五十三条　本法所称的“不可抗力”，是指不能预见、不能避免并不能克服的客观情况。

中华人民共和国道路交通安全法

（2003 年 10 月 28 日第十届全国人民代表大会常务委员会第五次会议通过　根据 2007 年 12 月 29 日第十届全国人民代表大会常务委员会第三十一次会议《关于修改〈中华人民共和国道路交通安全法〉的决定》修正）

第三十五条　机动车、非机动车实行右侧通行。

第三十六条　根据道路条件和通行需要，道路划分为机动车道、非机动车道和人行道的，机动车、非机动车、行人实行分道通行。没有划分机动车道、非机动车道和人行道的，机动车在道路中间通行，非机动车和行人在道路两侧通行。

中华人民共和国道路交通安全法实施条例

（2004 年 4 月 28 日国务院第 49 次常务会议通过）

第五十八条　机动车在夜间没有路灯、照明不良或者遇有雾、雨、雪、沙尘、冰雹等低能见度情况下行驶时，应当开启前照灯、示廓灯和后位灯，但同方向行驶的后车与前车近距离行驶时，不得使用远光灯。机动车雾天行驶应当开启雾灯和危险报警闪光灯。

第八十一条　机动车在高速公路上行驶，遇有雾、雨、雪、沙尘、冰雹等低能见度气象条件时，应当遵守下列规定：

（一）能见度小于二百米时，开启雾灯、近光灯、示廓灯和前后位灯，车速不得超过每小时六十公里，与同车道前车保持一百米以上的距离；

（二）能见度小于一百米时，开启雾灯、近光灯、示廓灯、前后位灯和危险报警闪光灯，车速不得超过每小时四十公里，与同车道前车保持五十米以上的距离；

（三）能见度小于五十米时，开启雾灯、近光灯、示廓灯、前后位灯和危险报警闪光灯，车速不得超过每小时二十公里，并从最近的出口尽快驶离高速公路。

遇有前款规定情形时，高速公路管理部门应当通过显示屏等方式发布速度限制、保持车距等提示信息。

专家释惑

本案涉及不可抗力的问题。不可抗力是侵权责任中的概念。这里的不可抗力从法律上讲是指不能预见、不能避免且不能克服的客观情况。其中“不能预见”是指依现在的科技发展水平难以预见，对于高速交通运输作业人应以谨慎的具有专业技术知识的人的认知标准来确认其是否能预见，还需考虑行为时各种客观条件对当事人认知能力的限制；“不能避免且不能克服”系指该不可抗力发生具有必然性，根据事件发生时的客观情况，当事人已尽到最大努力采取了一切可能措施仍不能避免损害结果的发生，“客观情况”系指该不可抗力的性质系事件而非某人的行为。例如，某轮船航行中遇特大台风，虽承运人尽了最大努力营救货物，仍有部分落海。这里，台风就属于事件，非人力所为，航海者难以预见，且难以避免和克服。

交通事故造成的损害，很多是由不可抗力造成的，理应作为交通事故致害的免责事由。这是因为，不可抗力具有客观性，作为不受人意志左右的客观力量，与当事人的行为无关，让当事人承担非由其行为造成的损害后果既不符合侵权行为的构成要件，又显失公平。但不可抗力并非在一切情况下都构成交通侵权的免责事由。其作为免责事由的重要前提条件是不可抗力应为交通损害事实发生的唯一原因，而不是出于行为人过错和不可抗力的共同作用。如果行为人过错行为是损害事实发生条件之一，或行为人过错造成了损害事实的扩大，则行为人应根据其过错程度承担交通侵权责任。因此，在本案中，大雾天气对于机动车驾驶人聂某和云某并不是“不能预见、不能避免且不能克服的客观情况”。作为有多年驾驶经验的机动车驾驶人，聂某和云某对于天气对机动车上道行驶的影响应当非常清楚，并且，依据其行车经验和社会常识对不同地方的天气差异和南方某市多雾也应当知晓，对自己到该地出车可能会遇到大雾天气应当有所预见。但两人依据其在当地行车的狭隘经验，认为防雾灯对于行车的用处不大，在发现防雾灯损坏后也未加修理，致使在遇到大雾天气时，发生防雾灯不能使用，无法看清路面的情况。在遇到大雾天气后，本可以停车回避，但被告云某为赶时间仍然在车辆没有防雾灯的情况下继续驾车行驶，最终引发了一起重大的交通事故。所以，大雾天气只是导致交通事故的一个外部条件，不是交通事故的直接的、必然的原因。行为人自身的过错是此次交通事故发生的主要原因。机动车一方不能以导致此次交通事故大雾天气为不可抗力，要求对此次交通事故免责。

综上所述，在本案中，机动车驾驶人聂某和云某的过错是发现车辆的防雾灯损坏后，未及时修理，使机动车在安全性能有缺陷的情况下上道行驶，造成交通事故。非机动车驾驶人莫某贴近道路中心线行驶，也违反了《道路交通安全法》第35条“机动车、非机动车实行右侧通行”；第36条“根据道路条件和通行需要，道路划分为机动车道、非机动车道和人行道的，机动车、非机动车、行人实行分道通行。没有划分机动车道、非机动车道和人行道的，机动车在道路中间通行，非机动车和行人在道路两侧通行”的规定。特别是在大雾天气的情况下，非机动车驾驶人莫某应当预见到在大雾天气下驾驶三轮车在道路中心行驶的危险性。但在本案中，因机动车一方有严重过错和违章行为，所以仍然不能以此为由减免其责任，故被告聂某与云某应当承担此次交通事故的全部责任。

十二、两车相撞伤及第三者，是否构成共同侵权？

案例 12　龚某诉费某、毕某道路交通事故人身损害赔偿纠纷案

事情是这样的

某日，费某驾驶私家车陪妻子到市中心繁华地段商场购物。在返回的途中，费某由于与妻子聊天，注意力分散，在一小巷与马路交叉口拐弯时与毕某驾驶的一辆微型面包车相撞。由于毕某的车速较快，受撞后偏离原行驶方向，撞到正骑自行车经过该路口的龚某，致其倒地后受重伤。费某与毕某亦在事故中受伤，车辆不同程度受损。公安机关经现场勘察后认定，肇事双方均负有一定的责任。依据“过失相抵”的原则，两车相撞导致的经济损失由各自承担。对于龚某在本次交通事故中所受的损害，公安机关认定由直接致害人毕某承担责任。鉴于毕某是在与对方车辆相撞后致龚某损害的，故不提请检察机关追究其刑事责任。毕某对公安机关作出的责任认定不服，提请上级公安机关进行行政复议。上级公安机关经审查后，维持了原公安机关作出的责任认定。

龚某认为，在此次交通事故中，自己完全没有一点过错，正是由于费某与毕某两车相撞，将正在骑车的自己撞成重伤，所以费某和毕某应当承担赔偿责任。根据《民法通则》的有关规定，两被告对自己伤害的行为属于共同侵权行为，应当承担连带赔偿责任。鉴于两被告互相推诿责任，龚某依法向人民法院提起诉讼，要求费某和毕某承担损害赔偿责任。被告费某辩称，应按照公安机关交警部门已经作出的交通事故认定，由毕某向原告龚某承担赔偿责任，自己对原告的经济损失则不应承担赔偿责任。被告毕某辩称，这起交通事故是由费某驾驶的车先撞了自己驾驶的面包车引起的，费某也存在过错，应当和自己共同承担原告的经济损失。

律师专线

在本案中，被告费某在驾驶机动车的过程中与他人聊天，注意力分散，没有尽到机动车驾驶人在驾驶机动车的过程中的高度注意的义务，其主观方面存有严重过错，故应当对此次交通事故承担赔偿责任。而被告毕某在通过交叉路口时，没有依法“减速慢行”，对事故的发生也有一定的过错。因此，在本案中，双方当事人均有过错，对这起事故承担同等责任，对其双方的损失适用过失相抵原则。而第三者龚某之所以受重伤，直接原因是毕某肇事车辆的撞击，但实际上是费某和毕某共同违章造成的损害结果的延续，也是整个交通事故的组成部分，费某和毕某对龚某构成无意思联络的共同侵权行为，应当承担连带赔偿责任。

法律规范

中华人民共和国道路交通安全法

（2003 年 10 月 28 日第十届全国人民代表大会常务委员会第五次会议通过　根据 2007 年 12 月 29 日第十届全国人民代表大会常务委员会第三十一次会议《关于修改〈中华人民共和国道路交通安全法〉的决定》修正）

第四十二条　机动车上道路行驶，不得超过限速标志标明的最高时速。在没有限速标志的路段，应当保持安全车速。

夜间行驶或者在容易发生危险的路段行驶，以及遇有沙尘、冰雹、雨、雪、雾、结冰等气象条件时，应当降低行驶速度。

第四十四条　机动车通过交叉路口，应当按照交通信号灯、交通标志、交通标线或者交通警察的指挥通过；通过没有交通信号灯、交通标志、交通标线或者交通警察指挥的交叉路口时，应当减速慢行，并让行人和优先通行的车辆先行。

第七十六条　机动车发生交通事故造成人身伤亡、财产损失的，由保险公司在机动车第三者责任强制保险责任限额范围内予以赔偿；不足的部分，按照下列规定承担赔偿责任：

（一）机动车之间发生交通事故的，由有过错的一方承担赔偿责任；双方都有过错的，按照各自过错的比例分担责任。

（二）机动车与非机动车驾驶人、行人之间发生交通事故，非机动车驾驶人、行人没有过错的，由机动车一方承担赔偿责任；有证据证明非机动车驾驶人、行人有过错的，根据过错程度适当减轻机动车一方的赔偿责任；机动车一方没有过错的，承担不超过百分之十的赔偿责任。

交通事故的损失是由非机动车驾驶人、行人故意碰撞机动车造成的，机动车一方不承担赔偿责任。

中华人民共和国道路交通安全法实施条例

（2004 年 4 月 28 日国务院第 49 次常务会议通过）

第四十五条　机动车在道路上行驶不得超过限速标志、标线标明的速度。在没有限速标志、标线的道路上，机动车不得超过下列最高行驶速度：

（一）没有道路中心线的道路，城市道路为每小时三十公里，公路为每小时四十公里；

（二）同方向只有一条机动车道的道路，城市道路为每小时五十公里，公路为每小时七十公里。

第五十二条　机动车通过没有交通信号灯控制也没有交通警察指挥的交叉路口，除应当遵守第五十一条第（二）项、第（三）项的规定外，还应当遵守下列规定：

（一）有交通标志、标线控制的，让优先通行的一方先行；

（二）没有交通标志、标线控制的，在进入路口前停车瞭望，让右方道路的来车先行；

（三）转弯的机动车让直行的车辆先行；

（四）相对方向行驶的右转弯的机动车让左转弯的车辆先行。

道路交通事故处理程序规定

（2008 年 7 月 11 日公安部部长办公会议通过）

第四十六条　公安机关交通管理部门应当根据当事人的行为对发生交通事故所起的作用以及过错的严重程度，确定当事人的责任。

（一）因一方当事人的过错导致交通事故的，承担全部责任；

（二）因两方或者两方以上当事人的过错发生交通事故的，根据其行为对事故发生的作用以及过错的严重程度，分别承担主要责任、同等责任和次要责任；

（三）各方均无导致道路交通事故的过错，属于交通意外事故的，各方均无责任。

一方当事人故意造成道路交通事故的，他方无责任。

中华人民共和国民法通则

（1986年4月12日第六届全国人民代表大会第四次会议通过　自1987年1月1日起施行）

第一百三十条　二人以上共同侵权造成他人损害的，应当承担连带责任。

最高人民法院关于审理人身损害赔偿案件适用法律若干问题的解释

（2003年12月4日最高人民法院审判委员会第1299次会议通过 法释〔2003〕20号）

第三条　二人以上共同故意或者共同过失致人损害，或者虽无共同故意、共同过失，但其侵害行为直接结合发生同一损害后果的，构成共同侵权，应当依照民法通则第一百三十条规定承担连带责任。

二人以上没有共同故意或者共同过失，但其分别实施的数个行为间接结合发生同一损害后果的，应当根据过失大小或者原因力比例各自承担相应的赔偿责任。

专家释惑

根据我国法律的规定，共同侵权可以分为两类：一是有意思联络的共同侵权，包括共同故意的行为、共同过失的行为。二是无意思联络的共同侵权，主要指侵权人各方对侵权行为的发生并不存在意思上的沟通、交流和共同的目的指向，即不存在共同的故意或过失，而是由于其各自独立的意思和行为相互作用、相互结合造成了损害事实的发生。共同侵权者对造成的损害后果应向受害人承担连带的侵权责任。在本案中，被告费某与被告毕某素不相识，只是偶然的因素使两车相撞，造成了第三人龚某重伤的后果。二人没有共同的故意或过失，但龚某的损失是由被告费某和被告毕某共同造成的，且不可分割，所以，可以认定被告费某与被告毕某的行为属于无意思联络的共同侵权。因此，被告费某与被告毕某应当对龚某的损害承担连带赔偿责任，多承担的一方可以向另一方追偿。

就本案而言，实践中还有一个问题，如果受害人只起诉部分加害人要求赔偿，法院是否应当追加其他加害人参加诉讼作为共同被告，并承担连带责任。我们认为，本案的侵权行为属于无意思联络的共同侵权，侵权人承担连带责任的基础是充分保护受害人的利益得到补偿的价值理念。因此，就交通事故损害赔偿案件而言，法院应当依据各加害人的过错划定相应的责任，并在明确各加害人赔偿份额的基础上判令其承担连带责任。连带责任的适用主要是为了防止因为部分加害人没有偿还能力而导致受害人得不到充分补偿的困境。如果允许受害人只起诉部分加害人，那么法院在只有部分加害人在场的情况下无法确定他们之间的责任份额，只能判定被诉的加害人承担全部责任，违背了适用连带责任的初衷——在更大的程度上保障受害人利益的原则。而且，由于责任份额难以确定，多承担了责任的加害人要向其他加害人追偿的话，不得不另行起诉，要求法院确定责任份额，导致诉累。因此，如果受害方仅起诉部分加害人，法院应当追加其他加害人参加诉讼作为共同被告，并承担连带责任。如果受害人明确放弃对其他人的诉讼请求的，人民法院应当列被诉的侵权人为被告，并将受害人放弃诉讼请求的情况在法律文书中叙明。对未被起诉的加害人应当承担的赔偿份额，被诉加害人不承担赔偿责任。

十三、雇员因执行职务发生交通事故致人损害的，雇主是否承担责任？

案例13　广西中国旅行社诉林某交通事故损害赔偿案

事情是这样的

被告林某雇请蒙某、黄某驾驶其带挂东风牌卡车。卢某从 1995 年 4 月份开始跟随蒙某、黄某一起驾驶被告的卡车，被告知道后并未提出异议。1995 年 6 月 6 日，蒙某、黄某、卢某驾驶车送货到北海。第三天返回，由卢某驾驶。上午 11 时许，卢某在 325 线 371km + 50m 处与原告广西中国旅行社的日产丰田中型客车相撞，造成原告车辆严重损坏及司机甘某和旅客何某两人重伤。钦州市公安局交通警察大队处理认定：卢某负事故的全部责任。被告林某参加了事故处理。原告伤员甘某受伤后入钦州市人民医院住院治疗 5 天，花去医疗费 5038.19 元。后转至中国人民解放军第 303 医院治疗，经该院诊断：左股骨中上段闭合性粉碎性骨折；左髌骨闭合性粉碎性骨折；左胫骨上端骨折；多处皮肤、软组织挫裂伤；小肠穿孔。住院治疗 24 天，花去医疗费 10218 元，误工 89 天，请人护理 29 天。旅客何某回广东治疗结果未知。原告的中型客车损坏，经南宁市康城汽车修理厂核定维修费为 130938 元。原告经多次向被告索赔未果，后诉至南宁市中级人民法院。

南宁地区中级人民法院经审理认为：事故肇事者卢某与被告林某之间存在雇佣关系，卢某与林某雇佣的司机蒙某、黄某一起驾驶林某的车辆，林某一直未提出异议，基于该事实，林某对卢某驾车所造成的原告方的损失，应承担责任。判令被告林某承担全部责任，赔偿原告广西中国旅行社交通事故损失共 156168.99 元。

后林某不服判决结果，向广西壮族自治区高级人民法院提起上诉。二审法院判决驳回上诉，维持原判。

律师专线

本案是雇员执行职务致人损害赔偿纠纷案。在民法理论上，这种雇员因执行职务致人损害的行为，属于一种特殊的侵权行为。对这类案件的处理，我国《民法通则》无明文规定，但理论界一致认为，雇员因执行职务致人损害的，应由雇主负赔偿责任，而不论雇主有无过错；但因不可抗力或受害人故意造成损害的除外。在司法实践中，法院也是这样处理的。

雇员因执行职务致人损害由雇主赔偿是以雇佣关系的存在为前提的。处理本案的关键也是肇事者卢某与车主（被告）林某之间是否存在雇佣关系的事实。林某在一审答辩中是否认这一事实的。根据第三人蒙某以及黄某所提供的陈述，林某对卢某与其他两位司机一起驾驶汽车是知道的，但林某一直未提出异议，根据这一事实，一、二审法院认定林某默认其与卢某的雇佣关系，这是正确的。卢某与蒙某、黄某送货来回于北海，是“雇员执行职务”行为。既然林某与卢某之间存在雇佣关系，那么，根据公安机关的事故责任认定书，原告的损失是由卢某违章驾驶造成的，卢某负全部责任。毫无疑问，作为雇主的林某，对卢某的行为负全部责任。

法律规范

最高人民法院关于审理人身损害赔偿案件适用法律若干问题的解释

（2003年12月4日最高人民法院审判委员会第1299次会议通过　法释〔2003〕20号）

第九条　雇员在从事雇佣活动中致人损害的，雇主应当承担赔偿责任；雇员因故意或者重大过失致人损害的，应当与雇主承担连带赔偿责任。雇主承担连带赔偿责任的，可以向雇员追偿。

前款所称“从事雇佣活动”，是指从事雇主授权或者指示范围内的生产经营活动或者其他劳务活动。雇员的行为超出授权范围，但其表现形式是履行职务或者与履行职务有内在联系的，应当认定为“从事雇佣活动”。

专家释惑

雇员在从事雇佣活动中致人损害的，雇主应当承担赔偿责任；雇员因故意或者重大过失致人损害的，应当与雇主承担连带赔偿责任。雇主承担连带赔偿责任的，可以向雇员追偿。

雇主责任的理由主要在两个方面：第一，雇主对雇员负有选任、教育和监督的义务。雇主应谨慎选择和任用合适的雇员从事他力所能及的工作，并对雇员做经常性的教育和监督工作，防止损害事故的发生，如果雇主未尽其责，理应赔偿由此造成的损失。第二，雇员往往收入较低，赔偿能力有限，雇主则资金相对雄厚，偿付能力强，以雇主为赔偿义务人对受害人的保护更为有利。

当然，如果责任全部由雇主承担，而直接造成损害的雇员本人却一身轻松，也有失公平。因此雇员因故意或者重大过失致人损害的，应当与雇主承担连带赔偿责任。雇主承担连带赔偿责任的，可以向雇员追偿。

十四、车辆出事故，挂靠单位是否承担赔偿责任？

案例 14　熊某诉苗某道路交通事故人身损害赔偿案

事情是这样的

2005 年 2 月 11 日晚 20 时 10 分，熊某的丈夫季某驾驶桑塔纳小轿车在公路上飞快行驶，与苗某驾驶的东风牌大货车迎面猛烈相撞，造成季某的桑塔纳小轿车严重损坏，季某当场死亡的重大交通事故。事故发生后，苗某立即报警并保护交通事故现场。某市公安局交警大队接警后迅速赶到事故现场进行勘验、收集证据，并于 2005 年 2 月 24 日作出《交通事故认定书》认定：季某驾车占线行驶，应负事故的主要责任，苗某驾驶不符合要求的车辆上道行驶，应负事故的次要责任。交警大队主持双方调解未果。2005 年 4 月 3 日，熊某向人民法院提起民事诉讼，认为被告苗某驾驶有安全隐患的车辆上道行驶，其非法驾驶的行为是造成交通事故的根源，其主观上具有严重过错。而且被告苗某在自己的车前违法安装具有强烈聚光和聚焦性能的强光型前灯，在严重超速行驶时，被告苗某全部打亮车前的强光型前灯，使迎面驾驶的季某在眩目、暂时性失明的情况下无法及时采取刹车和避让措施，导致车毁人亡的悲剧发生。因此，被告苗某在此次交通事故中应当负主要责任，而公安机关交通部门却认定被告苗某负次要责任，明显不当。请求法院判令被告赔偿其经济损失和精神损失共计 30 万元。

被告苗某认为，原告称其使用具有强烈聚光和聚焦性能的强光型前灯和严重超速而造成这次事故的发生，是不符合事实的。苏某在驾驶车辆时是按照正规的限速行驶，此次事故不是由苏某的过错造成的，而是由于季某占线超速行驶导致悲惨事故发生，可见，季某在驾驶时具有重大过错，而且自己在此次事故中也遭受了较大的经济损失。故对原告提出的经济赔偿和精神赔偿，本人不能接受，请求法院依法驳回原告的诉讼请求。

经查，某汽运公司系被告苗某所驾驶车辆的挂靠单位，由法院追加为共同被告。其辩称：被告苗某不是我单位的职工，其驾驶的东风牌汽车产权属他自己所有，他与季某驾驶的桑塔纳小轿车相撞而造成的经济损失，与我单位无关，我单位依法不应承担任何责任。

法院经走访交警支队事故科、车辆检测中心等单位后查明：被告苗某驾驶的东风牌大货车，已经经过自己的非法改装，该车使用的远光灯的亮度已超过国家规定的7.5倍，近光灯的亮度超过国家规定的22倍。事故发生时该车的时速为每小时65~70公里。当季某的车与被告苗某的车相会时，季某根据对方的灯光及车速已向被告发出了示警信号（危险信号灯），但由于被告驾驶的车辆使用的远光灯和近光灯亮度都超过国家规定的标准，达不到防眩的目的，使季某在视力受到严重障碍的情况下其车越过公路的中心线75厘米，加上被告超速行驶，导致两车相撞，造成季某车毁人亡的重大交通事故。

法院经审理认为，被告苗某安装使用超出国家规定标准的远光灯和近光灯，这种灯具有强烈的聚光和聚焦性能，在夜间行车时会给对方驾驶员造成极大的视力障碍，造成对方短时间的失明。季某占线是被告苗某使用超标灯所致，苗某应负本案80%的主要责任；季某因采取措施不当，应负本案20%的次要责任。市公安局交警在处理该事故时仅以季某占线为由，认定季某负该事故的主要责任，未考虑到因被告使用违反国家规定的前照灯，在夜间行驶时会给对方造成视力障碍这一引起事故发生的直接原因，是不妥当的，应予更正。在本案中，被告汽运公司系被告苗某车辆的挂靠单位，每年均向被告苗某收取一定的管理费，据此，被告汽运公司对挂靠自己单位的车辆负有管理义务，根据相关法律法规的规定，挂靠单位对造成交通事故的车辆应当承担连带责任。

律师专线

在本案中，被告汽运公司是交通事故责任者苗某的挂靠单位，其在苗某负交通事故主要责任的赔偿案件中是否应当承担赔偿责任，这是本案争议的焦点。其实，所谓“挂靠”是指出于一定的经济目的而依附于另一个独立的民事主体，且前者以后者的名义进行经营活动，而由后者向前者收取一定挂靠费用的行为。一般是指个人挂靠到单位，而由于我国对于个人车辆和单位车辆之间、单位与单位的车辆之间有关机动车的年检手续以及其他各种费用的缴纳之间存在差别，所以造成交通运输领域的挂靠现象还很普遍。在司法实践中，一般判令挂靠单位汽运公司对挂靠车辆驾驶者苗某所负的赔偿责任承担连带责任。理由是：交通事故中苗某的责任并非简单的驾驶员责任，亦包括挂靠单位的经营管理责任；驾驶员苗某以汽运公司的名义在该公司的经营范围内从事经营活动，汽运公司对此具有安全教育和管理义务；正是由于汽运公司疏于对苗某的教育管理，才为苗某的违章造成本次事故埋下了隐患。因此汽运公司应当承担连带赔偿责任。

法律规范

中华人民共和国道路交通安全法

（2003 年 10 月 28 日第十届全国人民代表大会常务委员会第五次会议通过　根据 2007 年 12 月 29 日第十届全国人民代表大会常务委员会第三十一次会议《关于修改〈中华人民共和国道路交通安全法〉的决定》修正）

第十条　准予登记的机动车应当符合机动车国家安全技术标准。申请机动车登记时，应当接受对该机动车的安全技术检验。但是，经国家机动车产品主管部门依据机动车国家安全技术标准认定的企业生产的机动车型，该车型的新车在出厂时经检验符合机动车国家安全技术标准，获得检验合格证的，免予安全技术检验。

第十六条　任何单位或者个人不得有下列行为：

（一）拼装机动车或者擅自改变机动车已登记的结构、构造或者特征；

（二）改变机动车型号、发动机号、车架号或者车辆识别代号；

（三）伪造、变造或者使用伪造、变造的机动车登记证书、号牌、行驶证、检验合格标志、保险标志；

（四）使用其他机动车的登记证书、号牌、行驶证、检验合格标志、保险标志。

第七十三条　公安机关交通管理部门应当根据交通事故现场勘验、检查、调查情况和有关的检验、鉴定结论，及时制作交通事故认定书，作为处理交通事故的证据。交通事故认定书应当载明交通事故的基本事实、成因和当事人的责任，并送达当事人。

最高人民法院、公安部关于处理道路交通事故案件有关问题的通知

（1992年1月1日　法发〔1992〕39号）

四、当事人仅就公安机关作出的道路交通事故责任认定和伤残评定不服，向人民法院提起行政诉讼或民事诉讼的，人民法院不予受理。当事人对作出的行政处罚不服提起行政诉讼或就损害赔偿问题提起民事诉讼的，以及人民法院审理交通肇事刑事案件时，人民法院经审查认为公安机关所作出的责任认定、伤残评定确属不妥，则不予采信，以人民法院审理认定的案件事实作为定案的依据。

最高人民法院关于实际车主肇事后其挂靠单位应否承担责任的复函

（〔2001〕民一他字第23号）

湖北省高级人民法院：

你院关于“关于实际车主肇事后其挂靠单位应否承担责任的请示”收悉。我们研究认为，本案的被挂靠单位湖北洋丰股份有限公司从挂靠车辆的运营中取得了利益，因此应承担适当的民事责任。

此复

专家释惑

在本案中，被告汽运公司是本案交通事故责任者的挂靠单位，在交通事故责任者承担主要交通事故赔偿责任时，挂靠单位也应承担连带责任。

出租车和货物运输车辆挂靠某个单位营业，是我国运输行业目前普遍存在的现象。与其他挂靠性质不同，它并不为法律所禁止。由于挂靠方以被挂靠方的名义行事，造成一种属于被挂靠者单位的表面现象，所以对第三人产生了被挂靠方为挂靠者提供信用担保的效果。赖以维系挂靠者与被挂靠者之间联系的唯一因素是双方的利益关系，即挂靠人向被挂靠人支付的挂靠费用，而被挂靠单位向挂靠人所提供的单位名义进而对第三人产生为挂靠者提供信用担保的效果。因为第三人不一定了解挂靠人与被挂靠人之间的这种挂靠关系，而仅凭借对被挂靠单位的信任而与挂靠人发生联系，因此为保护法律关系的稳定性，及时给受害者一方经济补偿以抚慰其精神上的损伤和财产上的损失，现今的人民法院在处理涉及挂靠单位的损害案件中，大多仍然是将挂靠单位作为共同侵权人判其承担连带责任；或根据单位在机动车行政管理登记中的名义车主身份，或依据单位制度上的对挂靠车辆的监管职责，收取挂靠费用的权利等，判其作为实际车主或拥有支配权，享有运营利益者承担损害赔偿责任。当然，双方可在挂靠合同中约定排除此种情况下被挂靠者的责任，从而被挂靠者可向挂靠者进行赔偿。

根据最高人民法院、公安部发布的《关于处理道路交通事故案件有关问题的通知》第 4 条规定：“当事人仅就公安机关作出的道路交通事故责任认定和伤残评定不服，向人民法院提起行政诉讼或民事诉讼的，人民法院不予受理。当事人对作出的行政处罚不服提起行政诉讼或就损害赔偿问题提起民事诉讼的，以及人民法院审理交通肇事刑事案件时，人民法院经审查认为公安机关所作出的责任认定、伤残评定确属不妥，则不予采信，以人民法院审理认定的案件事实作为定案的依据。”《中华人民共和国道路交通安全法》（以下简称《道路交通安全法》）第73条规定：“公安机关交通管理部门应当根据交通事故现场勘验、检查、调查情况和有关的检验、鉴定结论，及时制作交通事故认定书，作为处理交通事故的证据。交通事故认定书应当载明交通事故的基本事实、成因和当事人的责任，并送达当事人。”从这些规定可以看出，对于当事人的过错大小以及损害赔偿责任的认定，是法院的职责，公安机关道路交通管理部门处理交通事故的职责重点在于通过现场技术勘验以及检查、调查、鉴定等活动，弄清道路交通事故的事实和原因以及当事人有无违章或者其他主观过错等，公安机关的事故认定书主要起一个事实认定、事故成因分析的作用，对法院而言，这个认定书具有证据的效力，而不是进行损害赔偿的当然依据。责任认定和伤残评定是属于事实的认定问题，而事实的认定是属于民事诉讼、行政诉讼、刑事诉讼以及行政处罚定案的事实依据，即属于证明客观事实及依据客观事实证明认定损害因果关系的问题。事实认定本身不在国家职能部门权利分工的范围之内，每个国家职能部门都可以在处理案件中作出自己的事实认定，但这种事实认定对其他国家职能部门不具有既定事实的效力。特别是对享有最终裁判权的法院来说，其他部门作出的事实认定，仅是当事人向法院提供的证明其诉讼请求的证据，法院依法必须审查其是否可成为证明案件事实的证据以及其证明力如何。经过审查，如果有相反的事实能够证明该责任认定有错误，则对这样的证据不予采信，而以法院自己审理认定的案件事实作为定案的根据。

十五、出租车出事故，责任由谁承担？

案例 15 凌某诉出租车公司等道路交通事故人身损害赔偿案

事情是这样的

2004 年 4 月 13 日上午，某公共交通公司司机沈某驾驶 A21195 号大客车行驶至航天桥路交叉口处，与受雇司机严某驾驶的 B95926 号夏利出租车（夏利出租车系某出租汽车公司车籍，车主系胡某，严某是受雇司机）相撞，大客车被撞后向右侧冲去，将人行道上骑车的原告凌某撞伤。交通事故发生后，在路人的报警下，交通警察迅速赶到车祸现场，对交通事故现场进行勘验、检查、收集证据。随后出具的《交通事故认定书》认定：沈某、严某驾驶汽车行经交叉路口没有确保安全，让行不够，各负同等事故责任，凌某无事故责任。

原告凌某被撞伤后，即被交通警察送往某医院进行抢救治疗，住院 39 天，后又转入某附属医院住院治疗 14 天，经法医鉴定为：因交通事故被车撞伤，致胸口外伤，右侧血气胸、肋骨骨折、颅底骨折、气颅、气管断裂。该鉴定人现不能完全独立生活，需经常有人监护，各种活动受限，仅限于室内活动；明显职业受限；社会交往困难。最后鉴定结论为：凌某伤残等级达三级，需永久性带管。原告凌某以公共交通公司、出租车车主胡某、出租汽车公司为被告，向法院起诉，要求三被告赔偿医疗费、后续治疗费、住院伙食补助费、护理费、营养费、残疾生活补助费、交通费、精神损失费共计约 135 万元，由三被告承担连带责任。

被告公共交通公司认为，本案不能适用连带赔偿责任，应当由三被告按照公安部门作出的交通事故责任认定书中的认定分别承担责任；另在此案中，原告要求赔偿精神损失 20 万元，数额明显过大，而且没有法律依据，不同意赔偿精神损失费。

被告出租汽车公司认为：交通事故责任认定不当，夏利出租车只能承担两车相撞的责任，不应当承担大客车撞人的责任，原告的民事赔偿请求依据不充分；原告不应当将出租汽车公司列为被告，因为出租汽车公司不是肇事司机的单位，也不是肇事车所有人，不应承担赔偿责任。

出租车车主胡某认为，交通队的责任认定不合理，其无力赔偿，他的出租车损失也很惨重。

律师专线

沈某、严某驾车相撞，造成原告凌某无辜受伤，应当承担民事责任。但二人是在履行营运职务时肇事，沈某的赔偿责任应当由公共交通公司承担。严某系车主胡某的雇佣司机，赔偿责任应当由胡某承担，但胡某所有的出租车车籍在出租汽车公司处，且出租汽车公司负有管理责任并收取管理费用，因此出租汽车公司应对胡某赔偿部分承担连带责任。由于各被告的责任，造成原告残疾，使其生活终生不能自理，活动永远受限，不能参加社会交往，给原告造成了巨大的精神伤害，原告主张精神损害补偿应予支持。

法律规范

中华人民共和国民法通则

（1986 年 4 月 12 日第六届全国人民代表大会第四次会议通过　自 1987 年 1 月 1 日起施行）

第一百零六条　公民、法人违反合同或者不履行其他义务的，应当承担民事责任。

公民、法人由于过错侵害国家的、集体的财产，侵害他人财产、人身的，应当承担民事责任。

没有过错，但法律规定应当承担民事责任的，应当承担民事责任。

第一百三十条　二人以上共同侵权造成他人损害的，应当承担连带责任。

最高人民法院关于审理人身损害赔偿案件适用法律若干问题的解释

（2003 年 12 月 4 日最高人民法院审判委员会第 1299 次会议通过　法释〔2003〕20 号）

第九条　雇员在从事雇佣活动中致人损害的，雇主应当承担赔偿责任；雇员因故意或者重大过失致人损害的，应当与雇主承担连带赔偿责任。雇主承担连带赔偿责任的，可以向雇员追偿。

前款所称“从事雇佣活动”，是指从事雇主授权或者指示范围内的生产经营活动或者其他劳务活动。雇员的行为超出授权范围，但其表现形式是履行职务或者与履行职务有内在联系的，应当认定为“从事雇佣活动”。

第十七条　受害人遭受人身损害，因就医治疗支出的各项费用以及因误工减少的收入，包括医疗费、误工费、护理费、交通费、住宿费、住院伙食补助费、必要的营养费，赔偿义务人应当予以赔偿。

受害人因伤致残的，其因增加生活上需要所支出的必要费用以及因丧失劳动能力导致的收入损失，包括残疾赔偿金、残疾辅助器具费、被扶养人生活费，以及因康复护理、继续治疗实际发生的必要的康复费、护理费、后续治疗费，赔偿义务人也应当予以赔偿。

受害人死亡的，赔偿义务人除应当根据抢救治疗情况赔偿本条第一款规定的相关费用外，还应当赔偿丧葬费、被扶养人生活费、死亡补偿费以及受害人亲属办理丧葬事宜支出的交通费、住宿费和误工损失等其他合理费用。

第十八条　受害人或者死者近亲属遭受精神损害，赔偿权利人向人民法院请求赔偿精神损害抚慰金的，适用《最高人民法院关于确定民事侵权精神损害赔偿责任若干问题的解释》予以确定。

精神损害抚慰金的请求权，不得让与或者继承。但赔偿义务人已经以书面方式承诺给予金钱赔偿，或者赔偿权利人已经向人民法院起诉的除外。

最高人民法院关于确定民事侵权精神损害赔偿责任若干问题的解释

（2001 年 2 月 26 日最高人民法院审判委员会第 1161 次会议通过　法释〔2001〕7 号）

第一条　自然人因下列人格权利遭受非法侵害，向人民法院起诉请求赔偿精神损害的，人民法院应当依法予以受理：

（一）生命权、健康权、身体权；

（二）姓名权、肖像权、名誉权、荣誉权；

（三）人格尊严权、人身自由权。

违反社会公共利益、社会公德侵害他人隐私或者其他人格利益，受害人以侵权为由向人民法院起诉请求赔偿精神损害的，人民法院应当依法予以受理。

第九条　精神损害抚慰金包括以下方式：

（一）致人残疾的，为残疾赔偿金；

（二）致人死亡的，为死亡赔偿金；

（三）其他损害情形的精神抚慰金。

第十条　精神损害的赔偿数额根据以下因素确定：

（一）侵权人的过错程度，法律另有规定的除外；

（二）侵害的手段、场合、行为方式等具体情节；

（三）侵权行为所造成的后果；

（四）侵权人的获利情况；

（五）侵权人承担责任的经济能力；

（六）受诉法院所在地平均生活水平。

法律、行政法规对残疾赔偿金、死亡赔偿金等有明确规定的，适用法律、行政法规的规定。

专家释惑

在当前的出租车行业当中，驾驶者主要有四种形式：一是公司职员，即为公司驾驶出租车，利润上交，每月领取工资；二是承包公司所有的机动车，每月上交一定的利润，对外仍以公司的名义营业；三是挂靠承包经营，即将自己的机动车挂靠出租车公司，其营运证由公司负责办理，每月向公司上交一定费用，这种费用较之承包经营所交纳的费用较低，对外以公司名义营业；四是所谓“二驾”，或称“副驾”，即由承包经营人即“主驾”对外以招聘或其他形式招聘他人经营。二驾又分为三种，其一是二驾作为主驾的雇员，每月向主驾领取一定的工资，利润上交主驾；其二是二驾承包本应由主驾所运营的机动车，定期向主驾交纳固定费用，其余利润均归自己所有；其三是部分承包主驾所运营的机动车，即与主驾在不同的时间段运营，例如主驾白天运营，二驾晚上运营，二驾定期向主驾支付固定的费用。对于二驾，有的出租车公司制度比较完备，规定雇佣二驾必须在公司备案。有的则比较松散，对雇佣二驾没有规定或约定。

在出租车肇事导致交通事故致人损害后，应由谁作为责任主体呢？主驾与公司及二驾与公司之间究竟是什么关系？是承包关系还是租赁关系或者是其他关系？有人认为，根据承包合同的原理，应由承包人承担责任，作为发包人的公司承担连带责任。对于二驾问题，即转承包，如果经原发包人同意的，则原发包人承担连带责任；未经同意的，转包当事人之间承担连带责任，原发包人承担垫付责任。对于挂靠经营的，机动车所有人承担责任，被挂靠的公司承担有限连带责任，这种连带责任以公司收取挂靠的各种管理费为限。我们认为，在出租车行业中，主驾与公司之间以及二驾与公司之间对外应均认定为雇佣关系。理由是：主驾或二驾对外均以公司名义运营，并未以自己名义运营，以公司名义运营也得到公司的认可，公司对机动车的运行具有管理的责任，机动车的运行支配归属于公司，而公司也从运行中获取到期望得到的运行利益，作为机动车运行支配与运行利益的归属者，公司应当作为直接责任主体，即此类案件中，作为被告应当仅为出租车公司，而不包括主驾或二驾。至于公司向主驾或二驾的追偿权，则由公司、主驾及二驾依据内部的合同约定来处理，确定系属承包关系、租赁关系或雇佣关系，但不论是什么关系，皆属于内部关系，与外部关系无涉，其效力不及于外部。

十六、无偿帮工发生交通事故的，能否要求被帮工人赔偿？

案例 16　丁某诉王某等道路交通事故人身损害赔偿纠纷案

事情是这样的

2005 年 7 月 15 日上午 11 时许，王某驾驶自己的面包车无偿为远房亲戚李某送货，沿乡镇路由北向南行驶，当超越前方顺行的一辆畜力车时，与由西向东过公路步行的丁某相撞，造成丁某受伤，致九级伤残的后果。事发后，丁某当日被送往县人民医院，后转入某附属医院治疗，同年8月8日，丁某好转出院，出院诊断结果为闭合性胸外伤、颈骨骨折等，丁某共花去医疗费13368元。此事故经县公安局交通警察大队认定，王某负事故的主要责任，丁某负事故的次要责任。之后，当丁某要求李某、王某赔偿其医疗费、残疾赔偿金等损失时，王某以其只是李某的无偿帮工人，不是受益人，无法定赔偿义务为由拒绝赔偿，李某则以其不是肇事人为由，也拒绝赔偿。万般无奈之下，丁某一纸诉状将王某、李某二人推上了被告席。

律师专线

王某无偿驾车为李某送货，与李某之间形成无偿帮工关系。王某是帮工人，李某是被帮工人，是受益人，王某因违章驾车将丁某撞伤致残，王某本应根据自己应负交通事故责任的大小，对丁某的医疗费等损失承担赔偿责任。鉴于王某是在为李某无偿帮工过程中将丁某致残的，根据最高人民法院《关于审理人身损害赔偿案件适用法律若干问题的解释》第13条规定："为他人无偿提供劳务的帮工人，在从事帮工活动中致人损害的，被帮工人应当承担赔偿责任。"因此，丁某的医疗费等损失，应由李某承担。再者，在本次交通事故中，经交警部门认定王某负事故的主要责任，应视为其因重大过失而发生交通事故，具有重大过错。上述《解释》第13条同时规定："帮工人存在故意或者重大过失，赔偿权利人请求帮工人和被帮工人承担连带赔偿责任的，人民法院应予支持。"故王某和李某应依法向丁某承担连带赔偿责任。

法律规范

中华人民共和国民法通则

（1986年4月12日第六届全国人民代表大会第四次会议通过　自1987年1月1日起施行）

第一百三十一条　受害人对于损害的发生也有过错的，可以减轻侵害人的民事责任。

最高人民法院关于审理人身损害赔偿案件适用法律若干问题的解释

（2003 年 12 月 4 日最高人民法院审判委员会第 1299 次会议通过　法释〔2003〕20 号）

第二条　受害人对同一损害的发生或者扩大有故意、过失的，依照民法通则第一百三十一条的规定，可以减轻或者免除赔偿义务人的赔偿责任。但侵权人因故意或者重大过失致人损害，受害人只有一般过失的，不减轻赔偿义务人的赔偿责任。

适用民法通则第一百零六条第三款规定确定赔偿义务人的赔偿责任时，受害人有重大过失的，可以减轻赔偿义务人的赔偿责任。

第十三条　为他人无偿提供劳务的帮工人，在从事帮工活动中致人损害的，被帮工人应当承担赔偿责任。被帮工人明确拒绝帮工的，不承担赔偿责任。帮工人存在故意或者重大过失，赔偿权利人请求帮工人和被帮工人承担连带责任的，人民法院应予支持。

第十四条　帮工人因帮工活动遭受人身损害的，被帮工人应当承担赔偿责任。被帮工人明确拒绝帮工的，不承担赔偿责任；但可以在受益范围内予以适当补偿。

帮工人因第三人侵权遭受人身损害的，由第三人承担赔偿责任。第三人不能确定或者没有赔偿能力的，可以由被帮工人予以适当补偿。

专家释惑

本案是一起为他人无偿提供劳务的帮工人在从事帮工活动中致人损害的特殊损害赔偿案件。为了满足被帮工人生产或生活方面的需要，帮工人不以追求报酬为目的，为被帮工人无偿提供的劳务行为在法律上称为义务帮工。义务帮工通常发生在亲朋好友、同事、邻居之间，具有临时性的特点。帮工活动中，帮工人虽是自愿、无偿提供帮工活动，但基于报偿原理，被帮工人李某是受益人，且在帮工活动中也有义务对帮工活动进行必要的选任、安全指导、审查。由于李某存在选任不当、疏于指导、审查不力等过错，故应当对其活动中造成的风险承担责任。最高人民法院《关于审理人身损害赔偿案件适用法律若干问题的解释》第 13 条规定："为他人无偿提供劳务的帮工人，在从事帮工活动中致人损害的，被帮工人应当承担赔偿责任。"本案中，被帮工人李某是实际受益者，与帮工人王某形成的是义务帮工关系，李某对王某帮工活动中对他人造成的损害应当承担赔偿责任。

被帮工人的风险责任不同于雇主的责任。尽管帮工人与雇员所创造的经济利益及其他利益的归属相同，均归于被帮工人与雇主，但雇主责任是在雇佣关系中产生的民事责任，而雇佣关系存在的基础是雇佣合同，雇员按照雇主指示，利用雇主提供的条件，以自己的技能为雇主提供劳务，雇主向雇员支付报酬。而帮工则是无偿的，且帮工人不受被帮工人的指示与监督，帮工人的意志是自由的，不受被帮工人的约束。《解释》第 13 条规定："帮工人存在故意或者重大过失，赔偿权利人请求帮工人和被帮工人承担连带责任的，人民法院应予支持。"本案中，由于王某违反了交通法规，被交警大队认定对事故承担主要责任，可见，王某对本案人身损害的发生有重大过失，应当与李某承担连带赔偿责任。

如果因帮助他人驾驶车辆发生交通事故自己产生损失，被帮工人是否承担赔偿责任呢？根据最高人民法院《关于审理人身损害赔偿案件适用法律若干问题的解释》第 14 条第 1 款规定，帮工人因帮工活动遭受人身损害的，被帮工人应当承担赔偿责任。被帮工人明确拒绝帮工的，不承担赔偿责任；但可以在受益范围内予以适当补偿。帮工的前提是无偿提供劳务。帮工人帮助他人驾驶车辆发生交通事故，自己受伤的，被帮工人应赔偿帮工人人身所受的相应损失。根据《民法通则》第 131 条的规定，受害人对于损害的发生也有过错的，可以减轻侵害人的民事责任。最高人民法院《关于审理人身损害赔偿案件适用法律若干问题的解释》第2条规定:“受害人对同一损害的发生或者扩大有故意、过失的,依照民法通则第一百三十一条的规定,可以减轻或者免除赔偿义务人的赔偿责任。但侵权人因故意或者重大过失致人损害,受害人只有一般过失的,不减轻赔偿义务人的赔偿责任。”若根据公安部门的交通事故责任认定,帮工人负主要责任,那么其对交通事故的发生主观有过错,在确定被帮工人的赔偿责任时,应考虑这一情节,适当减轻被帮工人的赔偿责任,被帮工人应按减轻后的责任比例赔偿帮工人的各项合理经济损失。根据法律规定如果帮工人在交通事故中仅仅是一般的过失,则不应减轻被帮工人的赔偿责任。

十七、被盗车辆发生交通事故,原车主是否承担赔偿责任?

案例17　颜某与腾某等道路交通事故损害赔偿纠纷案

事情是这样的

2006年10月28日上午11时许,原告颜某驾驶一辆摩托车由西往东行至某中学门口时,与一辆超速行驶的摩托车迎面碰撞,两摩托车均有不同程度损坏,肇事摩托车司机弃车逃逸,颜某脑部和膝盖受伤,被路人送往医院进行抢救治疗。经某市公安局交警大队认定,肇事摩托车司机肇事逃逸,应负事故的全部责任。后经查明,肇事摩托车车主所有人为腾某,腾某于事故发生当日上午8时许发现摩托车丢失后就立即报了案,公安机关已经立案侦查,但尚未破案。原告颜某头部严重受伤,先后两次入院治疗,共花去医疗费5万元。经查明,肇事摩托车向保险公司投保了该责任险,保险条款规定第三者责任险是在被保险人允许的合格驾驶人员在使用保险车辆过程中,发生意外事故致使第三者遭受人身伤亡或财产的直接损毁,依法应当由被保险人支付赔偿金额,保险人依照保险合同的规定给予赔偿；不属于保险责任范围内的损失和费用，保险人不负责赔偿。

原告颜某认为，对于此次交通事故，被盗车辆的所有人由于没有尽职尽责看管好自己的车辆，导致车辆被盗，从而引发了此起交通事故，被盗车辆的所有人具有一定的过错，应当承担损害赔偿责任。被盗车辆曾向保险公司投保第三者责任险，根据法律法规的规定，保险公司也应当在承保的范围内承担此次交通事故的经济损失。原告在找不到肇事车辆驾驶人的情况下，向法院起诉请求由肇事车辆的所有人腾某及保险公司承担其医疗费。腾某认为偷车人造成的交通事故，与自己没有关系，自己的车辆被盗是自己无法预见的事故，自己没有过错，不应由自己承担受害人的损失。保险公司认为，在此次交通事故中，肇事车辆的驾驶人员不是本保险合同中规定的合格驾驶人员，根据保险合同的条款规定，此次交通事故造成的经济损失，不属于保险公司依法赔偿的范围，原告的诉讼请求是没有法律依据的。

律师专线

最高人民法院《关于被盗机动车辆肇事后由谁承担赔偿责任问题的批复》规定：使用盗用的机动车辆肇事，造成被损害人物质损失的，肇事人应当依法承担损害赔偿责任，被盗机动车辆所有人不承担赔偿责任。因为在被盗后，车主即失去对其的控制，所以，只要车辆所有权人在车辆失窃前尽到管理义务，则不应对其在失窃后的交通肇事承担责任。

根据《机动车交通事故责任强制保险条例》第22条及一般保险合同的规定，第三者责任险只在被保险人，或经被保险人允许的驾驶人员对事故对方造成损害时，保险公司才赔付，而窃贼显然不属于这两种人，所以保险公司对窃贼盗车后驾驶中肇事造成的第三者损失不承担赔偿责任。

法律规范

中华人民共和国道路交通安全法

(2003年10月28日第十届全国人民代表大会常务委员会第五次会议通过　根据2007年12月29日第十届全国人民代表大会常务委员会第三十一次会议

《关于修改〈中华人民共和国道路交通安全法〉的决定》修正)

第七十五条　医疗机构对交通事故中的受伤人员应当及时抢救，不得因抢救费用未及时支付而拖延救治。肇事车辆参加机动车第三者责任强制保险的，由保险公司在责任限额范围内支付抢救费用；抢救费用超过责任限额的，未参加机动车第三者责任强制保险或者肇事后逃逸的，由道路交通事故社会救助基金先行垫付部分或者全部抢救费用，道路交通事故社会救助基金管理机构有权向交通事故责任人追偿。

机动车交通事故责任强制保险条例

(2006年3月1日国务院第127次常务会议通过)

第二十二条　有下列情形之一的，保险公司在机动车交通事故责任强制保险责任限额范围内垫付抢救费用，并有权向致害人追偿：

(一) 驾驶人未取得驾驶资格或者醉酒的；

(二) 被保险机动车被盗抢期间肇事的；

(三) 被保险人故意制造道路交通事故的。

有前款所列情形之一，发生道路交通事故的，造成受害人的财产损失，保险公司不承担赔偿责任。

最高人民法院关于被盗机动车辆肇事后由谁承担损害赔偿责任问题的批复

(1999年6月18日最高人民法院审判委员会第1069次会议通过　法释〔1999〕13号)

河南省高级人民法院：

你院《关于被盗机动车辆肇事后肇事人逃跑由谁承担损害赔偿责任的请示》收悉。经研究，答复如下：

使用盗窃的机动车辆肇事，造成被害人物质损失的，肇事人应当依法承担损害赔偿责任，被盗机动车辆的所有人不承担损害赔偿责任。

此复

专家释惑

只要机动车所有人已经按照交通法律法规的规定履行了驾驶员

的责任，如在下车时拉下手制动，关好车门，拔下钥匙，就已经尽到了必要的注意义务，就应认为其对车辆被盗的意外事件没有责任。车辆被盗后，已经脱离了所有人的有效控制，这时车辆发生的交通肇事行为再由其承担损害赔偿责任，有失法律的公平。对于此类案件，最高人民法院《关于被盗机动车辆肇事后由谁承担损害赔偿责任问题的批复》规定："使用盗窃的机动车辆肇事，造成被害人物质损失的，肇事人应当依法承担损害赔偿责任，被盗机动车辆的所有人不承担损害赔偿责任。"从最高人民法院规定的这条司法解释中足以肯定，当被盗车辆造成交通事故后，被盗车辆的所有人是不应承担任何赔偿责任的，交通事故的受害者只能依法向交通事故的肇事者要求赔偿。在本案中，肇事摩托车系被盗车辆，交通事故受害者颜某不能向车辆原所有人腾某要求承担经济赔偿责任，应当依法要求交通事故肇事者承担损害赔偿责任。

但是，在实际许多交通事故纠纷案件当中，很多被盗车辆的交通事故肇事者在造成交通事故后，一般会弃车逃逸，让自己脱身于此次交通事故。在这种情况下，交通事故的受害者就会苦不堪言，面对昂贵的医疗费用，又找不到索赔的对象，让本已贫困的生活雪上加霜。面对这种状况，《道路交通安全法》第75条规定："医疗机构对交通事故中的受伤人员应当及时抢救，不得因抢救费用未及时支付而拖延救治。肇事车辆参加机动车第三者责任强制保险的，由保险公司在责任限额范围内支付抢救费用；抢救费用超过责任限额的，未参加机动车第三者责任强制保险或者肇事后逃逸的，由道路交通事故社会救助基金先行垫付部分或者全部抢救费用，道路交通事故社会救助基金管理机构有权向交通事故责任人追偿。"因此，当交通事故肇事者弃车逃逸后，交通事故的受害者因贫困无法支付医疗费用时，可以由承保的保险公司在责任限额范围内承担支付抢救费用，如果没有保险公司承保的，交通事故的受害者可以依法向道路交通事故社会救助基金管理机构申请支付部分或者全部抢救费用。这样，交通事故受害者的合法权益就依法有了充分的保障，同时也分担了交通事故受害者的经济负担。

十八、车辆所有人善意让他人搭乘车发生交通事故的，应否赔偿搭乘人的损失？

案例 18　张某诉孔某道路交通事故损害赔偿案

事情是这样的

孔某有一辆旧的双排座客货两用车，用于跑运输业务。一日，孔某赴外地送货途中经某村时，张某在路边拦车，请求孔某同意让其搭顺风车。孔某起初不同意，后在张某的一再请求下，同意其搭顺风车。张某上车后，孔某让其坐后排（前排座位上还有另一名乘车人），但张某不听孔某的劝告，坚持坐到前排，致使该车前排两个座位挤了三个人。当车行至某城乡结合部时，因车速过快，客货两用车与在前面行驶的载货车追尾。两车相撞造成的冲击力将坐在外侧的张某甩出车外，导致其身上多处骨折和外伤。在抢救和治疗的过程中，共花去医疗费 18670 元。张某认为因被告驾驶的车辆速度太快，才与前面行驶的大货车发生了追尾事故，遂要求孔某赔偿其医疗费和其他经济损失。但孔某认为张某是无偿搭车，并且自己曾告诫张某不要坐到前排，以免发生危险，张某不听其劝告，坚持坐到前排，才导致了损害结果的发生，张某的损失应当由其自行承担。张某找其多次协商未果，遂向人民法院提起诉讼。

律师专线

本案争议的焦点是好意同乘发生事故的情况下，机动车驾驶人对无偿搭车人是否负有赔偿责任。张某虽然是无偿搭乘孔某的车辆，但这并不能免除孔某的义务。孔某既然同意张某搭乘自己驾驶的车辆，就和搭乘人张某之间形成了一种无偿服务的合同关系，孔某要承担因此而产生的安全运送的义务。孔某在运送过程中未能履行此义务，就要承担因此而产生的损害赔偿责任。而且此次交通事故是由于孔某违章造成的，其有重大过错，因此，应当承担此次交通事故造成的经济损失。但在本案中，张某不听被告的劝阻，坚持要挤在车辆的前排座位上，为交通事故的发生埋下了隐患，造成的经济损失与自己的行为存有一定的因果关系，因此，对于自己的经济损失理应承担部分责任。

法律规范

中华人民共和国合同法

（1999 年 3 月 15 日第九届全国人民代表大会第二次会议通过　自 1999 年 10 月 1 日起施行）

第三百零二条　承运人应当对运输过程中旅客的伤亡承担损害赔偿责任，但伤亡是旅客自身健康原因造成的或者承运人证明伤亡是旅客故意、重大过失造成的除外。

前款规定适用于按照规定免票、持优待票或者经承运人许可搭乘的无票旅客。

中华人民共和国道路交通安全法

（2003 年 10 月 28 日第十届全国人民代表大会常务委员会第五次会议通过　根据 2007 年 12 月 29 日第十届全国人民代表大会常务委员会第三十一次会议《关于修改〈中华人民共和国道路交通安全法〉的决定》修正）

第四十三条　同车道行驶的机动车，后车应当与前车保持足以采取紧急制动措施的安全距离。有下列情形之一的，不得超车：

（一）前车正在左转弯、掉头、超车的；

（二）与对面来车有会车可能的；

（三）前车为执行紧急任务的警车、消防车、救护车、工程救险车的；

（四）行经铁路道口、交叉路口、窄桥、弯道、陡坡、隧道、人行横道、市区交通流量大的路段等没有超车条件的。

专家释惑

好意同乘是交通事故损害赔偿责任中的一个重要概念。同乘分为有偿和无偿两种。有偿的同乘者如果在交通事故中受了损害，其损害赔偿问题，可按照乘车人与承运人之间的客运合同关系处理。

无偿的同乘者在交通事故中受到的损害应当具体问题具体分析。首先要确定好意同乘者与机动车驾驶人之间的法律关系的性质。两者之间的关系不应当界定为“无偿服务的运输合同关系”。合同是双方对彼此之间的权利义务所做的具有法律效力的约定。一方违反其当初的约定，要承担因此而产生的违约责任。在好意同乘者与机动车驾驶人之间不存在这种约束。如果机动车驾驶人一开始就接受了好意同乘者的搭乘要求，后来在运输过程中，又因为某种原因造成其不能将同乘者运送到目的地，而要求其中途下车，则不能要求机动车一方承担违约的责任。好意同乘者与机动车驾驶人之间应是一种邀约与承诺的关系。在好意同乘者发出了同乘的要约之后，机动车驾驶人作出了承诺，要承担保障前者在运输过程中的人身和财产安全的义务，而不是“将其安全地送达目的地的义务”。这是因为好意同乘者是无偿搭乘，其权利受到了限制，其不享有目的地的到达权，但其人身和财产权利并不因其无偿搭乘的行为而失去法律保护。好意同乘者搭乘他人车辆并不意味着置安全于不顾。因此，好意同乘的行为不能作为机动车驾驶人的免责事由。

综上，机动车驾驶人对好意同乘者应当承担在运输过程中保障其人身和财产安全的义务。如果发生了交通事故，并且好意同乘者的人身和财产权利受到了损害，机动车驾驶人是否承担损害赔偿责任的问题，要区别不同的情况：第一，如果交通事故是由于对方车辆造成的，应当由对方车辆承担损害赔偿的连带责任。第二，如果交通事故是由搭乘好意同乘者的机动车驾驶人造成的，其要承担损害赔偿的责任，但一般不全部赔偿，具体的赔偿份额要斟酌交通事故的具体情况而定。如果好意同乘者在交通事故中没有过错，承运人要赔偿其因交通事故造成的大部分损失，具体数额要综合考虑交通事故对双方的影响以及双方的经济条件等情况；如果好意同乘者在交通事故中有过错，可按其过错程度，适当减轻承运人的责任。但承运人赔偿的份额一般不应当低于40%。这符合“优者负担风险”的原则，也与《道路交通安全法》加重机动车驾驶人责任的立法精神相吻合。如果好意同乘者在交通事故中有重大过失或者其损失是由于其故意造成的，机动车驾驶人可以免责。

十九、车辆正常行驶途中乘客摔出车外，车主应当承担何种责任？

案例 19　张某诉某长途汽车公司公路旅客运输合同纠纷案

事情是这样的

余某在外地工作。2005年春节，余某以近300元的价格购得一张回家的长途卧铺车车票。该卧铺车分上下两层铺位，每铺均配有安全带，客车内部喷有“头手不能伸出窗外”字样。余某所购铺位位于该双层卧铺车的上铺。当车行至某公路拐弯处时，余某突然摔出窗外。司乘人员当即将其送往医院，但经抢救无效死亡。当地交警大队经调查后认定：余某的死亡不能认定是任何一方违反道路交通安全法律法规的行为造成的，不属于交通事故。余某的家属张某向人民法院提起诉讼，要求长途汽车公司赔偿因违约侵权产生的死亡补偿金、医疗费、误工费、护理费、交通费、精神抚慰金、丧葬费及退还车票款等28万元。

律师专线

在本案中，余某失去生命并不是承运人违反了“法律要求一切人都必须遵循的不得加害他人”的这样一种法定义务。根据交通管理部门作出的认定，不能确认长途汽车公司的工作人员存在违反道路交通安全法律法规的行为。长途汽车公司没有过错，不构成侵权。但这并不意味着长途汽车公司对余某的死亡不承担责任。

所谓客运合同，是指承运人将旅客及其行李安全运送到目的地，旅客为此支付运费的合同。余某购买了长途客运公司的卧铺车车票并乘坐该车前往目的地，双方的客运合同关系即告成立且合法有效。虽然承运人以车注明警示语、各铺位配备安全带的方式履行了一定的安全告知义务，但仍然违反了《合同法》第290条的规定，即承运人应当在约定期间或者合理期间内将旅客、货物安全运输至约定地点。而且这一违约行为并无证据证明是由于旅客余某自身的健康原因（如突发心脏病等）造成的，或者是余某故意抑或过失造成的，对此作为承运人的长途汽车公司应当承担违约责任。承运人主观上是否有过错不是承担责任的要件。承运人的主要义务是将旅客安全送达目的地，承运人对旅客在运输过程中受到的损害应负违约责任，除非法定事由，否则不能免除。本案中，长途汽车公司并不具备前述法定免责事由。因此，依据《合同法》这一原则，承运人长途汽车公司应依法承担违反客运合同之约定而产生的赔偿责任。

法律规范

中华人民共和国合同法

（1999年3月15日第九届全国人民代表大会第二次会议通过　自1999年10月1日起施行）

第一百零七条　当事人一方不履行合同义务或者履行合同义务不符合约定的，应当承担继续履行、采取补救措施或者赔偿损失等违约责任。

第二百九十条　承运人应当在约定期间或者合理期间内将旅客、货物安全运输到约定地点。

第二百九十三条　客运合同自承运人向旅客交付客票时成立，但当事人另有约定或者另有交易习惯的除外。

第三百零二条　承运人应当对运输过程中旅客的伤亡承担损害赔偿责任，但伤亡是旅客自身健康原因造成的或者承运人证明伤亡是旅客故意、重大过失造成的除外。

前款规定适用于按照规定免票、持优待票或者经承运人许可搭乘的无票旅客。

专家释惑

本案的关键是弄清楚民事侵权责任与合同违约责任的区别。违约责任是合同当事人因违反合同所应承担的民事责任；侵权责任是侵权行为人因侵犯他人的人身、财产等合法权益所应承担的民事责任。二者的区别是：1. 追究违约责任的依据是违约方和受害方在合同中约定的，依民法、合同法中关于违约责任的规定；追究侵权责任的依据，是民法中关于侵权行为的规定。2．侵权责任归责原则是过错责任，违约责任是无过错责任。3．违约责任的承担方式有赔偿损失等，包括直接损失和间接损失；侵权责任的承担方式主要是损害赔偿，以实际损害为构成要件。4．追究违约责任时的赔偿范围，不仅包括实际财产损失，而且包括可预期的利益损失，但不包括非财产损失即精神损害；追究侵权责任时的赔偿范围，除包括实际损失外，还可以包括非财产损失即精神损害。

二十、驾驶员按照交警的指挥通行造成交通事故，赔偿责任由谁承担？

案例 20　白某诉江某道路交通事故人身损害赔偿纠纷案

事情是这样的

江某是某公司职员。2005 年 4 月 3 日，江某驾车外出办事，由于正值中午交通高峰期，道路比较拥挤。当江某行至一交叉路口时，遇到红灯，江某遂按交通信号灯的指示停车等待。刚刚上岗的交警汪某驾驶摩托车到该路口值勤。由于通过该路口的车辆和行人较多，当路口的东西方向绿灯亮起时，仍有一部分自行车和行人滞留在路口没有通过。汪某一边示意自行车和行人加快速度，一边向在路口等待的东西走向的车辆作出了通行的手势。江某按汪某的指示启动车辆，将正在快速通过路口的骑自行车人白某撞倒，导致其右腿小腿胫骨骨折，左手手背擦伤。公安机关交通主管部门经现场勘察后认定，江某应当承担此次交通事故的主要责任，白某承担此次交通事故的次要责任。

江某不服公安机关的责任认定，向其上级主管机关提出行政复议申请。上级机关经审查后，作出了维持原机关作出的责任认定的复议决定。受害人白某要求江某赔偿其因交通事故遭受的损失。江某认为自己在交通事故中没有责任，拒绝赔偿。白某遂向人民法院提起损害赔偿诉讼，要求驾驶员江某承担自己的经济损失。

律师专线

本案的关键在于机动车驾驶人按照交警指挥行车导致交通事故的情况下责任如何确定。在本案中，交警指挥有误是造成此次交通事故发生的重要原因，因此，交警对此次交通事故应当承担主要责任。行车驾驶人在听从交警指挥的情况下，理应有注意路面的情况、其他车辆、行人动态的义务，而江某在行车过程中只注意了交警的指挥，而忽略了路面行人的动态，故存有一定的过失，应当承担此次交通事故的次要责任。

法律规范

中华人民共和国道路交通安全法

（2003 年 10 月 28 日第十届全国人民代表大会常务委员会第五次会议通过　根据 2007 年 12 月 29 日第十届全国人民代表大会常务委员会第三十一次会议《关于修改〈中华人民共和国道路交通安全法〉的决定》修正）

第三十八条　车辆、行人应当按照交通信号通行；遇有交通警察现场指挥时，应当按照交通警察的指挥通行；在没有交通信号的道路上，应当在确保安全、畅通的原则下通行。

专家释惑

本案的关键是江某按照交警的指挥通行，造成交通事故，其是否要承担赔偿责任。有人可能认为，在此次交通事故中，江某按交警的指挥通行，在主观上没有过错；在客观上，没有违章行为，因此，其在交通事故中不应当承担责任。此次交通事故是由于值勤交警指挥有误造成的，值勤交警在此次交通事故中负有重大过错，其错误的指挥行为直接导致了此次交通事故的发生，应当由其承担全部责任。看似有理，实际上是不符合法律规定的。

根据《道路交通安全法》第 38 条规定：“车辆、行人应当按照交通信号通行；遇有交通警察现场指挥时，应当按照交通警察的指挥通行；在没有交通信号的道路上，应当在确保安全、畅通的原则下通行。”同时，《道路交通安全法》还规定交通行为人具有遵守交通法律、法规，确保安全，高度注意，结果避免等一系列义务。如果交通行为人发现交警的指挥有误，按其指挥通行有可能造成危害交通安全的结果的时候，就应当履行其结果避免的义务。在本案中，交通事故发生在一个比较特殊的环境里，即交通比较繁忙的十字路口。十字路口是一个相对复杂的交通环境，交通信息密集，交通信号变化频繁，交通流量大。因此，在这一环境里，交通行为人不仅要注意交警的指挥，而且要注意其他的交通信息，如路面的情况，其他车辆、行人的动态等。在此次交通事故中，机动车驾驶人仅仅注意了前者，而忽略了其他重要的交通消息，违反了机动车驾驶人在交通过程中的高度注意、确保安全、结果避免的义务，与交通事故的发生有重要关系。因此，江某在此次交通事故中也有过错，也应当承担一定的责任。而骑自行车人白某在此次交通事故中没有过错，不承担责任。

第三节　交通事故处理

内容提要

发生交通事故后，当事人如何及时、妥善地解决面临的各类问题：是否可以私了、受害方是否可以自行扣押车辆、什么情况下适用简易程序、如何调解、不服《交通事故认定书》怎么办、如何选定受诉法院、对公安交通管理部门作出的行政处罚和行政强制措施不服怎么办等等。这些问题的解决，可以使受害人的损失得到赔偿，切实保护当事人的利益。

二十一、一方当事人有酒后驾车行为的，是否可以私了？

案例21 林某与许某道路交通事故私了案

事情是这样的

2006年9月17日，林某在朋友处喝酒后驾驶机动车回家。途中，林某的车辆与许某驾驶的小轿车在十字路口发生刮擦。双方都没有受伤，许某的机动车只受到较轻微的损坏。两人对事实及事故成因都没有异议，对赔偿方式和数额也基本达成一致意见，双方于是决定不报警，各自撤离了现场。

律师专线

在道路上发生交通事故，未造成人身伤亡，当事人对事实及事故成因无争议的，且财产损失比较轻微，是否可以私了？答案是否定的。为了打击严重的交通违法行为，防止其借交通事故私了之机逃脱法律的制裁，我国法律法规规定如果当事人的交通违法行为具有法定的严重情形，必须报警，由公安机关进行处理。

本案中，林某有酒后驾车的严重交通违法行为，不能自行撤离现场，必须由公安机关交通管理部门进行处理，双方的做法不符合法律的规定。

法律规范

中华人民共和国道路交通安全法

（2003年10月28日第十届全国人民代表大会常务委员会第五次会议通过 根据2007年12月29日第十届全国人民代表大会常务委员会第三十一次会议《关于修改〈中华人民共和国道路交通安全法〉的决定》修正）

第七十条　在道路上发生交通事故，车辆驾驶人应当立即停车，保护现场；造成人身伤亡的，车辆驾驶人应当立即抢救受伤人员，并迅速报告执勤的交通警察或者公安机关交通管理部门。因抢救受伤人员变动现场的，应当标明位置。乘车人、过往车辆驾驶人、过往行人应当予以协助。

在道路上发生交通事故，未造成人身伤亡，当事人对事实及成因无争议的，可以即行撤离现场，恢复交通，自行协商处理损害赔偿事宜；不即行撤离现场的，应当迅速报告执勤的交通警察或者公安机关交通管理部门。

在道路上发生交通事故，仅造成轻微财产损失，并且基本事实清楚的，当事人应当先撤离现场再进行协商处理。

中华人民共和国道路交通安全法实施条例

（2004年4月28日国务院第49次常务会议通过）

第八十七条　非机动车与非机动车或者行人在道路上发生交通事故，未造成人身伤亡，且基本事实及成因清楚的，当事人应当先撤离现场，再自行协商处理损害赔偿事宜。当事人对交通事故事实及成因有争议的，应当迅速报警。

专家释惑

根据我国上述法律规定，事故当事人可以自行协商处理交通事故，但是有着严格的条件限制：

1. 交通事故没有造成人员伤亡的，仅仅是财物损失，但是损失不能超过一定的数额。至于财物损失数额的大小，目前没有相关的规定。造成人身伤亡的，车辆驾驶人应当立即抢救受伤人员，并迅速报告执勤的交通警察或者公安机关交通管理部门，不得撤离、破坏现场。

2. 当事人对事故的事实和事故的形成原因没有争议。所谓事故的事实是指事故发生的时间、地点，事故造成的损失情况、事故当事人基本情况等信息。事故的成因则包括当事人的过错、道路的情况、车辆是否发生故障等因素，以及这些因素与事故损害之间是否存在因果关系等。所谓没有争议，是指当事人对财产损失和双方的责任等情况，基本上达成了一致。

3. 当事人自愿自主协商处理交通事故引起的损害赔偿事宜。如果当事人对事故的事实和成因没有争议，但一方或者双方当事人不愿意撤离现场，那么当事人是不能撤离的。在涉及第三方当事人的交通事故中，两方已经达成一致，第三方仍存在不同意见的，当事人也不能自行撤离。

4. 当事人应当填写交通事故发生的时间、地点、天气、当事人姓名、机动车驾驶证号、联系方式、机动车牌号、保险凭证号、交通事故形态、碰撞部位、赔偿责任人等内容的协议书或者文字记录，共同签字后立即撤离现场，协商赔偿数额和赔偿方式。

当事人均办理机动车第三者责任强制保险的，可以根据记录交通事故情况的协议书向保险公司索赔，也可以自行协商处理损害赔偿事宜。对于当事人协商的结果，只要保险公司没有证据证明事故当事人存在骗保等欺诈行为，就应当对投保机动车第三者责任保险的当事人的损害赔偿予以承担。当事人自行撤离现场后，协商损害赔偿未达成协议报警的，应当向交通警察提供有当事人签名的交通事故文字记录材料。交通警察予以记录，由当事人签名，并根据当事人的行为对发生交通事故所起的作用以及过错的严重程度，确定当事人的责任，当场制作事故认定书。当事人共同请求调解的，交通警察应当当场进行调解，并在事故认定书上记录调解结果，由当事人签名，交付当事人。

我国《道路交通安全法》作出“即行撤离现场”的规定，其目的是尽快恢复道路交通，缓解警力紧张矛盾，提高办案的质量，防止造成交通拥堵，避免因轻微的道路交通事故造成整个路段的瘫痪。但若存在《交通事故处理程序规定》第13条规定的情形，即使财产损失比较轻微且当事人对事实及事故成因达成一致，当事人也不能进行私了，而应当保护现场并立即报警。这是为了防止人为逃避法律的制裁，连重大事故也“私了”了。

二十二、发生交通事故，受害方可以自行扣押肇事车辆吗？

案例 22　夏某交通肇事案

事情是这样的

2006年7月25日，何某驾驶机动车在103国道上行驶，途中因超速将横穿公路的村民夏某撞成重伤。闻讯赶来的夏某亲属担心何某不赔偿事故损失，就在交警赶到现场前，将何某的汽车开走藏匿起来，并将何某车上价值3000元的水果扣押。事故处理民警赶到现场后，要求夏某的亲属将车辆和货物交出，夏某的亲属不但不交出，还在与民警争执的过程中将其中一民警打成轻伤。几天后，夏某的亲属见水果已经腐烂，才将水果交出。何某申请交警调解，同意赔偿夏某的损失，但要求夏某的家属赔偿车上的货物损失。夏某的家属认为何某撞伤夏某在先，自己的行为属于自助。

律师专线

交通事故发生后，当事人双方在一定条件下可以自行协商处理，但大部分情况还是需要由交警部门认定事故责任的。无论是自行协商处理还是由交警部门解决，当事人之间都没有自行采取任何强制措施的权利。暂扣交通事故车辆的权力只能由公安机关行使，其他任何单位和个人都无权扣留交通事故车辆、车辆牌证和当事人的相关证件，也不得扣留交通事故车辆的驾驶员和货物。

本案中，夏某的亲属无权扣押何某的车辆和货物，公安机关为了办理案件的需要，有权责令其交出车辆和货物，对货物的损失，何某有权要求夏某的亲属予以赔偿。

法律规范

中华人民共和国道路交通安全法

（2003年10月28日第十届全国人民代表大会常务委员会第五次会议通过　根据2007年12月29日第十届全国人民代表大会常务委员会第三十一次会议《关于修改〈中华人民共和国道路交通安全法〉的决定》修正）

第七十四条　对交通事故损害赔偿的争议，当事人可以请求公安机关交通管理部门调解，也可以直接向人民法院提起民事诉讼。

经公安机关交通管理部门调解，当事人未达成协议或者调解书生效后不履行的，当事人可以向人民法院提起民事诉讼。

中华人民共和国道路交通安全法实施条例

（2004 年 4 月 28 日国务院第 49 次常务会议通过）

第九十四条　当事人对交通事故损害赔偿有争议，各方当事人一致请求公安机关交通管理部门调解的，应当在收到交通事故认定书之日起十日内提出书面调解申请。

对交通事故致死的，调解从办理丧葬事宜结束之日起开始；对交通事故致伤的，调解从治疗终结或者定残之日起开始；对交通事故造成财产损失的，调解从确定损失之日起开始。

第九十五条　公安机关交通管理部门调解交通事故损害赔偿争议的期限为十日。调解达成协议的，公安机关交通管理部门应当制作调解书送交各方当事人，调解书经各方当事人共同签字后生效；调解未达成协议的，公安机关交通管理部门应当制作调解终结书送交各方当事人。

交通事故损害赔偿项目和标准依照有关法律的规定执行。

第九十六条　对交通事故损害赔偿的争议，当事人向人民法院提起民事诉讼的，公安机关交通管理部门不再受理调解申请。

公安机关交通管理部门调解期间，当事人向人民法院提起民事诉讼的，调解终止。

公安机关办理行政案件程序规定

（2006 年 3 月 29 日公安部部长办公会议通过）

第一百五十五条　当事人中有不满十六周岁未成年人的，调解时应当通知其父母或者其他监护人到场。

第一百五十六条　对因邻里纠纷引起的治安案件进行调解时，可以邀请当事人居住地的居（村）民委员会的人员或者双方当事人熟悉的人员参加帮助调解。

最高人民法院、最高人民检察院关于严格依法处理道路交通肇事案件的通知

（1987 年 8 月 21 日）

二、对于构成交通肇事罪的案件，如果国家、集体财产因此遭受损失，由公安机关根据肇事者的责任在起诉意见书中提出赔偿意见，随同案件移送人民检察院，经人民检察院审查后依法作为附带民事诉讼起诉。公民个人因他人犯交通肇事罪遭受物质损失的，可依法提起附带民事诉讼，要求赔偿。

专家释惑

公安机关调查交通事故，对事故车辆或者嫌疑车辆、车辆牌证和当事人的有关证件及其黏附的痕迹往往需要一定的时间进行检验或鉴定。有的需要在现场外有条件的地方进行，有的需要采用专门手段或指派、聘请有专门知识的人进行，有的还需要提取车辆上带有痕迹的部件，这些工作的完成都需要将交通事故车辆或者嫌疑车辆、牌证和当事人的有关证件暂予扣留，只有这样才能保护事故处理机关依法收集和固定证据材料，以保持其真实性，避免证据时过境迁或因其他原因消失或遭到破坏。因此，我国相关法律规定了公安机关交通管理部门处理交通事故的详细程序。

暂扣交通事故车辆的权力只能由公安机关行使，其他任何单位和个人都无权扣留交通事故车辆、车辆牌证和当事人的相关证件，也不得扣留交通事故车辆的驾驶员和货物。对非法扣留交通事故车辆、牌证、货物的，公安机关应该劝告其返还。经劝告仍不返还或拒绝返还，妨碍公安机关依法执行公务的，可依法进行处罚。构成犯罪的依法追究刑事责任。因非法扣留驾驶员或者故意损坏车辆、财物，构成犯罪的，也要依法追究刑事责任。对非法扣留车辆、货物或者驾驶员，造成财物损失、人身伤害的，还应当赔偿损失。

作为交通事故受害人一方完全可以通过其他途径保护自己的合法权益，事故发生后自行扣押肇事车辆和货物，甚至扣留肇事司机

等丧失理智的行为，非但得不到法律的支持，反而还需要向对方承担侵权责任。

联系本案

本案中，夏某的家属自行扣押肇事车辆及货物，无非是怕肇事司机不赔偿事故损失。其实受害者完全可以采取其他途径向其索赔，一是提请公安交通管理部门进行调解；二是提请人民法院诉讼解决。如果公安交通管理部门主持的调解未达成协议，或调解书生效后一方当事人拒绝履行义务，可向事故发生地基层人民法院提起诉讼。交通事故损害赔偿的诉讼分为两种情况：当事人之间仅涉及损害赔偿，不存在追究刑事责任的，受害人可以向事故发生地或被告所在地的人民法院提起民事诉讼；对于构成交通肇事罪的损害赔偿，依据最高人民法院、最高人民检察院《关于严格依法处理道路交通肇事案件的通知》的规定，公民个人因他人犯交通肇事罪遭受物质损失的，可依法提起附带民事诉讼，要求赔偿。

如果法院作出了赔偿的判决，但是被判令赔偿责任的当事人事后却并未按照判决内容向受害人进行赔偿，此时，受害当事人一方可以依法向法院提出强制执行的请求，并借助法院的强制力实现自己的权利。

二十三、自愿达成交通事故赔偿协议并已实际履行的，能否反悔？

案例 23　兰某诉杜某道路交通事故人身损害赔偿案

事情是这样的

2005 年 9 月某日，兰某骑摩托车行至某公路转弯处时，被迎面开来的杜某驾驶的小轿车挂倒。杜某当即将其送到医院治疗。兰某受伤住院半个月，花去医疗费用 3000 多元。住院期间，杜某多次前往医院探视并垫付了部分医疗费用。经公安机关交通管理部门现场勘察认定杜某对此次交通事故承担全部责任。经当事人双方协商，达成赔偿协议：杜某一次性赔偿兰某医疗费、误工费、护理费以及精神损害赔偿费共计20000元。协议达成后，杜某按约定给付了上述赔偿。但此后不久，兰某突然因伤情恶化再次住院治疗，已花去各种医疗费用8000元，医生告知还需动手术，费用约30000元。兰某再次要求杜某赔偿，杜某认为双方已经就交通事故赔偿达成了协议，不能反悔，拒绝给予二次赔偿。兰某向人民法院提起诉讼。在审理中，当事人双方就先前达成的赔偿协议的性质和效力问题分歧较大。

律师专线

从民法理论来看，随着道路交通事故的发生，即产生一种侵权之债，双方当事人形成某种赔偿法律关系。就该起交通事故造成的人身、财产损害，被侵害人有获得赔偿的权利，而侵害人则负有支付赔偿款的义务。但这种赔偿责任是不确定的，当事人在过错大小、责任归属和赔偿金额等方面往往存在争议。从法律性质上看，当事人形成的这种赔偿法律关系属民事法律关系范畴，完全属于自然人私权领域范畴，当事人可以平等、自愿协商，来处置自己的权利义务，以达到解决纠纷的目的。从这个意义上说，交通事故当事人协商达成的一次性人身损害赔偿协议，且已经履行完毕的，可视为双方处置自己的权利义务，以解决赔偿争端的契约，一经签订即具有民事合同性质。因事故产生的侵权之债，即转化为合同之债。一般来说，只要当事人具有完全的民事行为能力，经过平等协商自愿达成赔偿协议，并且该协议不违反法律、法规的强制性规定、不损害公共利益的，这份赔偿协议应该就是有效的。但和一般民事合同一样，交通事故赔偿协议也可能出现无效、效力待定和可撤销的情况。按照法律规定，因重大误解订立协议、在订立协议时显失公平的或者一方以欺诈、胁迫的手段或者乘人之危，使对方在违背真实意思的情况下订立的协议，受损害方有权请求人民法院或者仲裁机构变更或者撤销。本案就是因“显失公平”要求重新赔偿的典型例子。“显失公平”主要是从损害后果角度讲的。也就是说，被侵害的当事人实际损失远远超过预期损失，并且这种利益差超过了法律允许的限度时，其得以“显失公平”为由申请法院撤销该赔偿协议。

在本案中，当事人双方虽然达成了赔偿协议，但兰某的病情突然恶化，继续治疗尚需花费大笔医疗费用，如果维持原协议的赔偿数额，不允许当事人反悔，对交通事故受害人一方显然是不公平的。而且，原赔偿协议是对已经发生的费用的赔偿约定，受害人病情恶化和发生新的医疗费用，是当事人双方都无法预见的，也不可能就该笔费用的赔偿问题事先达成协议。当事人就二次治疗发生的费用提出诉讼要求，应当予以支持。

法律规范

中华人民共和国民事诉讼法

（1991 年 4 月 9 日第七届全国人民代表大会第四次会议通过　根据 2007 年 10 月 28 日第十届全国人民代表大会常务委员会第三十次会议《关于修改〈中华人民共和国民事诉讼法〉的决定》修正）

第十三条　当事人有权在法律规定的范围内处分自己的民事权利和诉讼权利。

中华人民共和国合同法

（1999 年 3 月 15 日第九届全国人民代表大会第二次会议通过　自 1999 年 10 月 1 日起施行）

第五十二条　有下列情形之一的，合同无效：

（一）一方以欺诈、胁迫的手段订立合同，损害国家利益；

（二）恶意串通，损害国家、集体或者第三人利益；

（三）以合法形式掩盖非法目的；

（四）损害社会公共利益；

（五）违反法律、行政法规的强制性规定。

第五十四条　下列合同，当事人一方有权请求人民法院或者仲裁机构变更或者撤销：

（一）因重大误解订立的；

（二）在订立合同时显失公平的。

一方以欺诈、胁迫的手段或者乘人之危，使对方在违背真实意思的情况下订立的合同，受损害方有权请求人民法院或者仲裁机构变更或者撤销。

当事人请求变更的，人民法院或者仲裁机构不得撤销。

专家释惑

对于当事人达成的人身损害赔偿协议一般应认定为具有民事合同性质，根据诚实信用原则及当事人处分原则，当事人可以对自己的实体权利和诉讼权利自由支配，当事人必须诚实守信，恪守承诺，所作的陈诉或者所为的行为必须前后一致，没有合理解释，当事人不能推翻自己所作的陈诉。因此，一般说来当事人达成的人身损害赔偿协议不能反悔。当事人反悔的，不符合民事诉讼“一事不再理”的基本原则，应不予以支持。如果允许当事人就人身损害赔偿协议任意反悔，部分当事人就会借助协商过程，利用协商与请求诉讼的时间差，进行规避法律的活动，达到推迟诉讼、延长诉讼过程、迟延履行义务等目的。而善意当事人参与协商调解，是希望能够妥善解决双方存在的损害赔偿纠纷，如果一方当事人只是借助协议拖延诉讼或达到其他个人目的，善意当事人对人身损害赔偿协议得到履行的合理预期就会落空，也就为一些不守信用的当事人开了方便之门，损害了善意当事人的合法权益。从长远来看，不利于受害者的保护。

但民事赔偿协议的效力取决于以下几项条件：一是意思是否表示真实。一般来讲表示不真实的民事法律行为是一种无效或是可撤销的民事法律行为。如果一方采取欺诈、胁迫的手段或乘人之危使另一方在违背自己真实意思的情况下从事民事行为，则该种民事行为是无效的民事行为，如果行为人在行为时因重大误解而导致意思表示不真实，则是一种可撤销的民事行为。二是人身损害赔偿是否违反法律和社会公共利益，是否显失公平。如不存在以上情况，人身损害赔偿协议则形成债权债务关系，其不再受侵权行为法的调整，而是基于契约关系形成的合同之债，由合同法予以调整，双方当事人不得反悔；如存在以上情况，则双方当事人都可以反悔，人民法院应根据所发生的人身损害赔偿纠纷进行审理。

实践中尤以重大误解和显失公平要求重新获赔之案件为多。“重大误解”是从意思表示角度说的，在协议签订时当事人因某种原因对事态的判断出现失误，在抱有重大误解的心态下签订协议，并非其真实意思表示，当事人可请求人民法院撤销该赔偿协议。而“显失公平”主要是从损害后果角度讲的。也就是说，被侵害的当事人的实际损失远远超过预期损失，并且这种利益差超过了法律允许的限度时，其可以“显失公平”为由申请法院撤销该赔偿协议。判断是否属显失公平应考虑主观和客观两个方面，不仅要看签订合同时受害方是否因缺乏经验、技能等，对行为的内容缺乏正当认识，还要看协议是否造成实际损失和预期损失的巨大差异。如果损失差距不大，或者当事人订约时对自己的行为及后果有清楚的认识，则不能请求撤销或变更协议，毕竟作为独立、平等、自主的民事主体，每个人应对自己的行为负责。

此外，对协议中少列的应当赔偿的事项，赔偿权利人可就少列的事项请求赔偿义务人赔偿。因为，虽然赔偿权利人与赔偿义务人达成了人身损害赔偿协议，但是，赔偿权利人与赔偿义务人对少列的赔偿事项，当事人之间并没有达成协议。其实质表现为对人身损害赔偿纠纷的一部分达成了协议，一部分未达成协议。

综合所述，对于人身损害赔偿协议，应当结合案件的具体情况，允许当事人有条件地反悔。

联系本案

实践中当事人针对的往往是协议签订之后发现或鉴定出构成伤残的情形。对此，可以从以下几个角度考量：（1）协议签订时将是否可能出现残疾的因素考虑在内。遭受交通事故并造成身体损害后果，可能构成伤残，应当为受害人理赔考虑的内容，除非当时伤情显著轻微，比如：伤势无需治疗或治疗中医生也告知轻微受损，医疗费花费极少等。如果在已经达到住院程度或医院有随访、自我感觉身体受伤严重等前提下，再行与侵害人在公安机关主持下进行协商，并就今后问题也一并解决的，应当认为协议签订时已将以后可能出现的伤残情况考虑在内。（2）协议约定的赔偿款中是否已从某个角度考虑了将来可能出现新伤情的因素。有些侵害人为了避免以后和受害人再发生赔偿纠纷，往往会在签订赔偿协议时放宽赔偿标准，或者另行给付一次性后续赔偿款，以求“今后无涉”。在这种情况下签订的调解协议，也应当认为受害人已对今后发生任何事情有充分考虑，并愿意接受今后可能发现新伤情得不到另外赔偿的风险。该种协议签订时就存在“风险和利益”并存的情况，当事人一旦合意，在任何情况下都不得反悔。（3）协议签订者是否确实存在经验和技能严重缺乏的情形。如要构成显失公平，签订人必须在主客观方面都有缺憾。即不能仅仅根据协议获赔款和实际应赔款之差异来确定，还要考量签订人是否确实存在经验和技能上的缺陷。这可以从当事人的认知程度、职业技能以及是否被误导、利用等方面判断。

二十四、在什么情况下，可以适用简易程序处理交通事故？

案例 24　石某与杨某交通事故调解案

事情是这样的

2006 年 4 月 5 日，石某驾其捷达车去火车站接朋友小王。在途中经过一个十字路口时，石某见前方是绿灯，就一踩油门准备通过，没想到在距路口不到3米的地方，突然有一辆面包车从右侧的马路上左转过来，由于马路上有绿色隔离带挡住了视线，石某在看到这辆面包车时两车相距只有5米左右，石某虽然拼命踩刹车，但还是与面包车撞上了，面包车车头撞在捷达车的保险杠上，面包车前机箱盖撞坏，车玻璃撞碎，捷达车的保险杠撞坏。当时石某车内载有帮朋友买的一套瓷器，石某连忙查看，只见瓷器表面完好。面包车司机杨某对自己闯红灯的行为表示道歉，声称因为着急赶路，以为对面没车，表示愿意赔偿石某修车的费用。由于双方都急于赶路，于是留下姓名和电话等联系方式后各自离开。石某接朋友小王回家后，小王拿出瓷器仔细端详，发现其中两个碟子上均有细裂纹。石某于是马上与面包车司机联系，让他赔偿修车和瓷器的损失。面包车司机声称当时石某没提出瓷器的损失，现在才提出，肯定有诈，拒绝赔偿此部分费用，无奈之下石某只好到交警队报案。

交警队接到报案后，查看了双方车辆受损的情况，采用简易程序当场出具了《交通事故责任认定书》，认定面包车闯红灯，造成石某的捷达车保险杠和车上载的瓷器受损，对事故的发生负全部责任。二人接到事故认定书后，又请交警就赔偿事宜进行调解，交警提出赔偿修理保险杠费用1000元和瓷器损失1500元共2500元的赔偿标准，面包车司机表示接受，交警随后在事故认定书上记录了调解结果，当事人双方签字。

律师专线

在道路上发生交通事故，仅造成轻微财产损失，并且基本事实清楚的，当事人应当先撤离现场再进行协商处理。如果当事人对事实及成因有争议不即行撤离现场，或者当事人自行撤离现场后，经协商达不成协议的，由公安机关管理部门适用简易程序处理。本案即属于这一情形。当事人自行撤离现场后，协商损害赔偿未达成一致意见而报警的，应当向交通警察提供各方当事人签名的协议书或者交通事故相关文字记录材料，交通警察采取简易程序处理该事故。当事人共同请求调解的，交通警察应当当场进行调解，并在事故认定书上记录调解结果，由当事人签名，交付当事人。

法律规范

中华人民共和国道路交通安全法

（2003年10月28日第十届全国人民代表大会常务委员会第五次会议通过　根据2007年12月29日第十届全国人民代表大会常务委员会第三十一次会议《关于修改〈中华人民共和国道路交通安全法〉的决定》修正）

第七十条　在道路上发生交通事故，车辆驾驶人应当立即停车，保护现场；造成人身伤亡的，车辆驾驶人应当立即抢救受伤人员，并迅速报告执勤的交通警察或者公安机关交通管理部门。因抢救受伤人员变动现场的，应当标明位置。乘车人、过往车辆驾驶人、过往行人应当予以协助。

在道路上发生交通事故，未造成人身伤亡，当事人对事实及成因无争议的，可以即行撤离现场，恢复交通，自行协商处理损害赔偿事宜；不即行撤离现场的，应当迅速报告执勤的交通警察或者公安机关交通管理部门。

在道路上发生交通事故，仅造成轻微财产损失，并且基本事实清楚的，当事人应当先撤离现场再进行协商处理。

专家释惑

县级以上地方各级公安机关是同级人民政府处理本行政区域内交通事故的主管机关。除公安机关外，其他任何机关、团体、个人都无权处理交通事故。在公安机关内部，按照职责分工，应当由公安交通管理部门负责处理交通事故，具体来说对交通事故的处理，一般由县或市、市辖区公安交通管理机关处理，其他职能部门也无权处理交通事故。情节简单、损害较轻的事故，也可以由城市相当于公安派出所一级的交通警察队或者乡镇交通警察队处理；复杂、严重的案件，由当地基层公安机关处理；难以处理的，上级公安机关可以派人参加或者直接处理。

交通事故发生地管辖不明的，由最先发现或最先接到报案的公安交通部门处理。管辖权有争议的，由双方共同的上级公安交通管理部门指定管辖。当事人有其他犯罪行为的，移交主管部门处理，并通知当事人对损害赔偿提起附带民事诉讼。需要对交通事故负责追究刑事责任的，移送司法机关处理。

简易程序是相对于普通程序而言的，是公安交通管理部门为了缩短事故处理的时间，提高办案效率，方便当事人，依据道路交通有关法律法规的规定，采用的相对简化的处理程序。依照法律规定，以下几种情况可以适用简易程序处理：1. 在道路上发生交通事故，未造成人身伤亡，当事人对事实及成因无争议的；2. 在道路上发生交通事故，仅造成轻微财产损失，并且基本事实清楚的，当事人对事实及成因有争议不自行撤离现场或者当事人自行撤离现场后，经协商未达成协议的；3. 受伤人员认为自己伤情轻微，当事人对事实及成因无争议，但是对赔偿有争议的。适用简易程序的，可以由具有一年以上道路交通管理工作经历的并经设区的市公安机关交通管理部门培训考试合格的交通警察独立处理。

对以上第 2 种适用简易程序处理的情形，当事人不即刻撤离现场的，交通警察应当记录交通事故时间、地点、当事人姓名、驾驶证号、联系方式、机动车牌号、保险凭证号、事故形态、碰撞部位等，由当事人签名后，责令当事人撤离现场，恢复交通。对拒不撤离现场的，予以强制撤离，并根据当事人的过错对发生交通事故所起的作用以及过错的严重程度，确定当事人的责任，当场制作简易程序处理事故认定书。当事人自行撤离现场后，协商损害赔偿未达成一致意见而报警的，应当向交通警察提供各方当事人签名的协议书或者交通事故相关文字记录材料。交通警察予以记录，由当事人签名，并根据当事人的过错对发生交通事故所起的作用以及过错的严重程度，确定当事人的责任，制作简易程序处理事故认定书。

当事人共同请求调解的，交通警察应当当场进行调解，交通警察在简易程序处理事故认定书上记录调解结果，由当事人签名，交付当事人。现场调解是一种简易的调解程序，可以不受一般调解程序的限制。有下列情形之一的，不适用调解，交通警察可以在简易程序处理事故认定书上载明有关情况，交付当事人：1. 当事人提供不出交通事故证据，交通警察因现场变动，无法作出交通事故认定的；2. 当事人对交通事故认定有异议的；3. 当事人不同意由交通警察调解的；4. 当事人拒绝在简易程序处理事故认定书上签名的。有上述不适用调解情形之一，或者调解未达成协议、调解生效后当事人不履行的，当事人可以向人民法院提起民事诉讼。

联系本案

在道路交通事故中，当事人享有下列权利：

1. 在现场勘察活动中，当事人有权了解现场图所绘的内容并有权对现场图中表达的内容和有关数据提出质疑。

2. 在询问活动中，当事人有权阅读或请记录人宣读笔录内容，并有权要求按自己陈述的内容进行记录和请求修改自己的陈述。

3. 当事人对公安交通管理机关给予的行政处罚有申诉和申请复议的权利。

4. 当事人对公安交通管理机关的具体行政行为，认为侵害了自己的正当权益时，有权向上一级公安机关申请复议，有权向人民法院提起行政诉讼。

5. 在交通事故调解活动中，有权了解事故发生的情况，阅读现场图、现场照片、鉴定结论。

6. 对鉴定结论有怀疑时，有权请求重新鉴定。

7. 有权请求办案人员回避。

8. 调解不成时有权向人民法院提起民事诉讼。

9. 有权得到应得的损害赔偿。

在道路交通事故处理中，当事人承担下列义务：

1. 及时向公安交通管理机关报案的义务。

2. 保护交通事故现场、积极抢救伤者的义务。

3. 当事人有义务如实反映道路交通事故发生的情况，提供重要的证据材料，以协助公安交通管理部门查清事故真相。

4. 有义务遵守公安交通管理部门有关交通事故处理过程的各项规章制度。

5. 有依据道路交通事故责任赔偿受害人经济损失的义务。

二十五、当事人不服交警部门的交通事故责任认定书该怎么办?

案例25 成某诉公安机关要求撤销交通事故认定书不予受理案

事情是这样的

某日，成某驾车行至某居民小区附近时，适逢该小区居民龙某返回小区。龙某横穿马路时，未注意过往车辆，径直跑入机动车道。成某见状连忙采取紧急制动措施。但由于距离太近，龙某被撞倒，送入医院后经抢救无效死亡。事故发生后，公安机关经现场调查、勘验后，认定机动车驾驶人成某承担全部责任。成某认为此次交通事故是由于死者龙某在横穿马路时违反交通规则，未走人行横道，没注意避让机动车道内的车辆引起的，其本人已经采取了必要的处置措施，所以应当适当减轻其责任，遂以公安机关交通事故认定事实不清、证据不足及适用法律错误为由向人民法院提起了行政诉讼，要求撤销公安机关的交通事故认定书，并对该次交通事故重新予以认定。

律师专线

交警部门制作交通事故责任认定书的目的是通过对现场的勘验、调查和有关检验、鉴定等，查明交通事故的基本事实、成因以及当事人的责任大小，为人民法院审理交通事故损害赔偿案件，确定当事人的民事责任提供依据。

双方当事人任何一方对公安机关作出的交通事故认定书所认定的结论不服，向人民法院提起诉讼的，无论是行政诉讼或是民事诉讼，人民法院都不予受理。根据最高人民法院、公安部法发〔1992〕39号《关于处理道路交通事故案件有关问题的通知》第4条，当事人对作出的行政处罚提起行政诉讼或就损害赔偿问题提起民事诉讼的以及人民法院审理交通肇事刑事案件时，人民法院经审查认为公安机关所作出的责任认定、伤残评定确属不妥，则不予采信，以人民法院认定的案件事实作为定案的依据，人民法院在审理中，发现公安机关作出的交通事故责任认定书确有不妥之处，应以法院认定的事实为依据作出判决。

法律规范

中华人民共和国道路交通安全法

（2003年10月28日第十届全国人民代表大会常务委员会第五次会议通过　根据2007年12月29日第十届全国人民代表大会常务委员会第三十一次会议《关于修改〈中华人民共和国道路交通安全法〉的决定》修正）

第七十三条　公安机关交通管理部门应当根据交通事故现场勘验、检查、调查情况和有关的检验、鉴定结论，及时制作交通事故认定书，作为处理交通事故的证据。交通事故认定书应当载明交通事故的基本事实、成因和当事人的责任，并送达当事人。

最高人民法院、公安部关于处理道路交通事故案件有关问题的通知

（1992年1月1日　法发〔1992〕39号）

四、当事人仅就公安机关作出的道路交通事故责任认定和伤残评定不服，向人民法院提起行政诉讼或民事诉讼的，人民法院不予受理。当事人对作出的行政处罚不服提起行政诉讼或就损害赔偿问题提起民事诉讼的，以及人民法院审理交通肇事刑事案件时，人民法院经审查认为公安机关所作出的责任认定、伤残评定确属不妥，则不予采信，以人民法院审理认定的案件事实作为定案的依据。

中华人民共和国道路交通安全法实施条例

（2004年4月28日国务院第49次常务会议通过）

第九十三条 公安机关交通管理部门对经过勘验、检查现场的交通事故应当在勘查现场之日起十日内制作交通事故认定书。对需要进行检验、鉴定的，应当在检验、鉴定结果确定之日起五日内制作交通事故认定书。

专家释惑

发生交通事故后，在现场勘查、调查基础上作出交通事故认定并向当事人送达交通事故认定书，是公安机关交通管理部门的重要职责。除未查获交通肇事逃逸人、车辆的或者无法查证交通事故事实的以外，交通事故认定书应当载明以下内容：1. 交通事故当事人、车辆、道路和交通环境的基本情况；2. 交通事故的基本事实；3. 交通事故证据及形成原因的分析；4. 当事人导致交通事故的过错及责任或者意外原因。交通事故认定书应当加盖公安机关交通管理部门交通事故处理专用章，分别送达当事人，并告知当事人申请公安机关交通管理部门调解的期限和直接向人民法院提起民事诉讼的权利。

对于《道路交通安全法》中规定的“交通事故认定书”的性质如何认识?《道路交通安全法》第73条规定：“公安机关交通管理部门应当根据交通事故现场勘验、检查、调查情况和有关的检验、鉴定结论，及时制作交通事故认定书，作为处理交通事故的证据。交通事故认定书应当载明交通事故的基本事实、原因和当事人的责任，并送达当事人。”这就是说，交通事故认定的本质只是表述事故原因的本来面目，交管部门只能履行提供事实依据的职责，不再进行一锤定音式的责任认定。由此看来，交通事故认定书仅是民事诉讼中证据的一种，并不具有高于其他证据的效力，其是否合法、真实，是否具有关联性，还应当由人民法院在诉讼过程中进行审查。如果有证据证明交通事故认定书确有错误的，可以要求人民法院依法纠正，而法官在庭审中也会根据事实结合案情作出判断，法官并不是一定非要按照交通事故认定书中的责任划分比例去裁决。

按照相关法律规定，交通事故由发生地的公安机关交通管理部门负责管辖。公安机关交通管理部门对经过勘验、检查现场的交通事故应当自勘察现场之日起10日内制作交通事故认定书。对需要检验、鉴定的，应当在检验、鉴定或者重新检验、鉴定结果确定后5日内制作交通事故认定书。未查获交通肇事逃逸人和车辆，交通事故损害赔偿当事人要求出具交通事故认定书的，公安机关交通管理部门可以在接到交通事故损害赔偿当事人的书面申请后10日内制作交通事故认定书，载明交通事故发生的时间、地点、受害人情况及调查得到的事实，有证据证明受害人有过错的，确定受害人的责任；无证据证明受害人有过错的，确定受害人无责任，并送达交通事故损害赔偿当事人。对无法查证交通事故事实的，公安机关交通管理部门制作交通事故认定书，载明交通事故发生的时间、地点、当事人情况及调查得到的事实，分别送达当事人。

二十六、交通事故中如何选定受诉法院？举证时需要注意哪些问题？

案例26　小陶被山西太原来京办事车辆撞倒，是否必须到太原起诉？

事情是这样的

2007年3月19日下午5时许，在京已工作数年的小陶下班后骑自行车回家。由于正是上下班高峰时间，车流量大，当行至某丁字路口向北转弯时，同方向来的一辆从山西太原到北京办事的桑塔纳轿车因车速太快，来不及刹车，将小陶撞倒在地，造成小陶左腿膝盖处粉碎性骨折。桑塔纳轿车车主曹某赶紧将小陶送往附近医院治疗，并向交警部门报了案。几天后，交警部门出具交通事故认定书，认定机动车驾驶人曹某负事故全部责任。此时曹某已办完事回到山西太原，其放在医院的押金快用完了，小陶及其家属多次打电话催曹某给医院续钱，均无答复，小陶想向法院告车主曹某要求其赔偿医疗费、误工费等损失，车主说有本事你到太原来告。小陶于是向交警部门咨询自己是否只能到被告曹某的所在地法院起诉。

律师专线

交通事故案件是典型的侵权案件，《民事诉讼法》第29条规定，因侵权行为提起的诉讼，由侵权行为地或者被告住所地人民法院管辖。所以，交通事故案件不仅仅是被告住所地法院可以管辖，交通事故发生地法院也有权管辖。

在本案中，小陶完全可以选择在侵权地北京的法院起诉，当然他也可以到太原的法院起诉，他有选择权。如果在北京起诉，则各项标准以北京当年统计局发布的数据为准。如果到太原起诉，小陶也同样可以主张以北京的相关数据计算主要赔偿额，因为按照最高人民法院《关于贯彻执行〈中华人民共和国民法通则〉若干问题的意见（试行）》第9条第1款规定，公民离开住所地最后连续居住1年以上的地方，为经常居住地。但住医院治疗的除外。小陶在北京居住已经1年以上，北京是他的经常居住地，根据最高人民法院《关于审理人身损害赔偿案件适用法律若干问题的解释》第30条的规定，原告的住所地或经常居住地的收入水平高于受诉法院所在地标准的，就高不就低。

法律规范

中华人民共和国民事诉讼法

（1991年4月9日第七届全国人民代表大会第四次会议通过　根据2007年10月28日第十届全国人民代表大会常务委员会第三十次会议《关于修改〈中华人民共和国民事诉讼法〉的决定》修正）

第二十九条　因侵权行为提起的诉讼，由侵权行为地或者被告住所地人民法院管辖。

第三十条　因铁路、公路、水上和航空事故请求损害赔偿提起的诉讼，由事故发生地或者车辆、船舶最先到达地、航空器最先降落地或者被告住所地人民法院管辖。

最高人民法院关于贯彻执行《中华人民共和国民法通则》若干问题的意见（试行）

（1988年1月26日最高人民法院审判委员会讨论通过　法（办）发〔1988〕6号　1988年4月2日发布）

9. 公民离开住所地最后连续居住一年以上的地方，为经常居住地。但住医院治疗的除外。

公民由其户籍所在地迁出后至迁入另一地之前，无经常居住地的，仍以其原户籍所在地为住所。

专家释惑

交通事故损害赔偿属于民事侵权赔偿，根据侵权行为诉讼原则确定管辖地。根据《中华人民共和国民事诉讼法》第29、30条的规定，发生交通事故后，当事人可以选择向事故发生地或者被告住所地人民法院起诉。

被告住所地的确定视被告而定。如被告为法人或者其他组织的，其住所地为主要办事机构所在地。如被告为公民的，其住所地为公民的户籍所在地的居住地，经常居住地与住所不一致的，经常居住地视为住所地。所谓经常居住地是指公民离开住所地至起诉时已连续居住1年以上的地方，但公民住院就医的地方除外。

最高人民法院《关于审理人身损害赔偿案件适用法律若干问题的解释》规定以下赔偿费用按照受诉法院所在地的标准计算：1. 残疾赔偿金根据受害人丧失劳动能力程度或者伤残等级，按照受诉法院所在地上一年度城镇居民人均可支配收入或者农村居民人均纯收入标准，自定残之日起按20年计算。2. 被扶养人生活费根据扶养人丧失劳动能力程度，按照受诉法院所在地上一年度城镇居民人均消费性支出和农村居民人均年生活消费支出标准计算。3. 丧葬费按照受诉法院所在地上一年度职工月平均工资标准，以6个月总额计算。4. 死亡赔偿金按照受诉法院所在地上一年度城镇居民人均可支配收入或者农村居民人均纯收入标准，按20年计算。

受诉地具有可选择性——可选择侵权行为地或被告住所地，选择管辖地带来地域的差别，直接导致赔偿标准的差别。因为各项赔偿标准是按照受诉地法院的标准计算的，贫困地区和发达地区的标准相差很大，直接影响获赔金额的多少。举例说明，四川人A在贵州某地与深圳人B驾驶的车辆碰撞，导致A人身损害，则A可选择贵州某地法院管辖，也可选择被告所在地的深圳法院管辖，如果在贵州起诉，则相关赔偿费用按照贵州的标准计算，如果选择在深圳起诉，则按照深圳经济特区的标准计算，根据广东省统计局的统计，深圳经济特区的各项标准均远远高于其他内地省份，所以，A选择在深圳起诉获赔金额将比在贵州起诉高出许多。这个例子仅仅是给大家提供一个选择的方法，具体怎么选择，要根据实际情况而定，选高不选低是要遵循的原则。

此外，最高人民法院《关于审理人身损害赔偿案件适用法律若干问题的解释》第30条还规定：赔偿权利人举证证明其住所地或者经常居住地城镇居民人均可支配收入或者农村居民人均纯收入高于受诉法院所在地标准的，残疾赔偿金或者死亡赔偿金可以按照其住所地或者经常居住地的相关标准计算。被扶养人生活费的相关计算标准依照前款原则确定。简而言之，就是住所地或者经常居住地的赔偿标准比交通事故发生地高，可按更高的标准计算，赔偿权利人要选择最合适的法院，把更高的标准交给法院。

道路交通事故损害赔偿案件的基本证据包括：证明车辆权属的证据；公安机关对道路交通事故的调解书、调解终结书；公安机关作出的道路交通事故认定书或者公安机关作出的该事故不属于任何一方当事人违章行为造成的结论；受害人损害情况的证据；当事人认为道路交通事故责任没有分清的证据材料；证明行为人有过错的证据；是否存在免责事由的证据。道路交通事故赔偿官司当事人在举证时，要注意下列问题：1. 当事人向人民法院提供证据，应当提供原件或原物。如果当事人需自己保存证据原件、原物或者提供原件、原物确有困难的，可以提供经人民法院核对无异的复制件或者复制品。2. 当事人应当对其提交的证据材料逐一分类编号，对证据材料的来源、证明对象和内容简要说明、签名和盖章，注明提交日期，并依照对方当事人人数提供副本。3. 当事人应当在举证期限内向人民法院提交证据材料，当事人在举证期限内不提交的，视为放弃举证权利。由人民法院指定举证期限的，指定期限不得超过30日，自当事人收到案件受理通知书和应诉通知书的次日起计算。当事人在举证期限内提交证据材料确有困难的，应当在举证期限内向人民法院申请延期举证，经人民法院准许，可以适当延长举证期限。当事人在延长的举证期限内提交证据材料仍有困难的，可以再次提出延期申请，是否准许由人民法院决定。

二十七、发生交通事故后没有保护现场导致责任无法认定，应当如何处理？

案例27 董某与李某交通事故案

事情是这样的

某日，李某驾驶小货车在经过某集贸市场时，适逢董某从市场疾走出来横穿马路。由于董某出现得十分突然，李某来不及刹车，将其撞倒在地。李某见董某被撞倒后，立即下车，并拦了一辆出租车，将董某送往附近的医院治疗，慌乱中李某未及时向公安机关报案和保护现场。公安机关在勘察现场时，因现场遭到严重破坏，无法认定事故发生的基本过程，无法认定事故责任。

律师专线

本案中，机动车驾驶人李某抢救交通事故伤者未采取有效措施保护现场，导致公安机关无法根据现场勘察的结果认定事故责任。行人董某在通过路口或者横过道路时，应当走过街设施或人行横道；通过有交通信号灯的人行横道，应当按照交通信号灯指示通行；通过没有交通信号灯、人行横道的路口或者在没有过街设施的路段横过道路，应当观察来往车辆的情况，确认安全后直行通过，不得在车辆临近时突然加速横穿或者中途倒退、折返。如果董某在没有确认安全的情况下，突然加速横穿马路，属于违反道路交通安全法律法规的行为。而依据《道路交通安全法》第76条的规定，机动车与非机动车驾驶人、行人之间发生交通事故，非机动车驾驶人、行人没有过错的，由机动车一方承担赔偿责任；有证据证明非机动车驾驶人、行人有过错的，根据过错程度适当减轻机动车一方的赔偿责任；机动车一方没有过错的，承担不超过10%的赔偿责任。由此可见，李某在这起交通事故中是否存在过错，存在多大程度的过错，直接决定其承担多少赔偿责任，而其是否有过错是需要通过现场勘察来确定的。

由于现场已经遭到破坏，该起事故成因无法通过现场勘察得到认定。而保护现场又是机动车驾驶人的义务，李某作为交通事故的机动车一方，应当对自己的疏忽承担责任。在没有证据证明董某有交通违法行为的情况下，李某应当承担事故的全部责任。但考虑到李某是为了抢救伤者而未能有效保护现场，并非有意破坏现场，可以酌情减轻其责任。

法律规范

中华人民共和国道路交通安全法

（2003年10月28日第十届全国人民代表大会常务委员会第五次会议通过 根据2007年12月29日第十届全国人民代表大会常务委员会第三十一次会议《关于修改〈中华人民共和国道路交通安全法〉的决定》修正）

第六十二条　行人通过路口或者横过道路，应当走人行横道或者过街设施；通过有交通信号灯的人行横道，应当按照交通信号灯指示通行；通过没有交通信号灯、人行横道的路口，或者在没有过街设施的路段横过道路，应当在确认安全后通过。

第七十条　在道路上发生交通事故，车辆驾驶人应当立即停车，保护现场；

造成人身伤亡的，车辆驾驶人应当立即抢救受伤人员，并迅速报告执勤的交通警察或者公安机关交通管理部门。因抢救受伤人员变动现场的，应当标明位置。乘车人、过往车辆驾驶人、过往行人应当予以协助。

……

第七十六条　机动车发生交通事故造成人身伤亡、财产损失的，由保险公司在机动车第三者责任强制保险责任限额范围内予以赔偿；不足的部分，按照下列规定承担赔偿责任：

（一）机动车之间发生交通事故的，由有过错的一方承担赔偿责任；双方都有过错的，按照各自过错的比例分担责任。

（二）机动车与非机动车驾驶人、行人之间发生交通事故，非机动车驾驶人、行人没有过错的，由机动车一方承担赔偿责任；有证据证明非机动车驾驶人、行人有过错的，根据过错程度适当减轻机动车一方的赔偿责任；机动车一方没有过错的，承担不超过百分之十的赔偿责任。

交通事故的损失是由非机动车驾驶人、行人故意碰撞机动车造成的，机动车一方不承担赔偿责任。

中华人民共和国道路交通安全法实施条例

（2004 年 4 月 28 日国务院第 49 次常务会议通过）

第七十五条　行人横过机动车道，应当从行人过街设施通过；没有行人过街设施的，应当从人行横道通过；没有人行横道的，应当观察来往车辆的情况，确认安全后直行通过，不得在车辆临近时突然加速横穿或者中途倒退、折返。

第九十二条　发生交通事故后当事人逃逸的，逃逸的当事人承担全部责任。但是，有证据证明对方当事人也有过错的，可以减轻责任。

当事人故意破坏、伪造现场、毁灭证据的，承担全部责任。

专家释惑

交通事故现场是反映交通事故前后过程的空间场所，这里存在大量的事故痕迹和物证，是公安机关正确认定事故责任，处理交通事故的关键，当事人应在事故发生后妥善保护事故现场。如果道路交通事故现场是由于当事人的原因没有得到很好的保护，受到人为或者自然因素的破坏，就会给现场勘察带来困难，也可能会影响到准确地认定交通事故责任。如果驾驶员有意伪造或者破坏现场，肇事逃逸，导致无法准确地分析、认定事故责任，则根据《道路交通安全法实施条例》相关规定，由其承担全部责任。因此，交通事故发生后，当事人首先要采取有效措施保护现场。

事故发生后，当事人可以采取下列方法保护现场：（1）交通事故发生后，要立即确定现场范围，用石灰、沙石、树枝、绳索等将现场标围封闭，并注意看护，禁止一切车辆和行人进入。标围现场时，应尽量做到不妨碍交通。（2）若要在现场抢救伤员，应标记伤员的原始位置，以证明现场的变动情况。（3）遇到下雨、下雪、刮风等自然条件对现场可能造成破坏时，可用席子、塑料布等将现场的尸体、血迹、车痕、制动印痕和其他散落物等遮盖起来。（4）现场如果有扩大事故的因素，如汽油外溢，车上装有易燃、易爆、剧毒、放射性物品时，应立即设法消除，并向周围的行人讲明现场的危险性，必要时应将危险车辆驶离现场。（5）要注意寻找证人，记下证人的姓名、住址等。（6）在繁华或重要路段发生的事故，要服从执勤民警的指挥。在做好标记后，将车辆移出现场，以恢复正常交通，但不准擅自移动车辆，也不能未经标记而移动车辆。交通事故发生后，当事人应注意重点保护以下事故现场痕迹：（1）路面痕迹，如车辆制动印痕、轧压痕迹、侧滑印痕、行为人鞋底与路面擦痕及油迹、水迹、血迹等。（2）车辆及人体擦撞痕迹，如各种车辆部件造成的刮痕、沟槽、服装搓擦痕、车身浮尘擦痕等。（3）路面遗留物，如玻璃、漆片等散落物及人体组织剥落物等。

二十八、公安机关在法定幅度内作出过重的交通处罚，能否要求变更？

案例 28　小李诉公安机关行政处罚纠纷案

事情是这样的

老李是一名小货车司机。2005 年 9 月 30 日晚，老李和其儿子小李一同运一批货到邻县。当行至某路口时，行人关某被老李的车撞伤。当时，关某正同一群朋友从饭店吃完饭出来。关某的朋友与老李发生争执并扬言，“要是不给钱，就把车砸了！”小李担心关某的朋友真的动手砸车，便将车开离现场，停泊在离现场约 800 米的一加油站内躲避。交警赶到后发现现场已遭破坏，在调查的过程中，证实是小李将车开离现场的。小李并不具备驾驶资格，系无证驾驶，交警遂根据《道路交通安全法》的规定，对小李处以 2000 元罚款。小李认为公安机关的行政处罚显失公平，提起行政诉讼，要求人民法院依法变更公安机关的行政处罚。经法庭查实，小李无证驾驶车辆的行为未造成严重后果，交通事故现场虽然遭到一定程度的破坏，但未影响对交通事故成因和当事人责任的调查、认定。

律师专线

行政处罚显失公正指的是行政机关在法律、法规规定的罚种和幅度内所作出的明显不公正的行政处罚，它是明显超出一定幅度的不合理的自由裁量行为，而不是指超出法律、法规规定的罚种和幅度的自由裁量行为。本案中，公安机关给予小李的行政处罚虽然没有超出《道路交通安全法》规定的处罚幅度，但却是《道路交通安全法》规定的处罚幅度内最重的处罚。小李的违法行为情节比较轻微，公安机关给予的处罚明显偏重，构成显失公正，人民法院应当依据《行政诉讼法》的规定对公安机关的行政处罚决定予以变更。

法律规范

中华人民共和国行政诉讼法

（1989 年 4 月 4 日第七届全国人民代表大会第二次会议通过）

第五十四条　人民法院经过审理，根据不同情况，分别作出以下判决：

（一）具体行政行为证据确凿，适用法律、法规正确，符合法定程序的，判决维持。

（二）具体行政行为有下列情形之一的，判决撤销或者部分撤销，并可以判决被告重新作出具体行政行为：

1. 主要证据不足的；

2. 适用法律、法规错误的；

3. 违反法定程序的；

4. 超越职权的；

5. 滥用职权的。

（三）被告不履行或者拖延履行法定职责的，判决其在一定期限内履行。

（四）行政处罚显失公正的，可以判决变更。

中华人民共和国道路交通安全法

（2003 年 10 月 28 日第十届全国人民代表大会常务委员会第五次会议通过　根据 2007 年 12 月 29 日第十届全国人民代表大会常务委员会第三十一次会议《关于修改〈中华人民共和国道路交通安全法〉的决定》修正）

第九十九条　有下列行为之一的，由公安机关交通管理部门处二百元以上二千元以下罚款：

（一）未取得机动车驾驶证、机动车驾驶证被吊销或者机动车驾驶证被暂扣期间驾驶机动车的；

（二）将机动车交由未取得机动车驾驶证或者机动车驾驶证被吊销、暂扣的人驾驶的；

（三）造成交通事故后逃逸，尚不构成犯罪的；

（四）机动车行驶超过规定时速百分之五十的；

（五）强迫机动车驾驶人违反道路交通安全法律、法规和机动车安全驾驶要求驾驶机动车，造成交通事故，尚不构成犯罪的；

（六）违反交通管制的规定强行通行，不听劝阻的；

（七）故意损毁、移动、涂改交通设施，造成危害后果，尚不构成犯罪的；

（八）非法拦截、扣留机动车辆，不听劝阻，造成交通严重阻塞或者较大财产损失的。

行为人有前款第二项、第四项情形之一的，可以并处吊销机动车驾驶证；有第一项、第三项、第五项至第八项情形之一的，可以并处十五日以下拘留。

专家释惑

根据《行政诉讼法》的相关规定，人民法院对行政机关的行政处罚决定享有司法变更权。司法变更权的行使应当具备两个条件：1. 人民法院行使司法变更权的范围是行政处罚案件，即行政相对人对行政机关给予的行政处罚不服而提起的行政诉讼。2. 只有在行政机关作出的行政处罚决定显失公正时，人民法院才可以行使司法变更权。

所谓显失公正，指的是行政处罚具备法律、法规规定的形式要件，但在实质上与法律的精神相违背，损害了行政相对人的合法权益，对其构成明显的不公平的情况。行政处罚显失公正有以下两层含义：1. 行政处罚具备法律、法规规定的形式要件，即行政处罚具备相应的法律依据，事实清楚，证据确凿，程序合法，并且没有超出法律、法规规定的罚种和处罚幅度。2. 行政处罚实质上对行政相对人构成了不公正，没有做到客观、公正、适度。该不公正的情况依据一般人的常识即可以发现，即“明显不公正”。

行政处罚显失公正包括三种情况：1. 行政处罚因人而异，即行政机关在实施行政处罚时没有遵循“法律面前人人平等”的原则，针对不同行政相对人明显相同的行政违法行为给予了不同的行政处罚，或明显不同的行政违法行为给予了相同的行政处罚。2. 行政处罚缺乏连续性，即行政机关对于相同的行政违法行为，此时此地这样处理，彼时彼地那样处理，处理结果轻重悬殊，缺乏执法行为应有的连续性，使行政相对人无法预测自己的行为的法律后果。3. 行政处罚畸轻畸重，即行政机关给予行政相对人的行政处罚与其应受的行政处罚之间的差距过于悬殊，主要是指行政机关在法律、法规规定的处罚幅度内选择适用具体的处罚方式时畸轻畸重的情况，而不是行政机关超越法律、法规规定的处罚幅度进行处罚的行政越权行为。

对于无证驾驶的违法行为，《道路交通安全法》第99条规定了处以200元以上2000元以下罚款，这个处罚幅度是较宽的，要由公安机关结合当事人的违法行为的具体情节以及当事人以往的记录、实施违法行为时的主观动机、违法行为对社会危害性的大小等情况，按照客观、公正、适度的要求，给予行为人合理的行政处罚。如果公安机关作出的行政处罚与相对人应受的行政处罚相差悬殊，即构成行政处罚显失公正。

二十九、非道路交通事故如何处理？

案例29 彭某诉孟某人身伤害赔偿案

事情是这样的

2006年5月17日傍晚，彭某在其居住的小区内散步。行至一交叉路口时，突然冲出一辆小轿车，彭某躲闪不及，被车撞倒。随即被轿车驾驶员孟某送往附近医院，花去医药费5000余元。事故发生后，当事人双方及其亲属就事故成因和双方的过错程度发生争执，无法达成一致。

律师专线

根据《道路交通安全法》第119条规定："交通事故，是指车辆在道路上因过错或者意外造成的人身伤亡或者财产损失的事件。"为此，要确认在小区内被车辆撞伤是否属于交通事故，必须先界定"道路"的范畴。按照《道路交通安全法》的规定：道路，是指公路、城市道路和虽在单位管辖范围但允许社会机动车通行的地方，包括广场、公共停车场等，而居民小区是居民比较封闭的生活区域，不允许社会机动车辆通行，所以小区范围内的道路并非《道路交通安全法》所指的"道路"。所以，在小区内被车辆撞伤不能构成交通事故。

那么，受害人彭某如何在这起非交通事故中寻求有效的救济，维护自己的合法权益呢？一般有三条途径可以维护其合法权益：第一，可以由双方当事人自行协商解决。第二，可以要求到现场勘验的公安交通管理部门处理。因为在居民小区发生车祸虽然不是交通事故，但是按照《道路交通安全法》第77条规定：车辆在道路以外通行时发生的事故，公安机关交通管理部门接到报案的，参照本法有关规定办理。为此，彭某可以要求公安机关交通管理部门参照《道路交通安全法》进行处理。公安交通管理部门将会组织双方进行调解。第三，彭某可以向人民法院提起人身损害赔偿诉讼，由法院判令撞人者赔偿其经济损失。

法律规范

中华人民共和国道路交通安全法

（2003年10月28日第十届全国人民代表大会常务委员会第五次会议通过　根据2007年12月29日第十届全国人民代表大会常务委员会第三十一次会议《关于修改〈中华人民共和国道路交通安全法〉的决定》修正）

第七十七条　车辆在道路以外通行时发生的事故，公安机关交通管理部门接到报案的，参照本法有关规定办理。

第一百一十九条　本法中下列用语的含义：

（一）“道路”，是指公路、城市道路和虽在单位管辖范围但允许社会机动车通行的地方，包括广场、公共停车场等用于公众通行的场所。

（二）“车辆”，是指机动车和非机动车。

（三）“机动车”，是指以动力装置驱动或者牵引，上道路行驶的供人员乘用或者用于运送物品以及进行工程专项作业的轮式车辆。

（四）“非机动车”，是指以人力或者畜力驱动，上道路行驶的交通工具，以及虽有动力装置驱动但设计最高时速、空车质量、外形尺寸符合有关国家标准的残疾人机动轮椅车、电动自行车等交通工具。

（五）“交通事故”，是指车辆在道路上因过错或者意外造成的人身伤亡或者财产损失的事件。

最高人民法院关于审理交通肇事刑事案件具体应用法律若干问题的解释

（2000年11月10日最高人民法院审判委员会第1136次会议通过　法释

〔2000〕33号）

第八条　在实行公共交通管理的范围内发生的重大交通事故的，依照刑法第一百三十三条和本解释的有关规定办理。

在公共交通管理的范围外，驾驶机动车辆或者使用其他交通工具致人伤亡或者致使公共财产或者他人财产遭受重大损失，构成犯罪的，分别依照刑法第一百三十四条、第一百三十五条、第二百三十三条等规定定罪处罚。

中华人民共和国刑法

（1979年7月1日第五届全国人民代表大会第二次会议通过　1997年3月14日第八届全国人民代表大会第五次会议修订）

第一百三十三条　违反交通运输管理法规，因而发生重大事故，致人重伤、死亡或者使公私财产遭受重大损失的，处三年以下有期徒刑或者拘役；交通运输肇事后逃逸或者有其他特别恶劣情节的，处三年以上七年以下有期徒刑；因逃逸致人死亡的，处七年以上有期徒刑。

第二百三十三条　过失致人死亡的，处三年以上七年以下有期徒刑；情节较轻的，处三年以下有期徒刑。本法另有规定的，依照规定。

专家释惑

实践中，非道路的范围包括：1. 自建自管未列入规划的城市巷弄或村间路，或者自行修建并自行负责管理的路面；2. 用于田间耕作的农村铺设的水泥路、沥青路、砂石路等机耕路；3. 村民宅前宅后建造的路段或自然通车形成的路面；4. 封闭式住宅小区内楼群之间的路面；5. 机关、团体、单位的内部路面，厂矿、企事业单位、火车站、机场、港口、货场内的专用路面；6. 撤村建居后尚未移交公安交通部门管理的路段；7. 晾晒作物的场院内路面；8. 断路施工而且未竣工或已竣工未移交公安交通部门管理的路段。凡乡、村自行修建的道路（机耕道）和自然通车形成的道路以及住宅楼群道路、机关团体单位的内部道路、厂矿企事业专用道路以及尚未交付使用的新建道路等，均不属于法定道路。在以上这些路面上发生的车辆事故（非道路交通事故），也不属于道路交通管理范围，公安交警部门不具有法定管理的职权。但根据《道路交通安全法》第 77 条“车辆在道路以外通行时发生的事故，公安机关交通管理部门接到报案的，参照本法有关规定办理”的规定，将非道路交通事故也交由公安交警部门比照道路交通事故进行处理。

对不构成犯罪的，交巡警部门负责接出警，勘察事故现场，固定有关证据，分析事故原因，综合作出非道路交通事故认定书，由最初受理的单位应当事人申请进行调解，调解不成出现纠纷时，通知当事人向人民法院提起民事诉讼；或者不组织调解工作，直接告知当事人向人民法院提起民事诉讼。如果需对当事人的某些严重违章行为进行处罚，比如酒后驾车、无证驾车等，可以依照《治安管理处罚条例》的有关规定，对其违章行为单独处罚。

对触犯刑律的非道路交通事故，交巡警部门和公安派出所共同负责接出警，负责事故现场前期处置工作，勘察事故现场，调查取证，固定证据，交巡警部门向派出所、刑侦部门提供《非道路交通事故认定书》，分析事故原因，同时根据案情发展情况及案件性质，及时移交刑侦部门按照最高人民法院《关于审理交通肇事刑事案件具体应用法律若干问题的解释》第 8 条第 2 款规定，应以过失致人死亡罪定性处罚，追究肇事者相应的刑事责任。第 8 条第 1 款规定：“在实行公共交通管理的范围内发生的重大交通事故的，依照刑法第一百三十三条和本解释的有关规定办理。”这就是说：道路以内所发生的重大交通事故，以交通肇事罪立案侦查，追究肇事者的刑事责任。第 2 款规定：“在公共交通管理的范围外，驾驶机动车辆或者使用其他交通工具致人伤亡或者致使公共财产或者他人财产遭受重大损失，构成犯罪的，分别依照刑法第一百三十四条、第一百三十五条、第二百三十三条等规定定罪处罚。”这一规定就是说：发生在非道路的重大交通事故，分别依照重大责任事故罪、重大劳动安全事故罪、过失致人死亡罪定性，追究肇事者的刑事责任。非道路交通事故犯罪的刑法特征与重大责任事故罪、重大劳动安全事故罪、过失致人死亡罪是相符合的。它与交通肇事罪虽有相似之处，但在主观方面行为人负遵守道路运输管理法规的法定义务不如交通肇事罪那样严格，其次发生地是在法律规定的“道路”以外，这是非道路交通事故犯罪与道路交通事故犯罪的主要区别。两者在量刑上也不相同，重大责任事故罪、重大劳动安全事故罪、过失致人死亡罪最高法定刑是7年，而交通肇事罪中因逃逸致人死亡的，可处7年以上有期徒刑。因此非道路交通事故构成犯罪的，应以重大责任事故罪、重大劳动安全事故罪、过失致人死亡罪定罪量刑。

第四节　交通事故损害赔偿

内容提要

及时、合理、公平地解决交通事故索赔与赔偿问题，切实保护当事人的利益，既有赖于交通管理部门和人民法院正确地适用法律，也需要当事人了解自己的权利和义务，了解交通事故赔偿的项目、标准等内容。

三十、交通事故导致受害人伤残，受害人可以要求交通事故肇事人承担哪些赔偿费用？

案例30　陈某诉某公交公司道路交通事故损害赔偿案

事情是这样的

2005年12月27日9时许，陈某乘坐市公交公司30路公交客车时，该车在市区文昌路与淮海路交叉口与他车相撞发生交通事故，陈某不幸受伤，被送往武警江苏省总队医院抢救。2006年1月9日，陈某转至江苏省苏北人民医院住院治疗，于当月25日出院。出院诊断：右下腓分离；右膝外侧半月板部分损伤，滑膜皱襞综合征。出院医嘱：休息半年（其中卧床休息三个月）；继续石膏固定；功能锻炼；随诊（周二下午）。市公交公司支付了医疗费16220.3元。其后，陈某又去江苏省苏北人民医院检查、治疗，支付医疗费740元。休息半年后，江苏省苏北人民医院于2006年7月25日出具疾病诊断证明书，建议再休息三个月；在三个月期满后的10月26日，江苏省苏北人民医院再次出具疾病诊断证明书，建议继续休息一个月。

2006年9月9日，江苏省苏北人民医院司法鉴定所作出司法鉴定书：陈某因交通事故致右膝、右踝关节活动受限，相当于右下肢丧失功能10%以上，属于十级伤残。陈某支付鉴定费600元。

2006年11月7日，陈某向广陵区人民法院起诉，要求市公交公司赔偿包括精神抚慰金5000元、后续治疗费4580元等各项损失合计68198.43元。市公交公司对交通事故的事实及责任认定无异议，但认为对陈某主张的损失应进行审核。

广陵区人民法院审理后认为，陈某在乘坐市公交公司客车的过程中发生交通事故受伤，作为承运人的市公交公司应当承担赔偿责任。因陈某选择的是客运合同违约赔偿，主张精神抚慰金缺乏法律依据，本院不予支持。至于后续治疗费，陈某提供的医疗机构证明不够确定，陈某可待实际发生后另行主张。因此，广陵区人民法院判决市公交公司在本判决生效后10日内赔偿陈某医疗费740元、住院伙食补助费600元、营养费3000元、交通费300元、误工费17618元、护理费3150元、残疾赔偿金24638元、鉴定费600元，合计50646元。

律师专线

关于交通事故中受害人的损害赔偿问题，《民法通则》第119条规定："侵害公民身体造成伤害的，应当赔偿医疗费、因误工减少的收入、残废者生活补助费等费用；造成死亡的，并应当支付丧葬费、死者生前抚养的人必要的生活费等费用。”最高人民法院《关于审理人身损害赔偿案件适用法律若干问题的解释》第17条规定：“受害人遭受人身损害，因就医治疗支出的各项费用以及因误工减少的收入，包括医疗费、误工费、护理费、交通费、住宿费、住院伙食补助费、必要的营养费，赔偿义务人应当予以赔偿。受害人因伤致残的，其因增加生活上需要所支出的必要费用以及因丧失劳动能力导致的收入损失，包括残疾赔偿金、残疾辅助器具费、被扶养人生活费，以及因康复护理、继续治疗实际发生的必要的康复费、护理费、后续治疗费，赔偿义务人也应当予以赔偿。”

从这些规定可以看出，受害人因交通事故受伤未致残时，损害赔偿的范围包括7项：医疗费、误工费、护理费、交通费、住宿费、伙食补助费和必要的营养费等。受伤致残时，即受害人的身体遭受伤害，导致身体部分机体功能丧失，部分或全部丧失劳动能力的，除上述7项费用外，还包括残疾赔偿金、残疾辅助器具费、被扶养人生活费，以及因康复护理、继续治疗实际发生的必要的康复费、护理费、后续治疗费等。本案中受害人陈某即属于第二种情况，也就是受伤致残的。

法律规范

中华人民共和国民法通则

（1986年4月12日第六届全国人民代表大会第四次会议通过　自1987年1月1日起施行）

第一百一十九条　侵害公民身体造成伤害的，应当赔偿医疗费、因误工减少的收入、残废者生活补助费等费用；造成死亡的，并应当支付丧葬费、死者生前扶养的人必要的生活费等费用。

最高人民法院关于审理人身损害赔偿案件适用法律若干问题的解释

（2003年12月4日最高人民法院审判委员会第1299次会议通过　法释〔2003〕20号）

第十七条　受害人遭受人身损害，因就医治疗支出的各项费用以及因误工减少的收入，包括医疗费、误工费、护理费、交通费、住宿费、住院伙食补助费、必要的营养费，赔偿义务人应当予以赔偿。

受害人因伤致残的，其因增加生活上需要所支出的必要费用以及因丧失劳动能力导致的收入损失，包括残疾赔偿金、残疾辅助器具费、被扶养人生活费，以及因康复护理、继续治疗实际发生的必要的康复费、护理费、后续治疗费，赔偿义务人也应当予以赔偿。

受害人死亡的，赔偿义务人除应当根据抢救治疗情况赔偿本条第一款规定的相关费用外，还应当赔偿丧葬费、被扶养人生活费、死亡补偿费以及受害人亲属办理丧葬事宜支出的交通费、住宿费和误工损失等其他合理费用。

第十九条　医疗费根据医疗机构出具的医药费、住院费等收款凭证，结合病历和诊断证明等相关证据确定。赔偿义务人对治疗的必要性和合理性有异议的，应当承担相应的举证责任。

医疗费的赔偿数额，按照一审法庭辩论终结前实际发生的数额确定。器官功能恢复训练所必要的康复费、适当的整容费以及其他后续治疗费，赔偿权利人可以待实际发生后另行起诉。但根据医疗证明或者鉴定结论确定必然发生的费用，可以与已经发生的医疗费一并予以赔偿。

第二十条　误工费根据受害人的误工时间和收入状况确定。

误工时间根据受害人接受治疗的医疗机构出具的证明确定。受害人因伤致残持续误工的，误工时间可以计算至定残日前一天。

受害人有固定收入的，误工费按照实际减少的收入计算。受害人无固定收入的，按照其最近三年的平均收入计算；受害人不能举证证明其最近三年的平均收入状况的，可以参照受诉法院所在地相同或者相近行业上一年度职工的平均工资计算。

第二十一条　护理费根据护理人员的收入状况和护理人数、护理期限确定。

护理人员有收入的，参照误工费的规定计算；护理人员没有收入或者雇佣护工的，参照当地护工从事同等级别护理的劳务报酬标准计算。护理人员原则上为一人，但医疗机构或者鉴定机构有明确意见的，可以参照确定护理人员人数。

护理期限应计算至受害人恢复生活自理能力时止。受害人因残疾不能恢复生活自理能力的，可以根据其年龄、健康状况等因素确定合理的护理期限，但最长不超过二十年。

受害人定残后的护理，应当根据其护理依赖程度并结合配制残疾辅助器具的情况确定护理级别。

第二十二条　交通费根据受害人及其必要的陪护人员因就医或者转院治疗实际发生的费用计算。交通费应当以正式票据为凭；有关凭据应当与就医地点、时间、人数、次数相符合。

第二十三条　住院伙食补助费可以参照当地国家机关一般工作人员的出差伙食补助标准予以确定。

受害人确有必要到外地治疗，因客观原因不能住院，受害人本人及其陪护人员实际发生的住宿费和伙食费，其合理部分应予赔偿。

第二十四条　营养费根据受害人伤残情况参照医疗机构的意见确定。

第二十五条　残疾赔偿金根据受害人丧失劳动能力程度或者伤残等级，按照受诉法院所在地上一年度城镇居民人均可支配收入或者农村居民人均纯收入标准，自定残之日起按二十年计算。但六十周岁以上的，年龄每增加一岁减少一年；七十五周岁以上的，按五年计算。

受害人因伤致残但实际收入没有减少，或者伤残等级较轻但造成职业妨害严重影响其劳动就业的，可以对残疾赔偿金作相应调整。

第二十六条　残疾辅助器具费按照普通适用器具的合理费用标准计算。伤情有特殊需要的，可以参照辅助器具配制机构的意见确定相应的合理费用标准。

辅助器具的更换周期和赔偿期限参照配制机构的意见确定。

第二十八条　被扶养人生活费根据扶养人丧失劳动能力程度，按照受诉法院所在地上一年度城镇居民人均消费性支出和农村居民人均年生活消费支出标准计算。被扶养人为未成年人的，计算至十八周岁；被扶养人无劳动能力又无其他生活来源的，计算二十年。但六十周岁以上的，年龄每增加一岁减少一年；七十五周岁以上的，按五年计算。

被扶养人是指受害人依法应当承担扶养义务的未成年人或者丧失劳动能力又无其他生活来源的成年近亲属。被扶养人还有其他扶养人的，赔偿义务人只赔偿受害人依法应当负担的部分。被扶养人有数人的，年赔偿总额累计不超过上一年度城镇居民人均消费性支出额或者农村居民人均年生活消费支出额。

专家释惑

交通事故中的损害赔偿范围主要包括两部分，一是财产损失，二是人身伤亡。(1) 财物损害的赔偿。它包括直接的财产损失和可预期的财产损失。交通事故往往会造成当事人财物受损，如交通工具、设施或者其他一些物品可能局部受损，也可能完全毁坏无法修复，甚至于灭失，这些是直接的财产损失。可预期的损失例如歌手演出途中遭遇非己方责任的交通事故，可预期得到的出场费即是其财产损失。这些对于加害方来说是必须作出赔偿的。(2) 人身伤害的赔偿。交通事故造成受害人受伤或死亡，使人的健康和生命安全受到侵害，尽管身体本身的损伤不能用金钱衡量，但由此引起的实际财产损失，如抢救、医疗、因事故伤害造成劳动收入的减少等，还是可以计算出来的，具体数额根据最高人民法院《关于审理人身损害赔偿案件适用法律若干问题的解释》的相关规定予以计算。

根据上述法律和司法解释的规定可知，因交通事故致残，除医疗费、误工费、护理费、交通费、住宿费、伙食补助费和必要的营养费外，还包括以下 6 项赔偿项目：残疾赔偿金、残疾辅助器具费、被扶养人生活费，以及因康复护理、继续治疗实际发生的必要的康复费、护理费、后续治疗费等。对受害人具体的损害赔偿的项目和数额，应当根据交通事故受害人的受损害情况、治疗情况、交通事故中的损害对其家庭和本人生活的影响、当事人双方的经济承受能力、当地的平均生活水平等一系列相关因素来确定。

残疾赔偿金根据受害人丧失劳动能力程度或者伤残等级，按照受诉法院所在地上一年度城镇居民人均可支配收入或者农村居民人均纯收入标准，自定残之日起按 20 年计算。但 60 周岁以上的，年龄每增加 1 岁减少 1 年；75 周岁以上的，按 5 年计算。受害人因伤致残但实际收入没有减少，或者伤残等级较轻但造成职业妨害严重影响其劳动就业的，可以对残疾赔偿金作相应调整。如果受诉法院当地上一年度人均收入为10000元，陈某可获得的残疾者生活补助费为10000元/年×20年×二级伤残系数=200000元×二级伤残系数（二级伤残系数一般为90%，即评定为伤残一级，按全额赔偿；二至十级的，则以10%的比例依次递减作为赔偿系数，交通事故处理可予参照）。

残疾辅助器具费按照普通适用器具的合理费用标准计算。伤情有特殊需要的，可以参照辅助器具配制机构的意见确定相应的合理费用标准。辅助器具的更换周期和赔偿期限参照配制机构的意见确定。此外如果辅助器具的使用期限届满而受害人还需要残疾器具费用的，受害人可以继续起诉，人民法院应当根据受害人的起诉判决致害人赔偿5年至10年的残疾器具使用费。

上述赔偿项目并非提出主张就可以获得法院的支持，比如残疾辅助器具费，如果伤残没有达到需要使用残疾辅助器具程度的，法院不会支持；被扶养人生活费必须要提供丧失劳动能力程度的证明和需要被扶养的证明。

联系本案

交通事故致残的，关键的赔偿项目是伤残赔偿金。对于受害方来说，如果第一次鉴定结论的伤残等级过低，应当及时申请重新鉴定或者补充鉴定，最终根据确定的伤残等级确定赔偿数额。伤残比较严重，有可能完全或者部分丧失劳动能力的，还应当做一个劳动能力鉴定，根据丧失劳动能力的程度，主张被扶养人生活费。对于肇事方来说，对伤残评定书主要审查鉴定的程序是否合法、鉴定人是否有资质、作为鉴定依据的病历材料是否准确、鉴定的部位是否是由于本次交通事故造成或者是否为受害人自身的疾病引起等。如果对伤残鉴定有异议，应当根据异议的情况申请重新鉴定或者复核鉴定。

交通事故致残的，在诉讼中交通费这个赔偿项目是比较难处理的。实践中，一般有如下几种处理方法：第一，双方当事人协商确定一个交通费赔偿的数字，比如500元、1000元等；第二，双方都同意让法院根据实际情况酌定一个赔偿数字；第三，由原告说明交通费使用的时间和事由，法院根据合理性和必要性决定是否支持。原告说明交通费使用的时间和事由时应当注意，交通费产生的时间必须是发生交通事故之后到诉讼之前，使用的事由必须是由于处理交通事故或者为治疗交通事故造成的伤害而产生。非处理交通事故产生的交通费，比如接送亲友探望的交通费用、上下班的交通费用等不能获得支持。

三十一、擅自转院花费的医疗费用，致害人是否赔偿？

案例31　金某诉闵某道路交通事故损害赔偿案

事情是这样的

2006年5月，50多岁的金女士骑车去上班，在拐弯处被闵某开的红旗小轿车蹭倒，金女士一下子摔倒在地上起不来了。闵某赶紧下车去扶金女士，两人为这事是谁的责任发生了争执，正在争吵之际，交通民警赶到现场并进行了勘察，发现金女士伤得不轻，当即指定她到附近的人民医院就医，然后等候交通队的通知，再给双方定责任。金女士当日住进了医院，医院当日诊断为：某椎体压缩性骨折。在该医院共住院治疗6天，后金女士想转到自己的合同医院进行治疗，在未获得医院同意的情况下，就转院继续治疗了。金女士一边治病一边等待交通队通知，终于交通队向金女士送达了交通队的事故责任认定书，其认定双方对该事故负有同等责任。一个多月后，金女士出院了，她要求闵某根据交通队事故责任认定的结论，对她治疗所花的医疗费进行赔偿，费用共计6000

余元。闵某认为他只应赔偿金女士在人民医院的费用的一半，其后来擅自转院的医疗费不应由其负担。二人在赔偿数额上产生了巨大分歧，于是金女士一纸诉状将闵某告到了人民法院。

法院开庭，双方对事实争议不大，对赔偿数额的分歧却很大，到底该如何认定？庭审后不久，法官宣读了判决书，判令闵某仅赔偿金女士首次住院费用的一半，即2000余元。闵某满意地签收了判决书，金女士却不服，赔偿的数额与自己的实际支出相比实在是太少了，都是这次事故造成的，为什么法院不保护？

律师专线

确定交通事故的损害赔偿责任人对转院治疗的费用是否予以赔偿，一般应当具备以下几个条件：一是受害人有证据证明确需转院治疗，以保证交通事故受害人在不过分加重致害人的负担的情况下获得更加合理的治疗，以尽快地和最大限度地恢复健康。二是转院后所花费的医疗费用是治疗所必需的。三是受害人转院后所进行的治疗和所花费的费用与致害人的致害行为有因果关系。本案中，受害人金女士在人民医院得到了确定的诊断，其完全没有必要转院治疗，然而金女士不经医疗机构同意就擅自转院，在这种情况下，金女士转院后的医疗费用应当由其自行承担。

法律规范

最高人民法院关于贯彻执行《中华人民共和国民法通则》若干问题的意见（试行）

（1988年1月26日最高人民法院审判委员会讨论通过　法（办）发〔1988〕6号　1988年4月2日发布）

144. 医药治疗费的赔偿，一般应以所在地治疗医院的诊断证明和医药费、住院费的单据为凭。应经医务部门批准而未获批准擅自另找医院治疗的费用，一般不予赔偿；擅自购买与损害无关的药品或者治疗其他疾病的，其费用则不予赔偿。

最高人民法院关于审理人身损害赔偿案件适用法律若干问题的解释

（2003年12月4日最高人民法院审判委员会第1299次会议通过　法释

〔2003〕20号）

第十九条 医疗费根据医疗机构出具的医药费、住院费等收款凭证，结合病历和诊断证明等相关证据确定。赔偿义务人对治疗的必要性和合理性有异议的，应当承担相应的举证责任。

医疗费的赔偿数额，按照一审法庭辩论终结前实际发生的数额确定。器官功能恢复训练所必要的康复费、适当的整容费以及其他后续治疗费，赔偿权利人可以待实际发生后另行起诉。但根据医疗证明或者鉴定结论确定必然发生的费用，可以与已经发生的医疗费一并予以赔偿。

专家释惑

本案例涉及转院治疗时的医疗费用确定问题。最高人民法院《关于贯彻执行〈中华人民共和国民法通则〉若干问题的意见》中指出："未获批准擅自另找医院治疗的费用，一般不予赔偿；擅自购买与损害无关的药品或者治疗其他疾病的，其费用则不予赔偿。"该规定的原则和精神在于，转院必须经过治疗机构的批准，私自转院治疗的费用原则上不能赔偿。

在我国目前交通事故的处理程序下，除生命危机、急需抢救外，伤者应在首先被送到的当地一级医院进行诊治，有些地区还有专门的医疗事故指定医院。目前地区的一级医院技术力量和设备条件均已有了很大提高，除重大手术和特殊检查，普通损伤的治疗在当地一级医院为合理。非征得经治医院同意或非正常途径获得转院同意但无转院必要的，对已发生的费用不予保护。

因此，涉及转院的交通索赔纠纷，转院的当事人需要有原医疗机构出具的转院证明，才能就转院后的治疗费用获得法院支持。这种转院证明可以是医生的书面医嘱，也可以以证明的形式出现，但都需要说明转院的理由和建议转院的对象。实践中一般是当地医院因为医疗条件限制和病人的病情比较特殊或严重，当地医院无法稳妥地提供医疗服务，因此需要在其他条件更好的医院进行治疗，转院有其必要性和合理性。

联系本案

发生交通事故住院，患者都希望有个放心的医院来治疗，出于这种对服务质量的追求，许多患者都有转院接受更好治疗的想法，而有些患者则是出于省钱的想法，希望找其他费用更低廉的医院就诊，因此有转院的情况。但转院时一定要取得医院的同意，而且要医院出具同意转院的书面证据，这样才能保证后期的医疗费得到赔偿。一般而言，治疗医院会根据患者病情和医院的自身情况以及患者的收入状况考虑转院的必要性和合理性。

三十二、后续治疗费能否获得赔偿？

案例 32　秦某诉魏某道路交通事故损害赔偿案

事情是这样的

2006 年 10 月某日，魏某驾驶一辆面包车沿国道由东向西行驶，秦某骑自行车由北向南行驶，在经过人行横道时，秦某被面包车撞倒，头部着地。该事故经交警大队认定，魏某没有注意安全驾驶，车速过快，承担事故的全部责任，秦某没有违法行为，不承担事故责任。秦某先后到人民医院、协和医院治疗，秦某因头部受伤需要住院进行二次手术治疗，医院已经开出住院数月的通知单，因其无钱支付医疗费 4 万元，一直拖延治疗。后来，交通事故鉴定中心应秦某的申请出具鉴定报告，认为秦某因交通事故致颅骨骨折构成十级伤残。次年 9 月，秦某向交警部门申请交通事故调解，但因双方对赔偿数额有争议，调解不成。随后秦某向人民法院提起交通事故人身损害赔偿诉讼，要求被告魏某赔偿其残疾赔偿金、伤残鉴定费、医疗费、后续医疗费、误工费、护理费、营养费、住院伙食补助费、交通费、精神损害抚慰金等共计约 12 万元，其中，后续医疗费 4 万元，秦某提供相关医院的住院部出具的交费 4 万元的通知单，以证明自己即将产生的后续医疗费。对此，被告魏某认为秦某主张的后续医疗费并没有实际产生，也没有鉴定机构证明确定必然要产生，法院应当不予认可。

法院经审理后认为，后续医疗费如果根据医疗证明或鉴定结论确定是必然发生的费用，原告可以主张。现原告提供的入院通知仅明确如需再次治疗应缴纳的费用，并非原告实际治疗中必然发生的费用，故原告要求被告支付后续医疗费的诉讼请求，本院不予支持。后续治疗的费用，原告可待实际发生后，另行向被告主张赔偿。

律师专线

确定医疗费截止的日期，就是一审法庭辩论终结的时间。今后发生的医疗费是继续治疗的费用包括二次手术费，一般原则是：结案时，对损伤经治疗后体征固定而遗留功能障碍确需再次治疗的，或伤情未恢复的，对其未来治疗、康复所需费用能够确定的二次手术费，按照必需的费用赔偿；不能确定的，当事人以后可另行起诉。后续治疗费必须有专业的医疗机构作出专业的医疗鉴定支持。

在本案中，原告秦某因事故致头部受伤需要住院进行二次手术治疗，但是其出具的证据仅仅是医院的住院部出具的交费通知单，医院的住院部仅仅是处理病人的住院事宜，并不能代表医疗机构鉴定所作出的结论，因此，原告主张的后续治疗费得不到法院的支持。但是，根据秦某头部的伤势，必然要进行第二次手术治疗，这是一个不争的事实，故秦某可以待实际治疗费用发生后再行起诉索赔。

法律规范

最高人民法院关于审理人身损害赔偿案件适用法律若干问题的解释

（2003 年 12 月 4 日最高人民法院审判委员会第 1299 次会议通过　法释〔2003〕20 号）

第十七条　受害人遭受人身损害，因就医治疗支出的各项费用以及因误工减少的收入，包括医疗费、误工费、护理费、交通费、住宿费、住院伙食补助费、必要的营养费，赔偿义务人应当予以赔偿。

受害人因伤致残的，其因增加生活上需要所支出的必要费用以及因丧失劳动能力导致的收入损失，包括残疾赔偿金、残疾辅助器具费、被扶养人生活费，以及因康复护理、继续治疗实际发生的必要的康复费、护理费、后续治疗费，赔偿义务人也应当予以赔偿。

受害人死亡的，赔偿义务人除应当根据抢救治疗情况赔偿本条第一款规定的相关费用外，还应当赔偿丧葬费、被扶养人生活费、死亡补偿费以及受害人亲属办理丧葬事宜支出的交通费、住宿费和误工损失等其他合理费用。

第十九条　医疗费根据医疗机构出具的医药费、住院费等收款凭证，结合病历和诊断证明等相关证据确定。赔偿义务人对治疗的必要性和合理性有异议的，应当承担相应的举证责任。

医疗费的赔偿数额，按照一审法庭辩论终结前实际发生的数额确定。器官功能恢复训练所必要的康复费、适当的整容费以及其他后续治疗费，赔偿权利人可以待实际发生后另行起诉。但根据医疗证明或者鉴定结论确定必然发生的费用，可以与已经发生的医疗费一并予以赔偿。

专家释惑

最高人民法院《关于审理人身损害赔偿案件适用法律若干问题的解释》中规定，受害人因伤致残的，其因增加生活上需要所支出的必要费用以及因丧失劳动能力导致的收入损失，包括残疾赔偿金、残疾辅助器具费、被扶养人生活费，以及因康复护理、继续治疗实际发生的必要的康复费、护理费、后续治疗费，赔偿义务人也应当予以赔偿。交通事故当事人医疗费用的损害赔偿标准，按照医院对当事人的交通事故创伤治疗所必需的费用计算，凭证支付。结案后确需继续治疗的，根据医疗证明或者鉴定结论确定必然发生的费用，可以与已经发生的医疗费一并予以赔偿。关于后续治疗，必须由专业的医疗机构作出专业的医疗鉴定，医生个人建议不算数，因为医生的行为属于个人行为，不能代表医疗机构鉴定所作出的结论。

在交通事故处理过程中，往往会出现伤、残者在结案后仍需继续治疗的现象。例如，肢干骨严重骨折，经过固定复位手术后，还需要进行第二次手术摘取固定钢板。在这种情况下，为了既不影响当事人的治疗又能尽快结案，可以在结案时，把结案后继续治疗所必需的费用提前给付当事人。如果被告不愿意支付或者原告未能提供医疗证明或者鉴定结论确定必然发生的费用，原告可以保留诉权，待实际发生后另行主张。判决履行后，当事人在后续治疗中，实际发生的费用有可能比判决确定的费用数额要高，超出部分如果让受害人自行负担，显然不符合《侵权法》确定的权利救济原则，既不合法也不合理。因此，只要受害人有证据证明超出部分的后续治疗费是基于人身损害所支出的，对超出原判决所确定的后续治疗费用的部分，也可另行起诉要求赔偿。

联系本案

根据法律规定，根据医疗证明或者鉴定结论必然发生的费用，即后续医疗费用可以与已经发生的医疗费一并予以赔偿。但是，作为受害方，要使自己主张的后续医疗费用得到法院支持，必须有相关证据。应提供相关资质机构出具的医疗证明或者经过有资质的鉴定机构出具鉴定结论，证明必然发生的后续医疗费用。对于被告来说，原告主张的后续医疗费用如果没有医疗证明或者鉴定结论予以证明，那么应当不予认可，但是，原告可以保留相关诉权，等实际发生后另行主张。被告如果为了解决纠纷，节约诉讼成本，应当提出一个一次性的解决方案。而原告由于在本次诉讼中后续医疗费难以获得法院支持，因此在一般情况下会作出让步。

三十三、交通事故死者家属能否同时要求死亡赔偿金和精神损害抚慰金?

案例 33　刘某诉某客运公司道路交通事故损害赔偿案

事情是这样的

2004 年 1 月，无锡市的刘某驾驶一辆摩托车在该市梁溪大桥上与客运公司的一辆大客车相撞，刘某当场死亡。经公安交警部门现场勘验、调查取证，不能确认事故是任何一方当事人违章造成。5 月 8 日，刘某的妻子、未成年女儿共同向南长区人民法院提起诉讼，要求客运公司支付丧葬费、亲属误工费、交通费、未成年女儿抚养费、死亡赔偿金、精神抚慰金等共计 27 万元。客运公司认为，公司所属的大客车正常行驶，没有违章，交通事故所造成的损失不应由自己承担。

南长区人民法院审理后认为，在这起交通事故中，没有证据证明何方具有过错，故应当依据实际情况由双方分担事故损失，即各负担 50% 的损失。家属交通费、误工费、未成年女儿抚养费、死者丧葬费、死亡赔偿金等共 21 万元。至于精神损害抚慰金，因法律上并未明确规定赔偿标准，以赔付 5 万元为宜。各项损失共计 26 万元。按照事故双方分担责任原则，客运公司应赔偿刘某妻女人民币 13 万元。判决后，双方均未提起上诉，这项判决现已发生法律效力。

律师专线

死亡赔偿金和精神损害抚慰金能否同时主张以往在法律上没有定论，在司法实践中也操作各异。最高人民法院颁布的自 2004 年 5 月 1 日起生效施行的《关于审理人身损害赔偿案件适用法律若干问题的解释》，对此作出了明确规定：死亡赔偿金是对因受害人死亡造成了其家庭收入减少、蒙受经济损失的一种物质补偿；精神损害抚慰金是为了填补、抚慰家属失去亲人遭受的痛苦对其精神上的赔偿，两者可以同时主张，法院可同时予以保护。

法律规范

最高人民法院关于审理人身损害赔偿案件适用法律若干问题的解释

（2003 年 12 月 4 日最高人民法院审判委员会第 1299 次会议通过　法释

〔2003〕20号）

第十七条　受害人遭受人身损害，因就医治疗支出的各项费用以及因误工减少的收入，包括医疗费、误工费、护理费、交通费、住宿费、住院伙食补助费、必要的营养费，赔偿义务人应当予以赔偿。

受害人因伤致残的，其因增加生活上需要所支出的必要费用以及因丧失劳动能力导致的收入损失，包括残疾赔偿金、残疾辅助器具费、被扶养人生活费，以及因康复护理、继续治疗实际发生的必要的康复费、护理费、后续治疗费，赔偿义务人也应当予以赔偿。

受害人死亡的，赔偿义务人除应当根据抢救治疗情况赔偿本条第一款规定的相关费用外，还应当赔偿丧葬费、被扶养人生活费、死亡补偿费以及受害人亲属办理丧葬事宜支出的交通费、住宿费和误工损失等其他合理费用。

第十八条　受害人或者死者近亲属遭受精神损害，赔偿权利人向人民法院请求赔偿精神损害抚慰金的，适用《最高人民法院关于确定民事侵权精神损害赔偿责任若干问题的解释》予以确定。

精神损害抚慰金的请求权，不得让与或者继承。但赔偿义务人已经以书面方式承诺给予金钱赔偿，或者赔偿权利人已经向人民法院起诉的除外。

第二十九条　死亡赔偿金按照受诉法院所在地上一年度城镇居民人均可支配收入或者农村居民人均纯收入标准，按二十年计算。但六十周岁以上的，年龄每增加一岁减少一年；七十五周岁以上的，按五年计算。

第三十一条　人民法院应当按照民法通则第一百三十一条以及本解释第二条的规定，确定第十九条至第二十九条各项财产损失的实际赔偿金额。

前款确定的物质损害赔偿金与按照第十八条第一款规定确定的精神损害抚慰金，原则上应当一次性给付。

最高人民法院关于确定民事侵权精神损害赔偿责任若干问题的解释

（2001年2月26日最高人民法院审判委员会第1161次会议通过　法释〔2001〕7号）

第一条　自然人因下列人格权利遭受非法侵害，向人民法院起诉请求赔偿精神损害的，人民法院应当依法予以受理：

（一）生命权、健康权、身体权；

（二）姓名权、肖像权、名誉权、荣誉权；

（三）人格尊严权、人身自由权。

违反社会公共利益、社会公德侵害他人隐私或者其他人格利益，受害人以侵权为由向人民法院起诉请求赔偿精神损害的，人民法院应当依法予以受理。

第七条　自然人因侵权行为致死，或者自然人死亡后其人格或者遗体遭受侵害，死者的配偶、父母和子女向人民法院起诉请求赔偿精神损害的，列其配偶、父母和子女为原告；没有配偶、父母和子女的，可以由其他近亲属提起诉讼，列其他近亲属为原告。

第八条　因侵权致人精神损害，但未造成严重后果，受害人请求赔偿精神损害的，一般不予支持，人民法院可以根据情形判令侵权人停止侵害、恢复名誉、消除影响、赔礼道歉。

因侵权致人精神损害，造成严重后果的，人民法院除判令侵权人承担停止侵害、恢复名誉、消除影响、赔礼道歉等民事责任外，可以根据受害人一方的请求判令其赔偿相应的精神损害抚慰金。

第九条　精神损害抚慰金包括以下方式：

（一）致人残疾的，为残疾赔偿金；

（二）致人死亡的，为死亡赔偿金；

（三）其他损害情形的精神抚慰金。

第十条　精神损害的赔偿数额根据以下因素确定：

（一）侵权人的过错程度，法律另有规定的除外；

（二）侵害的手段、场合、行为方式等具体情节；

（三）侵权行为所造成的后果；

（四）侵权人的获利情况；

（五）侵权人承担责任的经济能力；

（六）受诉法院所在地平均生活水平。

法律、行政法规对残疾赔偿金、死亡赔偿金等有明确规定的，适用法律、行政法规的规定。

专家释惑

根据2001年2月26日最高人民法院通过的《关于确定民事侵权精神损害赔偿责任若干问题的解释》第9条的规定，可以看出死亡赔偿金是精神损害抚慰金的一种。按照这个司法解释的精神，死亡赔偿金和精神损害抚慰金是不可以同时主张的。但2004年5月1日开始实施的最高人民法院《关于审理人身损害赔偿案件适用法律若干问题的解释》明确区分了死亡赔偿金和精神损害抚慰金，两者可以同时主张，法院可以同时予以保护。对于人身损害赔偿案件，根据新法优于旧法的原则，应当适用后一司法解释的规定，受害者因死亡而导致其家属支出的费用，是直接的物质损失，侵害人或其他赔偿义务人应当赔偿此物质损失。家属因其死亡同时又遭受精神损害的，还应当获得相应的精神赔偿。两者并不排斥。下面具体说说两者的区别：

一、死亡赔偿金与精神损害抚慰金的定义不同

死亡赔偿金又称死亡补偿费，是一种财产损失的赔偿，是对死者生存能够获取的收益的财产补偿。

死者亲属精神损害抚慰金，是指因受害人死亡，依法由死亡受害人承担扶养义务的被扶养人及其近亲属在精神意识上受到的伤害，国家依据侵害人的经济状况和侵权手段等综合因素确定的赔偿数额。

二、赔偿依据不同

1. 死亡赔偿金与被害人死亡时的年龄相关联。死亡赔偿金采取被害人死亡时的实际年龄和法定赔偿年限相结合确定赔偿数额的计算办法。最高人民法院颁发的《关于审理人身损害赔偿案件适用法律若干问题的解释》第29条规定，死者死亡时的实际年龄小于60岁的，死亡赔偿金按照受诉法院所在地人均纯收入标准，按20年计算。60周岁以上的，年龄每增加1岁减少1年；75周岁以上的，按

5 年计算。《国家赔偿法》、《行政许可法》均确立了这种赔偿办法。

2. 死亡赔偿金与被害人的职业相联系。死亡赔偿金是对人的劳动能力的一种价值肯定。法律把死亡受害者分为两大群体，一是农村居民，二是城镇居民。根据两大群体不同的可支配收入标准，分别计算赔偿数额。

3. 精神损害抚慰金的计算办法没有统一的规定，是由侵权人的侵害手段、获利情况等综合因素确定的。确定精神损害抚慰金赔偿数额应考虑的因素：侵权人的过错程度，法律另有规定的除外；侵害手段、场合、行为方式等具体情节；侵权行为所造成的后果；侵权人的获利情况；侵权人承担责任的经济能力；受诉法院所在地平均生活水平。

联系本案

在交通事故人身损害赔偿纠纷案件中，受害者本人及其亲属可以在残疾赔偿金或死亡赔偿金之外同时主张精神损害抚慰金。精神损害抚慰金与残疾赔偿金或死亡赔偿金是并列的赔偿项目。

受害人一方应当根据自身受到伤害的情况，如伤害部位、伤残等级等，还有对方当事人的承受能力，结合当地对精神损害抚慰金最高限额的指导意见，综合考虑，统一衡量，最终确定精神损害抚慰金的主张数额。不要主张过高，承担过多的诉讼费用；也不要主张过低，得不到充分的赔偿。

三十四、如何确定被扶养人范围和生活费标准?

案例 34　李某家属诉赵某等道路交通事故损害赔偿案

事情是这样的

2007 年 9 月 23 日 18 时 26 分许，被告赵某驾驶桑塔纳轿车，沿长江大道由东向西行驶至某财校附近路段时，在视线不清的情况下盲目驾驶车辆，撞倒道路上的行人李某，致李某头、面部、胸部等多处严重受伤，经人民医院抢救无效，于当晚死亡。2007年9月28日市公安局交警支队一大队作出公交认字〔2007〕第00064号交通事故认定书，认定：被告赵某负本起事故的全部责任。经查，该桑塔纳轿车在被告甲保险公司投保了机动车第三者责任强制保险；在被告乙保险公司投保了20万元不计免赔率的商业三责险，保险期限为2007年7月14日至2008年7月13日。后受害人李某父母、配偶、子女及弟弟来院起诉，请求上述各被告赔偿各项经济损失30余万元，其中李某父母、弟弟及女儿李小某要求作为被扶养人由各被告赔偿其生活费。受害人李某的弟弟及女儿李小某均系成年人，李某的弟弟在一次车祸中致残，伤残等级为两处十级，已获侵权方赔偿，其与受害人李某生前并不居住在一起，李小某则为先天性聋哑症。

律师专线

本案是一起常见的道路交通事故人身损害赔偿案件，被告赵某和两保险公司按照法律规定承担赔偿责任毋庸置疑。但本案中所涉及的被扶养人的范围和赔偿标准问题在实践中却常常使人困扰。

就本案来说，受害人李某的弟弟及成年子女李小某能否作为受害人李某的被扶养人存在较大争议。最高人民法院《关于审理人身损害赔偿案件适用法律若干问题的解释》（以下简称《解释》）第28条第2款规定："被扶养人是指受害人依法应当承担扶养义务的未成年人或者丧失劳动能力又无其他生活来源的成年近亲属。"根据上述《解释》规定，如果要作为李某生前被扶养的人，必须要符合丧失劳动能力又无其他生活来源这一条件。受害人李某的弟弟虽构成两处十级伤残，女儿李小某虽患先天性聋哑症，但两者能否构成丧失劳动能力尚须经过有关部门鉴定。受害人李某的弟弟与受害人李某生前并不居住在一起，且其损失已经由侵权方赔偿，李某的弟弟对其劳动能力丧失程度并不能提出申请鉴定，故其并不符合被扶养人的条件。对李小某的劳动能力鉴定，经原、被告双方当事人同意，本院委托有关机构进行司法鉴定，结论为李小某患有先天性聋哑症，属于大部分劳动能力丧失，故其符合被扶养人的条件。

根据《解释》第28条规定被扶养人生活费“按照受诉法院所在地上一年度城镇居民人均消费性支出和农村居民人均年生活消费支出标准计算”，被扶养人生活费的计算标准为：以扶养人（即受害人）丧失劳动能力程度（以有鉴定资格的司法鉴定机构的鉴定为准）和户口类别，确定按照城镇居民人均消费性支出标准或者农村居民人均年生活消费支出标准。若扶养人（即受害人）为城镇居民户口，则其被扶养人生活费的计算标准为城镇居民人均消费性支出；若扶养人（即受害人）为农村居民户口，则其被扶养人生活费的计算标准为农村居民人均年生活消费支出。特别值得注意的是：不能以被扶养人的户口类别来确定被扶养人生活费的计算标准，这是正确计算被扶养人生活费的关键所在。此外从《解释》第30条“赔偿权利人举证证明其住所地或者经常居住地城镇居民人均可支配收入或者农村居民人均纯收入高于受诉法院所在地标准的”，“被扶养人生活费的相关计算标准，依照前款原则确定”规定可以看出，当被扶养人举证证明其住所地或者经常居住地居民人均消费支出标准高于受诉法院所在地标准的，被扶养人生活费可以根据被扶养人住所地或者经常居住地的相关标准计算。

法律规范

中华人民共和国民法通则

（1986年4月12日第六届全国人民代表大会第四次会议通过　自1987年1月1日起施行）

第一百一十九条　侵害公民身体造成伤害的，应当赔偿医疗费、因误工减少的收入、残废者生活补助费等费用；造成死亡的，并应当支付丧葬费、死者生前扶养的人必要的生活费等费用。

最高人民法院关于审理人身损害赔偿案件适用法律若干问题的解释

（2003年12月4日最高人民法院审判委员会第1299次会议通过　法释〔2003〕20号）

第二十八条　被扶养人生活费根据扶养人丧失劳动能力程度，按照受诉法院所在地上一年度城镇居民人均消费性支出和农村居民人均年生活消费支出标准计算。被扶养人为未成年人的，计算至十八周岁；被扶养人无劳动能力又无其他生活来源的，计算二十年。但六十周岁以上的，年龄每增加一岁减少一年；七十五周岁以上的，按五年计算。

被扶养人是指受害人依法应当承担扶养义务的未成年人或者丧失劳动能力又无其他生活来源的成年近亲属。被扶养人还有其他扶养人的，赔偿义务人只赔偿受害人依法应当负担的部分。被扶养人有数人的，年赔偿总额累计不超过上一年度城镇居民人均消费性支出额或者农村居民人均年生活消费支出额。

第三十条　赔偿权利人举证证明其住所地或者经常居住地城镇居民人均可支配收入或者农村居民人均纯收入高于受诉法院所在地标准的，残疾赔偿金或者死亡赔偿金可以按照其住所地或者经常居住地的相关标准计算。

被扶养人生活费的相关计算标准，依照前款原则确定。

第三十五条　本解释所称“城镇居民人均可支配收入”、“农村居民人均纯收入”、“城镇居民人均消费性支出”、“农村居民人均年生活消费支出”、“职工平均工资”，按照政府统计部门公布的各省、自治区、直辖市以及经济特区和计划单列市上一年度相关统计数据确定。

“上一年度”，是指一审法庭辩论终结时的上一统计年度。

专家释惑

根据最高人民法院《关于审理人身损害赔偿案件适用法律若干问题的解释》第28条规定，被扶养人是指受害人依法应当承担扶养义务的未成年人或者丧失劳动能力又无其他生活来源的成年近亲属。被扶养人还有其他扶养人的，赔偿义务人只赔偿受害人依法应当负担的部分。被扶养人有数人的，年赔偿总额累计不超过上一年度城镇居民人均消费性支出额或者农村居民人均年生活消费支出额。

被扶养人是指受害人根据法律规定应当承担扶养义务的人，一类是不满18周岁的未成年人，一类是虽已成年，但没有劳动能力又没有其他生活来源的被扶养人。在此，应注意对近亲属的理解，一般情况下，有法定扶养关系的近亲属包括夫妻、父母、子女。兄弟姐妹之间、祖孙之间在一定的条件下才形成法定的扶养关系。

如何判断属于被扶养人及“无其他生活来源”？实务中，常以原告方提供的户籍簿（证明）或者所在居委会（村委会）出具的证明为准认定某人是否属于被扶养人之列。这里面就存在两个问题：一是随着国家对户籍的管理不如以前严格，为了就学和生活的方便，现实生活中存在大量挂户现象，挂户人往往与挂户家庭没有直接的亲属关系，因而，光凭一纸户口簿很难区分原告所列的被扶养人是真是假，特别是异地诉讼，更难判断。二是居委会或者村委会是群众自治组织，根据法律规定不具有证明居民或者村民亲属关系的职能，且碍于熟人关系有时还出具虚假的证明。目前除了深入调查了解、要求被扶养人到庭接受质证外，尚无其他更好、更经济的方法加以甄别。对于“无其他生活来源”可以按照下列标准判断：被扶养人自己没有劳动能力，主要由死者生前或残疾者丧失劳动能力前实际扶养，又没有经常性的收入以维持其基本生活，或者虽有偶然性收入，但不足以维持本人生活。是否丧失劳动能力，应有劳动部门的鉴定结论，是否有其他生活来源，可以由当地民政部门或街道出具证明。

扶养人（即受害人）只有一人时，则被扶养人生活费全部由扶养人（即受害人）一人承担。扶养人不止一人时，扶养人（即受害人）只承担其依法应当负担的部分，即被扶养人生活费应由依法承担扶养义务的扶养人共同分担。被扶养人有多个时，被扶养人生活费每年赔偿总额以扶养人（即受害人）所在地的上一年度城镇居民人均消费性支出额或者农村居民人均年生活消费支出额为限。

交通事故责任人负担被扶养人生活费的年限，依被扶养人的年龄和有无劳动能力而有所不同。一般的原则是事故责任人负担其至18周岁的扶养费。除此外，被扶养人无论是否已年满18周岁，如果是由医院证明长期生病和残疾等无经济来源的人，即自己不能养活自己的人，且必须是死者生前的扶养人，那么责任人应负担其20年的扶养费（对虽然无劳动能力，但有经济来源的人，也不应赔偿死者生前被扶养人生活费）。但对于60周岁以上的，年龄每增加1岁被扶养的年限减少1年，但对于75周岁以上的被扶养人，则一律负担5年的扶养费。还有几点需注意的是：（1）在受害人死亡或丧失劳动能力前不需要其实际扶养，而在受害人受害后丧失了生活来源或在受害人受害后出生的子女，也应支付必要的生活费；（2）对超过16周岁继续在全日制学校上学的学生，凭学校证明应扶养到毕业；（3）在事故发生后至赔偿前被扶养人死亡的，不应赔偿被扶养人的生活费，但应给予适当的补偿；（4）赔偿被扶养人生活费的事故残疾者是指伤残等级为1～5级的残疾者，6～10级的残疾者不赔偿被扶养人生活费。

联系本案

主张被扶养人生活费，原告必须举证证明被扶养人丧失劳动能力又无其他生活来源。是否丧失劳动能力或者丧失多大程度的劳动能力，应当由有资质的鉴定部门通过鉴定得出结论。因此，原告起诉后，应当向法院申请，由法院指定有资质的机构作出劳动能力鉴定。是否无其他生活来源，可以让当地民政部门或者街道出具证明。

被扶养人生活费证据：

1. 丧失劳动能力的证明；
2. 被扶养人户籍证明和身份证明；
3. 在校学生学校的证明；
4. 街道或乡（镇）政府及派出所出具的扶养关系证明。

三十五、农村户口人员在城务工，能否按城市居民标准赔偿？

案例35　张某家属诉周某道路交通事故损害赔偿案

事情是这样的

2005年8月7日，周某驾驶小货车在广州市中山八路与骑自行车的张某（农村户口）发生碰撞，造成小货车损坏，张某连人带车倒地，经医院抢救无效死亡。广州市公安局交通警察支队荔湾大队认定该交通事故是因周某的过错造成的，其对事故负全部责任。

事故发生后，因赔偿问题存在争议，受害人家属把小货车车主周某告上法庭，要求法院判令其赔偿原告丧葬费、死亡补偿费、被扶养人生活费、精神损害抚慰金以及处理事故的各项费用共24万（按总损失的60%计赔）余元。

一审时，双方争议的焦点是：死亡赔偿金是按农民还是城镇居民的标准来赔偿？

广州市荔湾区人民法院经审理查明事实后，认为交警部门对事故的责任认定是正确的，被告对本次交通事故造成的经济损失应承担全部赔偿责任。根据原告提供的证据，法院认定死者张某生前自2002年起在广州某大酒店从事服务员工作，在城镇居住满一年以上，且有固定收入的事实，死亡赔偿金应按受诉法院所在地上一年度城镇居民人均可支配收入标准赔偿20年；由于此次交通事故致使原告在精神上遭受伤害，而精神损害抚慰金可以抚慰原告因非财产利益损害而产生的痛苦和不满，故应当赔偿原告精神抚慰金30000元。荔湾区法院作出判决：由被告周某向原告一次性赔偿216264元。

律师专线

按目前的法律规定，以农村户口与城镇居民的赔偿标准计算出的赔偿数额相差3至5倍。本案中张某虽属农村户口，但早在2002年就在广州市某酒店打工，有固定收入，其生活和消费已等同于广州市城镇居民，因此，按照最高人民法院民一庭《关于经常居住地在城镇的农村居民因交通事故伤亡如何计算赔偿费用的复函》的法律精神，对张某按城镇居民标准来赔偿是正确的。

法律规范

最高人民法院关于审理人身损害赔偿案件适用法律若干问题的解释

（2003 年 12 月 4 日最高人民法院审判委员会第 1299 次会议通过　法释〔2003〕20 号）

第二十五条　残疾赔偿金根据受害人丧失劳动能力程度或者伤残等级，按照受诉法院所在地上一年度城镇居民人均可支配收入或者农村居民人均纯收入标准，自定残之日起按二十年计算。但六十周岁以上的，年龄每增加一岁减少一年；七十五周岁以上的，按五年计算。

受害人因伤致残但实际收入没有减少，或者伤残等级较轻但造成职业妨害严重影响其劳动就业的，可以对残疾赔偿金作相应调整。

第二十八条　被扶养人生活费根据扶养人丧失劳动能力程度，按照受诉法院所在地上一年度城镇居民人均消费性支出和农村居民人均年生活消费支出标准计算。被扶养人为未成年人的，计算至十八周岁；被扶养人无劳动能力又无其他生活来源的，计算二十年。但六十周岁以上的，年龄每增加一岁减少一年；七十五周岁以上的，按五年计算。

被扶养人是指受害人依法应当承担扶养义务的未成年人或者丧失劳动能力又无其他生活来源的成年近亲属。被扶养人还有其他扶养人的，赔偿义务人只赔偿受害人依法应当负担的部分。被扶养人有数人的，年赔偿总额累计不超过上一年度城镇居民人均消费性支出额或者农村居民人均年生活消费支出额。

第二十九条　死亡赔偿金按照受诉法院所在地上一年度城镇居民人均可支配收入或者农村居民人均纯收入标准，按二十年计算。但六十周岁以上的，年龄每增加一岁减少一年；七十五周岁以上的，按五年计算。

第三十条　赔偿权利人举证证明其住所地或者经常居住地城镇居民人均可支配收入或者农村居民人均纯收入高于受诉法院所在地标准的，残疾赔偿金或者死亡赔偿金可以按照其住所地或者经常居住地的相关标准计算。

被扶养人生活费的相关计算标准，依照前款原则确定。

最高人民法院民一庭关于经常居住地在城镇的农村居民因交

通事故伤亡如何计算赔偿费用的复函

（〔2005〕民他字第25号）

云南省高级人民法院：

你院《关于罗金会等五人与云南昭通交通运输集团公司旅客运输合同纠纷一案所涉法律理解及适用问题的请示》收悉。经研究，答复如下：人身损害赔偿案件中，残疾赔偿金、死亡赔偿金和被扶养人生活费的计算，应当根据案件的实际情况，结合受害人住所地、经常居住地等因素，确定适用城镇居民人均可支配收入（人均消费性支出）或者农村居民人均纯收入（人均年生活消费支出）的标准。本案中，受害人唐顺亮虽然农村户口，但在城市经商、居住，其经常居住地和主要收入来源地均为城市，有关损害赔偿费用应当根据当地城镇居民的相关标准计算。

2006年4月3日

最高人民法院关于贯彻执行《中华人民共和国民法通则》若干问题的意见（试行）

（1988年1月26日最高人民法院审判委员会讨论通过　法(办)发〔1988〕6号　1988年4月2日发布）

9. 公民离开住所地最后连续居住一年以上的地方，为经常居住地。但住医院治疗的除外。

公民由其户籍所在地迁出后至迁入另一地之前，无经常居住地的，仍以其原户籍所在地为住所。

专家释惑

本案的主要争议焦点集中在受害者虽为农业户口，但在城镇已经连续生活和工作，能否参照城镇居民标准予以赔偿。因为按照两个不同的标准适用，赔偿数额几乎相差一半，对于原告来说，当然要争取适用高的标准，而对于被告来说，则要求适用低的标准。在没有新的司法解释出来之前，这个问题一度成为交通事故人身损害赔偿诉讼中争议最大的问题。

2004年5月1日，最高人民法院《关于审理人身损害赔偿案件适用法律若干问题的解释》的实施成为审理各类人身损害赔偿案件的法律依据。该解释第25条、第28条、第29条、第30条在规定中将受害人分类为“城镇居民”和“农村居民”，据此适用不同的标准进行赔偿。

从司法审判实践看，绝大多数人民法院仍将上述司法解释中的“城镇居民”理解为“非农业人口”，将“农村居民”理解为“农业人口”，并据此适用相应的标准进行赔偿，从而造成司法审判实践中的不公。

直到2006年4月3日最高人民法院民一庭《关于经常居住地在城镇的农村居民因交通事故伤亡如何计算赔偿费用的复函》的出台，对于这个问题法院内部才有了一个可以参考的尺度。根据上述复函，受害人虽然是农村户口，但在城市经商、居住，其经常居住地和主要收入来源地均为城市，有关损害赔偿费用应当根据当地城镇居民的相关标准计算。也就是说，受害人是农村户口，但是只要有证据证明其经常居住地和主要收入来源地均为城市，应当根据当地城镇居民的赔偿标准进行赔偿。

联系本案

农村居民标准和城镇居民标准的差距超过一半，因此，对于受害方来说，如果本身为农业户口，但是在城镇连续工作生活的，应当争取主张按照城镇居民标准来赔偿。在审判实践中，农业户口判决按照城镇居民标准来赔偿，主要认定标准为受害人住所地、经常居住地，如果受害人的住所地、经常居住地为城镇的，可以按照城镇居民标准来赔偿。据此，受害方主要提供的证据为当地居委会或者街道出具的居住证明，或者暂住证、工作证明、收入证明、银行消费记录等。

对于肇事方来说，主要审查受害方提供的证据的真实性、关联性及合法性。比如根据在城镇居住的时间较短，不满一年，还不能认定城镇为其经常居住地或者在城镇没有工作，主要收入来源并非来自城镇等来进行反驳。

三十六、因交通事故导致受损车辆停运的间接损失是否应赔偿？

案例 36　蒋某诉某公司在负全责的交通事故中应对其被损车辆修复期间的停运损失予以赔偿案

事情是这样的

2005 年 1 月 22 日 22 时 05 分，梁某在工作中驾驶某公司所有的 A61950 号大型牵引车，在大治路由东向西行驶至亭角上斜路段时，因下雨路滑，车辆后轮打滑致使车辆失控，越过中心实线，碰撞对向车道由蒋某驾驶的 AR1633 号“东风”4.5 吨自卸车，造成了两车损坏以及蒋某受轻伤的交通事故。经市公安局交警大队《道路交通事故责任认定书》认定：梁某违反《中华人民共和国道路交通安全法》的相关规定，负事故的全部责任，蒋某不负此事故责任。双方对此均无异议。事故发生后，梁某为蒋某支付了全额的车辆维修费用及医疗费，并在 2005 年 3 月 29 日将原告受损车辆修复。但在交警部门调解过程中，双方就车辆停运损失的赔偿等未能协商一致，蒋某遂诉至人民法院，认为自己的受损车辆正用于某工程的土石方运输，每天可获纯利 550 元（含加班收入约 40 元），要求被告梁某及其所在公司赔偿车辆修复期间的停运纯利损失 33000 元、司机工资支出 2400 元、路费 1900 元、工商运管费 432 元、保险费 292 元，共计 38024 元。

经查明：原告蒋某在 2005 年 1 月 3 日与李某签订合同一份，由原告为李某承包的工程运输土石方，每车运费 45 元。每辆车每月的运输成本主要包括：工商运管费 216 元、公路规费 950 元、保险费 145.92 元、机损维修费 1020 元、油料约 4100 元、工资约 1200 元，每车次成本约 15 元，利润约 30 元。停运期间，原告缴付了该车 2005 年 1 月和 3 月的公路规费，2 月因事故报停未缴。事故发生后，该车被交警扣留 6 天，此后由被告出资拖至修理厂修理。修理期间，因春节维修人员休假 10

天，双方对谁垫付修理费协商不成而致修理拖延，保险公司履赔取证、购修车零件及正式修理所用的时间约为30天。此外，同行业月平均出车天数约为25天。

人民法院经审理后认为：被告梁某驾车违反道路交通管理条例的有关规定，越过道路中心实线碰撞原告车辆，造成交通事故的发生，双方的责任应按交警部门认定的责任处理，即被告梁某负事故的全部责任，原告不负此事故责任。被告梁某是被告某公司的司机，且属于在执行职务期间发生的交通事故，故有关赔偿责任应由被告某公司承担。原告蒋某的受损车辆在事故发生及修复期间正用于其所承包工程的土石方运输，因受损而不能继续营运，以致原告预期的可得利益未能获得，被告依法应对其造成的原告车辆停运损失作出相应的赔偿。在事故发生至原告车辆修复的68天中，修复车辆的必须期间（含购零件时间及正式维修时间）、保险公司履赔取证时间以及车辆被扣留期间只有约36天，其余32天则因维修厂员工春节休假及原、被告双方协商而致延误，故被告对必须的36天的损失应负全部赔偿责任，而对其余32天的扩大部分的损失，则依据公平原则由双方各负50%的责任，即被告应赔偿给原告损失的天数应按52天计算。因原告未能提供其每天有约40元加班费收入的依据，加上应综合考虑原告预期利益实际获得过程中的各种偶然因素（如车辆维修、保养需每月停工约5天等），原告停运纯利润的损失应酌情按每天425元而不是足额的510元计算，即被告应赔偿给原告的停运纯利润损失应为22100元。关于原告所请求的其他赔偿要求，因正常营运时属可收回之成本，亦属停运损失，故对其中除工人工资和公路规费外的有依据的合理部分请求亦应支持，按52天计算，被告应赔偿给原告的公路规费（按9天计算）应为276元，工商运管费应为374元，保险费应为253元。至于司机工资损失及其余公路规费，因原告没有支出之依据或属车辆未修复而不必支出的费用，不应给予赔偿。

律师专线

本案中原告提出的营运损失，实际上是由于该起交通事故所产生的间接损失。根据《民法通则》第117条第2款和第3款以及1999年1月29日最高人民法院通过的《关于交通事故中的财产损失是否包括被损车辆停运损失问题的批复》的规定，由于原告的货车是用于货物运输经营活动的，在交通事故发生后，由于车辆受损而需要一定的修理时间，导致无法进行正常的货物运输从而造成经济收入的减少，因此产生的货车停运期间实际发生的损失，都可以向对方请求赔偿。同时要注意的是，索赔时必须提供车辆营运的预期收入是如何计算出来的依据来确定受损货车的实际营运损失。

法律规范

中华人民共和国民法通则

（1986年4月12日第六届全国人民代表大会第四次会议通过　自1987年1月1日起施行）

第一百一十七条　侵占国家的、集体的财产或者他人财产的，应当返还财产，不能返还财产的，应当折价赔偿。

损坏国家的、集体的财产或者他人财产的，应当恢复原状或者折价赔偿。

受害人因此遭受其他重大损失的，侵害人并应当赔偿损失。

最高人民法院关于交通事故中的财产损失是否包括被损车辆停运损失问题的批复

（1999年1月29日最高人民法院审判委员会第1042次会议通过　法释〔1999〕5号）

吉林省高级人民法院：

你院吉高法〔1998〕143号《关于交通事故损害赔偿中的财产损失是否包括间接损失问题的请示》收悉。经研究，答复如下：

《中华人民共和国民法通则》第一百一十七条第二款、第三款规定：“损坏国家的、集体的财产或者他人财产的，应当恢复原状或者折价赔偿。”“受害人因此遭受其他重大损失的，侵害人并应当赔偿损失。”因此，在交通事故损害赔偿案件中，如果受害人以被损车辆正用于货物运输或者旅客运输经营活动，要求赔偿被损车辆修复期间的停运损失的，交通事故责任者应当予以赔偿。

此复

专家释惑

本案争议的焦点是因交通事故导致的受损车辆停运这种间接损失应否赔偿以及赔偿的依据和范围的问题。根据最高人民法院法释〔1999〕5号《关于交通事故中的财产损失是否包括被损车辆停运损失问题的批复》，“在交通事故损害赔偿案件中，如果受害人以被损车辆正用于货物运输或者旅客运输经营活动，要求赔偿被损车辆修复期间的停运损失的，交通事故责任者应当予以赔偿”。因此，对于交通事故造成的间接损失不是一概不予赔偿，而是有条件的予以赔偿。

所谓“间接损失”，就是可得利益的丧失，即应当得到的利益因受侵权行为的侵害而没有得到，包括人身损害造成的间接损失和财物损害造成的间接损失。道路交通赔偿案件实践中经常碰到的几个常见赔偿请求项目有：停运损失、养路费、保险费、运管费。

一、停运损失。车辆停运损失费，是指在道路交通事故中发生车辆的损害，如果受害人是以被损车辆用于货物运输或者旅客运输经营活动，则在被损车辆修复期间，受害人因无法进行正常的货物运输或者旅客运输经营而造成经济收入的减少或日停运损失，由相关事故责任人对该损失进行的赔偿。根据最高人民法院的上述司法解释，对于被损车辆正用于货物运输的，该被损车辆修复期间的停运损失，交通事故责任者应当予以赔偿。本案原告的受损车辆正用于其所承包工程的土石方运输，属于司法解释所规定的范围，原告因其车辆受损而不能继续营运，以致预期的可得利益未能获得，被告因此应对原告受损车辆修复期间的停运损失进行赔偿。

赔偿标准应按正常情况下原告车辆营运可预期的必得利益计算才公平合理。原告车辆营运的预期收入是可以实际计算出来的。根据原告与他人订立的合同以及运输的实际路程、所需时间等，我们可以基本准确地确定原告受损车辆每天的纯利。在正常情况下，原告的车辆从事运输所得利益是必然的、确定的，具有客观必然性。而交通事故则是偶然发生的、不确定的。我们不能因为偶然发生的事故而否定其必然可得利益。

二、其他费用的赔偿问题。对于其他费用如养路费、保险费、运管费等的赔偿问题，法院一般会根据实际情况进行分析和判断，对其合理请求依法予以支持，对其不合理请求依法予以驳回。

三十七、交通事故责任无法认定，受害人的损失如何赔偿?

案例 37　夏某诉万某等道路交通事故损害赔偿案

事情是这样的

2005 年 2 月 7 日，万某驾驶单位的货车外出拉货。当车辆行至某村附近的公路时，与农民朱某驾驶的农用三轮车相撞发生交通事故，致使坐在农用三轮车上的夏某受伤。随即，夏某被送往医院，住院治疗 6 天，共花费医疗费 4000 余元。经公安机关现场勘查，无法确定肇事双方有违反道路交通安全法律法规的行为以及责任比例。事后，夏某向万某及其所在单位要求赔偿，遭到拒绝，遂向人民法院提起诉讼。

律师专线

本案受害人夏某乘坐朱某驾驶的农用三轮车与被告车辆相撞而受伤，该事故经公安机关调查后，虽不能确认是哪一方当事人的违法行为所造成的，但毕竟是两相撞车辆驾驶人的共同侵权行为而造成的后果。在被告万某及其所在单位无充分证据证明在撞车事故中有无过错及过错程度的情况下，两相撞车辆应公平承担因共同过错导致受害人夏某人身伤害的全部赔偿责任，即由肇事双方各自承担 50% 的赔偿责任，并相互承担连带责任。本案中，被告万某是其所在单位雇佣的司机，该事故又是在万某执行职务时发生的，系职务行为，根据最高人民法院《关于审理人身损害赔偿案件适用法律若干问题的解释》第9条关于“雇员在从事雇佣活动中致人损害的，雇主应当承担赔偿责任”的规定，万某所在单位应当就其雇佣的司机万某的侵权行为承担赔偿责任。如果能够证明万某有故意或者重大过失造成夏某人身损害的，该单位在承担赔偿责任后，可以向雇员万某追偿。

法律规范

中华人民共和国民法通则

（1986年4月12日第六届全国人民代表大会第四次会议通过　自1987年1月1日起施行）

第一百零六条　公民、法人违反合同或者不履行其他义务的，应当承担民事责任。

公民、法人由于过错侵害国家的、集体的财产，侵害他人财产、人身的，应当承担民事责任。

没有过错，但法律规定应当承担民事责任的，应当承担民事责任。

第一百三十条　二人以上共同侵权造成他人损害的，应当承担连带责任。

第一百三十二条　当事人对造成损害都没有过错的，可以根据实际情况，由当事人分担民事责任。

最高人民法院关于审理人身损害赔偿案件适用法律若干问题的解释

（2003年12月4日最高人民法院审判委员会第1299次会议通过　法释〔2003〕20号）

第三条　二人以上共同故意或者共同过失致人损害，或者虽无共同故意、共同过失，但其侵害行为直接结合发生同一损害后果的，构成共同侵权，应当依照民法通则第一百三十条规定承担连带责任。

二人以上没有共同故意或者共同过失，但其分别实施的数个行为间接结合发生同一损害后果的，应当根据过失大小或者原因力比例各自承担相应的赔偿责任。

第九条　雇员在从事雇佣活动中致人损害的，雇主应当承担赔偿责任；雇员因故意或者重大过失致人损害的，应当与雇主承担连带赔偿责任。雇主承担连带赔偿责任的，可以向雇员追偿。

前款所称“从事雇佣活动”，是指从事雇主授权或者指示范围内的生产经营活动或者其他劳务活动。雇员的行为超出授权范围，但其表现形式是履行职务或者与履行职务有内在联系的，应当认定为“从事雇佣活动”。

专家释惑

共同侵权行为是指两个或两个以上的行为人，基于共同的故意或者过失，侵害他人人身和财产权利的行为。共同侵权行为人之间责任的承担，依据最高人民法院《关于审理人身损害赔偿案件适用法律若干问题的解释》第 3 条第 1 款规定：“二人以上共同故意或者共同过失致人损害，或者虽无共同故意、共同过失，但其侵害行为直接结合发生同一损害后果的，构成共同侵权，应当依照民法通则第一百三十条规定承担连带责任。”结合本案，公民的生命健康权受法律保护。

本案的责任承担原因既不是基于过错责任原则，也不是无过错责任原则，而是公平责任原则。公平责任适用于当事人既无过错，又不能推定其过错，也不存在法定的承担无过错责任的情况，就是与损害有关的当事人各方对损害的发生均无主观过错，或者当事人哪方有过错无法查清，导致受害人既不能根据过错责任原则也不能根据无过错责任原则从加害方获得赔偿，但如不补偿受害人的损失又显失公平，法院基于利益衡平的考虑，根据个案的具体情况，包括损害事实与各方当事人的经济能力进行综合衡量，要求加害方补偿受害人一部或全部损失。公平责任从根本上说是一种风险分散和互助合作的机制，类似于保险制度，它将意外风险给一方当事人造成的损失在风险所涉及的所有当事人间分配，从而降低了风险对单个人的严重危害，增加了整个社会对风险的承受能力。

我国《民法通则》第 132 条对公平责任作了明确规定：“当事人

对造成损害都没有过错的，可以根据实际情况，由当事人分担民事责任。”我国公平责任原则的适用应当具备三个条件：1. 当事人双方都没有过错。这是适用公平责任原则的基本条件。对于“没有过错”，应包括三层含义：首先，不能推定行为人有过错。其次，不能找到有过错的当事人。再次，损害的发生不能确定双方或一方的过错，而且认定或推定过错也显失公平。2. 有较为严重的损害结果发生。3. 不由双方当事人分担损失，有违公平的民法理念。公平责任原则弹性较大，决定了公平责任原则在理论上的模糊性，比如公平责任在构成要件的要求上并不严格，行为往往不具有违法性，与损害结果之间往往也没有法律上的因果关系，而仅仅是一种事实联系等。本案中，公安机关和受诉法院都未能就现有证据查明案件事实，分清事故双方的责任，以至于就究竟是哪一方对事故的发生负有责任无法认定，但是受害人因事故造成身体损伤，要承担医疗费和后续治疗费、误工费、护理费、营养费等近万元的经济损失，这对于一个无其他经济来源的农民来说无疑是十分沉重的经济负担，法院可基于公平责任原则判令事故双方各承担受害人损失的50%，由于受害人仅起诉了一方当事人万某及其所在单位，由其连带承担受害人一半的损失是妥当的。

三十八、出租车司机和乘客约定发生交通事故不承担责任，有效否？

案例38　**李某诉程某道路交通事故损害赔偿案**

事情是这样的

2004年农历腊月二十三下午，急于赶回乡下家中过“小年”的李某在公路边上等候汽车。因当日刚下过大雪，路面结冰，李某等候多时，未见汽车。无奈之下，李某拦了一辆个体出租车，出租车司机程某提出因路滑难行，如有意外，其概不负责且加倍收费。李某因急于回家，表示同意。行驶过程中，因前方车辆行驶缓慢，程某遂将车驶入人行道，准备超车，但因路面太滑，刹车失控，该车撞到电线杆上，致使李某头部碰伤，李某因此支出医疗费用5000余元。后李某要求出租车司机程某赔偿其损失未果，遂诉至法院。审理中程某以其与李某事先有免责约定为由予以抗辩。

律师专线

在本案中，李某和程某之间已订立了口头形式的运输合同。程某提出，他同意运送李某回家，但因路滑难行，如有意外其概不负责，李某因急于回家，表示同意。这样，双方实际上已达成了一项免责条款，其内容是：若发生意外造成李某的损失，程某不负民事责任。显然，该条款违反了法律规定和社会公共道德。李某加倍承担运费，却要增加对风险的承担，也不符合公平原则。因此李某可以请求确认该免责条款无效。程某未能将李某安全运达目的地，一方面违背了他们之间已成立的合同关系；同时由于程某的过错使李某的身体受到伤害，侵害了李某的生命健康权，程某的行为又构成侵权。李某既可以主张程某违约，也可以主张程某侵权，要求其承担法律责任。

法律规范

中华人民共和国民法通则

（1986年4月12日第六届全国人民代表大会第四次会议通过　自1987年1月1日起施行）

第四条　民事活动应当遵循自愿、公平、等价有偿、诚实信用的原则。

第六条　民事活动必须遵守法律，法律没有规定的，应当遵守国家政策。

第七条　民事活动应当尊重社会公德，不得损害社会公共利益，破坏国家经济计划，扰乱社会经济秩序。

中华人民共和国合同法

（1999年3月15日第九届全国人民代表大会第二次会议通过　自1999年10月1日起施行）

第五十三条　合同中的下列免责条款无效：

（一）造成对方人身伤害的；

（二）因故意或者重大过失造成对方财产损失的。

专家释惑

在本案中，要确定程某是否承担责任，关键在于李某与程某之间事先达成的免责条款是否成立并生效。如果免责条款能生效，程某的责任都将被免除；如果不能生效，程某则应承担责任。

所谓免责条款，是指当事人双方在合同中事先约定的旨在免除或限制合同当事人未来责任的合同条款，是当事人意思自治原则在合同内容中的体现和反映。免责条款从其免除当事人责任的范围上区分，可分为两类：第一类是限制当事人责任的条款，例如在买卖合同中规定双方仅对产品的某些瑕疵负责，或者规定卖方仅对买方因产品质量问题在一定限度内的损失负责等；第二类是完全免责条款，例如在上述买卖合同中规定卖方对于产品质量问题产生的一切后果不负任何责任。免责条款有以下特点：1. 免责条款是当事人约定的一项合同条款。正是由于它是合同的条款之一，所以当事人若试图援引其以免除责任，首先必须证明该条款已经作为合同的一部分成立并生效。2. 它是当事人双方事先约定的旨在限制或免除其未来发生的责任。现代社会，交易活动中无法预见的风险因素在很大程度上影响了交易的进行，免责条款的意义之一就是预先分配风险，防止出现不必要的摩擦和争议。

免责条款只要不被明确排除，并以合理方式提请对方注意，便会成为合同的组成部分，但这并不意味着其一定有效。在《合同法》出台之前，在我国确定免责条款有效与否的最根本的法律依据是《民法通则》第 7 条关于“民事活动应当尊重社会公德，不得损害社会公共利益，破坏国家经济计划，扰乱社会经济秩序”的规定、第 6 条关于“民事活动必须遵守法律”的规定以及第 4 条关于民事活动应当遵循诚实信用原则的规定。就是说，如果民事责任的成立及其实现是为保护社会公共利益、稳定社会秩序、满足社会公德的要求所必需的，是对法律予以谴责或禁止和否定违约或侵权的表现，那么免除这类民事责任的条款无效。如果民事责任的成立及其实现主要关系到当事人之间的利益分配，对于保护社会公共利益、稳定社会秩序、维护社会公德虽有所需要，但作用相对小些，即使允许当事人以协议排除或限制，也无碍大局，甚至是必要的风险分配，那么法律就可以承认这类免责条款有效。

《合同法》第53条规定："合同中的下列免责条款无效：（一）造成对方人身伤害的；（二）因故意或者重大过失造成对方财产损失的。"可见，对于合同履行造成的对方人身伤害，不管违约方有无过错，均不能免责。这样的规定主要是鉴于在上述两种情况下，当事人的行为在本质上违反了法律关于任何人不得侵害他人的财产和人身的一般义务。若实施此种行为具有明显的违法性，当事人不能根据双方的协议免除责任。如果允许当事人通过免责条款排除其故意和重大过失的责任或者损害对方人身安全的责任，必将给法律秩序造成威胁，有悖我国的立法宗旨和社会公德。现实生活中，合同一方当事人常常利用自己在经济或其他方面的优势地位，强迫另一方当事人接受苛刻条件，免除自己应承担的责任。如果对合同当事人订立免责条款的权限不加以限制，必将损害当事人的合法权益。

一般说来，当事人设定的免责条款，既可能免除其合同责任，也可能免除其侵权责任，但是对于因故意或重大过失而致人损害的责任，当事人不得通过设定免责条款而加以免除，因其在本质上违反了法律关于任何人不得侵害他人的财产和人身的一般规定。当然，免责条款的类型和性质不尽相同，确定免责条款有效、无效的根据及标准也有差异，需要具体分析。一般主要从双方风险的分配是否公平、违约的过错程度及其对合同目的的影响等方面对免责条款的有效还是无效作出判断。

三十九、公安机关为侦查犯罪截停车辆造成交通事故，应否承担赔偿责任？

案例 39　应某诉某公安机关道路管理强制措施不当要求损害赔偿案

事情是这样的

2004 年 3 月某日，应某在城郊公路上驾车超速行驶，正值公安机关在公路设卡临检。交警看到应某高速驶来，便示意停车。应某见状，不但不减速停车，反而加速冲卡。交警因应某的车辆可疑，便驾车紧随其后追查，由于应某车速太快，交警几次迫使其停车都未成功。应某在慌乱中将车开进一处窄巷。由于前方无路可走，应某紧急停车，交警追赶的车辆因车速太快，来不及刹车，直接撞上应某的车辆，发生追尾事故，两辆车不同程度受损，应某受轻伤。应某将自己的车辆送到修理厂修理，花去修理费约 15000 元，自己在医院治疗期间花去医药费、误工费和护理费合计 9500 元。应某认为，在此次交通事故中，交警存在严重的过错行为，因为根据有关法律法规的规定，违章车辆冲卡逃离，交警无权驾车拦截、追查。而在此次事故中，交警对自己穷追不舍，还用警车撞击自己的车，让自己产生了恐惧心理不敢停车，才导致上述事故的发生。因此，交警应当承担此次事故的全部责任。事后，应某向人民法院提起诉讼，请求公安机关赔偿自己的损失。

被告交警则认为，原告应某违反交通法规在先，并冲卡逃离，交警当时正在追查重要的犯罪嫌疑人，而原告应某的举动让交警产生了怀疑，以为原告就是交警部门正在追查的犯罪嫌疑人，在当时紧急的情况下，交警得到上级的指令才驾车追赶。在追赶的途中，交警几次向原告播音，要求原告减速停车接受调查，没想到原告听了播音后，车越开越快，经交警初步判断，原告的车辆可能是犯罪嫌疑人的车辆，于是交警继续驾车追赶是在执行紧急任务。当原告将车开进窄巷停下来后，交警驾驶的车辆没有发现前面是窄巷，在没有减速的情况下与原告的车辆相撞。从上述的事实看，被告交警追赶的行为是符合法律规定的，有法律的授权。至于给原告造成的经济损失，纯属原告自己的过错造成，应当由原告自己承担经济损失。

律师专线

根据我国现行法律法规的规定，并未明确授予执勤交警追查、拦截违章车辆的权力。因此，在本案中，交警无权对冲卡逃离的违章车辆进行拦截追查，由此造成的交通事故应当由交警承担责任。但由于交警是在执行职务的过程中侵犯他人的合法权益，因此，损害赔偿责任应当由交警所属单位承担。但原告冲卡逃离的行为也是违反法律法规规定的行为，与损害的结果具在一定的因果关系，因此，在此次事故中也存在一定的过错，也应当承担一部分责任。

法律规范

中华人民共和国国家赔偿法

（1994 年 5 月 12 日第八届全国人民代表大会常务委员会第七次会议通过）

第二条　国家机关和国家机关工作人员违法行使职权侵犯公民、法人和其他组织的合法权益造成损害的，受害人有依照本法取得国家赔偿的权利。

国家赔偿由本法规定的赔偿义务机关履行赔偿义务。

第七条　行政机关及其工作人员行使行政职权侵犯公民、法人和其他组织的合法权益造成损害的，该行政机关为赔偿义务机关。

两个以上行政机关共同行使行政职权时侵犯公民、法人和其他组织的合法权益造成损害的，共同行使行政职权的行政机关为共同赔偿义务机关。

法律、法规授权的组织在行使授予的行政权力时侵犯公民、法人和其他组织的合法权益造成损害的，被授权的组织为赔偿义务机关。

受行政机关委托的组织或者个人在行使受委托的行政权力时侵犯公民、法人和其他组织的合法权益造成损害的，委托的行政机关为赔偿义务机关。

赔偿义务机关被撤销的，继续行使其职权的行政机关为赔偿义务机关；没有继续行使其职权的行政机关的，撤销该赔偿义务机关的行政机关为赔偿义务机关。

第九条　赔偿义务机关对依法确认有本法第三条、第四条规定的情形之一的，应当给予赔偿。

赔偿请求人要求赔偿应当先向赔偿义务机关提出，也可以在申请行政复议和提起行政诉讼时一并提出。

第十二条　要求赔偿应当递交申请书，申请书应当载明下列事项：

（一）受害人的姓名、性别、年龄、工作单位和住所，法人或者其他组织的名称、住所和法定代表人或者主要负责人的姓名、职务；

（二）具体的要求、事实根据和理由；

（三）申请的年、月、日。

赔偿请求人书写申请书确有困难的，可以委托他人代书；也可以口头申请，由赔偿义务机关记入笔录。

第十三条　赔偿义务机关应当自收到申请之日起两个月内依照本法第四章的规定给予赔偿；逾期不予赔偿或者赔偿请求人对赔偿数额有异议的，赔偿请求人可以自期间届满之日起三个月内向人民法院提起诉讼。

专家释惑

交警拦截、追查冲卡逃离的违章车辆是一种行政强制行为。行政强制行为是行政主体为维护公共秩序和公共利益，保护行政相对人的合法权益，实现行政目的，对相对人财产、身体及自由等予以强制性约束的行为。行政强制行为的特征包括：(1) 行政强制所追求的目标是保证行政目的的实现或者达到与履行义务相同的状态，维护社会公共秩序和公共利益，保护公民、法人及其他组织的合法权益。(2) 行政强制行为不能超越必要的范围，要与行政强制行为所要实现的目的和保护的利益之间保持一定的比例关系。如果行政强制行为偏离了原有目的，造成的损害与其要保护的行政利益明显失衡，便属于滥用职权的违法行为。(3) 其行为具有强制性。本案中，交警驾车拦截、追查违章车辆的目的是为了制止其违章行为，防止交通隐患发展为交通事故，促成交通管理法律法规的实现，维护交通管理秩序。同时，其追查和拦截违章车辆的行为强制性是非常明显的。所以，应把交警驾车追查和拦截冲卡逃离的违章车辆的行为认定为行政强制行为。

由于行政强制行为的强制性会对行政相对人的权益产生重大影响，所以，行政主体必须有法律的明确授权才能实施此类行为。但我国相关法律、法规只是对执勤交警的职责作出了规定，并没有明确授予交警在执勤过程中追查和拦截冲卡逃离的违章车辆的权力，同时也不能从这些法律规定中引申出交警在执勤过程中有权实施强制行为的权力。因此，在本案中，交警驾车进行拦截、追查的行为超越了其法定权限，对由此造成的交通事故应当承担一定的责任。

我国《国家赔偿法》确定的归责原则是违法原则。对于“违法”应当作广义上的理解，主要包括：（1）违反明确的法律规定；（2）违反诚信原则、尊重人权原则及公序良俗原则；（3）滥用或超越行驶自由裁量权，提供错误信息、错误的指导及许可或批准，造成他人权益损害；（4）没有履行特定目的法律义务或尽到合理注意义务。国家赔偿责任的构成要件包括：（1）国家赔偿责任的主体是国家机关及其工作人员；（2）在客观上实施了违法执行职务的行为；（3）造成了现实的、特定的人身或财产损害；（4）国家机关及其工作人员违法执行职务的行为与损害结果之间存在因果关系。

综合以上分析，交警在没有法律法规明确授权的情况下对冲卡逃离的违章车辆采取追查、拦截等强制措施过当，造成交通事故，使应某的人身和财产遭受损害，符合国家赔偿责任的法律特征，应当对应某因交通事故遭受的损失作出国家赔偿。

第五节　交通事故保险理赔

内容提要

保险理赔是发生交通事故后势必会遇到的问题：当事人在哪些情形下索赔权得不到保护、保险公司对哪些情形不得拒赔，本节主要列举了车辆损失险、第三者责任险、盗抢险等常见险别的理赔问题，还探讨了交通事故保险与工伤保险的关系问题。

四十、车辆被他人擅自驾驶造成事故，保险公司能否拒赔？

案例 40　邹某诉某保险公司车辆保险合同理赔纠纷案

事情是这样的

邹某是某超市的老板。为进货方便，邹某购买了一辆客货两用长安车，购车后依法向被告保险公司投了机动车损失险。某日，邹某与其雇佣的司机祝某到邻县去运货。下午，邹某与祝某二人在途中公路边的饭店吃饭。祝某吃完之后即出来，当其走近停在饭店门口的客货两用车时，发现该车没有锁车门，而且该车的车钥匙在车上。祝某学过驾驶，但未取得驾照，一时手痒，便上了车，将汽车偷偷发动，驶出了饭店。祝某驶上公路后，将车速提升至每小时 65 公里。当该车行驶至某工厂门口时，正值工厂下班，该工厂职工从工厂大门口蜂拥而出，部分人直接横穿马路。祝某没有驾驶经验，见到这种场面，乱了方寸，没有采取紧急的制动措施，而是将车辆向右打轮，使车辆撞向了路边的一根电线杆。车辆的右侧前灯被撞碎，保险杠右侧被撞，造成宽 14 厘米、深达 4 厘米的凹陷。事后，车主邹某向保险公司要求赔偿，但遭到保险公司的拒绝。于是，邹某向人民法院提起诉讼，要求被告保险公司依法赔偿车辆损失费 8000 元。

被告保险公司辩称，在此次交通事故中，保险车辆的损失应当适用基本险中“免责条款”第5条的规定：“下列情况下，不论任何原因造成保险车辆的损失或第三者的经济赔偿责任，保险人均不负责赔偿。……（二）非被保险人或被保险人允许的驾驶员使用保险车辆。”据此，保险公司可以不承担保险赔偿责任。

律师专线

原告邹某和被告保险公司之间签订的机动车损失险的保险合同依法成立，应当受到法律的保护。在本案中，原告邹某的车辆被祝某擅自驾驶上道，造成交通事故，对于此次交通事故发生的过程，原告邹某并不知情也没有参与其中，也非原告邹某所愿意发生的。而且祝某驾驶车辆上道，是祝某擅自驾驶的行为，原告邹某也不知情，故原告邹某对此次交通事故发生造成车辆经济损失主观上不存有任何过错，如果要求原告邹某自行承担经济损失，则有失公平。根据《保险法》的有关规定和立法精神，保险公司承保后，应当依法承担各种保险范围内的风险责任。因此，在本案中，被告保险公司应当承担原告邹某的车辆损失。

法律规范

中华人民共和国保险法

（1995年6月30日第八届全国人民代表大会常务委员会第十四次会议通过　根据2002年10月28日第九届全国人民代表大会常务委员会第三十次会议《关于修改〈中华人民共和国保险法〉的决定》修正　2009年2月28日第十一届全国人民代表大会常务委员会第七次会议修订）

第十七条　订立保险合同，采用保险人提供的格式条款的，保险人向投保人提供的投保单应当附格式条款，保险人应当向投保人说明合同的内容。

对保险合同中免除保险人责任的条款，保险人在订立合同时应当在投保单、保险单或者其他保险凭证上作出足以引起投保人注意的提示，并对该条款的内容以书面或者口头形式向投保人作出明确说明；未作提示或者明确说明的，该条款不产生效力。

第三十条　采用保险人提供的格式条款订立的保险合同，保险人与投保人、被保险人或者受益人对合同条款有争议的，应当按照通常理解予以解释。对合同条款有两种以上解释的，人民法院或者仲裁机构应当作出有利于被保险人和受益人的解释。

中华人民共和国合同法

（1999 年 3 月 15 日第九届全国人民代表大会第二次会议通过　自 1999 年 10 月 1 日起施行）

第四十一条　对格式条款的理解发生争议的，应当按照通常理解予以解释。对格式条款有两种以上解释的，应当作出不利于提供格式条款一方的解释。格式条款和非格式条款不一致的，应当采用非格式条款。

专家释惑

车辆损失险，是指发生交通事故后，保险公司根据车辆受损情况进行赔偿的险种，是专门针对车辆的。车辆损失险可由车主选择购买。在我国，机动车保险合同是一种格式合同。现在一般车辆损失险合同均规定，被保险人或其允许的合格驾驶员在使用保险车辆过程中，因碰撞、倾覆造成保险车辆的损失，保险人负责赔偿。同时也规定，非被保险人或其允许的驾驶员使用保险车辆而造成的损失或经济赔偿责任，保险人不负责赔偿。法律对格式合同的解释作了特别的规定，即在格式合同条款的理解上发生歧义时，应当对该有歧义的条款作不利于格式合同提供者的解释，作有利于格式合同接受者的解释。因此，对保险合同格式条款应结合其意图作出有利于消费者利益的解释。而且对该条款的解释应当用限制解释的方法，即并非在任何情况下，被保险人或者被保险人允许的驾驶员使用车辆，造成车辆或者第三者损失的，保险公司都不负责赔偿。只有驾驶机动车的人是被保险人或者被保险人允许的驾驶员以外的其他经过被保险人允许或其知情的人，造成了交通事故，保险公司才可以适用该免责条款，对被保险人的车辆在交通事故中的损害不负责赔偿。因为，在此类情况下，保险车辆由其他的人驾驶显然会为机动车的安全行驶增加一些无法预测的变量，使保险车辆的危险性提升，安全系数处于一种不稳定的状态，而这样的状态又是在被保险人知情的情况下造成的，所以，一旦这种危险转化为现实，被保险人应当为其造成这样的状态承担其应有的风险，而不能将这样的风险转嫁到保险公司身上。但如果保险车辆是在被保险人不知情的情况下，由其他人驾驶的，如在本案中，祝某就是在被保险人不知情的情况下将保险车辆驾驶上道的，使得保险车辆的风险增加而被保险人对于这种风险的增加又没有过错。所以，不能让被保险人承担这种风险，保险公司应当承担保险赔偿责任。但保险公司在承担赔偿责任之后，可以代位行使被保险人对责任人的追偿权。但被保险人应当在索赔时承担举证的责任，他必须证明其他人是在其不知情的情况下驾驶保险车辆的。

四十一、交通事故受害人的急救费用如何支付？

案例 41　单某诉某保险公司等道路交通事故损害赔偿案

事情是这样的

2004 年 3 月某日，某地村民罗某驾驶大货车由西向东行驶，在超越停靠在路边的公交车时，将横过公路的单某撞倒。罗某一边报警，一边赶快将其送往医院抢救。县公安交通巡逻警察大队民警对现场进行勘察后，又对肇事司机罗某血液中的乙醇含量进行了抽检，发现其为酒后驾车。县交警大队随后作出《道路交通事故责任认定书》，认定在该起交通事故中，驾驶员罗某酒后驾驶，观察不足，对该起交通事故承担全部责任。在协商赔偿的过程中，双方未能达成一致。单某家属向人民法院提起诉讼。考虑到罗某的家庭经济状况，单某将罗某大货车投保的保险公司作为共同被告，要求保险公司直接赔偿受害者的损失。保险公司提出，单某不是保险合同关系的当事人，无权向保险公司主张赔偿，将保险公司作为共同被告，于法不符，请求驳回其诉讼请求。

律师专线

保险合同是投保人与保险人约定保险权利义务关系的协议。一般说来，保险合同相对人为投保人与保险人，即机动车所有人与保险公司之间存在保险合同关系。受害人虽与机动车所有人之间存在损害赔偿法律关系，但与保险公司之间不存在合同或侵权的法律关系。然而根据《道路交通安全法》和《保险法》的相关规定，受害人虽然不是保险合同的当事人，其在侵权损害赔偿纠纷案件中对于保险公司的直接请求权却是基于法律的直接规定。保险公司作为适格被告参加诉讼，并先承担赔偿责任，当无疑义。诉讼中，若不将保险公司列为被告，不但保险公司的责任限额范围难以确定，且待诉讼结束后再由保险公司根据投保人的申请理赔，对第三者极为不利。

因此，单某家属要求保险公司直接赔偿损失，并无不当。保险公司应当依据保险合同确定的保险金额给予赔偿。

法律规范

中华人民共和国道路交通安全法

（2003 年 10 月 28 日第十届全国人民代表大会常务委员会第五次会议通过　根据 2007 年 12 月 29 日第十届全国人民代表大会常务委员会第三十一次会议《关于修改〈中华人民共和国道路交通安全法〉的决定》修正）

第七十五条　医疗机构对交通事故中的受伤人员应当及时抢救，不得因抢救费用未及时支付而拖延救治。肇事车辆参加机动车第三者责任强制保险的，由保险公司在责任限额范围内支付抢救费用；抢救费用超过责任限额的，未参加机动车第三者责任强制保险或者肇事后逃逸的，由道路交通事故社会救助基金先行垫付部分或者全部抢救费用，道路交通事故社会救助基金管理机构有权向交通事故责任人追偿。

第七十六条　机动车发生交通事故造成人身伤亡、财产损失的，由保险公司在机动车第三者责任强制保险责任限额范围内予以赔偿；不足的部分，按照下列规定承担赔偿责任：

（一）机动车之间发生交通事故的，由有过错的一方承担赔偿责任；双方都有过错的，按照各自过错的比例分担责任。

（二）机动车与非机动车驾驶人、行人之间发生交通事故，非机动车驾驶人、行人没有过错的，由机动车一方承担赔偿责任；有证据证明非机动车驾驶人、行人有过错的，根据过错程度适当减轻机动车一方的赔偿责任；机动车一方没有过错的，承担不超过百分之十的赔偿责任。

交通事故的损失是由非机动车驾驶人、行人故意碰撞机动车造成的，机动车一方不承担赔偿责任。

中华人民共和国保险法

（1995 年 6 月 30 日第八届全国人民代表大会常务委员会第十四次会议通过　根据 2002 年 10 月 28 日第九届全国人民代表大会常务委员会第三十次会议《关于修改〈中华人民共和国保险法〉的决定》修正　2009 年 2 月 28 日第十一届全国人民代表大会常务委员会第七次会议修订）

第六十六条　责任保险的被保险人因给第三者造成损害的保险事故而被提起仲裁或者诉讼的，被保险人支付的仲裁或者诉讼费用以及其他必要的、合理的费用，除合同另有约定外，由保险人承担。

机动车交通事故责任强制保险条例

（2006 年 3 月 1 日国务院第 127 次常务会议通过）

第二十二条　有下列情形之一的，保险公司在机动车交通事故责任强制保险责任限额范围内垫付抢救费用，并有权向致害人追偿：

（一）驾驶人未取得驾驶资格或者醉酒的；

（二）被保险机动车被盗抢期间肇事的；

（三）被保险人故意制造道路交通事故的。

有前款所列情形之一，发生道路交通事故的，造成受害人的财产损失，保险公司不承担赔偿责任。

第三十一条　保险公司可以向被保险人赔偿保险金，也可以直接向受害人赔偿保险金。但是，因抢救受伤人员需要保险公司支付或者垫付抢救费用的，保险公司在接到公安机关交通管理部门通知后，经核对应当及时向医疗机构支付或者垫付抢救费用。

因抢救受伤人员需要救助基金管理机构垫付抢救费用的，救助基金管理机构在接到公安机关交通管理部门通知后，经核对应当及时向医疗机构垫付抢救费用。

专家释惑

在处理交通事故的实践中，比较令交通警察头痛的是交通事故受伤人员的抢救费用如何解决的问题。这个问题的产生有其复杂的背景。首先，处理交通事故最急迫的是抢救受伤人员，能否及时抢救关系受伤人员的生命与健康，不论其是交通事故的肇事者还是受害者，也不论其身份或者是否投保第三者责任强制保险。其次，抢救受伤人员的任务必然由医院等医疗单位承担，而医院等医疗单位属于经营性单位，是提供有偿服务的单位，其承担了救治任务，必然要求有人承担医疗费用。由于实行首诊负责制，医院对病人不能拒诊，因此医院难免要面临救死扶伤和无人买单的两难选择，前者是实行人道主义，后者则关系到医院的经济效益。再次，交通事故的受伤人员的情况非常复杂，受经济条件的制约或者其他原因，肇事者往往不能承担巨额的抢救费用，甚至一走了之，导致医院等医疗单位来承担这些费用。当前欠费的情况主要有两种，一种是确实无力偿还，另一种是有意不交。最后，导致医院等医疗单位不愿接受抢救交通事故受伤人员的救治任务，或者要求公安机关交通管理部门承担责任，致使受伤人员得不到及时救治的现象时有发生，影响了交通事故的处理和社会的稳定。

针对上述问题，《道路交通安全法》对交通事故受伤人员的抢救费用的负担作出了具体的规定：

一、医疗机构应当及时抢救。对交通事故中的受伤人员，医疗机构应当及时抢救，不得因抢救费用未及时支付而拖延救治。与此同时，采取以下方式解决因抢救而产生的费用：1. 当事人自己支付，包括受害人自己预先支付和肇事者先行支付。2. 保险公司支付。3. 道路交通社会救助基金垫付抢救费用。这里所说的抢救费用，是交通事故中的伤者有生命危险或伤势急需控制必须送往医院实施抢救，从其接受抢救起至脱离危险、生命体征基本平稳或抢救无效、停止抢救时止所发生的医疗费用，如挂号费、检验费、手术费、住院费、医药费等。值得注意的是，涉及其他费用，如误工费、住院伙食补助费、护理费、伤残者生活补助费、死亡补偿费等，需要等到交通事故处理结果出来后，才能决定由谁来负担。

二、保险公司支付抢救费用。在交通事故中，如果肇事车辆已参加机动车第三者责任强制保险，则应当由保险公司在责任限额范围内支付抢救费用。其性质属于先行支付，但考虑到实践中支付赔偿的保险业务操作上有较严格的程序，需要较长的时间，也容易造成医疗单位不见钱不抢救的现象，因此，要求保险公司必须及时支付。至于如何支付，需要公安机关交通管理部门、医疗机构、保险公司进行协商决定。这里的责任限额，即保险公司就机动车第三者责任保险所应当承担的最高赔偿限额。

三、道路交通事故社会救助基金先行垫付部分或者全部抢救费用。这里的先行垫付部分费用主要是指道路交通事故社会救助基金对已参加第三者责任强制保险的，如抢救费用超过责任限额，则先行垫付超过限额的部分；未参加机动车第三者责任强制保险或者肇事后逃逸的，先行垫付全部抢救费用。在垫付抢救费用后，道路交通事故社会救助基金管理机构有权向交通事故责任人追偿。

对于机动车发生交通事故，造成人员伤亡、财产损失的，首先由保险公司在肇事机动车投保的第三者责任强制保险的责任限额范围内进行理赔，此即保险先行有限赔偿原则。这样理赔有利于保障当事人的合法权益，使交通事故的赔偿工作迅捷、明确，也符合国际通用的理赔原则。被保险人或者受害人索赔第三者责任保险时，应当注意以下事项：1. 同时发生人身伤亡和财产损失的，在保险责任限额内优先承担人身伤亡赔偿责任，如有剩余再补偿财产损失。2. 被保险人自行承诺或者支付赔偿金额的，保险人有权重新核定，发现赔偿金额超出合理数额的，可以不承担超出部分的赔偿金。3. 被保险人索赔时，应当提交保险单、交通事故认定书、交通事故损害赔偿调解书、损失清单和各种费用的单据。保险人无异议的，应当在保险合同规定的期间内一次性赔偿结案。4. 保险人对第三者的责任事故作出赔偿后，不论赔款是否达到保险赔偿的限额，在保险期内，投保人投保的第三者责任保险继续有效，保险人不得以已经对被保险人的事故作出赔偿为由宣告合同终止。5. 保险车辆发生的保险事故应由第三人承担责任的，被保险人可向第三人索赔，也可以向保险人索赔。保险人应按规定预先赔偿，被保险人应将向第三人追偿的权利转让给保险人，并协助保险人向第三人追偿。

四十二、投保车辆卖出后未过户前发生驾驶员负全责的交通事故如何理赔？

案例 42　罗某诉中保财保某市分公司投保车辆在卖出后未过户前发生驾驶员负全责的交通事故理赔案

事情是这样的

原告罗某系 A21918 桑塔纳小客车车主，于 2005 年 8 月 7 日向被告中保财产保险有限公司某市分公司（以下简称保险公司）投保，其中车辆损失险赔偿限额为 22 万元，第三者责任险赔偿限额为 20 万元，保险期限自 2005 年 8 月 8 日零时起，至 2006 年 8 月 7 日 24 时止。该车于 2006 年 5 月 26 日下午（星期五）由原告之妻通过该市工商局旧机动车辆交易市场卖给殷某并交付殷某。当日交易后，双方持交易收据到市车辆管理所欲办过户手续，因缺少财政部门有关手续（当地车管部门要求先由财政部门办理手续后，车辆方能办理过户手续，而财政部门仅在周

二、四办理该手续）而未能办成。次日下午2时许，殷某雇请的驾驶员庞某驾驶该车，行至308国道262公里加500米处，与行人方某相撞，致方某死亡，车辆损坏。事故发生后，经事故发生地的交警大队处理，认定驾驶员庞某负全责，并以罗某的名义，赔偿死者家属丧葬费、死亡补偿费、被抚养人生活费、财物损坏赔偿、误工费共计5万余元；另该车修理估价费为8万余元；抢救费、验尸费、交通费、吊车费、车损估价费、清场拖运费等共计约8千元。以上费用共计14万余元，由买主殷某垫付。事故处理的同时，驾驶员向保险公司报告了事故，并要求其理赔。保险公司接到报案后，会同汽车修理厂有关人员赶赴现场，对损坏车辆修理进行了估价，保险公司在调查中认为，该车转卖前原告未及时通知保险公司，发生事故时，保险单未及时过户，建议作拒赔处理。买主殷某曾于同年12月诉至法院，要求卖主罗某之妻及第三人保险公司赔偿损失，因诉讼主体错误，殷某自行撤诉。另查明：A21918桑塔纳车于2006年8月28日经车辆管理所过户给殷某。因保险公司将该车事故作拒赔处理，车主为减少修车费用，在事故车估损费的基础上，按自修处理，实际费用为5万元。

罗某于2007年4月向人民法院起诉称：我是A21918车主，于2005年8月7日向保险公司投保，在保险期间内，该车发生交通事故，造成一人死亡，车辆损坏，驾驶员负全责，以我的名义已支付第三者（死者）家属各项费用5万余元，车辆修理费8万余元，其他费用约8千元，合计14万余元。按合同约定免赔20%，保险公司应当理赔11万余元。要求保险公司理赔时，保险公司以该车出事前已转让为由拒绝理赔。要求保险公司赔偿车辆损失险和第三者责任险11万余元，并承担诉讼费用。

被告保险公司答辩称：罗某叙述与事实不符。事故发生后，各项损失已由新车主承担。因车辆买卖应事先通知我公司，该车转卖手续完毕，罗某未及时通知我公司，按保险合同规定，我公司拒赔理由充分。

根据公平原则，应由驾驶员承担责任，我公司不应承担责任。

法院经审理认为：保险合同有效期内，保险车辆发生道路交通事故造成的损失，根据保险车辆驾驶人员在事故中所负责任，未超过保险金额的范围，除负全部责任免赔部分外，保险人应向被保险人理赔。原告车辆在保险合同有效期内，发生道路交通事故时负全部责任，造成的损失除免赔20%外，被告应负责赔偿，故对原告要求被告赔偿车辆损失险和第三者责任险以及承担诉讼费用的诉讼请求，本院予以支持。被告以保险车辆发生道路交通事故前已转卖完毕为由，拒绝赔偿理由不充分，本院不予采信。

律师专线

一、车辆的交易行为是否完成。本案中卖主之妻到旧车市场与人交易，达成了交易的意向，而当他们欲到车管所办理过户手续时，因缺乏财政部门的手续而未能办成。次日被保险车辆发生事故。至此该车的过户手续并未办理，其转卖的交易行为并未完成，该车的所有权尚未发生转移，由此卖方与保险公司订立的保险合同仍然有效。

二、卖车前是否须通知保险公司，后果如何。《机动车交通事故责任强制保险条例》第18条规定，被保险机动车所有权转移的，应当办理机动车交通事故责任强制保险合同变更手续。而根据当地工商行政管理局旧机动车辆交易市场管理办公室的《旧机动车辆交易过户的主要程序》，只有在七个步骤全部完成时，车辆的交易才算完成。且买卖双方只有按部就班，在其他有关手续办完时最后才去保险公司办理退保或过户手续，亦即车辆过户后方可办理有关保险手续。本案中，被保险车辆的交易行为并未完成，也就不存在被保险人有否“事先”书面通知保险人的争论，因此可能产生的保险人拒赔的权利也就不复存在了。

三、第三者责任险的适用。第三者责任险是指被保险人或其允许的驾驶人员在使用保险车辆过程中发生意外事故，致使第三者遭受人身伤亡或财产直接损毁，依法应当由被保险人承担的经济责任，保险公司负责赔偿。同时，若经保险公司书面同意，被保险人因此发生仲裁或诉讼费用的，保险公司在责任限额以外赔偿，但最高不超过责任限额的30%。以往绝大多数的地方政府将第三者责任险列为强制保险险种，不买这个保险，机动车便上不了牌也不能年检。在机动车交通强制保险（简称交强险）出台后，第三者责任险已成为非强制性的保险。本案中当事人罗某购买的是责任限额为20万元的第三者责任险。而本案车辆买卖未能成交，车主即基于转卖意向将该车交买方使用，买方的驾驶员庞某在驾驶该车过程中发生事故，应当视为被保险人允许的合格驾驶人员在使用保险车辆过程中发生意外事故。由此而致使第三者方某人身伤亡，保险人应当依照保险合同的规定给予赔偿。

四、法律关系。本案中保险人是被告保险公司，被保险人是原告即车主罗某，买方是赔偿款项的垫付人。买方在过户手续尚未完结的情况下雇请驾驶员出车，在此过程中发生事故，对第三者伤亡的赔偿金应当由车主支付，而买方对此项费用的支付仅是垫付。驾驶员庞某虽负事故的全部责任，但并非第三方责任人。第三方责任人是指除保险人和被保险人之外的对事故发生负有责任的第三人。驾驶员从某种意义上说代表的是被保险人的利益，他驾驶的是被保险人的车辆，发生事故由被保险人承担赔偿责任，也由被保险人出面或以被保险人的名义向保险公司要求理赔，驾驶员在事故中负有责任，可适用绝对免赔率的条款，而不适用第三方责任人的相关规定。

五、绝对免赔率的适用。绝对免赔率是一个附加险，入保险时若上了汽车损失险和第三者责任险方可选择这个险种。如果投保这个险，则出险时修车费和第三者损失100%全报；不投保这个险，则每次事故损失根据责任大小有5%~20%的绝对免赔率，负全部责任最高免赔20%。绝对免赔率的规定在被保险人和保险人之间合理地划分了责任。根据公安交通警察大队出具的道路交通事故责任认定书，驾驶员庞某负此次事故的全部责任，本案应当适用绝对免赔率，保险人免赔20%。

法律规范

中华人民共和国保险法

（1995年6月30日第八届全国人民代表大会常务委员会第十四次会议通过　根据2002年10月28日第九届全国人民代表大会常务委员会第三十次会议《关于修改〈中华人民共和国保险法〉的决定》修正　2009年2月28日第十一

届全国人民代表大会常务委员会第七次会议修订）

第四十九条　保险标的转让的，保险标的的受让人承继被保险人的权利和义务。

保险标的转让的，被保险人或者受让人应当及时通知保险人，但货物运输保险合同和另有约定的合同除外。

因保险标的转让导致危险程度显著增加的，保险人自收到前款规定的通知之日起三十日内，可以按照合同约定增加保险费或者解除合同。保险人解除合同的，应当将已收取的保险费，按照合同约定扣除自保险责任开始之日起至合同解除之日止应收的部分后，退还投保人。

被保险人、受让人未履行本条第二款规定的通知义务的，因转让导致保险标的危险程度显著增加而发生的保险事故，保险人不承担赔偿保险金的责任。

机动车交通事故责任强制保险条例

（2006年3月1日国务院第127次常务会议通过）

第十八条　被保险机动车所有权转移的，应当办理机动车交通事故责任强制保险合同变更手续。

专家释惑

本案从直观上来看，是作为保险人的被告依据多次修改的《机动车辆保险条款》关于被保险人转卖保险车辆，如未事先书面通知保险人并申请办理批改，保险人有权拒绝赔偿或自书面通知之日起终止保险合同的规定，在原告投保的机动车出卖于案外人，未办理完成过户手续，由案外人占有使用时发生交通事故情况下，拒绝向原告理赔，是否能够成立。其中重要的一点是关于“事先”二字时间上的界定。但依据本案的事实，似乎还触及更多和更深的法律问题。

依据保险法原理，投保人对保险标的应当具有保险利益，保险利益是指投保人对保险标的（作为保险对象的财产及其有关利益或者人的寿命和身体）具有的法律上承认的利益。如果投保人对保险标的不具有保险利益，直接的法律后果就是保险合同无效，保险利益与合同效力密切相关。本案原告在投保时，是投保车辆的所有权人，当然对保险标的具有保险利益，其保险合同是有效的。但是，投保时有保险利益，不等于投保人始终对保险标的具有保险利益，在保险合同约定的保险期内，保险利益有可能丧失，如将保险标的转卖、转让、赠送他人，投保人就不再对保险标的具有保险利益。此种情况下导致的法律后果不是保险合同的无效，而是原投保人对保险标的的保险利益是否同时转让给受让人，要转让给受让人的，原投保人应当通知保险人并申请办理批改。否则，保险人有权拒绝赔偿或终止保险合同；已赔偿的，保险人有权追回已付保险赔款。所以，本案争议的实质问题是原告作为投保人，在出卖保险标的后，未办理过户（所有权转移）手续前，对保险标的是否仍然具有保险利益。

在财产保险关系中，要求投保人具有财产保险利益，原告对自己所有的机动车向被告投保，对保险标的具有财产保险利益。一般来说，投保人转让投保财产，就意味着对保险标的失去保险利益，特别是动产转让一般以交付为所有权转移的标志，动产交付时起保险利益即转移。但是，不动产及法律特别规定的某些动产转让，其所有权的转移为要式法律行为，以办理所有权过户登记为转移的标志，它们的交付，仅仅意味着占有的变更，并不当然发生所有权转移的后果，在过户登记完成之前，所有权仍归出让人享有。同时，依据物权法原理，物上风险是随所有权转移而转移的，所有权未转移之前，出让人仍应负担物上风险。如此，所有人应当负担所有权转移之前的物上风险，也就应当同时享有物上利益。所以，本案原告是否仍具有保险利益，是由保险标的的所有权关系来认定的。

机动车买卖属要式法律行为，其所有权的转移不以交付为标志，而以办理过户手续为标志。所以，当事人双方达成买卖协议，卖方交车、买方付款，只要还未办理过户手续，就只能说明买卖合同有效并已进入履行阶段，所有权未发生转移（不能说所有权未转移，买卖合同就无效），所有权仍归卖方享有，也就意味着卖方作为出卖物的所有人，仍应负担所有物致人损害的责任。本案交通事故处理非常明确地反映了上述机理，即处理机关在原告将机动车出卖并交付于案外人使用，但未办理过户手续之前，仍然将原告认定为肇事机动车的车主，由其承担赔偿责任。这恰恰是财产保险利益中的责任利益的体现。所以，从法律上看，原告因被确定为交通事故的赔偿责任人，说明其在法律上仍是对保险标的具有保险利益的主体；至于买方为其垫付赔偿款，在法律上也仅产生垫付人向原告追索的问题，仍然表明原告对保险标的具有保险责任利益。

这都说明原告作为投保人对保险标的具有“法律上承认的利益”，被告作为保险人拒向原告理赔，就难以成立。

《机动车交通事故责任强制保险条例》第18条规定，被保险车辆所有权转移的，应当办理机动车交通事故责任强制保险合同变更手续。新修订的《保险法》亦规定：保险标的转让的，被保险人或受让人应及时通知保险人。这里涉及的实质法律问题是保险合同内容的变更问题。保险合同变更也应遵守合同变更的原则——当事人双方协商同意。当然，保险合同变更可以有其特殊的方式，即一方提出申请，保险人在原保险单或其他保险凭证上批注或者附贴批单，作为双方协商同意和合同变更的具体形式。

如果发生规定所指保险标的转让的事实，投保人未申请批改，一方面不可能发生保险合同变更的后果，受让人也不可能取代原投保人的地位；另一方面，对原投保人来说，面临着因失去保险利益或者未履行如实告知义务，保险人拒赔或解除保险合同的风险，所以，“事先通知”实际上是投保人的告知义务的问题，“批改”是保险合同变更的问题，均对投保人在保险事故发生后能否获得保险人的理赔有重大影响。

四十三、乘客下车后被所乘车辆撞伤，能否按第三者责任险予以赔偿?

案例 43　某旅游公司诉某保险公司保险合同纠纷案

事情是这样的

黄某是某旅游公司大客司机。2006 年 10 月某日，黄某驾驶该旅游公司的豪华大巴车送一批游客到某名胜古迹去参观。游客下车后，黄某倒车，准备找一合适的地方停车。这时，游客焦某正好在该车的后面绕行。大巴车倒退时，将焦某撞到，致使其肋骨多处骨折，伴有轻微脑震荡。焦某当即被送到附近的医院救治。公安机关认定司机黄某应当对此次交通事故承担全部责任。游客焦某向该旅游公司索赔 8 万元。由于旅游公司为每一位游客投了人身意外伤害险，并为该车投保了第三者责任险，因此，旅游公司要求保险公司依合同理赔。

律师专线

现在的第三者责任险的免除部分一般都规定，保险车辆造成的本车上其他人员的人身伤亡或财产损失，保险人不负责赔偿。同时也指明第三者是指除投保人、被保险人、保险人以外的，因意外事故遭受人身伤亡之或财产损失的保险车辆下的受害者。依据这些规定可以看出，所谓的第三者的原则性的规定是保险车辆发生意外事故时，第三者处于保险车辆下，而不是驾驶或者搭乘该车的人。在本案中，游客焦某下车后就不再是车辆上的人员。而且，她也不属于“意外事故发生时，以下处于车下的人不属于第三者”的除外范围中。因此，焦某应当在第三者的理赔范围之内。游客焦某在搭乘该车前往参观名胜古迹的途中，是车辆上的乘客。但当其到达目的地之后，焦某一旦下了车，就不再是车辆上的乘客。虽然其在游览结束后，仍然要搭乘该车，也就是说：其游客身份只是暂时地消失，被第三者的身份所取代。所以，在此次意外事故中，焦某的损失应当由保险公司作出赔偿。

法律规范

机动车交通事故责任强制保险条例

（2006年3月1日国务院第127次常务会议通过）

第二十一条　被保险机动车发生道路交通事故造成本车人员、被保险人以外的受害人人身伤亡、财产损失的，由保险公司依法在机动车交通事故责任强制保险责任限额范围内予以赔偿。

道路交通事故的损失是由受害人故意造成的，保险公司不予赔偿。

专家释惑

在保险合同中，保险人是第一方，也叫第一者；被保险人或使用保险车辆的致害人是第二方；除保险人与被保险人之外，因保险车辆的意外导致保险车辆下的人员或财产遭受损害的，在车下的受害人是第三方。依据中国保监会的解释，意外事故发生时，以下处于车下的人不属于第三者：在车下的驾驶员、车辆行驶中或者车辆未停稳时非正常下车的人员以及吊车正在吊装的财产。在本案中，游客在下车之后，与其他人无异，应当属于第三者，对其所受的伤害保险公司应当按照第三者责任险的约定予以理赔。

保险车辆发生事故，致第三者人身伤亡时，按《道路交通安全法》及相关法律、法规和保险合同的规定，保险公司在保险单载明的赔偿限额内核定赔偿数额，并给予赔偿。一般来说第三者责任险的每次事故最高赔偿限额分为以下几个赔偿档次：5万元、10万元、20万元、50万元、100万元和100万元以上不超过1000万元，被保险人可以自愿选择投保。第三者责任险赔偿的具体计算方法分为以下两种情况：1. 当被保险人应负第三者伤亡赔偿金额超过赔偿限额时，保险公司赔偿额＝赔偿限额×（1－免赔率）；2. 当被保险人应负第三者伤亡赔偿金额低于赔偿限额时，保险公司应当赔付第三者责任险的数额为：保险公司赔偿额＝应负赔偿金额×（1－免赔率）。

本案中，保险公司应当根据投保单载明的赔偿限额核定赔偿数额，并给予赔偿。

如果被保险车辆发生交通事故，办理保险索赔事宜的基本程序是：1. 发出出险通知。出险通知又称索赔通知或损失通知，是指保险车辆发生事故后，被保险人根据保险合同的有关规定向保险公司报告车辆损失情况并提出索赔要求。车辆发生交通事故后，应当及时报案、保护好现场，并及时通知交通管理部门和保险公司，如果自身受伤或者因其他情况无法完成上述事项的，可以委托其他人代为办理，当事人应当及时携带保险单、驾驶执照等到保险公司报案，填写报案登记表后交由理赔人员审核，确系无误后领取出险证明和出险通知书，认真填写。2. 接受理赔人员查验受损车辆，保险车辆发生事故后，当事人应当协助理赔人员查验受损车辆，领取事故车辆修理托修单，凭该单到保险公司指定修理厂修理受损车辆。如果要求到其他地方修理，必须在托修单保价范围内修理，超出部分，修车质量及其他后果自负。结案或修车后应在一年内将单据交回保险公司。3. 向保险公司提供索赔单证。所谓索赔单证是指能够证明保险车辆发生事故的性质、原因、损失程度等情况的有关证明和资料。具体分为以下几种情况：①出险通知书（单位盖章）；②出险证明（交通管理部门盖章）；③事故车辆修理托修单（单位盖章、修理厂盖章）；④修车发票（公车提供复印件、私车交原件）；⑤结处清单（维修车辆施工单）原件；⑥修理材料单（材料明细表）原件。如果涉及人身伤残、死亡事故，除以上证明外，还应提供下列材料：①伤者诊断证明（县级以上医院）；②残者法医鉴定书；③死者的死亡证明书；④抢救、治疗及其他各种费用收据，补偿费收据（公安交通管理部门盖章有效）；⑤交通事故责任认定书；⑥交通事故损害赔偿调解书；⑦伤亡者工资证明、家庭情况证明或有关情况公证书；

⑧其他必要证明。

四十四、肇事司机故意藏匿受害人致其死亡，保险公司应否赔偿？

案例 44 某工厂诉某保险公司保险合同理赔纠纷案

事情是这样的

蔡某是某工厂的司机。2005 年 10 月某日，蔡某受工厂的委派到外地运输生产原料。在返回的途中，因时间较晚，蔡某又是长时间持续驾车，过度疲劳，注意力十分分散。当其驾车行至某公路桥桥头时，蔡某隐约看到一个骑自行车的人在车右前方缓缓行驶。蔡某见两车横向间距较远，没有加以注意，继续驾车高速行驶。当两车均行至公路桥上时，该自行车突然向路中心靠近，蔡某由于注意力不集中，没有发现自行车行驶情况的变化，待采取避让措施时事故已发生。卡车将自行车骑行人刮倒，连人带车拖行了近 10 米。卡车停下后，蔡某下车查看，见骑自行车的行人倒在车下奄奄一息。蔡某考虑到如果将伤者送至医院治疗，巨额的医疗费用是自己无法负担的，即便由工厂垫付，到时还是要向自己追偿。他见周围没有任何的车辆和行人，于是将伤者从车下拖了出来，将其拖到桥下的涵洞里，又将自行车搬到了桥下，然后驾车逃离交通事故现场。第二天早上，途经该处的行人发现了桥面上的血迹，并找到了躺在桥下涵洞里的伤者。由于伤者失血过多，已经死亡。后经公安机关现场勘察和周密的走访调查，将交通肇事司机蔡某逮捕归案。由于蔡某是某工厂司机，交通事故又是蔡某在执行职务的过程中发生的，损害赔偿责任应当由蔡某所在的单位某工厂承担。该工厂依法支付受害人经济赔偿 15 万元，因该车已经依法向保险公司投保了第三者责任险，因此，该厂拿着赔偿单据要求保险公司承担保险责任赔偿。但保险公司认为：此次交通事故的发生系司机蔡某疲劳驾驶所致，对于一名驾驶司机，应当非常明白疲劳驾驶会造成什么样的后果，而蔡某由于过于自信，继续疲劳驾驶，在此次交通事故中也存有重大过错，应当承担一定的法律责任；而且，蔡某在肇事后，下车查看，发现受害人受伤可能已经死亡，其不但不积极实施救助义务，反而将受害人藏匿于隐蔽的桥洞内，导致受害人因失血过多死亡。可见，原告雇佣的司机在此次交通事故中有故意杀人的行为，根据《保险法》的有关规定，本公司对于此次交通事故造成的经济损失具有免责的事由，不应当承担保险赔偿责任。某工厂见协商无果，只好向法院提起诉讼。

律师专线

在本案中，交通肇事司机造成交通事故后藏匿受害人尸体，并不影响投保人依法向保险公司进行索赔的权利。保险公司应当对此次交通事故造成的第三者的“人身伤亡或财产的直接损毁”部分地予以赔偿。因为此次交通事故应当划分为两个阶段，第一阶段是机动车的驾驶人蔡某将自行车骑行人撞伤的阶段。在这一阶段，蔡某对于交通事故的发生是出于过失，符合一般保险合同中规定的第三者责任险的赔付范围。而在此次交通事故的第二阶段，蔡某没有及时地救助交通事故的伤者，而是将其抛置于桥下，驾车逃逸。在这个阶段，蔡某对于第三者的人身伤亡的损害结果是出于故意，保险公司对此可以按照保险合同的规定予以免责。

法律规范

中华人民共和国道路交通安全法

（2003 年 10 月 28 日第十届全国人民代表大会常务委员会第五次会议通过 根据 2007 年 12 月 29 日第十届全国人民代表大会常务委员会第三十一次会议《关于修改〈中华人民共和国道路交通安全法〉的决定》修正）

第二十二条　机动车驾驶人应当遵守道路交通安全法律、法规的规定，按照操作规范安全驾驶、文明驾驶。

饮酒、服用国家管制的精神药品或者麻醉药品，或者患有妨碍安全驾驶机动车的疾病，或者过度疲劳影响安全驾驶的，不得驾驶机动车。

任何人不得强迫、指使、纵容驾驶人违反道路交通安全法律、法规和机动车安全驾驶要求驾驶机动车。

第三十六条　根据道路条件和通行需要，道路划分为机动车道、非机动车道和人行道的，机动车、非机动车、行人实行分道通行。没有划分机动车道、非机动车道和人行道的，机动车在道路中间通行，非机动车和行人在道路两侧通行。

中华人民共和国道路交通安全法实施条例

（2004 年 4 月 28 日国务院第 49 次常务会议通过）

第九十二条 发生交通事故后当事人逃逸的，逃逸的当事人承担全部责任。但是，有证据证明对方当事人也有过错的，可以减轻责任。

当事人故意破坏、伪造现场、毁灭证据的，承担全部责任。

最高人民法院关于审理人身损害赔偿案件适用法律若干问题的解释

（2003 年 12 月 4 日最高人民法院审判委员会第 1299 次会议通过　法释〔2003〕20 号）

第九条　雇员在从事雇佣活动中致人损害的，雇主应当承担赔偿责任；雇员因故意或者重大过失致人损害的，应当与雇主承担连带赔偿责任。雇主承担连带赔偿责任的，可以向雇员追偿。

前款所称“从事雇佣活动”，是指从事雇主授权或者指示范围内的生产经营活动或者其他劳务活动。雇员的行为超出授权范围，但其表现形式是履行职务或者与履行职务有内在联系的，应当认定为“从事雇佣活动”。

专家释惑

第三者责任险是保险人对被保险人给第三方造成的责任所承担的风险。从形式上看，是由保险公司补偿被保险人对第三者的经济责任。但从这一险种的开办目的上看，保障的却是因被保险人的责任而受到损失的第三人，使其不至于因责任人没有清偿能力而在受到损害之后得不到赔偿。由于这一险种涉及多方利益，法律要求当事人应当遵循诚实信用、公平合理的原则来设定彼此的权利义务。第三者是指被保险人及其财产和保险车辆上所有人员与财产以外的他人、他物。所谓“所有人员”，即指车上的驾驶员、售票员、装卸工、乘客、搭客等，这些人不属于第三者，但下车后除驾驶员外，均可视为第三者。私人车辆的被保险人及其家属成员都不属于第三者。至于保险车辆上的财产，是指被保险人及其驾驶员所有或其代管的财产，这些财产均不属于第三者责任。

在肇事司机故意藏匿受害人致其死亡的情形下，应当划分为两个不同的阶段，分别由保险公司和肇事司机承担民事损害赔偿责任。如果肇事司机在交通事故发生后，及时地将交通事故的受害人送至医院救治，那么，保险公司的赔偿责任是比较明确的，即保险公司应当承担受害人抢救和治疗的费用以及因此次交通事故而遭受的其他损失，其他损失如受害人的误工费、护理费、残疾者生活补助费、残疾用具费以及受害人因抢救无效而死亡的丧葬费、死亡补偿费、死者生前扶养的人的生活费等。但是，交通事故受害人的这一阶段的损失并没有转化为现实，而是被交通肇事者故意藏匿受害人的行为造成受害人死亡的损害结果所吸收。在某些情况下，交通事故受害人死亡造成的损失，例如死者的丧葬费、死亡补偿费、死者生前扶养的人的生活费等可能还小于受害人因及时得到救治而产生的医疗费等费用，这也是一些司机在交通事故发生后不及时地救助受害人，甚至有意地致受害人死亡的原因所在。此外，认定本案损害赔偿责任的划分应当借助于医疗机构的力量。按医疗机构对交通事故受害人在死亡前的伤情，计算出死者如果获得及时的治疗不至于死亡时可能产生的医疗费用和其他的费用（当然只能是粗略地加以计算），此笔费用应当由保险公司加以赔偿。如果交通事故受害人死亡的损失大于此笔费用，多出的部分应当认定为由于肇事者的故意行为使交通事故扩大的损失，应当由交通事故的直接责任人的所在单位负责赔偿。其所在单位赔偿之后，可以依据有关法律法规的规定，依法向直接责任人进行追偿。

联系本案

在此，还有一个问题是，蔡某在交通肇事后藏匿受害人致其死亡，应以何罪论处呢？根据最高人民法院《关于审理交通肇事刑事案件具体应用法律若干问题的解释》第6条的规定，行为人在交通肇事后为逃避法律追究，将被害人带离事故现场后隐藏或者遗弃，致使被害人无法得到救助而死亡或者严重残疾的，应当分别依照我国《刑法》第232条、第234条第2款的规定，以故意杀人罪或者故意伤害罪处罚。因此，本案中，蔡某的行为应当以故意杀人罪论处。

四十五、人车都失踪，如何进行保险理赔？

案例45　贾某家属诉某保险公司保险合同理赔案

事情是这样的

2004年9月某日，贾某驾车外出，临行前曾告知家人当晚即回。但当日贾某未归，其家人于次日到公安机关报案后，一周后又到保险公司报案。工作人员当即验看了保险单，确认贾某的车辆已投了全部险种，包括车辆盗抢险和司机意外险，便为其家人办理了报案手续，做了立案处理。三个月后，贾某的家人再次来到保险公司，并提供了一份当地公安局出具的机动车盗抢案件证明，该证明的主要内容是：某年某月某日，事主报称贾某驾车走失，至今未归，现该车未找回。被保险人家属借此要求保险公司履行机动车盗抢险及司机意外险赔偿责任。保险公司经研究认为，人车走失，没有证据证实保险车辆确已出险，更无法确定车辆已遭盗抢，且不排除存在道德风险的可能性。对于这样一个出险时间、地点、原因、经过均不明确的案件，保险公司不宜立即承担赔偿责任，故此案暂时不应给予赔付，应待案情进一步明朗时再作决定，所以作拒赔处理。贾某的家人不服，经反复协商未果后向人民法院起诉，要求保险公司依约赔偿。

律师专线

贾某的家属针对这种情况应该分两步走。第一步根据现有材料，要求保险公司先赔付全车盗抢险损失，理由是本案已经县级以上公安机关立案证实，车辆满 3 个月下落不明，按照全车盗抢险保险条款的规定，已构成保险责任。第二步待明确贾某人身伤亡情况时再决定是否继续追加司机意外险的赔偿。如果贾某下落不明满 2 年或者 4 年，届时可根据人民法院对失踪者作出的宣告死亡判决，追加赔偿司机意外险的损失。因为此时贾某伤亡情况不详，被保险人家属也就无法提供贾某伤亡情况的任何证明材料，如诊断证明、残疾鉴定或死亡证明等，缺乏这些要件，也就不具备要求保险公司履行司机意外险赔偿责任的条件。因此，只有等到确切知道贾某的下落及其人身伤亡情况，再作定论。贾某下落不明满 2 年或者 4 年时，贾某的家属可向人民法院提出申请，要求法院依照我国民法的有关规定宣告贾某死亡，届时可根据人民法院的宣告死亡证明要求保险公司认可贾某因意外事故死亡，追加司机责任险赔偿。

法律规范

中华人民共和国民法通则

（1986 年 4 月 12 日第六届全国人民代表大会第四次会议通过　自 1987 年 1 月 1 日起施行）

第二十三条　公民有下列情形之一的，利害关系人可以向人民法院申请宣告他死亡：

（一）下落不明满四年的；

（二）因意外事故下落不明，从事故发生之日起满二年的。

战争期间下落不明的，下落不明的时间从战争结束之日起计算。

专家释惑

盗抢险全称是机动车辆全车盗抢险。一般机动车辆全车盗抢险的保险责任为保险车辆全车被盗窃、被抢夺，经县级以上公安刑侦部门立案核实，满 3 个月未查明下落的，保险公司负责赔偿保险车辆全车被盗窃、被抢夺后受到损坏或车上零部件、附属设备丢失需要修复的合理费用。可见，机动车辆全车盗抢险的保险责任包含两部分：一是因被盗窃、被抢劫、被抢夺造成的保险车辆的损失；二是因保险车辆被盗窃、被抢劫、被抢夺造成的合理费用支出。对上述两部分费用由保险公司在保险金额内负责赔偿。保险金额由当事人和保险公司在保险车辆的实际价值内协商确定。实际价值是指用新车购置价减去折旧金额的价格。由此可见，保险车辆全车被盗窃、被抢劫、被抢夺，经县级以上公安刑侦部门立案证实，满 3 个月未查明下落的，保险公司才承担保险责任。除抢劫和抢夺是在当事人知情时通过暴力或趁人不备将车辆抢走外，在盗窃的情形下，盗窃犯是通过秘密的方法将财物据为己有的，因盗抢而失踪的案件，在刑事案件结案前，一切仅是怀疑和推测，而认定事实需要有确凿的证据，并经法定程序，由司法机关最终确认。但是，如果等到车辆被盗抢的事实从法律上得到确认时再予以赔付，机动车全车盗抢险就将失去意义。因此，在实际执行过程中，只要保户因车辆失踪向公安机关报了案，经公安机关立案侦查，满 3 个月未查明下落且出具了书面证明的，就构成了盗抢险的保险责任。这样看来，本案应属于盗抢险保险责任范围。

一般而言，被盗车辆被追回后，如果被保险人看到车辆已不值被盗前的价格，一般愿意选择给付保险金。根据全车盗抢险条款的规定，保险人赔偿后，如果被盗抢的保险车辆找回，应将该车辆归还被保险人，同时收回相应的赔款。如果被保险人不愿意收回原车，则车辆的所有权归保险人。也就是说，被保险人有要车或者要保险金的选择权。

司机意外险是以机动车辆驾驶员为保险标的，保险车辆在使用过程中，因意外事故致使车上驾驶员遭受人身伤亡，依法应当由被保险人承担经济损失的一种附加险。显然，只有在确认驾驶员发生伤亡时，本保险才会发生作用。但是，驾驶员的人身伤亡不能简单地以“下落不明”为由主观臆断，须由医疗、司法鉴定机构经过对驾驶员身体的检查、勘验，作出鉴定结论，并出具书面证明（如诊断证明、残疾鉴定或死亡证明等）才能确定。对照本案的案情，在保户第一次索赔时，虽然贾某下落不明已经3个月了，但并不等于贾某已遭受人身伤亡，且贾某的家属又无法提供能证实贾某伤亡情况的鉴定报告或证明文件。因此，在当时不能断言本案件属于司机意外险保险责任。但是，司机意外险的赔付请求并不是因此永远不能主张，贾某下落不明达到法律规定的时限时（我国《民法通则》规定了宣告死亡的法定期限），对其人身伤亡情况会有一个依法成立的推定，届时，将会作为本案司机责任险保险责任成立与否的依据。

四十六、公安机关未划分交通事故责任比例，保险公司能否拒赔？

案例46　某企业诉某保险公司车辆保险合同理赔纠纷案

事情是这样的

薛某是某企业司机，该企业为薛某驾驶的车辆投保了第三者责任险。保险合同第2条规定：被保险人或其允许的合格驾驶员在使用保险车辆过程中，发生意外事故，致使第三者遭受人身伤亡或财产的直接损毁，依法应当由被保险人支付的赔偿金额，保险人依照道路交通安全法律、法规和保险合同的规定给予赔偿。该合同未明确规定未划分交通事故责任比例时，保险公司不予赔付保险金之条款。

2004年7月某日，薛某驾驶车辆在本市某路口与骑车人柳某相刮，发生了交通事故。薛某分别向本市某交通队和保险公司报了案。交通队对现场进行勘查后就此事故出具了事故责任认定书。该认定书载明：2004年7月某日，司机薛某驾驶车辆在本市某路口由西往东行驶，适时柳某骑自行车由南向北行驶，双方临近，司机薛某在采取制动向左躲闪过程中，致使车辆的右侧与柳某所骑自行车接触，造成双方车辆损坏，骑车人柳某倒地受伤；经现场勘查及调查，司机薛某驾驶的车辆制动不合格，从而导致交通事故的发生，违反了道路交通安全法律、法规的规定。依据《道路交通安全法实施条例》第 91 条“公安机关交通管理部门应当根据交通事故当事人的行为对发生交通事故所起的作用以及过错的严重程度，确定当事人的责任”的规定，认定司机薛某在此事故中负有事故责任。同时，交通队主持司机薛某与骑车人柳某进行调解，并出具了赔偿调解书。该调解书载明，此事故给骑车人柳某造成的损失由司机所在单位承担。此后，该企业依据调解书对骑车人柳某进行了赔偿。

该企业向骑车人柳某赔偿后，持有关材料到保险公司要求赔付保险金时，遭到拒绝。拒绝理由是：在此事故中，交通队只认定了企业司机薛某在交通事故中负有事故责任，却未划分事故责任比例，故不同意赔付保险金。鉴于此，该企业诉到法院，要求判令保险公司以交通队出具的调解书上的赔偿损失金额，按照司机薛某对事故负有全部责任的比例赔付保险金。

律师专线

某企业与保险公司签订的车辆保险合同系双方真实意思表示，且内容、形式不违反法律、法规的强制性规定，因此该合同为有效合同。在保险公司提供的格式化合同中，保险公司不能以交通队未划分责任比例作为不赔偿的免责条款，所以保险公司不能以交通事故未划分责任比例为由拒绝赔付该企业赔偿金。

《合同法》第 39 条规定：“采用格式条款订立合同的，提供格式条款的一方应当遵循公平原则确定当事人之间的权利和义务，并采取合理的方式提请对方注意免除或者限制其责任的条款，按照对方的要求，对该条款予以说明。”本案中，保险公司在保险合同中未就被保险车辆发生交通事故后应当划分事故责任作出提示或说明，且在该企业与保险公司签订合同时，保险公司也未向该企业说明交通队如未对交通事故划分责任比例，则保险公司不予赔付的相关事项。另外，保险公司应该比该企业更了解交通事故责任划分情形，其应该在保险合同中对未划分事故责任比例的交通事故情况予以预见，并作出约定。

由于该保险合同中根本没有明确列明“被保险人在发生事故时，如果交通队没有对被保险人所承担的责任比例作出划分，则保险人对被保险人不予赔偿”。因此，保险公司以交通队未对事故划分责任比例为由拒绝赔付保险金的做法是没有合同根据的，保险公司应承担赔付责任。

法律规范

中华人民共和国合同法

（1999 年 3 月 15 日第九届全国人民代表大会第二次会议通过　自 1999 年 10 月 1 日起施行）

第八条　依法成立的合同，对当事人具有法律约束力。当事人应当按照约定履行自己的义务，不得擅自变更或者解除合同。

依法成立的合同，受法律保护。

第三十九条　采用格式条款订立合同的，提供格式条款的一方应当遵循公平原则确定当事人之间的权利和义务，并采取合理的方式提请对方注意免除或者限制其责任的条款，按照对方的要求，对该条款予以说明。

格式条款是当事人为了重复使用而预先拟定，并在订立合同时未与对方协商的条款。

第四十一条　对格式条款的理解发生争议的，应当按照通常理解予以解释。对格式条款有两种以上解释的，应当作出不利于提供格式条款一方的解释。格式条款和非格式条款不一致的，应当采用非格式条款。

机动车交通事故责任强制保险条例

（2006 年 3 月 1 日国务院第 127 次常务会议通过）

第二十一条　被保险机动车发生道路交通事故造成本车人员、被保险人以外的受害人人身伤亡、财产损失的，由保险公司依法在机动车交通事故责任强制保险责任限额范围内予以赔偿。

道路交通事故的损失是由受害人故意造成的，保险公司不予赔偿。

中华人民共和国保险法

（1995 年 6 月 30 日第八届全国人民代表大会常务委员会第十四次会议通过　根据 2002 年 10 月 28 日第九届全国人民代表大会常务委员会第三十次会议

《关于修改〈中华人民共和国保险法〉的决定》修正　2009年2月28日第十一届全国人民代表大会常务委员会第七次会议修订）

第十七条　订立保险合同，采用保险人提供的格式条款的，保险人向投保人提供的投保单应当附格式条款，保险人应当向投保人说明合同的内容。

对保险合同中免除保险人责任的条款，保险人在订立合同时应当在投保单、保险单或者其他保险凭证上作出足以引起投保人注意的提示，并对该条款的内容以书面或者口头形式向投保人作出明确说明；未作提示或者明确说明的，该条款不产生效力。

第十九条　采用保险人提供的格式条款订立的保险合同中的下列条款无效：

（一）免除保险人依法应承担的义务或者加重投保人、被保险人责任的；

（二）排除投保人、被保险人或者受益人依法享有的权利的。

第三十条　采用保险人提供的格式条款订立的保险合同，保险人与投保人、被保险人或者受益人对合同条款有争议的，应当按照通常理解予以解释。对合同条款有两种以上解释的，人民法院或者仲裁机构应当作出有利于被保险人和受益人的解释。

专家释惑

依法成立的合同具有法律效力，合同双方均应严格履行。保险合同有效期间，在被保险人发生保险事故造成财产损失情况下，保险人应当按照保险合同约定的条件和程序进行理赔，不得以对理赔条件作出的单方限制性解释为由拒绝承担合同义务，否则就构成违约，应承担相应的责任。

本案涉及合同中格式条款的相关问题。所谓格式条款，又称为标准条款、标准合同、格式合同、定式合同、定型化合同，也有人称作附合合同等。格式条款，是自19世纪以来发展起来的，是由于某些行业进行频繁的、重复性的交易的过程中为了简化合同订立的程序而形成的。这些行业一般是发展较大的具有一定规模的企业，往往具有垄断性。如水、电、热力、燃气、邮电、电信、保险、铁路、航空、公路、海运等行业。有公用事业，也有一般的大企业。

格式条款具有以下特点：1. 作为要约，其对象具有广泛性。要约向公众发出，任何人只要同意要约的规定就可以签订合同。2. 条款具有持久性。格式条款一般是经过认真研究拟定的，在一个相当长的时期内不会改变。3. 条款具体细致。格式条款往往内容繁复，条款甚多，具体细致。4. 由事业者提出。不论是由事业者自行拟定或由某行业协会拟定，无论以何种形式表现，可以合同书形式、票证形式或者其他形式，甚至其条款并不在书面形式上记载，但是由事业者一方提出。但如果格式合同是由政府部门拟定的，一般不作为格式条款。

使用格式条款的好处是简捷、省时、方便、降低交易成本，但其弊端在于提供商品或者服务的一方往往利用其优势地位，制定有利于自己而不利于交易对方的条款，这一点在消费者作为合同相对方时特别突出。因此，必须在立法上予以限制。《合同法》第 39 条第 1 款规定了提供格式条款一方在拟定格式条款以及在订立合同时应当遵循的原则和义务。首先，应当遵循公平的原则确定双方的权利和义务，不能利用自己的优势地位制定不公平的条款欺负对方当事人。其次，提供格式条款的一方当事人应当采取合理的方式提请对方注意免除或者限制其责任的条款，并按照对方提出的要求，对该类条款予以说明。

对格式条款的理解发生争议，应当按照通常理解予以解释。对格式条款有两种以上解释的，应当作出不利于提供格式条款一方的解释。格式条款和非格式条款不一致的，应当采用非格式条款。按通常理解予以解释，指的是当提供格式条款的对方订约能力较弱时，可以不按提供格式条款的一方的理解予以解释，而是按可能订立该合同的一般人的理解予以解释，这对保护采用格式条款订立合同的公民、小企业是有利的。有两种以上解释的，应当作出不利于提供格式条款一方的解释，也就是作出有利于其相对方的解释。非格式条款一般是在格式条款外另行商定的条款，或对原来的格式条款重新协商修改的条款，是当事人特别约定的，如果与格式条款不一致，当然采用非格式条款。

在保险公司提供的格式化保险合同中，未约定事故发生后，公安机关交通管理部门未划分责任比例则不予赔偿的免责条款，故保险公司以交通事故未划分责任比例为由拒绝赔付企业保险金的做法，缺乏合同依据。依照《合同法》第 39 条“采用格式化条款订立合同的，提供格式条款的一方应当遵循公平原则确定当事人之间的权利和义务，并采取合理的方式提请对方注意免除或限制其责任的条款，按照对方的要求，对该条款予以说明”的规定，保险公司作为专业保险机构和格式化保险合同的提供者，应当对自己的免责事由予以说明。09 年新修订的《保险法》亦予以相同规定，更明确“未作提示或明确说明的，该条款不产生效力”。保险人在订立保险合同的过程中处于优势地位，很可能事先拟订一些不利于投保人的格式条款。为保护投保人的利益，法律规定了保险人对保险合同中免责条款的说明义务。因为投保人对保险业务比较陌生，有可能全然不知免责条款的存在，或者不了解免责条款的法律意义，如果保险人事先不作详细说明，无异于投保人被迫接受该条款，有悖于合同自愿原则。最高人民法院的一个批复中提到，“明确说明”是指保险人对于免责条款，除了在保险单上提示投保人注意外，还应当对有关免责条款的概念、内容及其法律后果等，以书面或者口头形式向投保人作出解释，以使投保人明了该条款的真实含义和法律后果。而本案保险公司在保险合同中未就当被保险车辆发生交通事故后，应当划分事故责任作出提示或说明，且在企业与保险公司签订保险合同时，保险公司也未向企业说明依据保险合同中第 2 条的规定，公安机关交通管理部门对交通事故未划分责任比例不予赔付之相关事项。另外，保险公司应该比企业更了解交通事故责任划分的情形，其应该在保险合同中对未划分事故责任比例的交通事故的情况予以预见并予以约定。根据《合同法》第41条的规定，“对格式条款的理解发生争议的，应当按照通常理解予以解释。对格式条款有两种以上解释的，应当作出不利于提供格式化条款一方的解释”，新《保险法》也规定对合同条款有两种以上解释的，人民法院或者仲裁机构应当作出有利于被保险人和受益人的解释。按照人们对合同的通常理解，一方对合同责任的免责应当在合同中加以明确规定。换言之，只有合同明确规定了一方的免责条款，该方当事人才可以依照合同的免责条款主张免责。而本案保险合同中，根本没有明确列明：被保险人在发生事故时，如果公安交通管理部门没有对被保险人所承担的责任比例作出划分，则保险人对被保险人不予赔偿。因此，保险公司以公安交通管理部门未对交通事故责任划分责任比例为由而拒绝赔付企业赔偿金的做法是没有合同依据的。

第六节　道路交通刑事责任

内容提要

交通肇事后，当事人应当履行相应的义务，立即停车，积极抢救伤者，保护现场并报警，不得逃逸、找他人顶罪，现场目击人员和其他知情人员应当向公安机关交通管理部门或者交通警察举报。当事人若违反上述义务，可能承担相应的刑事责任。

四十七、肇事车辆单位主管人员能否构成交通肇事罪？

案例 47　车主王某强令雇佣司机违章驾驶发生交通事故，与司机同时构成交通肇事罪

事情是这样的

被告人王某，男，41 岁，个体户，2004 年 1 月 7 日早晨王某命令其雇佣的司机张某驾车送自己去外地谈一笔生意。因夜间刚下了一场大雪，路面比较滑，司机张某不敢将车开快，王某因急于赶路，一再催促张某“加速，快开，开快点”，但因路滑，加上阴天视线不好，司机张某不敢将车开得太快，王某见状便对司机说：“放心开，出了事算我的，误了生意责任是你的。”在此种情况下，张某不得不加大油门，快速行驶。不久，在与对面驶来的一辆车会车时，由于车速太快，路面打滑，王某驾车驶入了逆行车道，与对面来车相撞，当场造成 2 人死亡 3 人重伤的重大交通事故。经交警部门现场勘查认定，张某对此次事故负全部责任。案发后，检察机关分别指控张某、王某犯交通肇事罪，向法院提起公诉。法院最终认定王某构成交通肇事罪，判处有期徒刑 5 年，张某构成交通肇事罪，判处有期徒刑 4 年。

律师专线

在本案中王某为了赶时间谈生意，命令司机张某违章驾驶，并且声称“出了事算我的”，可见王某已经完全预料到其命令司机违章驾驶可能会发生交通事故，但是却轻信能够避免，结果最终导致了惨剧的发生，因其对结果的发生存在过失的心态，完全符合交通肇事罪的规定，因而构成了交通肇事罪。而张某身为一名专业司机，也完全应当预见到违章驾驶的后果，可张某对王某不但不劝阻却听从了王某的命令违章驾驶，结果造成了严重后果，张某的行为也符合交通肇事罪的构成要件，构成了交通肇事罪。因而，法院的判决是正确的。

法律规范

中华人民共和国刑法

（1979 年 7 月 1 日第五届全国人民代表大会第二次会议通过　1997 年 3 月 14 日第八届全国人民代表大会第五次会议修订）

第一百三十三条　违反交通运输管理法规，因而发生重大事故，致人重伤、死亡或者使公私财产遭受重大损失的，处三年以下有期徒刑或者拘役；交通运输肇事后逃逸或者有其他特别恶劣情节的，处三年以上七年以下有期徒刑；因逃逸致人死亡的，处七年以上有期徒刑。

最高人民法院关于审理交通肇事刑事案件具体应用法律若干问题的解释

（2000 年 11 月 10 日最高人民法院审判委员会第 1136 次会议通过　法释〔2000〕33 号）

第一条　从事交通运输人员或者非交通运输人员，违反交通运输管理法规发生重大交通事故，在分清事故责任的基础上，对于构成犯罪的，依照刑法第一百三十三条的规定定罪处罚。

第二条　交通肇事具有下列情形之一的，处三年以下有期徒刑或者拘役：

（一）死亡一人或者重伤三人以上，负事故全部或者主要责任的；

（二）死亡三人以上，负事故同等责任的；

（三）造成公共财产或者他人财产直接损失，负事故全部或者主要责任，无能力赔偿数额在三十万元以上的。

交通肇事致一人以上重伤，负事故全部或者主要责任，并具有下列情形之一的，以交通肇事罪定罪处罚：

（一）酒后、吸食毒品后驾驶机动车辆的；

（二）无驾驶资格驾驶机动车辆的；

（三）明知是安全装置不全或者安全机件失灵的机动车辆而驾驶的；

（四）明知是无牌证或者已报废的机动车辆而驾驶的；

（五）严重超载驾驶的；

（六）为逃避法律追究逃离事故现场的。

第五条　“因逃逸致人死亡”，是指行为人在交通肇事后为逃避法律追究而逃跑，致使被害人因得不到救助而死亡的情形。

交通肇事后，单位主管人员、机动车辆所有人、承包人或者乘车人指使肇事人逃逸，致使被害人因得不到救助而死亡的，以交通肇事罪的共犯论处。

第七条　单位主管人员、机动车辆所有人或者机动车辆承包人指使、强令他人违章驾驶造成重大交通事故，具有本解释第二条规定情形之一的，以交通肇事罪定罪处罚。

专家释惑

交通肇事罪（《刑法》第133条），是指违反交通运输管理法规，因而发生重大事故，致人重伤、死亡或者使公私财产遭受重大损失的行为。

交通肇事罪的构成要件是：

1. 犯罪主体是指具有刑事责任能力、实施危害行为的自然人。交通肇事罪的主体为一般主体，在司法实践中主要是从事交通运输的人员，但是也有一些既非专业交通运输人员，也非正式驾驶人员违反交通法律法规造成重大事故的情形。例如，未取得驾驶资格而驾驶机动车的；行人上高速公路导致发生重大事故的情形等等。

2. 犯罪客体是侵犯了社会公共安全。

3. 交通肇事罪主观方面是出于过失，即行为人对自己行为的严重后果应当预见，由于疏忽大意而没预见，或者虽然预见，但轻信能够避免，以致造成了严重后果。过失是就行为人对造成严重后果的心理状态而言的。至于对违反交通管理法规来说，往往是明知故犯的。如果行为人对违法行为所造成的严重后果持故意的态度，就不能认定为交通肇事罪，而应当按照有关《刑法》条文（如故意杀人、故意伤害、以危险方法危害公共安全、故意毁坏财物等）的规定处理。

4. 交通肇事罪的客观方面表现为违反交通运输管理法规，以至发生重大交通事故，致人重伤、死亡或者使公私财产遭受重大损失的行为。这种行为，既可以是作为，也可以是不作为。

交通事故致人重伤、死亡或者使公私财产遭受重大损失的，对于肇事者，有可能构成交通肇事罪。而对于受害者，如果公诉机关提起公诉的，可以选择刑事附带民事赔偿或者单独进行民事赔偿。刑事附带民事赔偿的没有精神损失这个赔偿项目，但是一般肇事者为了获得从轻处罚，愿意给足额或者更高的补偿。肇事者积极报警，主动认罪，向受害者家属赔偿经济损失，有法定、酌定的从轻情节，法院会依法对其作出从轻处罚。

司法实践中，构成交通肇事罪的多数情况下都是司机或驾驶者本人，但是这并不意味着车辆所有人、雇主等人就不可能构成交通肇事罪，在一定的条件下，只要符合法律规定的条件，这些人照样可以成为交通肇事罪的主体。从交通肇事罪的构成要件来分析，首先，交通肇事罪的主体是一般主体，这并没有排除车辆所有人、雇主等非驾驶人员可以成为交通肇事罪的主体，2000 年最高人民法院《关于审理交通肇事刑事案件具体应用法律若干问题的解释》第 1 条对此作出了明确规定：从事交通运输人员或者非交通运输人员，违反交通运输管理法规发生重大交通事故，在分清事故责任的基础上，对于构成犯罪的，依照刑法第 133 条的规定定罪处罚；其次，交通肇事罪要求在客观上造成了重大事故，致人重伤、死亡或者使公私财产遭受重大损失，具体来说就是要符合 2000 年最高人民法院《关于审理交通肇事刑事案件具体应用法律若干问题的解释》第 2 条规定的标准；最后，交通肇事罪要求肇事者主观上对造成严重后果存在过失的心态，包括应当预见到危害结果可能发生而没有预见到以致造成重大损失的过失（疏忽大意的过失）和已经预见到可能发生危害结果但是却轻信能够避免因而发生重大事故的过失（过于自信的过失）。因此只要符合上述条件，驾驶人员以外的其他人也是可能构成交通肇事罪的。2000 年最高人民法院《关于审理交通肇事刑事案件具体应用法律若干问题的解释》也对此予以肯定，该解释第 7 条规定："单位主管人员、机动车辆所有人或者机动车辆承包人指使、强令他人违章驾驶造成重大交通事故，具有本解释第二条规定情形之一的，以交通肇事罪定罪处罚。"本案中被告人王某的行为，完全符合交通肇事罪的构成要件，应当以交通肇事罪追究其刑事责任。

这一司法解释给车辆单位主管人员、车主、车辆承包人提了个醒，强令或指使他人违章驾驶造成重大交通事故的，不仅要赔偿，还要受牢狱之灾。

联系本案

作为受害方，如果查明肇事者本人有赔偿能力，那么可以在刑事诉讼中附带民事赔偿，争取较高的赔偿数额；但是如果查明肇事者本人没有赔偿能力，那么可以单独提起人身损害赔偿诉讼，在民事赔偿诉讼中，可以把车主或者肇事者的单位（如果肇事者为职务行为或者从事雇佣活动的，车主要承担连带民事赔偿责任，雇主要承担直接民事赔偿责任）追加为赔偿主体，同时可以主张精神损害抚慰金。

对于肇事方，在合理赔偿受害方、获得受害方的谅解后，可以向法院提出要求刑事处罚从轻处理。

四十八、肇事司机委托他人照顾伤者而自行离开，是否属于肇事后逃逸？

案例 48　李某交通肇事案

事情是这样的

李某是某公司货车司机。2005 年 6 月某日，李某驾车外出送货，途中发生交通事故，将行人付某撞伤。事故发生后，由于李某着急送货，便托跟车人张某叫出租车送受害人去医院，李某则开着肇事车到另一地方送货，离开了现场。后李某送完货后多次打张某的手机联系，并到市人民医院和市中医院找付某，都没找到。之后，李某再次给张某打电话，终于联系到了受害人家属，此时张某的手机已被受害人家属控制，李某告知其所在地点后，受害人家属很快赶到该地点。公安机关接到受害方的电话也来到此处，将肇事车扣押，将李某带回警队。付某经抢救无效死亡。人民检察院以交通肇事罪对李某提起公诉。

律师专线

本案的焦点是李某在行车过程中将行人撞倒后，驾肇事车到另地送货的行为属肇事逃逸还是脱离现场。最高人民法院《关于审理交通肇事刑事案件具体应用法律若干问题的解释》第3条明确规定，交通运输肇事后逃逸是指行为人在发生交通事故后，为逃避法律追究而逃跑的行为。实践中，发生事故后将肇事车留在现场，司机逃跑的情形一般不认定为逃逸，理由很简单，司法机关可根据车牌号码等线索找到肇事者；而司机驾驶车辆脱离现场的情形是否一定构成逃逸就值得细究，不能一概而论。认定肇事者逃逸还是脱离现场，最重要的是分析行为人的主观目的是否是逃避法律追究，置死、伤者于不顾，使交警部门无法查找肇事车辆，从而无法确定肇事司机，这给交通事故的查处工作和伤者、死者的抢救及赔偿问题带来障碍，最终使案件审理无法正常进行，受害人得不到及时有效的法律保护，行为人有可能逃避法律的制裁。因此，对于这种行为，《刑法》规定了相对严厉的刑罚来制裁。

就本案而言，被告人李某造成了重大事故并脱离现场是客观事实，但其主观上是否有逃避法律追究的目的，要通过其客观行为来分析：第一，事故发生后，李某的跟车人张某受李某委托主动拦车，并和受害人家属一起将受害人送往医院，后一直相陪，公安机关完全能够通过跟车人张某找到被告人；第二，被告人李某多次和张某联系，询问情况，在张某手机被受害方控制后，亦未中止联系；第三，在送完车上货物后，主动到医院，想找到受害人；最后，在未找到受害人的情况下，又联系受害人家属，并主动向受害方家属说出自己的位置，公安机关正是根据被告人向受害方提供的位置而将肇事车辆扣押，将被告人抓获。

综上所述，被告人李某虽然驾车离开了案发现场，但主观上不具有逃避法律追究的目的，因此其不构成肇事逃逸。但李某作为一名司机，发生交通事故后，本应保护现场，抢救伤者，反而驾车脱离现场，违反了《道路交通安全法》相关法律规定，应当依法惩处。在查清事故成因及责任的基础上，如果肇事司机承担主要或全部责任，则以交通肇事罪论处；如果不构成犯罪，则承担民事责任并给予相应的行政处罚。

法律规范

最高人民法院关于审理交通肇事刑事案件具体应用法律若干问题的解释

（2000 年 11 月 10 日最高人民法院审判委员会第 1136 次会议通过　法释〔2000〕33 号）

第二条　交通肇事具有下列情形之一的，处三年以下有期徒刑或者拘役：

（一）死亡一人或者重伤三人以上，负事故全部或者主要责任的；

（二）死亡三人以上，负事故同等责任的；

（三）造成公共财产或者他人财产直接损失，负事故全部或者主要责任，无能力赔偿数额在三十万元以上的。

交通肇事致一人以上重伤，负事故全部或者主要责任，并具有下列情形之一的，以交通肇事罪定罪处罚：

（一）酒后、吸食毒品后驾驶机动车辆的；

（二）无驾驶资格驾驶机动车辆的；

（三）明知是安全装置不全或者安全机件失灵的机动车辆而驾驶的；

（四）明知是无牌证或者已报废的机动车辆而驾驶的；

（五）严重超载驾驶的；

（六）为逃避法律追究逃离事故现场的。

第三条　“交通运输肇事后逃逸”，是指行为人具有本解释第二条第一款规定和第二款第（一）至（五）项规定的情形之一，在发生交通事故后，为逃避法律追究而逃跑的行为。

专家释惑

所谓交通肇事后逃逸的行为，按照最高人民法院司法解释的规定，是指在发生交通事故后，为逃避法律追究而逃跑的行为。表面看来，逃逸行为往往表现为逃跑，即迅速离开现场；但是这个定义的中心词却并非“逃跑”二字，“逃避法律追究”才是逃逸行为的核心含义。国务院《道路交通事故处理办法》第7条规定，发生交通事故的车辆必须立即停车，当事人必须保护现场，抢救伤者和财产，并迅速报告公安机关和执勤的警察，听候处理。根据这条规定，发生交通事故后，肇事者必须停车，保护现场，抢救伤者和财产，报警，听候处理，这是肇事者的法定义务。交通肇事后的逃逸行为是指在发生交通事故后，肇事者不履行救助义务或者逃避责任追究的行为。《刑法》之所以将交通肇事后逃逸作为交通肇事罪的加重情节从重打击，是因为行为人交通肇事后，本应尽一切努力救助被害人，保护现场，向公安交警部门报案，接受处理，而且行为人也能够履行这种义务，但逃逸者却违背了该义务，使司法部门不能及时处理事故，事故责任无人承担，也往往使受害人延误治疗时机。因此，交通肇事后的逃逸行为具有更大的社会危害性。

在司法实践中，逃逸的行为在客观上都是驾车离开现场的行为，但并非所有驾车离开现场的行为都是逃逸行为。只有全面充分考虑行为人主观方面和客观方面的因素，才能对什么行为是交通肇事逃逸作出正确认定，具体而言：

1. 行为人在逃逸时必须明知自己的行为导致了交通事故的发生，这是行为人的主观认知因素。如果行为人没有意识到交通事故的发生而离开现场，则不能认定为“交通肇事后逃逸”，只能认定其构成一般交通肇事罪。这里所说的“明知”，是指行为人“知道”或者“应当知道”，如果行为人“应当知道”自己的行为造成交通事故而装作不知道，逃离事故现场的，仍应认定为“交通肇事后逃逸”。同时在发生交通事故后，判断一个人逃离现场是否具有逃逸故意，应当从以下行为进行判断，一是有无积极抢救伤者的行为；二是有无立即报警的行为；三是有无嫌疑人发现发生了肇事，置他人劝阻于不顾驾车逃跑，弃车逃跑，编造谎言企图蒙混过关的行为。如果明知发生了肇事，犯罪嫌疑人仍然实施上述行为，应当认定为逃逸。

2. 逃逸的目的是为了逃避法律追究，这是认定“交通肇事后逃逸”的一个重要因素，实践中，肇事人逃跑的目的大多是为了“逃避法律追究”，但也有少数人是因为其他目的，如害怕遭到受害人亲友及其他围观群众的殴打而逃跑，这些人往往在逃离现场后，很快通过报告领导或报警等方式，接受法律的处理，此时认定为交通肇事逃逸是不妥的，因为行为人主观意图并无逃逸的故意。2000 年最高人民法院的司法解释对交通运输肇事后逃逸的行为作了详细规定，强调认定逃逸的行为应同时具备主观、客观要件，客观方面为逃离现场，同时又强调交通肇事的主观罪过，即为逃避法律责任而逃跑的行为。

3. 行为人的逃逸行为不应仅限于“逃离事故现场”，并不是所有发生事故后离开现场的行为都是逃逸行为。有的行为人在事故发生时未离开事故现场，但在将受害人送往医院后为逃避法律责任而离开，此行为应认定为逃逸行为。我国《刑法》规定的交通肇事后逃逸并不是单指现场逃逸，关键是看行为人的主观目的与社会危害性，如果仅将逃逸界定为逃离现场，那么性质同样恶劣的逃避法律追究的行为就得不到相应的法律追究，可能会影响对这类犯罪行为的惩处。因此，交通肇事后，虽及时将受害人送往医院抢救，但在之后却畏罪逃跑的仍应认定为“交通肇事后逃逸”。

4. 对于交通肇事发生后，行为人没有及时投案如实讲述交通肇事经过，而是经过一段时间后又投案，并称其离开现场并非为逃避法律追究的情况，不能一概认定为交通肇事逃逸，而是应该区分具体的情况。如有的犯罪嫌疑人称，自己是因为怕受害人及其亲属打自己才离开现场，不是为逃避法律追究。这种情况，是肇事者对自己的主观故意性质认识不清，这种仍应认定被告人是为逃避法律追究而离开现场，因为逃避法律追究表现为逃避履行以下义务：(1)民事人身、财产损害赔偿义务；(2) 五项行政义务（停车义务、保护现场、抢救伤者和财产、报警、听候处理)；(3) 抢救伤者和财产的刑事义务。被告人交通肇事后逃避履行上述义务的任何一种，都符合交通运输肇事后逃逸的主观条件。不能以被告人的这一辩解理由，而认为被告人主观无逃逸意图，这是被告人对行为性质的认识问题，仍认定为交通运输肇事后逃逸。有的犯罪嫌疑人称，自己在交通运输肇事后，本没有为逃避法律追究而逃跑的故意，因为不能抗拒不能避免的理由，阻碍了自己归案。这种情况下，被告人负有对无逃避法律追究而逃跑的故意及不能抗拒不能避免的理由的举证责任，侦查机关负有按照行为人提供的线索协助取证的举证责任，同时被告人必须在不能抗拒不能避免的理由消失后，及时不间断地到有关部门投案。不能抗拒不能避免的理由包括：行为人肇事后被受害人家属秘密非法拘禁；肇事后被其他人员秘密非法拘禁；肇事后被人打昏一直昏迷不醒，被人带离现场等，使被告人主观意志不能控制自己的客观行为，上述情况属确实无法自动去投案，这种情况若查明属实，应认定为一般的交通肇事罪，不认定逃逸。

联系本案

对交通肇事罪逃逸的判断应建立在查明案件事实的基础上，不能简单地以离开现场为逃逸成立要件，那种主观上没有逃避法律处罚目的的离开现场行为，不构成交通肇事逃逸罪。在庭审中，作为受害者一方，应当与肇事方达成民事赔偿方案，获得法律之外更高的赔偿；作为肇事者一方，应当积极赔偿，争取被害人一方谅解，而且提供相关证据证明自己离开现场的本意并非逃逸，以争取从轻处罚，甚至争取获得缓刑。

四十九、酒后驾车致多人死伤，应如何定罪?

案例 49　钱某交通肇事致多人死伤案

事情是这样的

2006 年 10 月 3 日，钱某（男，42 岁）驾车参加朋友的婚礼。席间，钱某大量饮酒。在钱某饮酒的过程中，朋友卢某曾提醒钱某："别喝了，待会儿还要开车。"钱某回答说："没事儿，小意思!"婚礼结束后，钱某驾车回家，朋友卢某顺道搭乘钱某的车。在返回途中，钱某的车速高达每小时 80 公里（某行车路段的限制最高时速为每小时 60 公里）。卢某反复提醒钱某："路上人多，开慢点儿!"钱某回答："没事儿!"当钱某驾驶高速行驶的车辆行至某卡拉 OK 厅门口时，将陆某与其女友白某撞倒在人行横线上。陆某当场死亡，白某受重伤后，被路人送至附近医院救治，最后脱离危险，但面部留下了终身残疾。钱某驾驶的车辆发生交通事故后，同乘的卢某大声惊呼："快停车，你撞人了!"钱某回答说："瞎扯!"之后，继续驾车高速行驶。在车辆驶出 60 余米后，钱某又将在丁字路口骑自行车转弯的汤某撞倒。这时，卢某试图阻止钱某继续驾车，被钱某挥臂挡开。钱某继续驾车前驱 20 余米，又撞倒正在横穿马路的行人陈某（重伤），冲入逆行线，与迎面开来的侯某驾驶的大众轿车相撞，致使该车被撞毁，驾驶人侯某当场死亡，乘车人丁某受重伤。至此，钱某的车辆才在侯某大众车的阻碍下停下来。钱某在酒后驾车的过程中共造成2人死亡、1人致残、3人重伤，直接经济损失15万元。公安机关依法逮捕钱某，检察机关以交通肇事罪和故意杀人罪依法对其提起公诉。

律师专线

对钱某的行为不能简单地按交通肇事罪定罪量刑。钱某作为有多年驾驶经验的老资格驾驶员对于酒后驾车和违法超速行驶的后果应当是能够预见的，但他轻信这种结果能够避免，所以在第一次交通事故发生时，其主观心理状态符合交通肇事罪的特征。但后面一系列结果的发生，钱某的心理状态就不再是过失，而是发生了一种内在心理的转变。在第一次交通事故发生后，钱某的朋友卢某已经提醒钱某并且试图阻止钱某继续驾车，但钱某加以拒绝。在这种情况下，钱某对自己的行为已经造成和将继续造成的后果是处于一种放任的主观状态下。同时，其犯罪行为所危害的是不特定人的生命和财产安全。在第一次交通事故发生后至钱某驾驶的车辆与侯某驾驶的大众车相撞这一时段钱某的犯罪行为构成“以危险方法危害公共安全罪”。因此，对钱某的行为应当认定为交通肇事罪和以危险方法危害公共安全罪。

法律规范

中华人民共和国刑法

（1979年7月1日第五届全国人民代表大会第二次会议通过　1997年3月14日第八届全国人民代表大会第五次会议修订）

第一百一十五条　放火、决水、爆炸以及投放毒害性、放射性、传染病病原体等物质或者以其他危险方法致人重伤、死亡或者使公私财产遭受重大损失的，处十年以上有期徒刑、无期徒刑或者死刑。

过失犯前款罪的，处三年以上七年以下有期徒刑；情节较轻的，处三年以下有期徒刑或者拘役。

第一百三十三条　违反交通运输管理法规，因而发生重大事故，致人重伤、死亡或者使公私财产遭受重大损失的，处三年以下有期徒刑或者拘役；交通运输肇事后逃逸或者有其他特别恶劣情节的，处三年以上七年以下有期徒刑；因逃逸致人死亡的，处七年以上有期徒刑。

专家释惑

钱某的行为不能认定为故意杀人罪。所谓故意杀人罪是指行为人出于故意而实施侵犯他人生命权、致人死亡的行为。故意杀人罪所侵犯的客体是特定人体的生命权，也就是说行为人在实施犯罪行为之前明确知道自己所要伤害的具体对象。但钱某在实施犯罪行为时，对自己所要侵犯的对象并不知道，其所侵犯的是不特定人的生命权、健康权和财产权。

所谓以危险方法危害公共安全罪是指行为人故意采取法律规定的放火、投毒、爆炸、决水等方法以外的其他危险方法，危害公共安全，致使不特定人的生命财产发生重大损失的行为。该罪在主体方面的要求是一般主体，即年满16周岁，具有刑事责任能力的自然人；主观要件上要求是故意，包括直接故意和间接故意；客观要件是行为人采取放火、投毒、爆炸、决水等方法以外的其他危险方法。该罪所侵犯的客体是不特定人的生命和财产安全。在本案中，钱某第二阶段的犯罪行为完全符合以危险方法危害公共安全罪的特征。其一，在犯罪的主体方面，钱某现年42岁，精神健全，具有辨认和控制自己行为的能力，属于该罪所要求的一般主体；其二，在钱某实施犯罪行为的第二阶段，钱某的心理状态已经从过失转化成了间接故意，即转化为虽然知道自己的行为发生了和将继续发生严重的结果但放任这种结果的发生；其三，钱某的犯罪行为在客观方面也符合以危险方法危害公共安全罪的特征，钱某酒后驾车在市区的繁华地段超速行驶，并造成交通事故数起；最后，在客体方面，钱某的犯罪行为也完全符合该罪的特征，钱某酒后驾车的地点是市区繁华地带，路面上行人和车辆众多，其行为侵犯的不是特定人的生命和财产安全，而是正在道路上行驶或者行走的不特定人的生命和财产安全，也就是公共安全。

本案中，钱某的行为从表面上看似乎是同一个行为触犯了两个不同的罪名，但实际上却是两个不同的行为。两个行为的主观心理状态不同、造成的危害结果不同、所触犯的罪名也不同。所以，对钱某应以交通肇事罪和以危险方法危害公共安全罪数罪并罚处理。

五十、肇事车主否认车辆由其驾驶又拒绝提供驾车人线索，是否构成犯罪？

案例 50　宋某交通肇事案

事情是这样的

某地发生一起重大交通事故，一位行人被疾驶中的轿车撞倒，肇事车辆逃逸。在场的人记住了该车的车牌号，但没有看清驾车人的样子。后来公安机关根据现场目击者提供的情况找到了肇事车辆，该车为个体户宋某所有，并且已经被重新喷过漆。经公安机关对该车做技术鉴定，证实该车底漆与在现场发现的肇事车辆留下的油漆痕迹一致，确认该车即为肇事车辆。经现场勘查认定：肇事车辆一方对交通事故承担全部责任。公安机关对该车车主宋某以涉嫌交通肇事予以刑事拘留。在接受公安机关的审讯时，宋某承认该车即为肇事车辆，但否认该车肇事时是由其驾驶，同时拒不提供驾驶该车肇事的人的情况。公安机关经过调查，也未能找到有力的证据来确认肇事司机的身份。人民检察院遂以交通肇事罪对宋某提起公诉。

律师专线

对宋某应当认定为交通肇事罪。因为在本案中，在肇事车辆和车主的身份确定之后，认为车主具有重大的犯罪嫌疑，推定其为交通肇事罪的行为人是合情合理的，具有极大的说服力。在这种情况下，车主就有一种不可推卸的责任——即其要提供确切的证据证明自己没有作案的可能。如果肇事车辆的车主能够证明自己在犯罪行为发生时没有作案的可能，即使其不提供肇事车辆的驾驶人的情况也不能认定其犯罪；如果其不能证明自己没有作案的可能，又不提供交通肇事行为人的情况，就应当推定其为交通肇事的行为人，构成交通肇事罪。

法律规范

中华人民共和国刑法

（1979年7月1日第五届全国人民代表大会第二次会议通过　1997年3月14日第八届全国人民代表大会第五次会议修订）

第三条　法律明文规定为犯罪行为的，依照法律定罪处刑；法律没有明文规定为犯罪行为的，不得定罪处刑。

第三百一十条　明知是犯罪的人而为其提供隐藏处所、财物，帮助其逃匿或者作假证明包庇的，处三年以下有期徒刑、拘役或者管制；情节严重的，处三年以上十年以下有期徒刑。

犯前款罪，事前通谋的，以共同犯罪论处。

中华人民共和国刑事诉讼法

（1979年7月1日第五届全国人民代表大会第二次会议通过　根据1996年3月17日第八届全国人民代表大会第四次会议《关于修改〈中华人民共和国刑事诉讼法〉的决定》修正）

第一百四十一条　人民检察院认为犯罪嫌疑人的犯罪事实已经查清，证据确实、充分，依法应当追究刑事责任的，应当作出起诉决定，按照审判管辖的规定，向人民法院提起公诉。

第一百六十二条　在被告人最后陈述后，审判长宣布休庭，合议庭进行评议，根据已经查明的事实、证据和有关的法律规定，分别作出以下判决：

（一）案件事实清楚，证据确实、充分，依据法律认定被告人有罪的，应当作出有罪判决；

（二）依据法律认定被告人无罪的，应当作出无罪判决；

（三）证据不足，不能认定被告人有罪的，应当作出证据不足、指控的犯罪不能成立的无罪判决。

专家释惑

有意见认为，车主作为车辆的所有人负有全面监管该车的职责，在其所有的车辆肇事之后，也负有协助司法机关查清交通肇事者身份的义务。其在公安机关确认了其所有的车辆即为肇事车辆之后，明知驾驶车辆的人犯有交通肇事罪，而拒不履行其法律义务，不向司法机关提供交通肇事者的情况，使司法机关不能或者难以查找到交通肇事行为人，符合包庇罪的特征，应当认定车主犯包庇罪。所谓包庇罪是指明知是犯罪的人而为其作虚假证明包庇的行为。虽然本案车主的行为（如果其不是交通肇事的行为人）从各个方面看都应当定为包庇罪，其行为的主观恶性、所侵犯的客体、所造成的社会危害都与现行法律规定的包庇罪的行为特征相同，但现行法律毕竟明确了包庇罪是一种作为犯罪，其在客观方面的表现是为明知是犯罪的人作虚假证明、帮助其毁灭罪证、湮灭罪迹等积极的作为。对包庇罪的范围作扩充的解释，将不作为的行为也纳入包庇罪当中，是不妥当的，违反了“法无明文规定不为罪”的原则。所以，对车主不宜定为包庇罪。

本案实际上是一个靠社会公信和法官的内心确信加以解决的问题，是一个求助于法官在审判过程中运用自由心证的问题，是一个依靠执法者的法律智慧弥补永远不可能尽善尽美的法律制度的问题。虽然在本案中，公安机关目前尚无法提供足够的证据证明车主就是交通肇事的行为人，但依据大多数人的内心确信，车主就是交通肇事的行为人的可能性极大，已经使人们形成了一种坚定的内心确信。这种在社会上形成的强大的社会公信在本案的审理过程中将会转化为法官的内心确信，如果车主没有足够的证据证明自己没有作案的可能，也就是说不能推翻法官的内心确信和支持这种内心确信的社会公信，就应当推定其为交通肇事的行为人。

所谓推定是指在司法活动中，以现有的事实为基础，依据一定的逻辑法则和法律法则，合理地也是必要地推出另一事实的存在。

推定有很多种，既有可以反驳的推定，也有不可以反驳的推定；既有法律推定，也有事实推定。在本案中，将车主推定为交通肇事的行为人就是一种事实推定，而且是一种可能性极大的事实推定。这种事实推定足以引起一般人的公信和法官的内心确信。所以，不一定要有法律的明确规定，在司法活动中，也可以运用这一推定。这是在司法活动中运用间接证据解决疑难问题的过程，也是法官凭借自己内心确信运用自由心证的过程。这是符合司法活动的规律的，在司法活动中是完全必要的。在建立了这一事实推定的情况下，就会引起当事人之间的举证责任的转移。在本案中，由于有这样的事实推定，原来刑事诉讼中由控诉机关承担的举证责任就会转移到犯罪嫌疑人身上。如果车主不能证明自己没有作案的可能，就要承担对其不利的法律后果。

沉默权是现代法治国家刑事司法制度的一项重要内容。我国加入了《公民权利和政治权利国际公约》，该公约赋予了当事人以沉默权。所谓沉默权是指犯罪嫌疑人、被告人对讯问官员的提问依法可以保持沉默或拒绝回答，不因此而受到追究，讯问官员则有义务告知犯罪嫌疑人、被告人享有此项权利。简单地说，沉默权就是不回答问题的权利，是犯罪嫌疑人、被告人的一项诉讼权利。但刑事诉讼除需保护人权外，还肩负着打击犯罪的任务。前者要求遵从被告人保持沉默的合理权利，而后者则要求被告人如实供述。平衡双方利益的结果就是对沉默权予以限制，即在某些特定的案件中，被告人可以保持沉默，但司法人员可以作出对其不利的推定。被告人如在庭审中行使了沉默权，那也就部分放弃了抗辩权，只要公诉人在法庭上提供了足以证实被告人的犯罪事实的证据，即使被告人在庭审中保持沉默，也不会妨碍对其的审理与判决，法官也可以作出不利于被告的推论。即使在英美法系的国家，犯罪嫌疑人的沉默权也是受到限制的。决定当事人是否有罪是由一般市民组成的陪审团来负责的。陪审团的成员根据其生活常识和现有的事实来建立自己的内心确信以决定当事人是否有罪。在这一过程中，就要运用上述的事实推定。在本案中，如果宋某不能证明自己没有作案的可能，又不提供交通肇事行为人的情况，就应当推定其为交通肇事的行为人，构成交通肇事罪。

第二章 铁路运输事故

内容提要

铁路运输是我国交通运输的一个重要组成部分，一般来说，铁路运输是指火车运输。列车运行的速度不断提高，这给旅客带来方便。但是，不可忽视列车本身就是高速行驶的运输工具，具有一定的危险性。各类铁路交通事故不仅发生频繁，且事故危险性和破坏性极大，人身伤亡和财产损失尤其巨大，本章列举了几个有代表性的例子，来说明铁路运输中需遵守的法律规定，及解决发生事故时索赔和赔偿的相关问题。

一、机动车抢越无人看守的铁路道口发生事故的，能否要求铁路部门赔偿？

案例51 张某等诉赵某违章驾驶导致道口交通事故赔偿案

事情是这样的

1999年8月17日上午9时许，被告赵某驾驶皖F80391红色长安奥拓出租车载乘客张某、石某到淮北市内办事。经过春秋巷南头符夹线37km+171m无人看守铁路道口，没有遵守《中华人民共和国交通道路管理条例》关于车辆通过无人看守铁路道口，须停车瞭望，确认安全后，方准通过的有关规定，当被告赵某听到驶来的4234次列车鸣笛时，赵某未停车避让，致出租车被由西向东行驶的4234次列车拦腰撞击后沿铁道推出180余米，造成张某、石某受伤。事后，张某、石某被分别送往淮北矿务局矿工总医院（简称矿工医院）、淮北市人民医院抢救治疗。当天上午，蚌埠铁路公安处淮北公安派出所（简称公安所）派员到现场勘察，绘制了该无人看守铁路道口平面示意图，拍摄了火车与汽车相撞后的照片和符夹线37km+171m无人看守铁路道口标志设置照片。同日，公安派出所又分别询问了目击人丁某、被告赵某关于事故发生前后经过，丁某证实当其听到火车鸣笛和看到火车快要接近道口前，他挥手示意出租车停车。被告赵某称："车行到道口附近时，我听到火车鸣笛，只顾往东边看，没想到西边来火车，等发现后已来不及了。"

2000年1月6日，原告张某经淮北市中级人民法院（简称淮北中院）法医鉴定属11级伤残。原告石某经该院诊断为，左睑部复合伤。为此，两原告多次要求被告赵某赔偿损失，终因赔偿款额问题达不成协议，遂将赵某、代某（肇事车车主）、蚌埠铁路分局、淮北市相山区人民政府列为共同被告向淮北中院提起诉讼，要求上列被告赔偿各项费用总计278490.54元。被告蚌埠铁路分局在答辩期间提出管辖权异议，淮北中院裁定将案件移送蚌埠铁路运输法院审理。

蚌埠铁路运输法院经审理后认为：1999年8月17日上午9时许，被告赵某驾驶皖F80391出租车通过符夹线37km+171m无人看守铁路道口，违反《中华人民共和国道路交通管理条例》关于车辆通过无人看守道口，须停车瞭望，确认安全后，方准通过的有关规定，当其听到由濉溪站开往淮北站的4234次列车鸣笛后，未停车避让，致其驾驶的皖F80391出租车与4234次列车相撞，造成出租车内乘客张某、石某受伤。案件审理中，被告赵某辩解：由于道口违章建筑挡住视线，看不见道口标志，也没有听到火车鸣笛，应由被告蚌埠铁路分局、相山区人民政府负赔偿责任。对此，公安派出所出示了在事故发生的当日拍摄的现场照片，证明符夹线37km+171m无人看守铁路道口设有"小心火车""停"安全告示牌和水泥护桩，上述标志符合道口标志设置要求。道口两侧虽有部分生活垃圾、建筑材料（堆放的红砖），但不影响司机瞭望。被告赵某本人在事故发生的当日接受公安所询问时有“车行到道口附近时，我听到有火车叫，只顾往东边看，没想到西边来火车，等发现后已来不及了”的陈述。证人丁某也证明了被告赵某没有停车瞭望。综合上述情况，引起该起道口事故是被告赵某违章驾驶所致，其应对损害后果负责。被告赵某辩解应由被告蚌埠铁路分局、相山区人民政府承担赔偿责任，缺乏依据。原告张某、石某提出被告蚌埠铁路分局、相山区人民政府对道口疏于管理，亦应承担赔偿责任，因缺乏相关法律根据，不予支持。

律师专线

本案的争议焦点是四被告应否全部承担赔偿责任。本案有两种法律关系：一是张某、石某与出租车司机赵某构成公路交通运输合同关系，在这一法律关系中，赵某负有将张某、石某两乘客安全运抵目的地的义务。二是出租车与火车相撞构成侵权损害赔偿关系，在这一关系中，侵权相对方将有权获得损害赔偿。本案是合同违约与侵权赔偿竞合，原告选择了侵权纠纷之诉，把汽车司机、车主、铁路部门、管辖事发道口地段的地方政府均列为被告推上法庭。首先接受起诉的地方法院考虑到本案是与铁路有关的侵权纠纷（铁路部门提出管辖异议），于是将本案移送到有管辖权的铁路运输法院。

本案的焦点着重围绕着铁路无人看守道口应该设置哪些安全设施，铁路部门做了没有，有无尽到安全管理道口之责；出租车司机通过无人看守道口应该遵守哪些规定，遵守了没有；地方政府对道口垃圾堆放物的管理是否有过错三个方面。第一，铁路部门对该无人看守道口已按规定设置了铁路道口标志牌、道口护桩，以及停车（止步）、让行标志牌。案发时，标志齐全完好，且火车司机鸣笛示意。对此，有公安部门当时现场拍摄的照片、证人证言为据。第二，出租车司机通过无人看守道口时，没有停车瞭望确认，臆测行车，导致撞车事件的发生，违反了《中华人民共和国道路交通安全法》第 46 条的规定。第三，此案涉及的无人看守道口地处相山区政府辖区。该道口附近的一些居民虽在道口两侧丢弃了一些生活垃圾和建筑垃圾，但这两样东西并不影响司机瞭望，不能导致必然撞车。因此，蚌埠铁路运输法院判定赵某的抢道行为侵犯了乘客的生命健康权和铁路运输正常秩序（铁路保留诉权），应对张某、石某受伤负赔偿责任，车主代某负连带赔偿责任。这既符合本案的法律事实，也体现了对铁路运输实行严格责任与对其他被告实行过错责任相结合的处理原则。蚌埠铁路分局在本案中具有免责条件，即根据《铁路法》第58条，汽车司机应停车而未停车违法抢道，因“受害人自身的原因造成”事故，因此，铁路运输企业不承担赔偿责任。相山区人民政府在履行管理职能过程中，虽有不力之处，如附近居民随手把垃圾扔在铁路边、在停车标志牌下堆放一些红砖，但这些并未影响出租车司机的视线。这种管理不力，构不成法律上的过错，因此也不承担责任。

法律规范

中华人民共和国道路交通安全法

（2003年10月28日第十届全国人民代表大会常务委员会第五次会议通过　根据2007年12月29日第十届全国人民代表大会常务委员会第三十一次会议《关于修改〈中华人民共和国道路交通安全法〉的决定》修正）

第四十六条　机动车通过铁路道口时，应当按照交通信号或者管理人员的指挥通行；没有交通信号或者管理人员的，应当减速或者停车，在确认安全后通过。

中华人民共和国铁路法

（1990年9月7日第七届全国人民代表大会常务委员会第十五次会议通过）

第四十七条　禁止擅自在铁路线路上铺设平交道口和人行过道。

平交道口和人行过道必须按照规定设置必要的标志和防护设施。

行人和车辆通过铁路平交道口和人行过道时，必须遵守有关通行的规定。

第五十八条　因铁路行车事故及其他铁路运营事故造成人身伤亡的，铁路运输企业应当承担赔偿责任；如果人身伤亡是因不可抗力或者由于受害人自身的原因造成的，铁路运输企业不承担赔偿责任。

违章通过平交道口或者人行过道，或者在铁路线路上行走、坐卧造成的人身伤亡，属于受害人自身的原因造成的人身伤亡。

专家释惑

这是一起铁路路外事故。铁路交通事故可分为路内事故和路外事故。所谓路内事故是指旅客或者货物在运输期间发生的人身伤亡和财产损失的事故。包括：旅客伤亡事故、行李损失事故、货物损失事故等。所谓铁路路外事故，是指铁路列车在运行和调车作业中，发生火车撞轧行人、与其他车辆相撞等情况，造成铁路路外人员伤亡或者其他车辆破坏和其他财产损失的事故。在本案中，出事道口为无人看守的道口，道口的无人看守标志齐全有效，一切过往车辆自身负有安全通行的注意义务。因为火车与其他机动车不同，火车有自己固定的轨道，只能在这一限定的范围内通行，当遇到险情时，火车是无法调转方向加以回避的，而且火车的制动距离长，惯性大，遇到险情无法避让。为此，任何车辆穿越该道口时都必须按规定通行，须停车瞭望，在确认没有火车开来后方可通过，决不能强行抢越道口，更不能在道心停留。出租车司机赵某驾车通过该道口，未能按照规定做到"一停二看三通过"，而是不顾及自身以及火车运行的安全，强行抢越，属于违章通行，应当对交通事故负全部责任。违章通过该道口造成的人身及财产损失属于受害人（此案中为出租车司机赵某）自身原因所致，根据有关法律规定，铁路部门不承担赔偿责任。铁路部门虽然没有根据周边地区经济和交通运输的发展，加强对该道口的管理，有管理上的疏忽，但与此次交通事故没有直接的必然的联系。法院可以通过提出司法建议的方式，要求铁路部门加强对该道口的管理，但不能以此来确定铁路部门应当在本次交通事故中承担损害赔偿责任。

联系本案

对于铁路路外事故，铁路部门如果要承担赔偿责任，须符合下列条件：1. 有损害后果。路外事故的后果主要包括：路外人员伤亡和路外其他车辆损害等财产损失。2. 该损害后果发生在列车运行期间和调车作业中。只有在列车运行和调车作业中因撞轧行人或者其他车辆相撞等造成路外人员伤亡和其他车辆损坏等财产损失，铁路部门无免责事由时才承担赔偿责任。列车中途停车期间或者在车站停车期间因发生火灾、爆炸等原因造成的损害不属于路外事故的损害。3. 铁路部门有过失。铁路部门对路外损害后果，主观上的过失主要有下列表现：①铁路机车、轨道车乘务人员没有认真瞭望、鸣笛示警；②道口看守工没有监守岗位，按时放下栏杆；③铁路无人看守道口，护桩、警告标志不齐备、不清晰醒目等。凡是因上述防护设施不全，或者铁路职工失职等原因造成的行车路外事故，由铁路部门负责。4. 铁路部门无法定免责事由，即《铁路法》第58条规定的“不可抗力或者由于受害人自身的原因”。

二、列车员未及时抢救发病旅客，铁路部门应否赔偿？

案例52　祝某等诉济南铁路局济南铁路分局旅客死亡赔偿纠纷案

事情是这样的

2003年7月27日14时40分，原告祝某之夫莫某持票乘坐被告济南铁路分局所属的济南至乌鲁木齐的T189次旅客列车至哈密，其座次位于8号软卧车厢29号下铺。同日晚23点10分，莫某忽然感觉呼吸困难，列车员、乘警发现后立即通知列车长等有关人员相继赶到莫某所在车厢。当列车长及列车乘务员询问病情时，莫某说感觉喘不上气来。此时莫某已面色苍白、满脸是汗，病情有所发展。此时列车已接近前方到站洛阳站。列车长随即编制客运记录，列车乘警对事情经过做了询问笔录，列车长在得到莫某同意的情况下，组织列车乘务员帮助莫某收拾行李，由列车乘务员搀扶莫某到车门口准备在洛阳站下车救治。列车于23点27分正点到达洛阳站，莫某下车后倒地不省人事。后洛阳市第四人民医院急救车赶至洛阳站，医务人员经诊断，出具了死亡原因为“猝死”的死亡医学证明书。

原告认为，莫某因病而感觉呼吸困难，而列车乘务人员对此却未采取任何措施实施抢救工作，仅是编制客运记录将其交于洛阳站，也未提前与站方取得联系以保证及时到站抢救。被告济铁分局作为旅客运输服务方负有救助义务，而被告济铁分局在列车上未配备必要的医务人员和简易备用药品，致莫某未得到及时救治而死亡。对此被告负有不可推卸的责任，请求判令被告济铁分局支付原告死亡赔偿金4万元，并承担本案诉讼费用。被告济铁分局答辩称，莫某乘坐T189次列车，运行中其本人感觉呼吸困难，列车乘务员和列车长发现后，按有关规定及时将病人交于前方到站洛阳站，此时病人处于昏迷状态，这期间仅17分钟。莫某的死亡与被告无关，原告的起诉不符合事实。铁路旅客列车应配备的药品都予以配备，对病人救助也是及时的。请求法院依法驳回原告的诉讼请求。

济南铁路运输法院经审理后认为，本案中莫某死亡结果的发生主要是由于旅客莫某自身健康状况导致的，原告没有证据证明被告工作人员的作为或不作为与旅客莫某死亡结果的发生有着必然的联系。被告在运送旅客过程中，没有完全尽到“尽力救助”的义务，应当承担适当的民事责任。判令被告济南铁路局济南分局向原告支付赔偿金8000元。

律师专线

乘客莫某持票乘坐被告济铁分局所有的旅客列车，双方之间即产生运输合同关系。该案系铁路旅客运输合同履行过程中发生的纠纷。原告之亲属莫某在乘坐铁路旅客列车期间突发急病，被告应当按照《合同法》第301条“承运人在运输过程中应当尽力救助患有急病、分娩、遇险的旅客”之规定，履行法定的救助义务。在莫某发病期间，被告所属列车上的列车长、乘务员及乘警相继赶到，询问病情，列车长根据发病旅客情况和即将到达洛阳站的时间适时作出交由洛阳站下车救治的决定，并且按照规定编制客运记录，帮助收拾清点发病旅客的行李物品。被告履行了一定的救助义务，但是未尽到“尽力救助”的义务。参照2003年2月27日中华人民共和国铁道部、卫生部、中国红十字会总会（以下简称三部门）《旅客列车急救药箱管理办法（暂行）》第二条、第五条、第九条、第十五条之规定，旅客列车应设置“旅客意外伤害救急药箱”，有两名以上经过红十字会救护员培训合格并发放统一培训证书的乘务员。在遇到旅客患病时，通过列车广播向旅客中的医务工作者求助。列车红十字救护员立即携带“药箱”到达现场。铁道部等三部门联合颁发的《旅客列车急救药箱管理办法（暂行）》应当视为是对我国《合同法》中承运人对旅客发生急病时“尽力救助”条款的补充和评价的重要客观标准。被告在运送旅客过程中，没有完全按照以上规定操作，是其未尽“尽力救助”义务的表现，应当承担适当的民事责任。但是根据医务人员的诊断，旅客莫某是“猝死”的，也即本案中莫某死亡结果的发生主要是由于旅客莫某自身健康状况导致的，被告工作人员的作为或不作为与旅客莫某死亡结果的发生没有必然的联系。由此可见，法院的判决是合理的。

法律规范

中华人民共和国铁路法

（1990年9月7日第七届全国人民代表大会常务委员会第十五次会议通过）

第五十八条　因铁路行车事故及其他铁路运营事故造成人身伤亡的，铁路运输企业应当承担赔偿责任；如果人身伤亡是因不可抗力或者由于受害人自身的原因造成的，铁路运输企业不承担赔偿责任。

违章通过平交道口或者人行过道，或者在铁路线路上行走、坐卧造成的人身伤亡，属于受害人自身的原因造成的人身伤亡。

中华人民共和国合同法

（1999年3月15日第九届全国人民代表大会第二次会议通过）

第三百零一条　承运人在运输过程中，应当尽力救助患有急病、分娩、遇险的旅客。

第三百零二条　承运人应当对运输过程中旅客的伤亡承担损害赔偿责任，但伤亡是旅客自身健康原因造成的或者承运人证明伤亡是旅客故意、重大过失造成的除外。

前款规定适用于按照规定免票、持优待票或者经承运人许可搭乘的无票旅客。

旅客列车急救药箱管理办法（暂行）

（2003 年 2 月 27 日　铁运函〔2003〕72 号）

第二条　办理公共运输的旅客列车（包括混合列车）均应设置“旅客意外伤害救急药箱”（简称“药箱”）。“药箱”实行药品使用证管理制度。药品使用证的记录内容主要包括：时间、车次，车票发到站，患者单位、姓名、发病症状，用药名称，经办人签字等，具体格式由各铁路局自定。

第五条　每趟旅客列车上要有两名以上经过红十字会救护员培训合格的乘务员（即红十字救护员）。“药箱”由红十字救护员专人负责掌管。如掌管人员调离岗位，应另指定专人掌管。

第九条　在旅客列车上遇到旅客患病时，通过列车广播向旅客中的医务工作者求助。列车红十字救护员立即携带“药箱”到达现场。

第十五条　中国铁路红十字会负责组织制定铁路系统的教学计划并组织实施。各铁路局红十字会负责组织红十字救护员的培训。培训合格的红十字救护员发放统一的中国红十字会培训证书。

专家释惑

铁路运输旅客人身损害赔偿的责任原则，应适用何种归责原则，目前对此颇有争议。有的主张适用过错责任，有的主张适用过错推定责任，有的主张适用无过错责任或称严格责任。《铁路法》第 58 条第 1 款规定，因铁路行车事故及其他铁路运营事故造成人身伤亡的，铁路运输企业应当承担赔偿责任；如果人身伤亡是因不可抗力或者由于受害人自身的原因造成的，铁路运输企业不承担赔偿责任。

《合同法》第 302 条第 1 款规定，承运人应当对运输过程中旅客的伤亡承担损害赔偿责任，但伤亡是旅客自身健康原因造成的或者承运人证明伤亡是旅客故意、重大过失造成的除外。虽然《铁路法》与《合同法》的规定在语言表达上略有区别，但两法规定的责任原则是相同的，《铁路法》是特别法，《合同法》是普通法，从时间看，《合同法》较《铁路法》晚颁布，《合同法》也应当适用铁路运输旅客人身损害赔偿。因此，铁路运输旅客人身损害赔偿是推定过错责任。推定过错责任是从损害事实的本身推定加害人有过错责任，并据此确定过错行为人承担赔偿责任的归责原则。

在铁路运输过程中，由于旅客列车时刻在运行，人员流动性大，大多为单人出行，旅客遭受损害是一瞬间发生的事故，伤者受到损害程度不同，甚至有的死亡。如果适用过错责任，让受害人举证会很困难，如以受害人不能证明铁路运输企业有过错，就不给予赔偿，显然对受害人是不公平的。因此，法律规定由铁路运输企业承担举证责任。只要铁路旅客遭受人身损害的，推定铁路运输企业就要承担赔偿责任，铁路运输企业要免除其法定责任，就要举证证明人身损害是因不可抗力或者由于受害人自身的原因造成的，或伤亡是旅客自身健康原因造成的，或者承运人证明伤亡是旅客故意、重大过失造成的。如果铁路运输企业举证能证明其没有过错，就可以推翻过错推定，免除铁路运输企业的赔偿责任；如果铁路运输企业不能证明免责事由，那就是旅客的主张成立，铁路运输企业就要承担赔偿责任。在这种情况下，也许是铁路运输企业的过错责任造成旅客损害，也可能是由于旅客的原因造成自身的损害，只是由于铁路运输企业举证不能的原因，才要承担赔偿责任。违约责任违反的是法定的保证旅客安全的合同义务，违约责任不以主观过错为要件，即使铁路运输企业主观没有过错造成旅客人身损害，没有免责事由，也应当承担违约责任。

适用过错推定原则，其特殊性就在于举证责任的不同。过错推定原则实行举证责任倒置，先推定加害人有过错，再把举证责任加给加害人，加害人须证明自己无过错，如果加害人证明不了自己无过错，则为有过错，因而承担民事赔偿责任。

在铁路运输旅客人身损害赔偿合同违约责任中，法律规定了举证责任由铁路运输企业承担，旅客不承担证明铁路运输企业损害过错的举证责任，对于这种损害赔偿请求，即使受害人不能证明铁路运输企业主观是存在过错，也不能证明铁路运输企业有违法行为，只要铁路旅客在铁路运输过程中受到损害，推定铁路运输企业有赔偿责任，就要承担合同违约责任。铁路运输企业要免除其违约损害赔偿责任，就要承担举证责任，通过举证证明是旅客故意或重大过失及自身原因造成的人身伤亡，如果举证不能，就要承担举证不能的法律后果。

在铁路旅客人身损害赔偿合同违约责任中，由铁路运输企业承担举证责任，并不是说受害人就不承担任何举证责任，受害人应当就其与铁路企业存在铁路旅客运输合同法律关系和人身损害这一客观事实承担举证责任。只是对违约责任不承担举证责任，但也不限制受害人的举证权利。

三、上车旅客拥挤导致人身伤害，由谁承担赔偿责任？

案例 53　庞某诉广州铁路集团长沙铁路总公司等旅客损害赔偿案

事情是这样的

2001 年 1 月 29 日，原告庞某随其父赴桂林等地旅游，返沪时从桂林乘坐由被告柳州铁路局下属客运公司担当乘务的柳州至上海 K150 次列车。该车行至东安站时，车内旅客已严重超员（超员 83%），该列车即拍传真电报至沿线各站，要求控制售票并协助列车做好乘降工作。列车行至衡阳站，该站在接到 K150 次列车电报前已将车票售完，此时，站台上挤满了候车的旅客，列车员未打开车门，加之衡阳站对客流高峰估计不足，疏导不力，以致车上旅客及站台上的旅客从原告乘坐的第 16 号车 115 号座位旁的车窗爬上爬下。原告庞某被人群挤立在靠窗的座位上，由于车上的旅客想制止车下旅客爬窗，慌乱中庞某被车窗压断了左手小手指。当原告之父听到庞某哭喊："爸爸，我的手指没有了！"便奋力拨开人群扑向原告，当时庞某的左手满是鲜血，小手指几乎连根被截去。庞父一面设法为庞某止血，一面试图寻找截断的小手指，无奈拥挤异常的车厢根本无法找到该断指。眼见庞某血流不止，庞父在同行旅客的帮助下，从车窗处爬下车，急送原告出站找医院治疗。经衡阳铁路医院诊断：原告庞某左手小手指近节截指。事后，衡阳站又付了医疗费并编制了客运记录。因双方就今后再治疗费及赔偿事宜未能达成协议而引发纠纷。原告遂以广州铁路集团长沙铁路总公司（以下简称长铁公司）和柳州铁路局为被告向上海铁路运输法院提起诉讼。经查明，对伤者庞某作出的法医学活体损伤检验鉴定书结论为：左小手指近节指骨近 1/2 永远缺失，构成十级伤残。

原告方认为，由于被告长铁公司下属衡阳站管理混乱，面临春运高峰，没有组织好站台管理，致使大量无票人员涌入站台，而这些人争相攀爬上车时，站台服务人员居然没有制止，以致引发事故；被告柳州铁路局下属客运公司 K150 次列车的乘务人员，听任拥挤的人流堵塞车厢走道、车门，当旅客因车门未开而从车窗上、下车时，乘务员都不知道到哪里去了，这种不负责的工作态度，无疑是引发事故的重要因素。由于两被告工作严重失职，对原告庞某造成的伤害负有不可推卸的责任，理应对原告庞某承担损害赔偿责任。

被告长铁公司辩称：我公司于该事故发生的当日编制了旅客伤亡事故记录和客运记录，并作了处理，支付了原告的医疗费，同时向原告出示了证明，以向保险公司办理保险赔付。对原告庞某的伤害，我公司在管理上并无过错，K150 次列车在衡阳站是有乘降任务的，由于列车所有车门未开，持票旅客无法上车，虽经站台工作人员努力制止，仍有一些旅客不听指挥，从打开的车窗往里爬。从原告庞某被车窗压断小手指这一事实分析，是因为车上的旅客想制止上车下车的旅客爬窗，强行关窗所致，故直接伤害人是车上的乘客，该事故发生在列车上，责任应由列车方承担。被告柳州铁路局辩称：K150 次列车停衡阳站时，本局依铁道部票额分配方案，衡阳站只应售 20 张票，并安排在第 11 车厢，座号为 61 号～80 号。而衡阳站未按规定售票，致使大批旅客从 16 号车的车窗进入车厢，同时该站未协助列车做好旅客的乘降工作，应负有管理上的责任。至于旅客开窗列车员未制止，是因为车厢太挤，列车员无法挤过去。原告庞某左手小手指被车窗轧断，当时原告并未告知列车长或列车员，被告当时并不知晓，是事后才知道的，故对事故的发生，被告没有过错。原告未满 12 周岁，其监护人未尽到监护责任，在原告的伤害事故中也应承担相应的责任。

上海铁路运输法院经审理后认为，两被告对原告在列车上被车窗轧断手指已构成伤残的结果存在管理上的过错，应对原告的伤残承担共同赔偿的责任。监护人在本案中不应承担责任。根据相关法律判决如下：被告长铁公司、被告柳州铁路局共同赔偿原告庞某再治疗费 5000 元、护理费 1000 元、残疾者生活补助费 16459 元、交通费 1120 元、精神损害抚慰金 1 万元。

律师专线

本案主要争议的焦点为，两被告在本案中是否有过错，是否应承担赔偿责任。根据《铁路法》的有关规定，铁路企业应当保证旅客的安全。然而两被告显然未做到这一规定。尽管春运期间因运能与运量的矛盾，列车超员的现象比较普遍，但根据有关规定，像 K150 次这样的空调优质列车超员应控制在 20% 左右。但该次列车严重超员，尽管列车方面已发电至沿线各站，要求严格控制售票，协助做好乘降工作。但衡阳站在接到电报之前早已将票售出，致使候车旅客因车门未开无法从车门上车而攀爬车窗。被告长铁公司下属衡阳站应该有义务协助列车乘务组做好乘降工作，发现旅客有爬窗等危险现象应该组织足够力量加以制止和进行疏导工作，而不是一般的劝阻。按规定空调车是密封的，不允许擅自开启车窗，作为 K150 次乘务组在列车到站后必须开启车门，让旅客从车门安全地乘降，该乘务组显然未按规定办理，而旅客因急于上下车，因车门未开只得打开车窗爬上爬下，列车员也未能进行及时制止和劝阻，造成场面失控，以致引发事故。从上述分析不难看出，两被告对事故的发生存在管理上的过错，应当承担损害赔偿责任。至于被告指出原告的监护人也有过错的辩称，在正常情况下，监护人应对被监护人起到保护作用，然本案是在列车严重超员的特殊情况下，作为监护人其自顾不暇，在这样一种场面完全失控的场合下，要求监护人一定要尽到监护职责近乎苛求，故监护人在本案中不应承担责任。

法律规范

中华人民共和国铁路法

（1990 年 9 月 7 日第七届全国人民代表大会常务委员会第十五次会议通过）

第十条　铁路运输企业应当保证旅客和货物运输的安全，做到列车正点到达。

第五十八条　因铁路行车事故及其他铁路运营事故造成人身伤亡的，铁路运输企业应当承担赔偿责任；如果人身伤亡是因不可抗力或者由于受害人自身的原因造成的，铁路运输企业不承担赔偿责任。

违章通过平交道口或者人行过道，或者在铁路线路上行走、坐卧造成的人身伤亡，属于受害人自身的原因造成的人身伤亡。

最高人民法院关于审理铁路运输损害赔偿案件若干问题的解释

（1994 年 10 月 27 日　法发〔1994〕25 号）

十一、人身伤亡的赔偿范围

铁路法第五十八条规定的因铁路行车事故及其他铁路运营事故造成的人身

伤亡，包括旅客伤亡和路外伤亡。

人身伤亡，除铁路法第五十八条第二款列举的免责情况外，如果铁路运输企业能够证明人身伤亡是由受害人自身原因造成的，不应再责令铁路运输企业承担赔偿责任。

对人身伤亡的赔偿责任范围适用民法通则第一百一十九条的规定。1994 年 9 月 1 日以后发生的旅客伤亡的赔偿责任范围适用国务院批准的《铁路旅客运输损害赔偿规定》。

十二、铁路旅客运送责任期间

铁路运输企业对旅客运送的责任期间自旅客持有效车票进站时起到旅客出站或者应当出站时止。不包括旅客在候车室内的期间。

铁路交通事故应急救援和调查处理条例

（2007 年 6 月 27 日国务院第 182 次常务会议通过　自 2007 年 9 月 1 日起施行）

第三十二条　事故造成人身伤亡的，铁路运输企业应当承担赔偿责任；但是人身伤亡是不可抗力或者受害人自身原因造成的，铁路运输企业不承担赔偿责任。

违章通过平交道口或者人行过道，或者在铁路线路上行走、坐卧造成的人身伤亡，属于受害人自身的原因造成的人身伤亡。

第三十三条　事故造成铁路旅客人身伤亡和自带行李损失的，铁路运输企业对每名铁路旅客人身伤亡的赔偿责任限额为人民币 15 万元，对每名铁路旅客自带行李损失的赔偿责任限额为人民币 2000 元。

铁路运输企业与铁路旅客可以书面约定高于前款规定的赔偿责任限额。

铁路旅客人身伤害及自带行李损失事故处理办法

（2003 年 8 月 1 日 铁道部令第 12 号公布　自 2003 年 9 月 1 日施行）

第二十一条　旅客受伤需治疗时，医疗费用按实际需要，凭治疗医院单据，由铁路运输企业承担，但其标准一般最高不超过赔偿金限额。如旅客人身伤害系法律、法规规定铁路运输企业免责的，其医疗费用由旅客承担。

旅客自身责任或第三人责任造成的人身伤害，医疗费用由责任人承担。第三人不明确或无力承担时，由铁路运输企业先行赔付后，向第三人追偿。

第二十二条　旅客受伤治疗后身体部分机能丧失，应当按照机能丧失程度给付部分赔偿金和保险金。旅客身体两处以上受伤并部分机能丧失的，应当累加给付，但不能超过赔偿金、保险金最高限额。旅客受伤治愈后无机能影响，在赔偿金、保险金最高限额的5%以内酌情给付。旅客死亡按最高限额给付。

第三十二条　铁路运输企业责任分为客运部门责任和行车等其他部门责任。客运部门责任分为车站责任和列车责任。

有下列情形之一的，属于车站责任：

（一）旅客持票进站或下车后在检票口以内因组织不当造成伤害的；

（二）缺乏引导标志或有关引导标志不准确而误导旅客发生伤害的；

（三）车站设备、设施不良造成旅客伤害的；

（四）车站销售的食物造成旅客食物中毒的；

（五）因误售、误剪不停车站车票造成旅客跳车的；

（六）在规定停止检票后继续检票放行或检票放行时间不足，致使旅客抢上列车造成伤害的；

（七）因违章操作、管理不善造成火灾、爆炸，发生旅客伤害的；

（八）事故处理工作组有理由认为属于车站责任的。

有下列情形之一的，属于列车责任：

（一）由于车门未锁造成旅客跳车、坠车或站内背门下车造成旅客伤害的；

（二）因列车工作人员的过失，致使旅客在不办理乘降的车站（包括区间停车）下车造成人身伤害的；

（三）由于组织不力，旅客下车挤、摔造成伤害的；

（四）车站误售、误剪车票，列车未能妥善处理造成旅客跳车伤害的；

（五）因列车报错站名致使旅客误下车造成伤害的；

（六）因列车工作人员的过失造成旅客挤伤，烫伤的；

（七）因餐车、售货销售的食物造成旅客挤伤、烫伤的；

（八）因违章操作、管理不善造成火灾、爆炸，发生旅客伤害的；

（九）因列车设备不良造成旅客人身伤害的；

（十）事故处理工作组有理由认为属于列车责任的。

事故处理工作组认为两个以上单位都负有责任时，可列两个以上的责任单位。

其他部门责任：

铁路运输企业的其他部门责任造成旅客伤害的。

中华人民共和国民法通则

（1986 年 4 月 12 日第六届全国人民代表大会第四次会议通过　自 1987 年 1 月 1 日起施行）

第一百一十九条　侵害公民身体造成伤害的，应当赔偿医疗费、因误工减少的收入、残废者生活补助费等费用；造成死亡的，并应当支付丧葬费、死者生前扶养的人必要的生活费等费用。

专家释惑

依照我国《民法通则》规定，铁路旅客运输损害赔偿责任认定的条件是：1. 有损害后果。主要是指路内事故的损害后果，即旅客的人身伤亡和自带行李损失。2. 损害发生在法定责任期间内。铁路运输企业对旅客运送的责任期间，是指自旅客持有效车票进站时到旅客出站或者应当出站时止。其中，旅客在候车室内的期间不包括在内。旅客在候车室内的损害由车站承担赔偿责任。3. 责任人有过失。具体表现可见《铁路旅客人身伤害及自带行李损失事故处理办法》第 32 条规定。4. 责任人免责事由。铁路运输企业对下列原因造成旅客损害的不承担赔偿责任：不可抗力或者旅客自原因造成的人身伤亡。

从赔偿范围上看，根据《民法通则》第 119 条规定，侵权责任赔偿范围包括直接损失和间接损失。根据最高人民法院《关于审理铁路运输损害赔偿若干问题的解释》第 11 条的规定，1994 年 9 月 1 日以后发生的旅客伤亡的赔偿责任范围适用经国务院批准、铁道部发布的《铁路旅客运输损害赔偿规定》，对旅客人身伤亡的责任限额作了规定，而《铁路旅客运输损害赔偿规定》已被 2007 年 9 月 1 日起施行的《铁路交通事故应急救援和调查处理条例》取代，因此

2007年9月1日后发生的事故造成铁路旅客人身伤亡和自带行李损失的，铁路运输企业对每名铁路旅客人身伤亡的赔偿责任限额为人民币15万元，对每名铁路旅客自带行李损失的赔偿责任限额为人民币2000元。但关于人身损害能否进行精神损害赔偿，各国立法学说有不同的意见。过去一般只对人格权一类的侵权案件适用精神损害赔偿。最高人民法院于2001年2月作出了《关于确定民事侵权精神损害赔偿责任若干问题的解释》，当事人可据此提出精神损害抚慰金的请求。

联系本案

铁路旅客运输损害索赔途径要把握以下要点：

1. 对索赔人提出索赔要求。对受害旅客的赔偿一般应于治疗结束或者尸体处理完毕后进行。由受害旅客或其继承人、代理人提出“铁路旅客人身伤害事故赔偿要求书”，并出具治疗医院的结账清单和其他证明材料，作为受理赔偿部门办理赔偿、确定赔偿金额证据。

注意：当事人应收集保存好相关证据，如火车票、医疗费收据、护理费、营养费、住院伙食补助费的发票、误工损失的有效证明等。

2. 铁路运输企业受理赔偿要求。铁路运输事故处理办公室是受理赔偿的机构，它代表铁路运输企业处理旅客和自带行李损失的赔偿问题。事故处理办公室接到赔偿要求书后，应当尽快与旅客或其继承人、代理人协商办理赔偿，经责任单位所属分局同意后编制“铁路旅客人身伤害事故最终处理协议书”，一书五份。事故处理各方对协议书所载内容无异议后签字并加盖“事故处理专用章”生效。同时，开具“铁路旅客人身伤害事故赔付通知书”，及时将赔偿金、保险金支付给旅客或其继承人、代理人。

3. 支付赔偿金。事故处理办公室在开具“铁路旅客人身伤害事故赔付通知书”后的10日内将赔偿金支付给旅客或者其继承人、代理人。

铁路运输企业在依照规定给付赔偿金后，不影响旅客按照国家有关铁路旅客意外伤害强制保险规定获取保险金。这就是说，在铁路旅客运送期间发生旅客伤亡，属于《铁路旅客意外伤害强制保险条例》规定的保险责任范围的铁路运输企业支付保险金后，还应当支付赔偿金；如果旅客伤亡属于铁路运输企业免责范围的除外。1992 年 6 月 5 日的《铁道部关于提高铁路旅客意外伤害保险金额的通知》（铁运〔1992〕64 号）将铁路旅客意外伤害强制保险金额由 1500 元提高到两万元。

在铁路旅客运送期间内因第三者责任造成旅客伤亡或者自带行李损失，旅客或者其继承人、代理人要求铁路运输企业先予赔偿的，应予支持。铁路运输企业赔付后，有权向有责任的第三者追偿。4. 解决纠纷。旅客或者其继承人、代理人与铁路运输企业因铁路运输事故的损害赔偿发生争议，可以向事故发生地、车辆最先到达地或者被告所在地人民法院提起诉讼，诉讼的程序适用民事诉讼法的有关规定；诉讼时效期间适用《民法通则》第 136 条第 1 项的规定，自旅客到达旅行目的地的次日或者旅客中止的次日起算一年内。

四、货物逾期到达目的地，承运人应当赔偿哪些损失？

案例 54　某医疗器械公司诉石家庄铁路分局石家庄站案

事情是这样的

2001 年 7 月 21 日，原告某医疗器械公司由被告石家庄铁路分局石家庄站托运医疗器械 10 吨集装箱一件，石家庄站于当日承运并出具了铁路货票。货票记载下列事项：（1）发站石家庄南，到站乌鲁木齐；（2）发站承运日期：2001 年 7 月 21 日；（3）托运人：某医疗器械公司；（4）收货人：新疆国际展览中心邵某；（5）货物品名、件数：医疗器械 10 吨集装箱一件；（6）货物运到期限 15 日；（7）集装箱号码

1539409；（8）保价金额20000元，保价费60元；（9）集装箱运费2785.38元。该集装箱于2001年8月27日逾期运到乌鲁木齐站。乌鲁木齐站及时向收货人新疆国际展览中心邵某办理了交付，货物在承运期间没有发生灭失、短少、变质、污染或者损坏。原告认为，因货物逾期到达致使自己无法参加博览会，给自己造成了巨大损失。遂向法院起诉要求判令被告赔偿原告逾期运到违约金1138.10元，经济损失30566.11元，可得利益损失110000元，逾期付款利息601元。

被告辩称，该集装箱8月27日逾期运到乌鲁木齐站，原因是7月21日至8月13日到乌鲁木齐站的货源严重不足，这些是承运人无法预料的，也是不可抗力。8月28日，乌鲁木齐站向收货人办理交付，铁路货物运输合同履行完毕。该批货物逾期运到违约金应按规定在乌鲁木齐站办理。原告要求被告赔偿的经济损失30566.11元，可得利益损失110000元，逾期付款利息601元，与货物逾期运到无关，承运人不予承担。

石家庄铁路运输法院经审理后认为原告称因货物逾期运到造成其不能参展蒙受经济损失、可得利益损失，要求承运人予以赔偿的主张，没有法律依据，不予采纳；要求被告赔偿逾期付款利息601元，没有证据支持，不予采信。遂依法判决：被告石家庄铁路分局石家庄站向原告某医疗器械公司支付逾期违约金557.08元，驳回原告的其他诉讼请求。

律师专线

本案是一起因铁路运输企业将货物逾期运到目的地，托运人以承运人不能在合同约定的期间内将货物运送到目的地，给其造成直接损失和间接损失，而要求承运人承担赔偿责任的典型案例。原告某医疗器械公司与石家庄站签订的铁路货物运输合同系真实意思表示，合法有效，对双方当事人均具有约束力。原告没有在货物运单托运人记载事项栏内记明所托运的医疗器械系参展物品，也没有与石家庄站特别约定运到期限，故其主张的“约定由被告于2001年8月10日前将货物运至乌鲁木齐参加8月15日在乌鲁木齐举行的全国医疗器械西部博览会”的事实没有证据支持。货票记载的货物运到期限是依据国务院铁路主管部门有关规定计算的，承运人应当执行。石家庄站称因7月21日至8月13日到乌鲁木齐站的货源严重不足，导致该集装箱逾期运到是无法预料、不可抗力于法无据。承运人负有将承运的货物按照货票记载的期限运抵到站、交付收货人的义务，逾期运到的，应当支付违约金。因此，石家庄站应当向原告某医疗器械公司支付逾期违约金。承运人对承运的货物自接受承运时起到交付完毕时止发生的灭失、短少、变质、污染或者损坏承担赔偿责任。本案中，乌鲁木齐站代表承运人完成了将运输货物医疗器械10吨集装箱一件交付收货人新疆国际展览中心邵某的义务。铁路货物运输合同履行完毕。托运人、收货人均未主张运输货物在承运期间发生灭失、短少、变质、污染或者损坏，故不存在承运人应承担赔偿责任的事实和理由。因此，法院不支持原告因货物逾期运到而不能参展所蒙受的经济损失是合理的。

法律规范

中华人民共和国铁路法

（1990年9月7日第七届全国人民代表大会常务委员会第十五次会议通过）

第十六条　铁路运输企业应当按照合同约定的期限或者国务院铁路主管部门规定的期限，将货物、包裹、行李运到目的站；逾期运到的，铁路运输企业应当支付违约金。

铁路运输企业逾期三十日仍未将货物、包裹、行李交付收货人或者旅客的，托运人、收货人或者旅客有权按货物、包裹、行李灭失向铁路运输企业要求赔偿。

铁路货物运输合同实施细则

（1986年11月8日国务院批准　1986年12月1日铁道部发布）

第十八条　承运人的责任

一、由于下列原因之一，未按货物运输合同履行，按车向托运人偿付违约金50元：

（一）未按旬间日历装车计划及商定的车种、车型配够车辆，但当月补足或改变车种、车型经托运人同意装运者除外；

（二）对托运人自装的货车，未按约定的时间送到装车地点，致使不能在当月装完；

（三）拨调车辆的完整和清扫状态，不适合所运货物的要求；

（四）由于承运人的责任停止装车或使托运人无法按计划将货物搬入车站装车地点。

二、从承运货物时起，至货物交付收货人或依照有关规定处理完毕时止，货物发生灭失、短少、变质、污染、损坏，按下列规定赔偿：

（一）已投保货物运输险的货物，由承运人和保险公司按规定赔偿；

（二）保价运输的货物，由承运人按声明价格赔偿，但货物实际损失低于声明价格的按实际损失赔偿；

（三）除上述一、二两项外，均由承运人按货物的实际损失赔偿。赔偿的价格如何计算，由铁道部商国家物价局、国家工商行政管理局另行规定。

三、由于下列原因之一造成的货物灭失、短少、变质、污染、损坏，承运人不负赔偿责任：

（一）不可抗力；

（二）货物本身性质引起的碎裂、生锈、减量、变质或自燃等；

（三）国家主管部门规定的货物合理损耗；

（四）托运人、收货人或所派押运人的过错。

四、由于承运人的过错将货物误运到站或误交收货人，应免费运至合同规定的到站，并交给收货人。

五、未按规定的运到期限，将货物运至到站，向收货人偿付货物所收运费5%至20%的违约金。

六、如果托运人或收货人证明损失的发生确属承运人的故意行为，则承运人除按规定赔偿实际损失外，由合同管理机关处其造成损失部分10%至50%的罚款。

专家释惑

承运人不能在合同约定或者法律、行政法规规定或者合理的期间内将货物运送到目的地，即违反了速遣义务，构成违约，应承担相应的违约责任。1986年12月20日铁道部发布的《铁路货物运输合同实施细则》第18条规定的承运人责任第5项规定："未按规定的运到期限，将货物运至到站，向收货人偿付货物所收运费5%至20%的违约金。"《铁路法》第16条第1款规定："铁路运输企业应当按照合同约定的期限或者国务院铁路主管部门规定的期限，将货物、包裹、行李运到目的站；逾期运到的，铁路运输企业应当支付违约金。"《合同法》第290条规定："承运人应当在约定期间或者合理期间内将旅客、货物安全运输到约定地点。"通过上述法律和法规规定可以看出，除了安全运输和将旅客或货物运到约定的目的地这两项义务外，运到期限也是旅客、托运人对承运人的一项重要要求，是合同的一项基本内容，也是承运人的一项基本义务。

运输合同的运到期限或期间，是指运输合同约定或者法律规定或者按照惯例确定的承运人将旅客或货物运送到约定的目的地的时间。本案中涉及的运到期限表现形式为约定期限，即合同当事人直接在运输合同中明确约定的运到期限。合同可以约定运到的日期，也可以约定运输所需要的时间。本案中合同当事人的约定期限为15日，而实际运到期限为32日，明显超过约定期限，因此，承运人就应当承担相应的违约责任。

承运人违反运到期限义务的法律后果包括两个方面：1. 支付违约金。按照有关规定，违约金一般按照逾期天数占运到期限总天数的百分比分档以运费（票价）为基础比例计算，违约金的支付不以旅客或货物是否受到损失为前提，只要承运人未能在运到期限内完成运到义务，承运人就应当向托运人支付违约金。2. 赔偿损失。如果承运人逾期运到造成旅客或者货物的实际损失，违约金不足以补偿该损失的，承运人还应赔偿不足部分。需要指出的是承运人不承担迟延运到责任是以过错责任为原则。若造成逾期运到的原因不能归责于承运人时，如不可抗力等，承运人承担逾期运到的责任，或者上述原因造成的滞延时间应从实际运到期限中扣除。

本案中托运人的货物并未遭受实际损失且承运人已将货物交付给收货人，因此，托运人要求承运人赔偿其逾期运到的经济损失和可得利益损失均不属于货物的实际损失。

通过本案还可以发现，如果托运人在货物运单托运人记载事项栏内记明了所托运的医疗器械系参展物品，而且与承运人特别约定了运到期限，在此前提下，承运方将货物逾期运到致使托运人或收货人无法参展，造成了货物实际损失以外的损失，承运人是否应向托运人或收货人赔偿该损失？其中哪些是直接损失，哪些是可得利益损失？对此，目前我国的法律法规均无明确规定。

联系本案

货物、包裹、行李逾期交付，如果是因铁路逾期运到造成的，由铁路运输企业支付逾期违约金；如果是因收货人或旅客逾期领取造成的，由收货人或旅客支付保管费；既因逾期运到又因收货人或者旅客逾期领取造成的，由双方各自承担相应的责任。

铁路逾期运到并且发生损失时，铁路运输企业除支付逾期违约金外，还应当赔偿损失。对收货人或者旅客逾期领取，铁路运输企业在代保管期间因保管不当造成损失的，由铁路运输企业赔偿。

五、货物误交付，铁路部门是否承担赔偿责任？

案例 55　某化工公司诉宁波北站向铁路货物运输合同的非收货人交付货物造成损失赔偿案

事情是这样的

2001 年 4 月 5 日，原告某化工公司与某化工原料供应站以电话传真的方式签订了一份买卖合同，该合同约定由化工公司供对方苯甲酸钠 7 吨，总金额为 42700 元。某化工公司为履行合同，于 2001 年 4 月 12 日委托石家庄市联运总公司以托运人的身份与石家庄铁路分局石家庄南站签订了铁路货物运输合同（即货物运单），该合同约定由石家庄南站发运10吨集装箱1件，内装苯甲酸钠7吨，到站宁波北站，收货人为原告某化工公司，其地址栏填写了钱某（为原告职工），领货凭证上的收货人则填写了某化工公司钱某，并办理了保价1万元的保险手续。石家庄南站依据该货物运单在制作货票时，将收货人名称及地址栏处填写钱某。4月18日，钱某持领货凭证到宁波北站询问货物是否到达，该站告知货物未到。钱某即留下了联系单位名称为供应站及其电话号码，而后离开，该货物于4月20日到达宁波北站，宁波北站与供应站电话联系后，将到达的货物送到供应站所在地，由供应站负责人林某签收，并在货物运单背面盖有该站印章。钱某在得知宁波北站将货物交付供应站后，寻找该站却下落不明，即向当地公安机关报案，后诉到石家庄铁路运输法院。原告某化工公司认为宁波北站毫无依据地将自己的货物交付他人，已构成重大过失，应当赔偿因此造成的损失42700元。

被告宁波北站辩称，自己是根据原告的要求交付货物的，不应承担货物交付后的损失赔偿责任。根据最高人民法院、最高人民检察院、公安部法（研）发〔1987〕7号《关于在审理经济纠纷案件中发现犯罪必须及时移送的通知》，本案是一起刑事诈骗案，根据法律规定应当移交公安机关处理。且某化工公司不是本合同的货物托运人，与我站无直接合同关系。某化工公司若要求赔偿，也应向托运人索赔。托运人对货物保价金额为10000元，并投保运输险，若赔偿也应按保价额赔偿或向保险公司提出索赔，我站不承担赔偿责任。

石家庄铁路运输法院支持了原告的诉讼请求，判令被告宁波北站赔偿原告某化工公司货物损失42700元。

律师专线

原告某化工公司委托石家庄市联运公司与石家庄南站签订的铁路货物运输合同合法有效，双方当事人均应按合同的约定履行。托运人石家庄市联运总公司在货物运单上指定的收货人为某化工公司。作为铁路运输承运人之一的宁波北站，应将货物交付与货物运单上记载的收货人某化工公司，这是承运人在运输合同中应尽的义务。

虽然因托运人在填写运单时不准确，导致货物运单、领货凭证、货票上的收货人不尽一致，但在交付货物时也应严格执行《铁路货物运输规程》关于货物向货物运单上记载的收货人交付的规定。既然货物运单明确记载的收货人为某化工公司，就应向其交付货物。而宁波北站将货物交付给供应站，称是按该公司员工钱某的要求，受其委托并有钱某留下的收货人单位名称及电话号码，但没有钱某委托宁波北站交付的相关证据佐证，显然不符合《铁路货物运输规程》关于到站交付的有关规定。宁波北站明知其行为可能造成该车货物损失，而轻率的作为铸成了错误交付的事实，且未追回该批货物，已构成重大过失，因此对造成的损失应负完全责任。

宁波北站提出的此案应移送公安机关处理的意见于法无据。因为最高人民法院法释〔1998〕7号《关于在审理经济纠纷案件中涉及经济犯罪嫌疑若干问题的规定》中第1条规定："同一公民、法人或其他组织因不同的法律事实，分别涉及经济纠纷和经济犯罪嫌疑的，经济纠纷案件和经济犯罪案件应当分开审理。"本案所审理的是铁路货物运输合同纠纷，供应站不是运输合同中的当事人。因宁波北站将货物交付给合同之外的其他人而造成的经济犯罪，与本案是两种性质不同的法律关系，其责任主体不同，故本案以运输合同纠纷处理并无不当。

法律规范

中华人民共和国铁路法

（1990年9月7日第七届全国人民代表大会常务委员会第十五次会议通过）

第十六条　铁路运输企业应当按照合同约定的期限或者国务院铁路主管部门规定的期限，将货物、包裹、行李运到目的站；逾期运到的，铁路运输企业应当支付违约金。

铁路运输企业逾期三十日仍未将货物、包裹、行李交付收货人或者旅客的，托运人、收货人或者旅客有权按货物、包裹、行李灭失向铁路运输企业要求赔偿。

第十七条　铁路运输企业应当对承运的货物、包裹、行李自接受承运时起到交付时止发生的灭失、短少、变质、污染或者损坏，承担赔偿责任：

（一）托运人或者旅客根据自愿申请办理保价运输的，按照实际损失赔偿，但最高不超过保价额。

（二）未按保价运输承运的，按照实际损失赔偿，但最高不超过国务院铁路主管部门规定的赔偿限额；如果损失是由于铁路运输企业的故意或者重大过失造成的，不适用赔偿限额的规定，按照实际损失赔偿。

托运人或者旅客根据自愿可以向保险公司办理货物运输保险，保险公司按照保险合同的约定承担赔偿责任。

托运人或者旅客根据自愿，可以办理保价运输，也可以办理货物运输保险；还可以既不办理保价运输，也不办理货物运输保险。不得以任何方式强迫办理保价运输或者货物运输保险。

铁路货物运输规程

（1987年4月2日铁道部发布　自1987年7月1日实施）

第三十四条　货物在到站应向货物运单内所记载的收货人交付。

收货人在到站领取货物时，须提出领货凭证，并在货票丁联上盖章或签字。如领货凭证未到或丢失时，机关、企业、团体应提出本单位的证明文件；个人应提出本人居民身份证、工作证（或户口簿）或服务所在单位（或居住所在单位）出具的证明文件。用本人的居民身份证、工作证或户口簿作证件时，车站应将姓名、工作单位名称、住址及证件号码详细记载在货票丁联上；用证明文件时，应将领取货物的证明文件粘贴在货票丁联上。

专家释惑

这是一起典型的因承运人未正确履行货物运输合同的交付义务而引起纠纷的案件，本案主要涉及如下法律问题：

一、铁路运输合同的主体。本案被告认为，原告不是托运人，与其无合同关系，其不应对原告负赔偿责任。被告的主张得不到法院的支持，因为：铁路运输合同一般有三方当事人，即托运人、承运人、收货人。托运人与收货人相对于承运人在合同中的权利、义务虽有不同，但《铁路法》规定三方均是铁路运输合同的当事人，合同当事人作为该合同的诉讼主体，其主体资格应无异议。本案原告委托石家庄市联运总公司作为托运人与承运人签订了运输合同，虽然原告不是运输合同的签订人，但其是合同签订人的委托人，且是托运人在货物运单中填写的收货人，按照《铁路法》第16条的规定，收货人在逾期未收到货物时，有权按照货物灭失向铁路运输企业要求赔偿。据此，即使收货人不是铁路运输合同的一方当事人，也不妨碍收货人向铁路运输企业索赔货物灭失损失的赔偿关系及其诉讼主体资格的成立。

二、关于重大过失的认定。本案的主要问题，是负有交货义务的被告宁波北站按领货凭证上记名的钱某查询货物到达与否时留下的联系单位名称、电话号码，在货物到达后直接与该单位联系，并向该单位交付货物，致收货人原告未收到货物，此交付行为是否为误交付，并构成重大过失，此需要结合案件事实来认定。

在本案中，原告将其货物卖给供应站，本来是可以直接以供应站为到站的收货人的，但原告仍以自己为到站的收货人，并派出其职工钱某到站办理收货事宜（这是在货物运单和领货凭证上出现"钱某"记名的原因），显然这是原告所采取的一种保证收款权实现的措施。钱某作为领货凭证上的收货人记名人和具体办理此笔货物到站收货的经办人，正常情况下，被告及供应站等都有充分理由相信钱某的行为是代表原告的，如果钱某指示被告向供应站交货，也可以认为被告接受该委托而向供应站交货不为误交付。但是，一方面，钱某向被告留下供应站的地址和电话号码的事实，并不能解释出只是委托被告向供应站交货的唯一意思，还可以有多种解释，如是通知到货的联系方式（钱某是原告派出人员，在到站留下买方的地址和电话号码很正常）。另一方面，作为承运人的铁路运输企业履行货物交付义务，即便有收货人的委托，也必须依照法定条件交付。铁路运输企业的《铁路货物运输规程》明确规定，“收货人在到站领取货物时，须提交领货凭证，并在货票丁联上盖章或签字”；“到站在收货人办完领货手续和支付费用后，应将货物连同货物运单一并交给收货人”。这种规定表示，到站的铁路运输企业即便有收货人的委托，也必须依此规定履行交货义务，即实际提取货物的人必须提出领货凭证，并在货票丁联上有收货人的签名或盖章。被告在供应站未提出领货凭证下向其交货，只能说明供应站没有提取货物的依据，或者说钱某未委托供应站收货。据此，在被告不能证明钱某确有委托，而自己又没有遵守交付的法定条件的情况下，被告向供应站交付货物为误交付，并因此构成重大过失，造成了合同目的不能实现的根本违约。

三、损失的赔偿数额。铁路货物运输合同的赔偿，分为限额、保价额、实际损失额三种赔偿方式。本案托运人投保金额是 1 万元，显然是不足额保价。如果被告构不成重大过失，则应按保价额赔偿。《铁路法》17 条第 1 款第 2 项规定：如果损失是由于铁路企业的故意或者重大过失造成的，不适用赔偿限额的规定，按照实际损失赔偿。对于实际损失的确定，依照《合同法》第 312 条规定为，如果运输合同有约定的，从约定。运输合同没有约定的，按《合同法》第 61 条的规定确定。合同没有约定，而按《合同法》第 61 条的规定仍无法确定的，按照市场价格计算。所谓市场价格是指货物交付或应当交付时的市场价格。本案按照原告与买受方买卖合同中约定的价格 42700 元赔偿，符合《铁路法》、《合同法》的有关规定。

联系本案

货物在铁路运输过程中发生火灾、被盗、丢失、损坏、变质、污染等情况，给货物造成损失及误运送、误交付等严重办理差错，在铁路内部均属货运事故。承运人自承运货物时起至将货物交付时止，对货物发生的灭失、短少、变质、污染、损坏承担赔偿责任，但下列原因造成的损失，承运人不承担赔偿责任：1. 不可抗力；2. 货物本身自然属性、合理损耗；3. 托运人、收货人、押运人的过错。由于托运人、收货人的责任或押运人的过错，使铁路运输工具、设备或第三者的货物造成损失时，托运人、收货人应负赔偿责任。

六、携带易燃易爆物品上车，发生事故的，构成什么罪？

案例56　宋根强、马建国、宋振江危险物品肇事案

事情是这样的

2000年5月1日，被告人宋根强、马建国、宋振江接受新郑市光明树脂厂的委托，发一批易燃易爆物品“191”树脂到银川。三被告人当时均在场，宋根强、马建国认为品名写树脂、涂料不行，要改名。马建国遂告知宋振江以非危险品“水玻璃”品名替换，委托郑铁东金桥货运物资转运站办理集装箱运输手续。5月3日，宋振江带着郑铁东金桥货运物资转运站的汽车到新郑市光明树脂厂监督装车，待34桶树脂和2桶配料装入一个10吨集装箱后，对该集装箱进行施封。

郑铁东金桥货运物资转运站以“水玻璃”品名与郑州东火车站办理了运输手续，该集装箱于5月4日在郑州东火车站编车发出。5月7日14时许，装载该集装箱的列车途经兰州西火车站停留，在重新编组期间，先是该集装箱往外冒烟，后发生爆炸，造成现场的工作人员重伤3人、轻伤8人及货物、设备严重损失的重大事故，直接经济损失数百万

元。

郑州铁路运输检察院以被告人宋根强、马建国、宋振江犯危险物品肇事罪向郑州铁路运输法院提起公诉。三人均被郑州铁路运输法院以危险物品肇事罪判处有期徒刑三年。

律师专线

树脂是遇热变软，具有可塑性的高分子化合物的统称。一般为无定型的固体或半固体。它是制造塑料的主要原料，也可以制造涂料、黏合剂、绝缘材料等。本案被告人托运的“191”树脂虽然未明确列在铁道部规定的危险货物品名中，但其主要成分为苯乙烯66.059%、苯30.60%、甲苯3.224%，组成的混合液体属于易燃易爆品。其中含量最大的苯乙烯受热、曝光或存在过氧化物催化剂时，极易聚合放热导致爆炸。铁路部门对此类货物的包装、运输、装卸、托运、承运等方面都有特殊要求，以确保安全运输。本案即是因为集装箱内装载树脂的容器不符合规定，树脂液体发生漏溢，产生大量易燃易爆气体，受热后聚合放热，导致爆炸。

本案三个被告人均系铁路集装箱货运代办人员，明知树脂属于易燃易爆的危险物品，对铁路运输部门关于运输危险物品的管理规定非常清楚，对违规运输危险物品的危害性也心知肚明，但却轻信能够避免，违反危险物品管理规定，发货时将危险物品“树脂”的品名写成非危险物品“水玻璃”，并用集装箱托运。由于被告人的违规托运，导致承运部门未按运输危险物品的规定进行运输和装卸，以致发生爆炸事故，造成多人受伤，铁路运输物资和设备遭受重大损失的严重后果，其行为完全符合危险物品肇事罪的主客观要件，构成危险物品肇事罪。

法律规范

中华人民共和国刑法

（1979年7月1日第五届全国人民代表大会第二次会议通过　1997年3月14日第八届全国人民代表大会第五次会议修订）

第二十五条　共同犯罪是指二人以上共同故意犯罪。

二人以上共同过失犯罪，不以共同犯罪论处；应当负刑事责任的，按照他们所犯的罪分别处罚。

第一百三十六条 违反爆炸性、易燃性、放射性、毒害性、腐蚀性物品的管理规定，在生产、储存、运输、使用中发生重大事故，造成严重后果的，处三年以下有期徒刑或者拘役；后果特别严重的，处三年以上七年以下有期徒刑。

中华人民共和国铁路法

（1990 年 9 月 7 日第七届全国人民代表大会常务委员会第十五次会议通过）

第四十八条 运输危险品必须按照国务院铁路主管部门的规定办理，禁止以非危险品品名托运危险品。

禁止旅客携带危险品进站上车。铁路公安人员和国务院铁路主管部门规定的铁路职工，有权对旅客携带的物品进行运输安全检查。实施运输安全检查的铁路职工应当佩戴执勤标志。

危险品的品名由国务院铁路主管部门规定并公布。

第六十条 违反本法规定，携带危险品进站上车或者以非危险品品名托运危险品，导致发生重大事故的，依照刑法第一百一十五条的规定追究刑事责任。企业事业单位、国家机关、社会团体犯本款罪的，处以罚金，对其主管人员和直接责任人员依法追究刑事责任。

携带炸药、雷管或者非法携带枪支子弹、管制刀具进站上车的，比照刑法第一百六十三条的规定追究刑事责任。

第六十七条 违反本法规定，尚不够刑事处罚，应当给予治安管理处罚的，依照治安管理处罚条例的规定处罚。

专家释惑

根据《刑法》第 136 条的规定，危险物品肇事罪是指违反爆炸性、易燃性、放射性、毒害性、腐蚀性物品的管理规定，在生产、储存、运输、使用中发生重大事故，造成严重后果的行为。

本罪的主要特征是：1. 本罪侵犯的客体是国家对危险物品的管理制度。行为人违反危险物品管理规定，很容易发生重大事故，造成不特定多人重伤、死亡或者公私财产的重大损失。2. 本罪在客观方面表现为违反爆炸性、易燃性、放射性、毒害性、腐蚀性物品的管理规定，在生产、储存、运输、使用中发生重大事故，造成严重后果的行为。构成本罪在客观方面必须具备以下条件：一是必须有违反危险物品管理规定的行为。所谓危险物品，是指能够引起重大事故发生，致人重伤、死亡或者公私财产遭受重大损失的物品，主要包括：(1)“爆炸性”物品，如各种炸药、雷管、导火索、导爆管、起爆药、爆破剂、黑火药、烟火剂、信号弹、烟花爆竹及其他具有爆炸性能的物品；(2)“易燃性”物品，如酒精、汽油、煤油、煤气、液化气、氢气、丙酮、橡胶水及其他很容易燃烧的化学物品和液剂；(3)“放射性”物品，如镭、钴、铀及其他具有放射性能，并能对人体或牲畜造成严重损害的物品；(4)“毒害性”物品，如砒霜、氰化钾等各种对人体或牲畜能够造成严重毒害的物品；(5)“腐蚀性”物品，如硫酸、盐酸、硝酸等能够严重毁坏其他物品以及伤害人身的物品。上述物品本身具有很大的危险性，如果管理不当，使用不当，极易发生重大事故，危害公共安全。为此，国务院及其主管部门先后颁布了一系列有关危险物品的管理规定。违反了这些规定，是构成本罪的前提。二是必须因违反危险物品管理规定而发生重大事故，未造成严重后果。没有违反危险物品管理规定，由于其他原因而发生重大事故，造成严重后果的；或者虽然违反危险物品管理规定，但未发生重大事故，未造成严重后果的，均不构成本罪。所谓“发生重大事故”，是指引起火灾、爆炸或者中毒等事故。所谓“造成严重后果”，是指致人重伤、死亡或者使公私财产遭受重大损失。造成多人伤亡或者使公私财产遭受特别重大损失的，属于“后果特别严重”。三是必须发生在生产、储存、运输、使用的过程中。如在其他情况下发生的与危险物品有关的事故，不以本罪论处。3. 本罪的主体是一般主体，主要是从事生产、储存、运输、使用危险物品的人员，其他人员也可成为本罪主体。4. 本罪主观方面表现为过失。即行为人应当知道自己违反危险物品管理规定的行为可能发生重大事故，由于疏忽大意而没有预见，或者虽已预见但轻信能够避免，因而发生重大事故的。若行为人是故意制造事故的，则不应适用本条定罪处罚，而应适用其他条款定罪处罚，如爆炸罪、投毒罪等。

《铁路法》第 48 条第 1 款规定，运输危险物品必须按照国务院铁路主管部门的规定办理，禁止以非危险品品名托运危险品。第 60 条第 1 款规定，违反本法规定，携带危险品进站上车或者以非危险品品名托运危险品，导致发生重大事故的，依照《刑法》（指 1979 年《刑法》）第 115 条（现行《刑法》第 136 条）的规定追究刑事责任。企业事业单位、国家机关、社会团体犯本款罪的，处以罚金，对其主管人员和直接责任人员依法追究刑事责任。

1993 年 10 月 11 日最高人民法院发布的《关于执行〈中华人民共和国铁路法〉中刑事罚则若干问题的解释》第 1 条，对《铁路法》第 60 条第 1 款的含义作了如下规定：

（1）本款规定所称的“危险品”，是指具有爆炸、易燃、放射、毒害、腐蚀等性质，在运输、装卸和储存、保管过程中，容易造成人身伤亡和财产毁损而需要特别防护的物品，其具体范围，按照国务院及国务院主管部门的规定认定。（2）本款规定所称的“重大事故”，是指因非法携带上述危险品而发生爆炸、燃烧、泄露事件，致人重伤 1 人以上；致人轻伤 3 人以上；造成直接经济损失 1 万元以上；或者造成暂时中断铁路行车等严重后果的。行为人实施本款规定的犯罪，致人死亡或者其他特别严重后果的，属于《刑法》（指 1979 年《刑法》）第 115 条（现行《刑法》第 136 条）所规定的“后果特别严重”，从重处罚。

本解释是依据《铁路法》第 60 条第 1 款对携带危险品进站上车

或者以非危险品品名托运危险品，发生重大事故如何适用法律问题所作的解释，与修订后的《刑法》规定并不矛盾，仍可参照执行。依照《刑法》第136条的规定，构成本罪的，处3年以下有期徒刑或者拘役，后果特别严重的，处3年以上7年以下有期徒刑。

第三章　航空运输事故

内容提要

现代航空事业发展迅速，不仅给人们的出行带来了便利，也促进了经济和社会的发展。但航空作为一种交通方式，由于其高空、高速的特点，给其使用者和地面第三人的人身、财产安全构成巨大威胁，因而特别制定有一套航空交通规则和事故索赔与赔偿制度。本章旨在通过典型性案例的分析，结合我国航空法律法规及相关国际条约的规定，论述旅客及地面第三人的权利义务及其权利受到侵害后的索赔问题。

一、航班延误怎么办？

案例 57　王某等人诉中国南方航空股份有限公司航空旅客运输合同案

事情是这样的

王某等 49 名原告先后购买了被告中国南方航空公司 2004 年 8 月 21 日 16 时 40 分从广州白云机场起飞，18 时 20 分到达合肥骆岗机场 CZ3817 号航班的机票。2004 年 8 月 21 日王某等 49 名原告按照机票上要求的时间到达广州白云机场等候登机，因受雷暴雨天气的影响，CZ3817 号航班未能准点起飞。被告南航公司通过机场的广播和滚动字幕的形式，通知 CZ3817 航班旅客因受天气因素影响飞机延误，起飞时间另行通知。当日20时左右，CZ3817航班从深圳到达广州白云机场，此时，广州白云机场受雷暴雨天气影响的航班陆续开始起飞，CZ3817航班的旅客未接到被告登机、安排食宿的通知，在众多旅客的强烈要求下，22时30分被告向CZ3817号航班的每位旅客供应一份盒饭，一瓶纯净水；23时30分左右，被告通知CZ3817号航班的旅客开始登机，2004年8月22日零时51分CZ3817号航班从广州白云机场起飞，飞往合肥骆岗机场，飞行途中，被告接到合肥骆岗机场关于合肥骆岗机场当时能见度低于最低正常降落标准的天气实况报告，为此，CZ3817航班转航，于22日凌晨2时备降上海浦东国际机场。但被告在飞机转航时，未能将转航情况告知旅客，该航班的旅客到达上海浦东国际机场后，被告南航公司无人安排、接待，告知航班起飞计划，旅客在等候两个多小时后，接到被告取消当夜飞行计划的通知。8月22日早晨5时，CZ3817航班的旅客被安排上车开往上海华夏宾馆入住；当日7时刚入睡的旅客接到宾馆吃早餐的通知，由于疲劳，旅客大多数未能起床就餐。当日上午10时15分CZ3817航班的旅客再次被叫醒，被告通知旅客起床上车准备登机。随后CZ3817航班的旅客到达上海浦东国际机场时，被告南航公司无人接待、安排该航班的旅客，CZ3817航班的旅客要求被告南航公司给予合理的解释，无人应答。为此，该航班的旅客与上海浦东国际机场工作人员发生争吵，至8月22日15时30分后，被告向CZ3817航班旅客每人供应一小袋饼干、一瓶纯净水并开始登机。22日16时49分CZ3817航班从上海浦东国际机场起飞，17时45分到达合肥骆岗机场。

综上，被告南航公司未按约定时间将原告运送航空目的地，造成航班延误24小时，在航班延误期间又不尽服务职责，使原告精神遭受痛苦，经济带来损失。所以，原告诉至法院，请求判令：1. 公开赔礼道歉；2. 被告按《合同法》和《消费者权益保护法》及有关法规规定向每位原告赔偿当天当次航班的售票均价700元的双倍1400元的损失，及因航班延误其不履行服务义务给原告造成的精神痛苦的精神抚慰金600元，合计赔偿每位原告2000元，总计98000元。最终，安徽省合肥市包河区人民法院依据《中华人民共和国民用航空法》第126条、《中华人民共和国合同法》第44条第1款、第60条、第107条、第112条之规定，作出如下判决：

1. 被告中国南方航空股份有限公司赔偿原告王某等49人每人600元，合计29400元，于本判决生效后10日内履行完毕。

2. 驳回原告王某等49人其他诉讼请求。

被告南航公司不服，提起上诉。安徽省合肥市中级人民法院驳回上诉，维持原判。

律师专线

王某等49名原告自购买被告CZ3817航班机票时起，双方之间即已建立航空旅客运输合同关系，双方订立的合同合法有效，原、被告均应按照合同约定和法律、法规的规定履行合同义务。原告支付了约定数额的机票价款，即履行了自己应尽的义务。被告的义务是按照机票上约定的时间、地点将原告等旅客安全运送到目的地，并在运送过程中按照规定向旅客提供相应的服务。

无论何种原因造成航班延误，航空公司均应依照相关法律、行业规范及惯例，本着善良管理人的注意义务，做好对旅客的安抚、解释工作，提供适时、良好的服务，保障旅客权利的正常行使，采取必要措施尽快恢复航班运行。考察本案CZ3817航班近24小时的延误时间，首先，南航公司无论在航班始发地广州或备降地上海，均未能秉持提供良好服务的准则，适时（或根本没有）向旅客提供餐食服务，导致延误旅客长时间不能正常进食，存在服务质量瑕疵；其次，航班延误期间，南航公司未能始终如一全面、迅速、及时地将航班延误或取消以及新的飞行计划等信息向旅客进行告知和解释，限制乃至剥夺了旅客的知情权，并进而妨碍了旅客选择权的行使；再次，2004年8月22日，备降上海的CZ3817航班旅客从被通知前往机场登机至航班实际起飞，前后长达6小时。期间，该航班旅客长时间无人安排、接待，并且为此曾发生旅客和机场人员的争执事件。在此过程中，南航公司存在明显的管理调配不当之过错。

CZ3817 航班在本次飞行中延误近 24 小时，其中 2004 年 8 月 21 日 16 时 40 分至 21 时左右期间飞机不能起飞是天气原因和合理航班调配时间，被告具有法定的免责事由；但此后当影响飞行的天气因素消除后，南航 CZ3817 航班一再延误约 20 小时，并对旅客旅途中的知情权、选择权等基本权利处于漠视状态，具有明显管理不善的过错，其行为已构成违约，南航公司应承担相应的违约责任。

至于赔礼道歉，是承担民事责任的主要方式之一，但该种方式只适用于侵权行为，对一般的违约行为并不适用。

法律规范

中华人民共和国民用航空法

（1995 年 10 月 30 日第八届全国人民代表大会常务委员会第十六次会议通过）

第一百二十六条　旅客、行李或者货物在航空运输中因延误造成的损失，承运人应当承担责任；但是，承运人证明本人或者其受雇人、代理人为了避免损失的发生，已经采取一切必要措施或者不可能采取此种措施的，不承担责任。

中国民用航空旅客、行李国内运输规则

（1985 年 1 月 1 日制定　1996 年 2 月 28 日修订　2004 年 7 月 12 日修订）

第五十七条　由于机务维护、航班调配、商务、机组等原因，造成航班在始发地延误或取消，承运人应当向旅客提供餐食或住宿等服务。

第五十八条　由于天气、突发事件、空中交通管制、安检以及旅客等非承运人原因，造成航班在始发地延误或取消，承运人应协助旅客安排餐食和住宿，费用可由旅客自理。

第五十九条　航班在经停地延误和取消，无论何种原因，承运人均应负责向经停旅客提供膳宿服务。

第六十条　航班延误或取消时，承运人应迅速及时将航班延误或取消等信息通知旅客，做好解释工作。

第六十一条　承运人和其他各保障部门应相互配合，各司其职，认真负责，共同保障航班正常，避免不必要的航班延误。

第六十二条　航班延误或取消时，承运人应根据旅客的要求，按本规则第

十九条、第二十三条的规定认真做好后续航班安排或退票工作。

专家释惑

从法律层面上说，航空公司与旅客之间是运输合同关系。在航班发生延误的情况下，旅客依法享有知情权、选择权、索赔权。相应地，航空公司主要有三个方面的义务：告知义务——航空公司应当向旅客及时告知有关不能正常运输的重要事由和安全运输应当注意的事项。航班延误或取消时，作为承运人应当迅速及时地把航班延误或取消等信息通知旅客，做好解释工作。补救义务——航空公司应当按照客票载明的时间和班次运输旅客。承运人迟延运输的，应当根据旅客的要求安排改乘其他班次或退票。损害赔偿义务——对旅客因航班延误造成的损失予以赔偿。不论何种原因造成航班延误均不免除法律规定的航空公司应尽的义务。航空公司在航班延误期间负有告知义务和补救义务，这种义务属于航空旅客运输合同的附随义务。

在因延误导致旅客与航空公司发生纠纷的情况下，解决纠纷的依据首先是我国《民用航空法》及其相关的法规和规章，其次是我国《合同法》的规定，再次是我国《消费者权益保护法》的规定。如果是国际航空运输，应首先适用国际条约的规定。

一旦发生延误，航空公司是否必须承担责任？这要根据造成延误的原因而定，不能一概而论。对于非航空公司的原因造成的延误，承运人是不承担责任的。这些原因包括天气、突发事件、空中交通管制、安全检查等。由这些原因造成延误时，航空公司应协助旅客安排餐食和住宿，费用可由旅客自理。《民用航空法》规定，航空公司如能证明航空公司自己或它的代理人为了避免损失的发生，已经采取一切必要措施或者不可能采取此种措施的，不承担责任。但是航空公司违约责任的免除，并不当然免除法律规定的航空公司应尽的义务，即使是在这种情况下，航空公司仍然负有告知义务和补救义务。

如果是由于航空公司自己的原因导致的航班延误，毫无疑问，航空公司应承担责任。根据现行法律，机务维护、航班调配、商务、机组等原因引起的航班延误，被认为是由航空公司自己所造成的。在这种情况下，航空公司应当向旅客提供餐食或住宿等服务；旅客、行李或者货物在航空运输中因延误造成的损失，航空公司应当承担责任。在责任的承担上，航空公司承担的是违约责任。具体如何承担责任，我国《民用航空法》仅作了原则规定，这样只能根据《合同法》，同时参照《中国民用航空旅客、行李国内运输规则》的规定。《合同法》规定的承担方式，有以下三种：第一，继续履行。在发生延误后，如旅客愿意，航空公司应当继续履行运输义务。即航班取消、提前、延误、航程改变或不能提供原定座位时，承运人应优先安排旅客乘坐后续航班或签转其他承运人的航班。第二，采取补救措施。航班延误或取消时，航空公司应根据旅客的要求，安排后续航班或给旅客退票。第三，赔偿损失。航班延误并非一定引发赔偿问题，只有在因航班延误而旅客造成“实际的财产损失”时，航空公司才承担赔偿责任。目前我国航空公司通常的做法是，承担旅客因航班延误造成的食宿费用、转机增加的费用、退票费用等。

另外，对于因飞机延误贻误商机造成的损失，由于航空公司无法预见众多的旅客贻误了怎样的商机，因而对此一般是不予赔偿的。关于航空运输中的精神损害赔偿问题，一般限于侵权案件，而不适用于违约。在司法实践中，在造成人身伤亡的情况下，法院一般会判给受害人精神损害赔偿。

联系本案

航班延误是这些年困扰民航主管部门、航空运输企业以及旅客的一个大问题。在这里建议旅客：到达机场后及时了解航班动态，最好能够了解飞机在哪里，从而推断出大约的起飞时间，如果延误的时间你还可以忍受，那么就耐心地等待一会儿。当然，别忘记不定时地去看看有没有进一步的情况。如果延误的时间比较长，那么拿着全价票的乘客最好尽快查询一下其他航空公司相同目的地的航班，尽快签转（全票是可以任意签转一次的）。而国内的绝大部分旅客购买的都是有一定折扣的机票，签转这条路可行不通，因为现在各个航空公司都是独立核算，不同的航空公司在不同的时段折扣率不太一样，所以没有航空公司愿意接受其他航空折扣票签转。如果，你不太着急，那么耐心等候吧；如果实在着急，可以去办理相关的退票手续，先去航空公司在机场的服务柜台讲明是航班延误，航空公司会为你退回机票并在机票上盖章证明，凭借这个证明，你可以在原出票地点退回所支付的票价金额（一年内有效），然后再购买其他航空公司相同目的地的航班。

发生延误后，乘客如果要维护自己的权利，可向航空公司主管投诉的部门、政府主管部门、消费者协会投诉，或到法院起诉。但并非所有的延误都可得到补偿。我国民航总局于 2004 年 6 月发布了《航班延误经济补偿指导意见》，根据民航总局的指导意见，航空公司因自身原因造成航班延误标准分为两个，一个是延误 4 小时以上、8 小时以内；另一个是延误超过 8 小时以上。这两种情况，航空公司要对旅客进行经济补偿；补偿方式可以通过现金、购票折扣和返还里程等方式予以兑现；在航班延误的情况下，为了不再造成新的延误，经济补偿一般不在机场现场进行，航空公司可以采用登记、信函等方式进行；机场应该制止旅客在航班延误后，采取“罢乘”“占机”等方式影响航班的正常飞行。国家民航总局表示，具体补偿标准和补偿方案由各航空公司自行制定。目前，深圳航空公司率先推出飞机延误补偿标准。（见下表）

<table>
<tr><td colspan="2">深航航班延误补偿标准</td></tr>
<tr><td>延误时间</td><td>补偿标准</td></tr>
<tr><td>4 小时（含）至 8 小时</td><td>不超过旅客所持客票票面价格的 30%</td></tr>
<tr><td>8 小时（含）以上</td><td>不超过旅客所持客票票面价格的 100%</td></tr>
<tr><td colspan="2">备注：
1. 在补偿范围内的航班延误包括因深航工程机务、航班计划、运输服务、空勤人员原因造成的四种延误情况。
2. 由于后续航班具有对前面航班延误的继承性，因此，前段航班的延误原因归入后段航班的延误原因中。
例如首个航班因天气原因不能准时起飞，之后航班延误原因将归为天气原因，不属于经济补偿范围。
3. 延误时间等于通知登机时间减去客票上所列离站时间再减去非深航原因的延误时间所得出的最终时间。</td></tr>
</table>

<table>
<tr><td colspan="3">深航货运延误补偿标准</td></tr>
<tr><td>种类</td><td>延误时间</td><td>补偿标准</td></tr>
<tr><td rowspan="2">限时运输</td><td>24 小时（含）</td><td>货物运费的 50%</td></tr>
<tr><td>24 小时以上</td><td>货物运费的 100%</td></tr>
<tr><td rowspan="2">非限时运输</td><td>延误 24 小时（含）</td><td>货物运费的 20%</td></tr>
<tr><td>延误 24 小时至 48 小时（含）</td><td>货物运费的 40%</td></tr>
<tr><td colspan="3">备注：非限时运输是指在填制航空货运单之时起 72 小时内到达目的地。</td></tr>
</table>

二、食用机上食物造成人身伤害怎么办？

案例 58　汪某诉港龙航空有限公司人身损害赔偿案

事情是这样的

1999 年 9 月 6 日，原告汪某乘坐被告港龙航空有限公司 KA803 由上海飞往香港的航班。途中，汪某食用该航班提供午餐中的色拉食物时，被混杂其中的容器碎片损伤咽部。当即原告与该航班有关人员进行了交涉。次日，原告在菲律宾马尼拉市赵寿文西医就诊。同年10月27日原告就诊于上海华东医院，支付医药费人民币353元。同年11月9日原告就诊于菲律宾马尼拉市城市医院，支付医药费1000比索（折合美元25元）。同年12月14日至16日在上海长征医院住院治疗，支付医药费人民币3070.10元，其中用于治疗咽部损伤医疗费为1759.10元。2000年3月10日，原告就诊支付医药费人民币171.70元。同年4月2日，就诊支付医药费人民币123.30元。同年6月15日，原告在上海中医大学附属岳阳医院就诊支付医药费人民币66.40元。原、被告双方就原告损伤部位及误工时间有异议，汪某遂诉至上海市长宁区人民法院，要求被告支付原告误工费7408.04美元、医药费505.69美元、车旅费3223.18美元、翻译费192.77美元、律师代理费2740.96美元、其他费用1000美元、原告后续医疗费用1万美元、精神损失费2万美元。

经查明，原告每月的薪金为美金3000元。原告因其受到人身损害，于1999年10月28日支付律师代理费人民币2000元；同月29日委托DIONISO JAVIER & ARGAMOSA律师事务所处理在菲律宾的有关法律事务，支付律师代理费美金2500元。此外，原告为翻译有关文件，支付翻译费人民币1600元。审理中，法院对原告进行的法医活体损伤鉴定结论为：伤者（原告）咽部异物损伤，可酌情给予休息三至四周。

上海市长宁区人民法院依法判决被告港龙航空有限公司赔偿原告汪某医疗费美金50元和人民币2473.50元，误工费美金3000元，经济损失费美金2500元和人民币3600元。合计美金5550元、人民币6073.50元以及精神损害赔偿费人民币3000元。

律师专线

《民用航空法》第95条规定："公共航空运输企业应当以保证飞行安全和航班正常，提供良好服务为准则，采取有效措施，提高运输服务质量。"航空运输的客票价格比其他运输方式要高，作为旅客应得到更安全、更高效、更合适的服务。原告在乘坐被告班机时，被告为原告提供的午餐，理应确保安全、卫生。而被告疏于管理，致使原告食用被告提供的午餐损伤咽喉。尽管该午餐由第三方提供给被告，作为被告应严格把关，保证食物的安全和卫生。而对原告来讲，其接受的是被告的服务，与被告构成民事法律关系。故第三方提供给被告的食物造成原告的人身损害，并不能免除被告的过错责任。根据《民用航空法》第 124 条规定“因发生在民用航空器上或者在旅客上、下民用航空器过程中的事件，造成旅客人身伤亡的，承运人应当承担责任”，被告应承担本案的人身损害过错责任。

根据被告出具给原告的客票记载，原告由上海至香港再至菲律宾的马尼拉。因此，根据《民用航空法》第 107 条第 2 款的规定为国际航空运输。原告在购买被告客票时，被告在客票上载明“乘客须知”，如系国际航空运输，应适用《华沙公约》。并在“契约条款”中说明：所称《华沙公约》系指 1929 年 10 月 12 日在华沙签订之国际空运统一规章公约或指 1955 年 9 月 28 日在海牙所修订之该项公约（以适用者为准）。根据我国《民用航空法》第 188 条规定，民用航空运输合同当事人可以选择合同适用的法律，但是法律另有规定的除外。原告付款购得客票，即视为双方当事人对选择合同适用的法律达成了协议，这也是民用航空运输合同当事人对合同准据法的选择。但是我国法律已作出规定，且与有关国际公约并无冲突，应适用我国有关法律。我国《民法通则》第 142 条、《民用航空法》第 184 条都规定我国缔结或者参加的国际条约同我国民事法律有不同规定的，适用国际条约，但我国声明保留的条款除外。由此可见，法院支持原告要求人身损害赔偿，依照的是《民法通则》、《民用航空法》的有关规定。值得一提的是《民用航空法》第 124 条关于承运人对旅客人身伤亡的责任的规定，是参考 1971 年的《危地马拉议定书》对经 1955 年《海牙议定书》修订的《华沙公约》第 17 条的修订条款制定的。因此，适用我国的相关法律处理本案是符合涉外关系法律适用一般原则规定的。

原告主张被告赔偿医药费、误工费以及相应的经济损失等应根据已发生的、必须的、适当的，以及合理的原则予以确认。至于有关精神赔偿问题，应根据被告的过错程度，侵权的手段、方式，原告被损害程度，侵权行为的社会影响等予以确定。原告在国内聘请律师进行诉讼，支付律师代理费；在国外需办理有关法律方面事务，也需发生律师费用，否则往返国内外，势必增加费用。从发生的有关律师代理等费用看，其在性质上应属于原告财产利益的损失。国际航空运输中承运人的赔偿责任采用的是赔偿限制制度。我国《民用航空法》第129条第1项规定："对每名旅客的赔偿责任限额为16600计算单位；但是，旅客可以同承运人书面约定高于本项规定的赔偿责任限额。"本条是参考《华沙公约》第22条规定的主要内容制定的。但是具体的责任限额是参考《海牙议定书》规定的以金法郎为单位的数额，此项规定既是对旅客人身伤亡的责任限额，也是对因延误旅客造成损失的责任限额。因此，如果按照规定的标准计算出赔偿费用累计不超过赔偿责任限额，承运人按照实际计算出的赔偿金额给付；如果各项费用累计总和超过赔偿责任限额，不管是死亡赔偿还是伤残赔偿，承运人都只给付最高限额的赔偿，当然旅客同承运书面约定高出该赔偿责任限额的除外。

法律规范

中华人民共和国民用航空法

（1995年10月30日第八届全国人民代表大会常务委员会第十六次会议通过）

第九十五条　公共航空运输企业应当以保证飞行安全和航班正常，提供良好服务为准则，采取有效措施，提高运输服务质量。

公共航空运输企业应当教育和要求本企业职工严格履行职责，以文明礼貌、热情周到的服务态度，认真做好旅客和货物运输的各项服务工作。

旅客运输航班延误的，应当在机场内及时通告有关情况。

第一百零七条　本法所称国内航空运输，是指根据当事人订立的航空运输合同，运输的出发地点、约定的经停地点和目的地点均在中华人民共和国境内的运输。

本法所称国际航空运输，是指根据当事人订立的航空运输合同，无论运输有无间断或者有无转运，运输的出发地点、目的地点或者约定的经停地点之一不在中华人民共和国境内的运输。

第一百二十四条　因发生在民用航空器上或者在旅客上、下民用航空器过程中的事件，造成旅客人身伤亡的，承运人应当承担责任；但是，旅客的人身伤亡完全是由于旅客本人的健康状况造成的，承运人不承担责任。

第一百二十七条 在旅客、行李运输中，经承运人证明，损失是由索赔人的过错造成或者促成的，应当根据造成或者促成此种损失的过错的程度，相应免除或者减轻承运人的责任。旅客以外的其他人就旅客死亡或者受伤提出赔偿请求时，经承运人证明，死亡或者受伤是旅客本人的过错造成或者促成的，同样应当根据造成或者促成此种损失的过错的程度，相应免除或者减轻承运人的责任。

在货物运输中，经承运人证明，损失是由索赔人或者代行权利人的过错造成或者促成的，应当根据造成或者促成此种损失的过错的程度，相应免除或者减轻承运人的责任。

第一百二十九条 国际航空运输承运人的赔偿责任限额按照下列规定执行：

（一）对每名旅客的赔偿责任限额为16600计算单位；但是，旅客可以同承运人书面约定高于本项规定的赔偿责任限额。

（二）对托运行李或者货物的赔偿责任限额，每公斤为17计算单位。旅客或者托运人在交运托运行李或者货物时，特别声明在目的地点交付时的利益，并在必要时支付附加费的，除承运人证明旅客或者托运人声明的金额高于托运行李或者货物在目的地点交付时的实际利益外，承运人应当在声明金额范围内承担责任。

托运行李或者货物的一部分或者托运行李、货物中的任何物件毁灭、遗失、损坏或者延误的，用以确定承运人赔偿责任限额的重量，仅为该一包件或者数包件的总重量；但是，因托运行李或者货物的一部分或者托运行李、货物中的任何物件的毁灭、遗失、损坏或者延误，影响同一份行李票或者同一份航空货运单所列其他包件的价值的，确定承运人的赔偿责任限额时，此种包件的总重量也应当考虑在内。

（三）对每名旅客随身携带的物品的赔偿责任限额为332计算单位。

第一百三十五条 航空运输的诉讼时效期间为二年，自民用航空器到达目的地点、应当到达目的地点或者运输终止之日起计算。

中华人民共和国民法通则

（1986年4月12日第六届全国人民代表大会第四次会议通过　自1987年1月1日施行）

第一百一十九条　侵害公民身体造成伤害的，应当赔偿医疗费、因误工减少的收入、残废者生活补助费等费用；造成死亡的，并应当支付丧葬费、死者生前扶养的人必要的生活费等费用。

国内航空运输承运人赔偿责任限额规定

（中国民用航空总局令第164号）

第三条　国内航空运输承运人（以下简称承运人）应当在下列规定的赔偿责任限额内按照实际损害承担赔偿责任，但是《民用航空法》另有规定的除外：

（一）对每名旅客的赔偿责任限额为人民币40万元；

（二）对每名旅客随身携带物品的赔偿责任限额为人民币3000元；

（三）对旅客托运的行李和对运输的货物的赔偿责任限额，为每公斤人民币100元。

专家释惑

民用航空交通事故对人身权的侵犯主要表现在：1. 致人伤残。这是对公民身体权和健康权的侵犯。2. 致人死亡。这是对公民生命权的侵犯。根据《民用航空法》、《国内航空运输承运人赔偿责任限额规定》的规定，我国航空交通事故人身损害采用金钱赔偿的方式。即由民用航空器的承运人或者经营人在赔偿责任限额内向受害人支付一定数额的货币以弥补其损失。具体计算标准可参照自2004年5月1日起施行的最高人民法院《关于审理人身损害赔偿案件适用法律若干问题的解释》。如果证明旅客人身损害是由于承运人或者其受雇人、代理人的故意或者明知可能造成损失而轻率地作为或不作为造成的，承运人就无权援用有关赔偿责任限额的规定。这种情况下，承运人的赔偿责任不以赔偿责任限额为限，应当赔偿受害人的全部损失。

在进行人身损害赔偿之前必须先认定民用航空交通事故致人伤亡的责任，一般从下列考虑：1. 旅客持有承运人签发的有效机票；地面第三人为直接受害人。2. 旅客和地面第三人有人身伤亡的损害后果。3. 人身损害发生在法律规定的期限内。即旅客人身损害必须是发生在航空器内或旅客上、下航空器过程中，地面第三人的人身损害必须是由飞行中的航空器造成的。4. 承运人无法定免责事由。在航空运输中，旅客的人身伤亡完全是由旅客本人的健康状况造成的，承运人不承担责任。这里要注意的是，必须损害完全是旅客自身健康引起的，承运人才能免责，如果部分原因是旅客本人的健康状况，则承运人应当承担责任。旅客的人身伤亡是旅客本人的过错造成或者促成的，应当根据造成或者促成此种损失的过错的程度，相应免除或者减轻承运人的责任。

国内航空旅客运输人身损害赔偿的诉讼时效期，《民用航空法》第 135 条规定为 2 年，自民用航空器到达的地点、应当到达目的地点或者运输终止之日起计算。

联系本案

一般来说，发生航空事故时，承运人都会统一组织抢救、治疗等工作，统一进行理赔，使受害人的损害及时得到赔偿。双方一般是通过协商解决，按照有关规定确定赔偿金额。如果受害人或其他索赔人对赔偿数额等问题存在异议，协商不成时，有权向人民法院起诉，通过诉讼程序来进行索赔。

三、发生空难，对所载乘客如何赔偿?

案例 59 "4·15"国航釜山空难和"11·21"包头空难赔偿案

事情是这样的

2002 年 4 月 15 日，中国国际航空公司飞往韩国的 CA129 航班在韩国釜山不幸坠毁，126 人遇难，此次航班上载有旅客 155 人，其中韩国旅客 135 人，中国旅客 19 人，乌兹别克旅客 1 人。

2003 年 11 月 14 日，国航"釜山空难"后，首个经起诉要求赔偿的案件经过法院调解达成和解，中国国际航空公司一次性赔偿廉先生夫妇 94 万多元。原告廉东植、韩太莲都是朝鲜族人，他们的女儿廉成玉经人介绍与韩国人朴钟弼相识，双方在国内办理了结婚登记。2002 年 4 月 15 日，廉成玉乘国航 CA129 航班飞往釜山时，因飞机失事遇难。事故发生后，韩太莲精神失常，家庭生活困难，虽与国航多次交涉，均未能就赔偿数额达成一致意见，遂起诉到北京市朝阳法院，要求被告赔偿 138 万元。由于空难事故原因至今没有查明，故给民事责任的认定造成很大困难。法院进行了细致的工作，最终在法院主持下，原、被告双方最终达成庭前和解协议：中国国际航空公司一次性赔偿二原告 94 万余元；原告廉东植夫妇自愿放弃今后在韩国通过诉讼可能取得任何经济利益的请求权。调解后，原、被告对调解结果均表示满意，廉东植夫妇现已提出撤诉，中国国际航空公司已于近日将部分赔偿款交付二原告。

2004 年 11 月 21 日上午 8 点 20 分左右，东方航空股份有限公司的一架从内蒙古包头市飞往上海的 MU5210 客机，在起飞后不久就坠毁到距离机场不远的南海公园，乘客和机组人员及地面人员 55 人全部遇难。

2004 年 11 月 27 日，东航公司向包头空难家属发出了《致罹难旅客家属的一封信》，该信中称，根据 1993 年国务院颁布的第 132 号令，民用航空运输旅客伤亡赔偿最高限额为 7 万元人民币。考虑到消费价格总指数的变动因素，我们将对本次空难赔偿金额在上述法定赔偿限额的基础上再增加7万元人民币，共计14万元人民币。同时根据1996年国家民航总局颁布的49号令，旅客托运行李每位最高赔偿限额1000元人民币，旅客自行及随身行李每位最高赔偿限额2000元人民币。本次空难的行李赔偿金额将在上述基础上分别上浮100%，即分别增加到2000元人民币和4000元人民币。若旅客已事先声明行李价值的，将按照其声明的价值额度进行赔偿。考虑到罹难者家属的实际情况，我们还将在上述赔偿金额外再增加以下补偿项目：家属抚慰金3万元人民币，罹难者丧葬费1万元人民币；家属交通食宿补助费2.5万元人民币。以上金额总计为21.1万元人民币。

2004年11月28日，据新华社报道，东航公司向首位遇难者家属支付赔款。

律师专线

“4·15”国航釜山空难，其始发地点和目的地点位于经1955年在海牙修正的《华沙公约》的两个缔约国——中国和韩国的境内，无疑是国际航空运输。搭乘该航班的旅客与国航是航空旅客运输合同关系。就所依据的法律来说，应以旅客所持客票上所印制的“旅客须知”或“运输条件”所援引的法律为准。如果援引的是《华沙公约》及《海牙议定书》，就排除了中国法律和韩国法律的适用。也就是说，不能根据中国法律和韩国法律的规定进行赔偿。至于具体的赔偿数额，不能一概说是等于75000美元，得根据旅客所持客票上所印制的“旅客须知”或“运输条件”所援引的法律的规定来确定。但在实际赔偿中，由于“运输条件”所援引的法律规定的赔偿数额较低，所以航空公司以法律规定的数额为基数，在此基础上向上浮动。根据最近几年国外航空公司的赔偿来看，已大大超出了《蒙特利尔协议》规定的75000美元。估计国航釜山空难的赔偿也将高于75000美元。

此外，如果国航签署了上述《吉隆坡协议》，所依据的法律将不再是《华沙公约》或《海牙议定书》，而是受害旅客的住所地法即韩国法。赔偿数额也将以韩国法的规定来确定。

“11·21”包头空难，其始发地点和目的地点分别是内蒙古包头市和上海市，均位于中国境内，因此是国内航空运输。赔偿数额应依据我国国内法的规定。我国《民用航空法》仅做了原则性规定。当时我国具体规定赔偿数额的法律有两个：一是1993年制定的《国务院关于修改国内航空运输旅客身体损害赔偿暂行规定的决定》，规定航空公司对每名旅客承担的最高赔偿额为7万元人民币；另一个是中国民用航空总局1996年颁布的《中国民用航空旅客、行李国内运输规则》，规定对旅客的自理行李和随身携带物品，航空公司承担的最高赔偿金额为每位旅客不超过人民币2000元，旅客的托运行李全部或部分损坏、丢失，赔偿金额每公斤不超过人民币50元。尽管《国内航空运输承运人赔偿责任限额规定》2月28日已经发布，对空难民航旅客的赔偿责任限额提高到人民币40万元，但由于包头空难发生在前，并不会根据新规定增加对空难遇难者的赔偿金额。

法律规范

中华人民共和国民用航空法

（1995年10月30日第八届全国人民代表大会常务委员会第十六次会议通过）

第一百零七条　本法所称国内航空运输，是指根据当事人订立的航空运输合同，运输的出发地点、约定的经停地点和目的地点均在中华人民共和国境内的运输。

本法所称国际航空运输，是指根据当事人订立的航空运输合同，无论运输有无间断或者有无转运，运输的出发地点、目的地点或者约定的经停地点之一不在中华人民共和国境内的运输。

第一百二十八条　国内航空运输承运人的赔偿责任限额由国务院民用航空主管部门制定，报国务院批准后公布执行。

旅客或者托运人在交运托运行李或者货物时，特别声明在目的地点交付时的利益，并在必要时支付附加费的，除承运人证明旅客或者托运人声明的金额高于托运行李或者货物在目的地点交付时的实际利益外，承运人应当在声明金额范围内承担责任；本法第一百二十九条的其他规定，除赔偿责任限额外，适用于国内航空运输。

第一百三十五条　航空运输的诉讼时效期间为二年，自民用航空器到达目的地点、应当到达目的地点或者运输终止之日起计算。

国内航空运输承运人赔偿责任限额规定

（中国民用航空总局令第164号）

第一条　为了维护国内航空运输各方当事人的合法权益，根据《中华人民共和国民用航空法》（以下简称《民用航空法》）第一百二十八条，制定本规定。

第二条　本规定适用于中华人民共和国国内航空运输中发生的损害赔偿。

第三条　国内航空运输承运人（以下简称承运人）应当在下列规定的赔偿责任限额内按照实际损害承担赔偿责任，但是《民用航空法》另有规定的除外：

（一）对每名旅客的赔偿责任限额为人民币40万元；

（二）对每名旅客随身携带物品的赔偿责任限额为人民币3000元；

（三）对旅客托运的行李和对运输的货物的赔偿责任限额，为每公斤人民币100元。

第四条　本规定第三条所确定的赔偿责任限额的调整，由国务院民用航空主管部门制定，报国务院批准后公布执行。

第五条　旅客自行向保险公司投保航空旅客人身意外保险的，此项保险金额的给付，不免除或者减少承运人应当承担的赔偿责任。

第六条　本规定自2006年3月28日起施行。

统一国际航空运输某些规则的公约（华沙公约）

（1929年10月12日在华沙签订　1933年2月13日起生效　1958年10月18日对我国生效）

第一条

一、本公约适用于所有以航空器运送旅客、行李或货物而收取报酬的国际运输。本公约同样适用于航空运输企业以航空器办理的免费运输。

二、本公约所指的“国际运输”的意义是：根据有关各方所订的合同，不论在运输中是否有间断或转运，其出发地和目的地是在两个缔约国或非缔约国的主权、宗主权、委任统治权或权力管辖下的领土内有一个约定的经停地点的任何运输。在同一缔约国的主权、宗主权、委任统治权或权力管辖下的领土间的运输如果没有这种约定的经停地点，对本公约来说不作为国际运输。

三、几个连续的航空承运人所办理的运输，如果被合同各方认为是一个单一的业务活动，则无论是以一个合同或一系列的合同的形式订立的，就本公约的适用来说，应作为一个单一的运输，并不因其中一个合同或一系列的合同完全在同一缔约国的主权、宗主权、委任统治权或权力管辖下的领土内履行而丧失其国际性质。

第十七条　对于旅客因死亡、受伤或身体上的任何其他损害而产生的损失，如果造成这种损失的事故是发生在航空器上或上下航空器过程中，承运人应负责任。

第二十二条

一、运送旅客时，承运人以每一旅客的责任以十二万五千法郎为限。如果根据受理法院地法律，可以分期付款方式赔偿损失时，付款的总值不得超过这个限额。但是旅客可以根据他同承运人的特别协议，规定一个较高的责任限额。

二、在运输已登记的行李和货物时，承运人对行李或货物的责任以每公斤二百五十法郎为限，除非托运人在交运时，曾特别声明行李或货物运到后的价值，并缴付必要的附加费。在这种情况下，承运人所负责在不超过声明的金额，除非承运人证明托运人声明的金额高于行李或货物运到后的实际价值。

三、关于旅客自己保管的物件，承运人对每个旅客所负的责任，以五千法郎为限。

四、上述法郎是指含有千分之九百成色的65.5毫克黄金的法国法郎。这项金额可以折合成任何国家的货币，取其整数。

第二十五条

一、如果损失的发生是由于承运人有意的不良行为，或由于承运人的过失，而根据受理法院的法律，这种过失被认为等于有意的不良行为，承运人就无权引用本公约关于免除或限制承运人责任的规定。

同样，如果上述情况造成的损失是承运人的代理人之一在执行他的职务范围内所造成的，承运人也无权引用这种规定。

修改1929年10月12日在华沙签订的统一国际航空运输某些规则的公约的议定书（海牙议定书）

（1955年9月28日在海牙签订　1963年8月1日起生效　1975年11月18日对我国生效）

第十一条

删去公约第二十二条，改用下文：

“第二十二条

一、载运旅客时，承运人对每一旅客所负的责任以二十五万法郎为限。

如根据受诉法院法律可用分期付款方式赔偿损失时，则付款的本金总值不得超过二十五万法郎。但旅客得与承运人以特别合同约定一较高的责任限度。

二、（一）在载运登记的行李和载运货物时，承运人的责任以每公斤二百五十法郎为限，除非旅客或托运人在交运包件时，曾特别声明在目的地交付时的利益并缴付必要的附加费。在后一种情况下，除非承运人证明旅客或托运人声明的金额是高于旅客或托运人在目的地交付时的实际利益，承运人应在不超过声明金额的范围内负赔偿责任。

（二）如登记的行李或货物的一部分或行李、货物中的任何物件发生遗失、损坏或延误，用以决定承运人责任限额的重量，仅为该一包件或该数包件的总重量。但如因登记的行李或货物的一部分或行李、货物中的物件发生遗失、损坏或延误以致影响同一份行李票或同一份航空货运单所列另一包件或另数包件的价值时，则在确定责任限额时，另一包件或另数包件的总重量也应考虑在内。

三、关于旅客自行照管的物件，承运人的责任对每一旅客以五千法郎为限。

四、本条规定的限额并不妨碍法院按其法律另外加判全部或一部分法院费用及对起诉人所产生的其他诉讼费用。如判给的赔偿金额，不包括诉讼费及其他费用，不超过承运人于造成损失的事故发生后六个月内或已过六个月而在起诉以前以书面向起诉人提出允予承担的金额，则不适用前规定。

五、本条所述法郎系指含有千分之九百成色的65.5毫克黄金的货币单位。此项法郎金额可折合为任何国家货币，取其整数。发生诉讼时，此项金额与非金本位的货币的折合，应以判决当日该项货币的黄金价值为准。”

专家释惑

要确定对空难罹难者家属及受伤乘客的赔偿，首先要确定他们所乘坐的航班的性质，即是国际航空运输还是国内航空运输，然后根据不同性质的运输，适用不同的法律，才能确定赔偿数额。就对航空运输进行规范的法律而言，主要是各国国内法的规定和国际条约的规定。国际条约方面，目前主要是《华沙公约》及修正或补充《华沙公约》的包括《海牙议定书》在内的一系列条约和议定书。《华沙公约》及《海牙议定书》适用于国际航空运输。公约中规定的国际航空运输与我们日常所说的国际航线的含义是不一样的。

《华沙公约》意义上的所谓“国际航空运输”，基本上是这样三种类型的航空运输：即根据当事人各方所订立的航空运输合同，运输的始发地点和目的地点分别是在两个不同的缔约国的领域内；或者运输的始发地点和目的地点虽都是位于同一个缔约国的领土内，但在另一缔约国领土内有一个约定的经停地点；或者运输的出发地点和目的地点虽都是位于同一个缔约国的领土内，但在某个非缔约国领土内有一个约定的经停地点。除了这三种类型的航空运输是《华沙公约》意义上的国际运输之外，其他任何类型的运输都不是该公约意义上的国际运输。一个航空运输是否具有《华沙公约》意义上的国际性，其标准仅仅是航空运输合同中所规定的始发地点、目的地点和经停地点所处的地理位置，而与航空承运人、托运人、收货人、旅客、航空工作人员的国籍和住所，以及飞机的国籍，均无关系。比如，一位居住在中国的具有中国国籍的旅客在北京搭乘国航的班机飞往纽约，那么，并不因为该旅客和航空承运人——国航都具有中国国籍，而使他们之间的航空运输合同关系受中国有关的合同法律支配；在这种情况下，他们之间的航空运输合同关系也应当适用《华沙公约》。同样原因，如果一位住所在美国的具有美国国籍的旅客从北京搭乘国航班机飞往广州，那么，他们之间的航空运输合同关系便不能适用《华沙公约》，而应当根据法院地国家的国际私法规则，确定该航空运输合同的准据法。此外，航空运输是否具有《华沙公约》意义上的国际性，与航空运输合同的订立地（也就是乘客在什么地方买的票）亦无关系。所以，法律上所讲的国际运输与我们日常生活中所说的国际航线（或国际航班）是有区别的。

对于国内航空运输，根据我国《民用航空法》的规定，是指根据当事人订立的航空运输合同，运输的出发地点、约定的经停地点和目的地点均在中华人民共和国境内的运输。可以看出，如果是国内运输，以上三点都必须是在我国境内的运输。这与我们通常所说的国内航线（或国内航班）有相同之处，但并不完全一致。例如，一旅客的机票上载明是从北京经武汉到广州，或者不经停武汉，直达广州，这是国内航空运输，与我们日常所讲的国内航线的意思是一样的。如果机票上载明是从日本东京经上海再到北京，假如有旅客在上海至北京航线上受伤，按我们通常的看法是国内运输，但按照《民用航空法》的规定，应该是国际航空运输，应依据国际条约的规定来确定赔偿数额。

所以，国内航线或国内航班并不等于法律上所说的国内运输，国际航线并不等于法律上所说的国际运输。

如果是国内航空运输，应按照国内法的规定进行赔偿，国际航空运输则主要是按国际条约的规定赔偿。各国国内法的规定不同，赔偿金额也不同，并且有时还相差很大。比如在美国，其国内运输空难赔偿遵循的一般原则，是按受害者本人如果没有死伤，按其一生中可能获得的收入来赔付，因此不同申请者得到的赔偿非常悬殊，从几十万到几千万美元不等。而按照我国的相关法规，在 2006 年 3 月以前，对每名旅客的最高赔偿金额为人民币 70000 元。对旅客的自理行李和随身携带物品，航空公司承担的最高赔偿金额为每位旅客不超过人民币 2000 元，旅客的托运行李全部或部分损坏、丢失，赔偿金额每公斤不超过人民币 50 元。但从 2006 年 3 月 28 日起，《国内航空运输承运人赔偿责任限额规定》开始施行。根据该规定，对每名旅客的赔偿责任限额为人民币 40 万元；对每名旅客随身携带物品的赔偿责任限额为人民币 3000 元；对旅客托运的行李和对运输的货物的赔偿责任限额，为每公斤人民币 100 元。

如果是国际航空运输，《华沙公约》规定的赔偿数额是 125000 金法郎，《海牙议定书》规定的对每名旅客的最高赔偿金额为 250000 金法郎，1999 年《蒙特利尔公约》是 10 万特别提款权(SDR)。而按照 1966 年《蒙特利尔协议》，航空公司在经营上述《华沙公约》意义下的任何国际航空运输时，按照运输合同的约定，如果始发地点、目的地点或约定的经停地点有一个位于美国时，对每一旅客死亡、受伤或其他身体伤害所确定的赔偿额，为 75000 美元（包括法律费用，如不包括法律费用，则为 58000 美元)。有时，航空公司根据情况，在上述法定赔偿额的基础上，再额外给予遇难者家属一笔金钱。

此外，如果航空公司签署了 1995 年《国际航空运输协会关于旅客责任的承运人间协议》（又叫《吉隆坡协议》），根据该协议，缔约航空公司同意，对就运输期间旅客伤亡、或其他身体损害提出的索赔请求，放弃《华沙公约》或经《海牙议定书》修正的《华沙公约》规定的赔偿限额，以使伤亡旅客根据其住所地法律通过司法判决获得无限额损害赔偿。也就是说，航空公司承担的赔偿金额将不限于 125000 金法郎或 250000 金法郎，究竟赔偿多少，将依据伤亡旅客住所地法律的规定来确定。而 1996 年《关于实施国际航空运输协会承运人间协议的措施的协议》还规定，对 100000 特别提款权

(约为150000美元)以下的索赔，航空公司应该承担。但前提是该航空公司签署了上述两个协议并且把它列入该航空公司的运输条件和运价规章中。实际上，一些航空公司给予遇难者的赔偿往往超过上述法定限额，但这是航空公司的商业决定，法律并没有规定他们必须这么做。也就是说，这不是他们的法定义务。此外，依照《华沙公约》第25条的规定，假如能证明伤亡是航空公司或其他职员蓄意或粗心大意的行为所造成，或者是航空公司或其职员蓄意或粗心大意不去做一些该做的事所造成的，上述赔偿限额将不适用。

所以，对于国际航空运输，究竟航空公司应赔偿多少，基本上取决于航空公司与旅客所订立的航空运输合同的规定。而旅客所持客票上所印制的“旅客须知”或“运输条件”便是该航空运输合同的内容。

经常乘坐飞机的人会发现，自己所买的机票前面都印有“旅客须知”，写明了该航空运输的性质、应适用的法律以及航空公司的责任范围等。实际上，这也就是航空公司与旅客所订立的合同内容的一部分。在空难发生后，按照“旅客须知”，航空运输的性质和应适用的法律是明确的，所以，赔偿金额也应以所依据的法律的规定来确定。即便起诉到法院，首先也是按照“旅客须知”的规定，除非旅客与航空公司有其他特别的约定。

虽然导致空难的原因是多方面的，比如空中交通管制、气候等等，但一般情况下，由航空公司先行赔付。如事故也与空中交通管制部门有关，航空公司也可向其追偿。从罹难者家属角度来说，如果空难与空中交通管制部门有关，他们也可以在法院对航空公司和空中交通管制部门一并提起诉讼。

四、航空器对地（水）面第三人的损害赔偿额如何确定?

案例60　上海盛帆房地产开发有限公司诉韩国大韩航空有限公司赔偿纠纷案

事情是这样的

1999年4月15日16时04分，韩国大韩航空公司一架MD-11大型货机从上海虹桥国际机场起飞前往韩国汉城。升空后仅1000米，这架飞机就坠毁在上海闵行区莘庄镇莘西南路一处建筑工地，机头深深扎进地里，机身、机尾部分向前折断。无数大大小小的机身残片和机上物品砸向周围，3名机组人员当场遇难，现场群众5人死亡，37人受伤；11幢建筑物、32家店铺、317户居民房屋受损。事故发生后经民航部门调查，认定坠机原因系飞行员操作失误。

该坠机地点正好位于上海市盛帆房地产公司所开发的沁春园小区内。上海市盛帆房地产公司于1992年成立，注册资金2000万元人民币。按照规划，该公司将在莘庄镇建一个占地面积46万平方米、建筑面积60多万平方米的沁春园住宅小区。坠机前，该公司投入了2亿多人民币，完成了前期的征地、动迁等工作，并已建成、交付使用了15万余平方米的商品房。事发时，坠机地点已经完成了四栋商品楼的基础工程。

盛帆房地产公司诉称，坠机事件对该公司的经营造成了巨大的冲击。坠机前该公司开发的房产比较热销，事故发生后，除了直接的物质损失外，更重要的是造成了房屋的滞销和跌价。客户担心坠机爆炸会造成房屋质量隐患，更重要的是，许多人都认为小区掉过飞机，不吉利。空难发生后很少有人来买房子，原已预订的客户也纷纷来退房。尽管公司加大了广告宣传力度，但收效甚微，房子严重滞销，房产急剧贬值。

盛帆房地产公司聘请上海文乐资产评估事务所为其损失进行了评

估。2000 年 1 月，该评估事务所作出评估报告书称：坠机地点位于沁春园三村工程的中心，使得正在建造的四栋商品房基础工程被毁，同时将施工地的一些办公用房及现场设备、材料等冲毁。此外，飞机坠毁时的冲击波及飞机残骸使沁春园一村、二村部分建好的商品房也有不同程度的损坏。由于飞机失事的影响，不仅使小区开发处于停止状态，而且严重影响了小区商品房的销售。评估报告的结论是：沁春园小区因 1999 年 4 月 15 日大韩航空公司的货机失事事件造成的损失为 6.4888 亿元人民币。

从 2000 年 7 月份开始，盛帆公司就和大韩航空公司谈判，希望协调解决赔偿问题，大韩航空公司也表示愿意赔偿，但对赔偿数额，双方分歧很大，以致未能协商解决。

2001 年 3 月 30 日，盛帆房地产公司向上海市高级人民法院提起诉讼，以坠机地沁春园三村地块及在建房屋因空难受损为由，向大韩航空公司索赔 1 亿余元人民币。法院立案受理后，盛帆公司又增加了一项要求赔偿 8000 万元人民币的诉讼请求。随后，盛帆公司又增加了以下两项诉讼请求：(1) 以沁春园一村、二村部分建好的商品房因坠机事件受损后贬值为由，向大韩航空公司索赔约 5000 万元人民币。(2) 以坠机事件对其经营活动有严重影响为由，要求大韩航空赔偿其部分经济损失 2 亿元人民币。索赔金额共计 4.3 亿元人民币。上海市高级人民法院受理后，指定由上海市第一中级人民法院审理。

法院经审理后认为，根据我国法律对于侵权行为准据法的适用规定，民用航空器对地面第三者的损害赔偿，适用侵权行为地法律。本案侵权行为地为我国上海，故本案应适用我国的实体法。我国法律的适用顺序为国际条约、国内法、国际惯例。因我国未参加相关的国际条约，而我国国内法对该侵权行为的赔偿已做法律规定，故本案适用我国的国内法。根据我国法律规定，损坏国家、集体或者他人财产的，应当恢复原状或者折价赔偿。被告飞机坠落造成原告财产损失，原告作为被告飞机坠落的直接受害者，享有赔偿请求权。被告作为航空器的经营人应承担赔偿责任，赔偿原告因此造成的经济损失。

由于被告的坠机事故造成了原告停工及未按期进行房地产开发建设，使原告的房地产开发经营受损，所以被告应对原告延误开发房产的损失作出赔偿，赔偿范围包括原告在该地块已投入资金的银行贷款利息以及原告继续开发房产所多支出的费用。

法院认定的被告应赔偿原告的费用有：1. 被告应赔偿原告延误开发房产的银行贷款利息损失为人民币36290322元。2. 被告应赔偿原告重建费用为人民币11008192元。3. 赔偿原告在事故后支付的伤残人员抚恤金及利息为人民币2041213元。另外，由于诉讼亦使原告有一定的损失，本院对此酌情认定为人民币400000元。综上，被告应赔偿原告损失共计人民币49739727元。在当今民用航空交通工具普遍使用的情况下，被告应充分重视航空运输质量，保证航空运输安全。现被告飞机出现坠毁事故，导致地面无辜第三人财产受损，损害范围广且后果严重，被告应充分吸取教训，加强安全管理。综上所述，依据《中华人民共和国民法通则》第146条第1款、第142条、第123条、第117条第2款、第134条，《中华人民共和国民用航空法》第189条第1款、第184条、第157条、第158条第1款之规定，判决如下：

被告韩国大韩航空有限公司应于本判决生效后30日内赔偿原告上海盛帆房地产开发有限公司损失人民币49739727元。

律师专线

盛帆公司所受到的损失主要有两部分：（1）坠机地沁春园三村地块及在建房屋因空难所受损失；（2）沁春园一村、二村部分已建好的商品房因坠机事件滞销、跌价所受损失。盛帆公司要证明这两部分损失是由坠机直接造成的。

毫无疑问，以上损失是客观存在的，但是不是由飞行中的民用航空器坠毁直接造成的呢？对于坠机地沁春园三村地块及在建房屋所受损失，可以肯定是民用航空器坠毁的直接后果。但对于沁春园一村、二村部分已建好的商品房因滞销、跌价所受损失，是否是由于航空器直接坠毁造成的，这是个有争议的问题，也是双方分歧的关键所在。

实际上，坠机事件发生以后，经过媒体的报道，它已成为众所周知的事实，坠机事件显然要影响消费者对这个住宅小区的评价。商品房作为一种特殊商品，其地理位置的好坏、居住的安全性等，是构成其价格的重要组成部分。由于坠机事件的发生，对原告所开发的沁春园小区的环境、安全性等都造成了影响，对其价格构成下跌的压力。在一个竞争十分激烈的房地产市场上，消费者将会选择更具安全性和迎合他们消费心理的房屋，对此是无须举证的，因为这是一个法官自动认知的问题。从理性角度讲，法官也同时系社会普通成员，生活中的经验法则会帮他作出选择判断，由此作出审判上的事实推定：房屋贬值或滞销，是坠机的直接后果。普通消费者就坠机事件对开发小区所造成的消极影响所持有的心态，属于市场价值规律在消费文化、消费心理、消费理念上的体现，它是一种客观存在。因此，坠机肯定会影响到购房人的选择，进而导致房产滞销、贬值。即便市场波动会引起房产价格波动，但就本案盛帆公司所开发的房产来说，价格下跌的主要原因是坠机事故，而不是市场原因。

既然盛帆公司所受到的损失是由于大韩航空公司货机坠毁直接造成的，因此，大韩航空公司就应该赔偿盛帆公司所受到的损失。这个损失既包括盛帆公司遭受的直接物质损失，也包括间接物质损失，即房产滞销、贬值带来的损失，也就是预期利益。正是由于大韩航空公司的侵权行为，致使盛帆公司的生产经营活动无法继续下去，处于停滞状态。在建的工程不能进行，已建成的房产严重滞销，最后只能降价销售。因此，对盛帆公司而言，因被告的侵权行为所造成的间接损失远远超过了直接的物质损失。这也就是为什么盛帆公司提出第二项诉讼请求的原因所在，即坠机事件严重影响了其经营活动，要求大韩航空赔偿其部分经济损失 2 亿元人民币。当然，间接损失的具体数额，究竟是不是像盛帆公司提出的 2 亿元人民币或更多，还需要根据一定的方法进行计算，但是，给原告所造成的间接损失是客观存在的，也是应该赔偿的。由此可见，法院的判决是正确的。

法律规范

中华人民共和国民法通则

（1986 年 4 月 12 日第六届全国人民代表大会第四次会议通过　自 1987 年 1

月 1 日起施行）

第一百二十三条　从事高空、高压、易燃、易爆、剧毒、放射性、高速运输工具等对周围环境有高度危险的作业造成他人损害的，应当承担民事责任；如果能够证明损害是由受害人故意造成的，不承担民事责任。

第一百四十二条　涉外民事关系的法律适用，依照本章的规定确定。

中华人民共和国缔结或者参加的国际条约同中华人民共和国的民事法律有不同规定的，适用国际条约的规定，但中华人民共和国声明保留的条款除外。

中华人民共和国法律和中华人民共和国缔结或者参加的国际条约没有规定的，可以适用国际惯例。

第一百四十六条　侵权行为的损害赔偿，适用侵权行为地法律。当事人双方国籍相同或者在同一国家有住所的，也可以适用当事人本国法律或者住所地法律。

中华人民共和国法律不认为在中华人民共和国领域外发生的行为是侵权行为的，不作为侵权行为处理。

中华人民共和国民用航空法

（1995 年 10 月 30 日第八届全国人民代表大会常务委员会第十六次会议通过）

第一百五十七条　因飞行中的民用航空器或者从飞行中的民用航空器上落下的人或者物，造成地面（包括水面，下同）上的人身伤亡或者财产损害的，受害人有权获得赔偿；但是，所受损害并非造成损害的事故的直接后果，或者所受损害仅是民用航空器依照国家有关的空中交通规则在空中通过造成的，受害人无权要求赔偿。

前款所称飞行中，是指自民用航空器为实际起飞而使用动力时起至着陆冲程终了时止；就轻于空气的民用航空器而言，飞行中是指自其离开地面时起至其重新着地时止。

第一百五十八条　本法第一百五十七条规定的赔偿责任，由民用航空器的经营人承担。

前款所称经营人，是指损害发生时使用民用航空器的人。民用航空器的使用权已经直接或者间接地授予他人，本人保留对该民用航空器的航行控制权的，本人仍被视为经营人。

经营人的受雇人、代理人在受雇、代理过程中使用民用航空器，无论是否在其受雇、代理范围内行事，均视为经营人使用民用航空器。

民用航空器登记的所有人应当被视为经营人，并承担经营人的责任；除非在判定其责任的诉讼中，所有人证明经营人是他人，并在法律程序许可的范围内采取适当措施使该人成为诉讼当事人之一。

第一百八十四条　中华人民共和国缔结或者参加的国际条约同本法有不同规定的，适用国际条约的规定；但是，中华人民共和国声明保留的条款除外。

中华人民共和国法律和中华人民共和国缔结或者参加的国际条约没有规定的，可以适用国际惯例。

第一百八十九条　民用航空器对地面第三人的损害赔偿，适用侵权行为地法律。

民用航空器在公海上空对水面第三人的损害赔偿，适用受理案件的法院所在地法律。

专家释惑

本案是侵权案件，适用侵权行为地法律，即应适用我国的实体法。因为中国和韩国均没有加入 1952 年《罗马公约》，所以只能依据我国的国内法。我国《民用航空法》以专章规定了航空器对地面第三人的赔偿责任。

我国《民用航空法》规定，因飞行中的民用航空器或者从飞行中的民用航空器上落下的人或者物，造成地面（包括水面）上的人身伤亡或者财产损害的，受害人有权获得赔偿。但是，所受损害并非造成损害的事故的直接后果，或者所受损害仅是民用航空器依照国家有关的空中交通规则在空中通过造成的，受害人无权要求赔偿。

根据我国《民用航空法》相关规定，因飞行中的民用航空器或者从飞行中的民用航空器上落下的人或者物造成的地面（包括水面）上的人身伤亡或者财产损害，包括两种情形：（1）飞行中的民用航空器造成地面上的人身伤亡或者财产损害，如航空器在空中飞行中坠落造成地面人员伤亡；(2) 飞行中的民用航空器上落下的人或者物造成地面（包括水面）上的人身伤亡或者财产损害，如飞行中的航空器在空中投弃物品造成人员伤亡。并且，地面第三人遭受的这种损害必须是飞行中的民用航空器或者从飞行中的民用航空器上落下的人或者物直接造成的。如果遭受的损害不是造成损害的事故的直接后果，受害人无权要求赔偿。

对于民用航空器所造成的地面上的人身伤亡或者财产损失，民用航空器的经营人承担的是无过失责任。无过失责任是指当损害发生以后，既不考虑加害人的过失，也不考虑受害人的过失的一种法定责任形式，其目的在于补偿受害人所受的损失。无过失责任虽然不考虑过错，但要以因果关系的存在为前提，以因果关系为归责的基本要件。倘若损害并非由被告的行为及其物件所致，那么，被告无需对此种损害负责。结合本案来说，原告必须证明其受到的损失与被告的行为之间存在因果关系。如果不存在因果关系，或者若被告能够证明损害纯粹是由原告的故意行为和第三人的行为所致，则不能认为被告的行为与损害之间存在着因果关系，从而被告不对损害结果承担无过失责任。因此，受害人进行索赔时必须证明以下内容方可获得赔偿：(1) 地面上的人身伤亡或者财产损失的客观存在；(2) 该人身伤亡或者财产损失是由飞行中的民用航空器或者从飞行中的民用航空器上落下的人或者物直接造成的。

关于对地面第三人损害赔偿金的计算问题，《民用航空法》对此没有具体规定，但明确规定了民用航空器对地面第三人的损害赔偿，适用侵权行为地法律。而根据侵权行为地法律即我国《民法通则》的规定，损坏国家的、集体的财产或者他人财产的，应当恢复原状或者折价赔偿。受害人因此遭受其他重大损失的，侵害人并应当赔偿损失。这里的折价赔偿即为直接损失，其他重大损失，就是间接损失，对于直接损失和间接损失，都应当全部赔偿。对间接损失进行全部赔偿的原因，主要是在正常情况下，受害人本应当得到这些利益，只是由于加害人的侵害才使这些可得利益没有得到。这种损失虽然与直接损失有些区别，但这种区别只是形式上的，在实质上没有根本的区别。如果对于间接损失不能全部予以赔偿，受害人的权利就得不到全部保护。可以看出，上述《民法通则》的规定与我国《民用航空法》的规定是一致的。

直接损失是指现有财产的减少。侵害财产权的直接损失，就是指加害人侵权行为侵占或损坏受害人的财产，致使受害人拥有的财产价值量的实际减少。在侵占财产已经无法返还原物和损坏财产无法恢复原状的情况下，存在财产的直接损失；即使在可以返还原物和恢复原状，但原物的价值和使用价值已经发生减损的情况下，也存在财产的直接损失。

《民法通则》规定，损坏国家的、集体的财产或者他人财产的，应当恢复原状或者折价赔偿。因此，对于直接损失的赔偿方法，有两种：恢复原状和折价赔偿。恢复原状，前提条件是损坏程度较轻，原物的主要部分没有损失，基本功能没有受大的影响，经过维修或者配换零件即可恢复正常功能，因此，是部分赔偿。对于这种损害，应由加害人或受害人将被损坏的物品加以修复，所支出的费用，由加害人承担。折价赔偿，是对直接损失的全部赔偿，就是将被侵害的财产计算出实际减少的价值，按照实际减少的价值进行赔偿。

间接损失就是预期利益的减少，又叫可得利益。财物损害的间接损失，是指加害人侵害受害人所有的财物，致使受害人在一定范围内的未来财产利益的损失，它属于《民法通则》所规定的“其他重大损失”的范围。这种间接损失有三个特征：(1) 损失的是一种未来的可得利益，在侵害行为实施时，它只具有一种财产取得的可能性，还不是一种现实的利益。（2）这种丧失的未来利益是具有实际意义的，而不是抽象的或者假设的。（3）这种可得利益必须是一定范围的，即损害该财物的直接影响所涉及的范围，超出这个范围，不能认为是间接损失。

间接损失是违法行为对处于增值状态中的财产损害的结果。处于增值状态中的财产是指正常生产、经营过程中以生产、经营资料的面目出现的财物。没有处于生产、经营过程中的财物不会发生增值。例如，如果本案中的房产仅供盛帆公司自己使用，它不会发生增值。但它现在是准备出售的房产，所以是处于增值状态中的财产。但是，处于增值状态中的财产本身不会增值，只是把原有的价值转移到生产、经营的成果当中。创造增值的是人，是与该财物结成一定的生产、经营关系的人创造的。因此，间接损失产生的机制，是不法行为破坏了生产者、经营者与作为生产、经营资料的财物构成的生产、经营关系中的物质条件，使生产、经营者（即受害人）不能正常地利用这一生产、经营资料进行生产、经营活动，造成了可得利益的减少和丧失。对财物损害间接损失的赔偿，不是对该财物价值损失的赔偿，而是对该财物的所有者利用该财物在经营中应创造出因遭受损害而未创造出的新价值这种损失的赔偿。对间接损失的赔偿，赔偿的是人的损失，而不是物的损失，这一点必须明确。

案例 61　死者家属诉韩国大韩航空有限公司人身损害赔偿案

事情是这样的

前述案例大韩航空公司 MD－11 货机坠毁事件中，还造成地面群众 5 人死亡、37 人受伤。其中死者乔某家属诉大韩航空有限公司人身损害赔偿案中，原告请求判令被告赔偿原告侵权损失人民币 347 万元、其他损失人民币 10 万元并承担本案诉讼费，被告则认为原告提出的赔偿额无事实和法律依据以证明其索赔数额的合理性。上海市高级人民法院最终判决被告支付108万元。

其余几名死者，上海市高级人民法院根据《民用航空法》和《民法通则》的规定，判处大韩航空公司分别赔偿3位空难死难者家属88万、88万和111万元人民币（另一名死难者家属接受了52.5万元的赔偿）。

律师专线

本案系被告航空器坠落中国上海致地面无辜第三人受害死亡而引发的人身损害赔偿案件。被告因其经营的航空器在上海坠毁，使地面无辜第三人受害死亡，系被告的侵权行为所致。根据我国法律规定，民用航空器对地面第三人的损害赔偿，适用侵权行为地法律，故本案适用我国法律。我国法律规定的法律适用顺序依次为国际条约、国内法和国际惯例。因我国未参加相关的国际条约，而我国国内法对侵权行为的赔偿已作法律规定，故本案适用我国的国内法。根据我国法律规定，只要是飞行中的民用航空器或者从飞行中的民用航空器落下的人或者物，造成地面上的人身伤亡或者财产损害是客观事实，受害人即有权获得赔偿。被告大韩航空公司作为坠落飞机的经营人，应承担赔偿责任。被告应赔偿原告因权利受到侵害而产生的损失，包括原告及其亲属为处理原告亲人乔某的后事产生的丧葬费、误工费、交通费、医疗费等直接损失，还包括原告应得利益的损失及精神损失的赔偿。

法律规范

中华人民共和国民用航空法

（1995年10月30日第八届全国人民代表大会常务委员会第十六次会议通过）

第一百五十七条　因飞行中的民用航空器或者从飞行中的民用航空器上落下的人或者物，造成地面（包括水面，下同）上的人身伤亡或者财产损害的，受害人有权获得赔偿；但是，所受损害并非造成损害的事故的直接后果，或者所受损害仅是民用航空器依照国家有关的空中交通规则在空中通过造成的，受害人无权要求赔偿。

前款所称飞行中，是指自民用航空器为实际起飞而使用动力时起至着陆冲程终了时止；就轻于空气的民用航空器而言，飞行中是指自其离开地面时起至其重新着地时止。

第一百五十八条　本法第一百五十七条规定的赔偿责任，由民用航空器的经营人承担。

前款所称经营人，是指损害发生时使用民用航空器的人。民用航空器的使用权已经直接或者间接地授予他人，本人保留对该民用航空器的航行控制权的，本人仍被视为经营人。

经营人的受雇人、代理人在受雇、代理过程中使用民用航空器，无论是否在其受雇、代理范围内行事，均视为经营人使用民用航空器。

民用航空器登记的所有人应当被视为经营人，并承担经营人的责任；除非在判定其责任的诉讼中，所有人证明经营人是他人，并在法律程序许可的范围内采取适当措施使该人成为诉讼当事人之一。

第一百八十四条　中华人民共和国缔结或者参加的国际条约同本法有不同规定的，适用国际条约的规定；但是，中华人民共和国声明保留的条款除外。

中华人民共和国法律和中华人民共和国缔结或者参加的国际条约没有规定的，可以适用国际惯例。

第一百八十九条　民用航空器对地面第三人的损害赔偿，适用侵权行为地法律。

民用航空器在公海上空对水面第三人的损害赔偿，适用受理案件的法院所在地法律。

中华人民共和国民法通则

（1986 年 4 月 12 日第六届全国人民代表大会第四次会议通过　自 1987 年 1 月 1 日起施行）

第一百一十七条　侵占国家的、集体的财产或者他人财产的，应当返还财产，不能返还财产的，应当折价赔偿。

损坏国家的、集体的财产或者他人财产的，应当恢复原状或者折价赔偿。

受害人因此遭受其他重大损失的，侵害人并应当赔偿损失。

第一百一十九条　侵害公民身体造成伤害的，应当赔偿医疗费、因误工减少的收入、残废者生活补助费等费用；造成死亡的，并应当支付丧葬费、死者生前扶养的人必要的生活费等费用。

最高人民法院关于审理人身损害赔偿案件适用法律若干问题的解释

（2003 年 12 月 4 日最高人民法院审判委员会第 1299 次会议通过　法释〔2003〕20 号）

第一条　因生命、健康、身体遭受侵害，赔偿权利人起诉请求赔偿义务人赔偿财产损失和精神损害的，人民法院应予受理。

本条所称“赔偿权利人”，是指因侵权行为或者其他致害原因直接遭受人身损害的受害人、依法由受害人承担扶养义务的被扶养人以及死亡受害人的近亲属。

本条所称“赔偿义务人”，是指因自己或者他人的侵权行为以及其他致害原因依法应当承担民事责任的自然人、法人或者其他组织。

第十七条　受害人遭受人身损害，因就医治疗支出的各项费用以及因误工减少的收入，包括医疗费、误工费、护理费、交通费、住宿费、住院伙食补助费、必要的营养费，赔偿义务人应当予以赔偿。

受害人因伤致残的，其因增加生活上需要所支出的必要费用以及因丧失劳动能力导致的收入损失，包括残疾赔偿金、残疾辅助器具费、被扶养人生活费，以及因康复护理、继续治疗实际发生的必要的康复费、护理费、后续治疗费，赔偿义务人也应当予以赔偿。

受害人死亡的，赔偿义务人除应当根据抢救治疗情况赔偿本条第一款规定的相关费用外，还应当赔偿丧葬费、被扶养人生活费、死亡补偿费以及受害人亲属办理丧葬事宜支出的交通费、住宿费和误工损失等其他合理费用。

第十八条　受害人或者死者近亲属遭受精神损害，赔偿权利人向人民法院请求赔偿精神损害抚慰金的，适用《最高人民法院关于确定民事侵权精神损害赔偿责任若干问题的解释》予以确定。

精神损害抚慰金的请求权，不得让与或者继承。但赔偿义务人已经以书面方式承诺给予金钱赔偿，或者赔偿权利人已经向人民法院起诉的除外。

第十九条　医疗费根据医疗机构出具的医药费、住院费等收款凭证，结合病历和诊断证明等相关证据确定。赔偿义务人对治疗的必要性和合理性有异议的，应当承担相应的举证责任。

医疗费的赔偿数额，按照一审法庭辩论终结前实际发生的数额确定。器官功能恢复训练所必要的康复费、适当的整容费以及其他后续治疗费，赔偿权利人可以待实际发生后另行起诉。但根据医疗证明或者鉴定结论确定必然发生的费用，可以与已经发生的医疗费一并予以赔偿。

第二十条　误工费根据受害人的误工时间和收入状况确定。

误工时间根据受害人接受治疗的医疗机构出具的证明确定。受害人因伤致残持续误工的，误工时间可以计算至定残日前一天。

受害人有固定收入的，误工费按照实际减少的收入计算。受害人无固定收入的，按照其最近三年的平均收入计算；受害人不能举证证明其最近三年的平均收入状况的，可以参照受诉法院所在地相同或者相近行业上一年度职工的平均工资计算。

第二十一条　护理费根据护理人员的收入状况和护理人数、护理期限确定。

护理人员有收入的，参照误工费的规定计算；护理人员没有收入或者雇佣护工的，参照当地护工从事同等级别护理的劳务报酬标准计算。护理人员原则上为一人，但医疗机构或者鉴定机构有明确意见的，可以参照确定护理人员人数。

护理期限应计算至受害人恢复生活自理能力时止。受害人因残疾不能恢复生活自理能力的，可以根据其年龄、健康状况等因素确定合理的护理期限，但最长不超过二十年。

受害人定残后的护理，应当根据其护理依赖程度并结合配制残疾辅助器具的情况确定护理级别。

第二十二条　交通费根据受害人及其必要的陪护人员因就医或者转院治疗实际发生的费用计算。交通费应当以正式票据为凭；有关凭据应当与就医地点、时间、人数、次数相符合。

第二十三条　住院伙食补助费可以参照当地国家机关一般工作人员的出差伙食补助标准予以确定。

受害人确有必要到外地治疗，因客观原因不能住院，受害人本人及其陪护人员实际发生的住宿费和伙食费，其合理部分应予赔偿。

第二十四条 营养费根据受害人伤残情况参照医疗机构的意见确定。

第二十五条 残疾赔偿金根据受害人丧失劳动能力程度或者伤残等级，按照受诉法院所在地上一年度城镇居民人均可支配收入或者农村居民人均纯收入标准，自定残之日起按二十年计算。但六十周岁以上的，年龄每增加一岁减少一年；七十五周岁以上的，按五年计算。

受害人因伤致残但实际收入没有减少，或者伤残等级较轻但造成职业妨害严重影响其劳动就业的，可以对残疾赔偿金作相应调整。

第二十六条 残疾辅助器具费按照普通适用器具的合理费用标准计算。伤情有特殊需要的，可以参照辅助器具配制机构的意见确定相应的合理费用标准。

辅助器具的更换周期和赔偿期限参照配制机构的意见确定。

第二十七条 丧葬费按照受诉法院所在地上一年度职工月平均工资标准，以六个月总额计算。

第二十八条 被扶养人生活费根据扶养人丧失劳动能力程度，按照受诉法院所在地上一年度城镇居民人均消费性支出和农村居民人均年生活消费支出标准计算。被扶养人为未成年人的，计算至十八周岁；被扶养人无劳动能力又无其他生活来源的，计算二十年。但六十周岁以上的，年龄每增加一岁减少一年；七十五周岁以上的，按五年计算。

被扶养人是指受害人依法应当承担扶养义务的未成年人或者丧失劳动能力又无其他生活来源的成年近亲属。被扶养人还有其他扶养人的，赔偿义务人只赔偿受害人依法应当负担的部分。被扶养人有数人的，年赔偿总额累计不超过上一年度城镇居民人均消费性支出额或者农村居民人均年生活消费支出额。

第二十九条 死亡赔偿金按照受诉法院所在地上一年度城镇居民人均可支配收入或者农村居民人均纯收入标准，按二十年计算。但六十周岁以上的，年龄每增加一岁减少一年；七十五周岁以上的，按五年计算。

第三十条 赔偿权利人举证证明其住所地或者经常居住地城镇居民人均可支配收入或者农村居民人均纯收入高于受诉法院所在地标准的，残疾赔偿金或者死亡赔偿金可以按照其住所地或者经常居住地的相关标准计算。

被扶养人生活费的相关计算标准，依照前款原则确定。

第三十一条 人民法院应当按照民法通则第一百三十一条以及本解释第二

条的规定，确定第十九条至第二十九条各项财产损失的实际赔偿金额。

前款确定的物质损害赔偿金与按照第十八条第一款规定确定的精神损害抚慰金，原则上应当一次性给付。

第三十二条　超过确定的护理期限、辅助器具费给付年限或者残疾赔偿金给付年限，赔偿权利人向人民法院起诉请求继续给付护理费、辅助器具费或者残疾赔偿金的，人民法院应予受理。赔偿权利人确需继续护理、配制辅助器具，或者没有劳动能力和生活来源的，人民法院应当判令赔偿义务人继续给付相关费用五至十年。

第三十三条　赔偿义务人请求以定期金方式给付残疾赔偿金、被扶养人生活费、残疾辅助器具费的，应当提供相应的担保。人民法院可以根据赔偿义务人的给付能力和提供担保的情况，确定以定期金方式给付相关费用。但一审法庭辩论终结前已经发生的费用、死亡赔偿金以及精神损害抚慰金，应当一次性给付。

第三十四条　人民法院应当在法律文书中明确定期金的给付时间、方式以及每期给付标准。执行期间有关统计数据发生变化的，给付金额应当适时进行相应调整。

定期金按照赔偿权利人的实际生存年限给付，不受本解释有关赔偿期限的限制。

第三十五条　本解释所称“城镇居民人均可支配收入”、“农村居民人均纯收入”、“城镇居民人均消费性支出”、“农村居民人均年生活消费支出”、“职工平均工资”，按照政府统计部门公布的各省、自治区、直辖市以及经济特区和计划单列市上一年度相关统计数据确定。

“上一年度”，是指一审法庭辩论终结时的上一统计年度。

最高人民法院关于确定民事侵权精神损害赔偿责任若干问题的解释

（2001 年 2 月 26 日最高人民法院审判委员会第 1161 次会议通过　法释〔2001〕7 号）

第一条　自然人因下列人格权利遭受非法侵害，向人民法院起诉请求赔偿精神损害的，人民法院应当依法予以受理：

（一）生命权、健康权、身体权；

（二）姓名权、肖像权、名誉权、荣誉权；

（三）人格尊严权、人身自由权。

违反社会公共利益、社会公德侵害他人隐私或者其他人格利益，受害人以侵权为由向人民法院起诉请求赔偿精神损害的，人民法院应当依法予以受理。

第十条　精神损害的赔偿数额根据以下因素确定：

（一）侵权人的过错程度，法律另有规定的除外；

（二）侵害的手段、场合、行为方式等具体情节；

（三）侵权行为所造成的后果；

（四）侵权人的获利情况；

（五）侵权人承担责任的经济能力；

（六）受诉法院所在地平均生活水平。

法律、行政法规对残疾赔偿金、死亡赔偿金等有明确规定的，适用法律、行政法规的规定。

专家释惑

本案在法律适用上即适用我国法律规定不存在异议，被告承担赔偿责任也无争议，但关键是如何确定被告的赔偿范围和赔偿数额。国内法关于民用航空器对地面第三人损害赔偿金的计算问题，《民用航空法》对此没有具体规定，但明确规定了民用航空器对地面第三人损害赔偿，适用侵权行为地法律。而根据侵权行为地法律即我国《民法通则》的规定，对地面（水面）第三人造成损害应当按实际损失赔偿，没有限额规定。《民法通则》规定，损坏国家的、集体的财产或者他人财产的，应当恢复原状或者折价赔偿。受害人因此遭受其他重大损失的，侵害人并应当赔偿损失。侵害公民身体造成伤害的，应当赔偿医疗费、因误工减少的收入、残废者生活补助费等费用；造成死亡的，并应当支付丧葬费、死者生前扶养的人必要的生活费等费用。

具体赔偿范围和赔偿数额的计算可依据 2001 年和 2003 年最高

人民法院颁布的两部司法解释，即最高人民法院《关于确定民事侵权精神损害赔偿责任若干问题的解释》和最高人民法院《关于审理人身损害赔偿案件适用法律若干问题的解释》。生命、健康和身体受到侵害的，受害人或其相关的近亲属有权请求赔偿财产损失和精神损害。受害人因伤致残的，除因就医治疗支出的各项费用以及因误工减少的收入，包括医疗费、误工费、护理费、交通费、住宿费、住院伙食补助费、必要的营养费，赔偿义务人应当予以赔偿外，其因增加生活上需要所支出的必要费用以及因丧失劳动能力导致的收入损失，包括残疾赔偿金、残疾辅助器具费、被扶养人生活费，以及因康复护理、继续治疗实际发生的必要的康复费、护理费、后续治疗费，赔偿义务人也应当予以赔偿。受害人死亡的，赔偿义务人除应当根据抢救治疗情况赔偿因就医治疗支出的各项费用以及因误工减少的收入外，还应当赔偿丧葬费、被扶养人生活费、死亡补偿费以及受害人亲属办理丧葬事宜支出的交通费、住宿费和误工损失等其他合理费用。对残疾赔偿金的计算，主要考虑受害人丧失劳动能力程度或伤残程度以及受诉法院所在地城镇居民人均可支配收入或农村居民纯收入和受害人的年龄等因素；对死亡赔偿金的计算，主要考虑受诉法院所在地城镇居民人均可支配收入或农村居民纯收入和受害人的年龄等因素。在财产损害赔偿之外，受害人或其相关近亲属还可以请求精神损害赔偿。

五、托运行李丢失怎么赔？

案例 62　徐某等因托运行李丢失诉某国际航空公司案

事情是这样的

2001 年 7 月 21 日，徐某和刘某（两人是夫妻关系）购买了两张某国际航空公司发售的北京至法兰克福的往返机票。该机票的票联上用中英文对照的形式声明"《华沙公约》可适用于该运输，且该公约决定并在一般情况下限制承运人对旅客的伤亡及行李遗失或损坏所负的责任。请参阅国际旅客责任限额和行李责任限额通告"，在机票加一联上用英文规定了"除非事先对较高的价值作出申报，否则对行李的丢失、延误或损坏的赔偿是有限的。对大多数国际旅行（含国际航程的国内部分），对托运行李的赔偿限度每磅大约为9.07美元（每公斤20美元）"。2001年8月25日，徐刘二人搭乘某国际航空公司CA936航班返回北京，并将两只行李箱拴在一起办理了行李托运手续。徐刘二人在到达北京首都国际机场提取托运的行李时，被告知行李已丢失。该行李为徐刘二人的行李物品及其在国外旅行期间的生活录像带和旅行照片。为等待查找行李，二人在京滞留7天。双方就赔偿数额协商未果，徐刘二人遂向人民法院提起诉讼。徐刘二人认为，某国际航空公司出售的机票附页上关于行李赔偿限额的通知仅使用英文，没有与机票其他告知信息一样使用中英文对照方式说明，使其在不知情的情况下未能对超值部分物品声明价值，某国际航空公司的行为违反了《中华人民共和国合同法》的有关规定，没有履行告知义务，使其合法权益受到严重损害，应按丢失行李的实际价值予以赔偿，要求被告某国际航空公司赔偿行李损失费44035元，滞留北京期间的费用1400元及精神抚慰金10000元，共计55435元。某国际航空公司则认为只能以飞机票附页上注明的行李赔偿责任限额规定赔偿，且不同意赔偿两原告精神损失。

人民法院经审理后认为，承运人对运输过程中的行李的毁损、灭失承担损害赔偿责任。徐刘二人乘坐某国际航空公司的飞机返京，并将行李交予该公司托运，该国际航空公司作为承运人有义务保证旅客的人身、物品安全到达目的地。现原告托运的行李丢失，该国际航空公司应承担赔偿责任。根据《中华人民共和国民用航空法》及相关国际公约的规定，对托运行李的赔偿限额为每公斤20美元。两原告要求被告按实际损失予以赔偿，并支付在北京滞留期间的经济损失，赔偿精神抚慰金的诉讼请求，于法无据，法院不予支持。另外，因被告在其向两原告出具的行李票上未注明托运行李的件数，且被告亦未提供证据证明两原告托运行李的件数，故对两原告丢失的行李应以两件计算，每件行李应按20公斤计算。根据《中华人民共和国民用航空法》第184条及《统一国际航空运输某些规则的公约》第22条之规定，判令被告某国际航空公司赔偿原告徐刘、二人800美元（按判决生效之日中国人民银行公布的汇率折算成人民币取其整数执行）。

律师专线

二原告在搭乘被告CA936航班从德国法兰克福返回北京的过程中，与被告因丢失行李赔偿问题所发生的纠纷，属国际航空运输纠纷。按照《中华人民共和国民用航空法》的有关规定，此纠纷应遵从我国已参加的国际运输公约的规定。我国分别于1958年、1975年参加了涉及国际航空运输的《统一国际航空运输某些规则的公约》（简称《华沙公约》）和《修改1929年10月12日在华沙签订的统一国际航空运输某些规则的公约的议定书》（简称《海牙议定书》）。在上述文件中，对在托运行李和货物运输中，就承运人对行李或者货物的责任规定了赔偿限额，即以每公斤250法郎为限。

法律规范

统一国际航空运输某些规则的公约（华沙公约）

（1929年10月12日在华沙签订　1933年2月13日起生效　1958年10月18日对我国生效）

第四条

一、运送行李，除由旅客自行保管的小件个人用品外，承运人必须出具行李票。

二、行李票应备一式两份，一份交旅客，一份归承运人。

三、行李票上应包括以下各项：

（一）出票地点和日期；

（二）起运地和目的地；

（三）承运人的名称和地址；

（四）客票的号码；

（五）声明行李将交给行李票持有人；

（六）行李件数和重量；

（七）根据第二十二条第二款声明价值；

（八）声明运输应受本公约所规定责任制度的约束。

四、如果没有行李票或行李票不合规定或行李票遗失，不影响运输合同的存在和有效，这项运输合同仍将同样受本公约的规则的约束。但是如果承运人接受行李而不出具行李票，或行李票上没有包括以下（四）（六）（八）各项，承运人就无权引用本公约关于免除或限制承运人责任的规定。

第十八条

一、对于任何已登记的行李或货物因毁灭、遗失或损坏而产生的损失，如果造成这种损失的事故是发生在航空运输期间，承运人应负责任。

二、上款所指航空运输的意义，包括行李或货物在承运人保管下的期间，不论是在航空站内、在航空器上或在航空站外降落的任何地点。

三、航空运输的期间不包括在航空站以外的任何陆运、海运或河运。但是如果这种运输是为了履行空运合同，是为了装货、交货或转运，任何损失应该被认为是在航空运输期间发生事故的结果，除非有相反证据。

第二十条

一、承运人如果证明自己和他的代理人为了避免损失的发生，已经采取一切必要的措施，或不可能采取这种措施时，就不负责任。

二、在运输货物和行李时，如果承运人证明损失的发生是由于驾驶上、航空器的操作上或领航上的过失，而在其他一切方面承运人和他的代理人已经采取一切必要的措施以避免损失时，就不负责任。

第二十一条

如果承运人证明损失的发生是由于受害人的过失所引起或助成，法院可以按照它的法律规定，免除或减轻承运人的责任。

第二十二条

一、运送旅客时，承运人以每一旅客的责任以十二万五千法郎为限。如果根据受理法院地法律，可以分期付款方式赔偿损失时，付款的总值不得超过这个限额。但是旅客可以根据他同承运人的特别协议，规定一个较高的责任限额。

二、在运输已登记的行李和货物时，承运人对行李或货物的责任以每公斤二百五十法郎为限，除非托运人在交运时，曾特别声明行李或货物运到后的价值，并缴付必要的附加费。在这种情况下，承运人所负责在不超过声明的金额，除非承运人证明托运人声明的金额高于行李或货物运到后的实际价值。

三、关于旅客自己保管的物件，承运人对每个旅客所负的责任，以五千法郎为限。

四、上述法郎是指含有千分之九百成色的65.5毫克黄金的法国法郎。这项金额可以折合成任何国家的货币取其整数。

统一国际航空运输某些规则的公约（1999年蒙特利尔公约）

（1999年5月28日在蒙特利尔签订　2003年11月4日正式生效　2005年7月31日正式在我国生效）

第十七条　旅客死亡和伤害行李损失

一、对于因旅客死亡或者身体伤害而产生的损失，只要造成死亡或者伤害的事故是在航空器上或者在上、下航空器的任何操作过程中发生的，承运人就应当承担责任。

二、对于因托运行李毁灭、遗失或者损坏而产生的损失，只要造成毁灭、遗失或者损坏的事件是在航空器上或者在托运行李处于承运人掌管之下的任何期间内发生的，承运人就应当承担责任。但是，行李损失是由于行李的固有缺陷、质量或者瑕疵造成的，在此范围内承运人不承担责任。关于非托运行李，包括个人物件，承运人对因其过错或者其受雇人或者代理人的过错造成的损失承担责任。

三、承运人承认托运行李已经遗失，或者托运行李在应当到达之日起二十一日后仍未到达的，旅客有权向承运人行使运输合同所赋予的权利。

四、除另有规定外，本公约中“行李”一词系指托运行李和非托运行李。

第十九条　延误

旅客、行李或者货物在航空运输中因延误引起的损失，承运人应当承担责任。但是，承运人证明本人及其受雇人和代理人为了避免损失的发生，已经采取一切可合理要求的措施或者不可能采取此种措施的，承运人不对因延误引起的损失承担责任。

中华人民共和国合同法

（1999 年 3 月 15 日第九届全国人民代表大会第二次会议通过　自 1999 年 10 月 1 日起施行）

第三百零三条　在运输过程中旅客自带物品毁损、灭失，承运人有过错的，应当承担损害赔偿责任。

旅客托运的行李毁损、灭失的，适用货物运输的有关规定。

第三百一十一条　承运人对运输过程中货物的毁损、灭失承担损害赔偿责任，但承运人证明货物的毁损、灭失是因不可抗力、货物本身的自然性质或者合理损耗以及托运人、收货人的过错造成的，不承担损害赔偿责任。

中华人民共和国民用航空法

（1995 年 10 月 30 日第八届全国人民代表大会常务委员会第十六次会议通过）

第一百二十五条　因发生在民用航空器上或者在旅客上、下民用航空器过程中的事件，造成旅客随身携带物品毁灭、遗失或者损坏的，承运人应当承担责任。因发生在航空运输期间的事件，造成旅客的托运行李毁灭、遗失或者损坏的，承运人应当承担责任。

旅客随身携带物品或者托运行李的毁灭、遗失或者损坏完全是由于行李本身的自然属性、质量或者缺陷造成的，承运人不承担责任。

本章所称行李，包括托运行李和旅客随身携带的物品。

因发生在航空运输期间的事件，造成货物毁灭、遗失或者损坏的，承运人应当承担责任；但是，承运人证明货物的毁灭、遗失或者损坏完全是由于下列原因之一造成的，不承担责任：

（一）货物本身的自然属性、质量或者缺陷；

（二）承运人或者其受雇人、代理人以外的人包装货物的，货物包装不良；

（三）战争或者武装冲突；

（四）政府有关部门实施的与货物入境、出境或者过境有关的行为。

本条所称航空运输期间，是指在机场内、民用航空器上或者机场外降落的任何地点，托运行李、货物处于承运人掌管之下的全部期间。

航空运输期间，不包括机场外的任何陆路运输、海上运输、内河运输过程；但是，此种陆路运输、海上运输、内河运输是为了履行航空运输合同而装载、交付或者转运，在没有相反证据的情况下，所发生的损失视为在航空运输期间发生的损失。

第一百二十八条　国内航空运输承运人的赔偿责任限额由国务院民用航空主管部门制定，报国务院批准后公布执行。

旅客或者托运人在交运托运行李或者货物时，特别声明在目的地点交付时的利益，并在必要时支付附加费的，除承运人证明旅客或者托运人声明的金额高于托运行李或者货物在目的地点交付时的实际利益外，承运人应当在声明金额范围内承担责任；本法第一百二十九条的其他规定，除赔偿责任限额外，适用于国内航空运输。

第一百二十九条　国际航空运输承运人的赔偿责任限额按照下列规定执行：

（一）对每名旅客的赔偿责任限额为16600计算单位；但是，旅客可以同承运人书面约定高于本项规定的赔偿责任限额。

（二）对托运行李或者货物的赔偿责任限额，每公斤为17计算单位。旅客或者托运人在交运托运行李或者货物时，特别声明在目的地点交付时的利益，并在必要时支付附加费的，除承运人证明旅客或者托运人声明的金额高于托运行李或者货物在目的地点交付时的实际利益外，承运人应当在声明金额范围内承担责任。

托运行李或者货物的一部分或者托运行李、货物中的任何物件毁灭、遗失、损坏或者延误的，用以确定承运人赔偿责任限额的重量，仅为该一包件或者数包件的总重量；但是，因托运行李或者货物的一部分或者托运行李、货物中的任何物件的毁灭、遗失、损坏或者延误，影响同一份行李票或者同一份航空货运单所列其他包件的价值的，确定承运人的赔偿责任限额时，此种包件的总重量也应当考虑在内。

（三）对每名旅客随身携带的物品的赔偿责任限额为332计算单位。

第一百八十四条　中华人民共和国缔结或者参加的国际条约同本法有不同规定的，适用国际条约的规定；但是，中华人民共和国声明保留的条款除外。

中华人民共和国法律和中华人民共和国缔结或者参加的国际条约没有规定

的，可以适用国际惯例。

国内航空运输承运人赔偿责任限额规定

（中国民用航空总局令第164号）

第一条　为了维护国内航空运输各方当事人的合法权益，根据《中华人民共和国民用航空法》（以下简称《民用航空法》）第一百二十八条，制定本规定。

第二条　本规定适用于中华人民共和国国内航空运输中发生的损害赔偿。

第三条　国内航空运输承运人（以下简称承运人）应当在下列规定的赔偿责任限额内按照实际损害承担赔偿责任，但是《民用航空法》另有规定的除外：

（一）对每名旅客的赔偿责任限额为人民币40万元；

（二）对每名旅客随身携带物品的赔偿责任限额为人民币3000元；

（三）对旅客托运的行李和对运输的货物的赔偿责任限额，为每公斤人民币100元。

第四条　本规定第三条所确定的赔偿责任限额的调整，由国务院民用航空主管部门制定，报国务院批准后公布执行。

第五条　旅客自行向保险公司投保航空旅客人身意外保险的，此项保险金额的给付，不免除或者减少承运人应当承担的赔偿责任。

第六条　本规定自2006年3月28日起施行。

中国民用航空旅客、行李国际运输规则

（中国民用航空总局令第70号　1997年12月8日）

第三十二条　承运人载运的行李只限于本规则第三条第（十一）项定义范围内的物品。

第三十三条　行李票是行李托运和运输合同条件的初步证据。

前款所称行李票，是指客票中与运输旅客托运行李有关的部分。

第三十四条　旅客应当将托运行李交承运人计重或者计件，承运人应当将托运行李的重量、件数填入“客票及行李票”，拴挂行李牌，并在运输期间负责照管。

第三十五条　旅客的非托运行李应当交承运人计重或者计件，承运人应当

将重量、件数填入“客票及行李票”，在运输期间由旅客自行照管。

旅客带入客舱的非托运行李应当能置于前排座位下或者能放置于客舱的密闭存放部位。超过承运人规定的重量或者尺寸的行李不得置于客舱内。

第三十六条　下列物品不得作为行李运输：

（一）危险物品，包括爆炸品、气体、易燃液体、易燃固体、自燃物质、遇水释放易燃气体的物质、氧化剂、有机过氧化物、毒性物质、传染性物质、放射性物品、腐蚀品和不属于上述任何一类别而在航空运输中具有危险性的物质和物品；

（二）枪支、弹药、管制刀具及其他类似的物品，但按照本规则第三十八条、第三十九条规定办理的除外；

（三）动物，但按照本章第三节规定办理的除外；

（四）中华人民共和国或者运输过程中有关国家法律规定禁止出境、入境或者过境的物品；

（五）包装、形状、重量、体积或者性质不适宜运输的物品。

第三十七条　旅客不得在托运行李中夹带易碎或者易腐物品、货币、珠宝、贵重金属、金银制品、流通票证、有价证券和其他贵重物品、商业文件、护照和其他证明文件或者样品。对旅客违反上述规定而造成的损失，承运人不承担责任。

第三十八条　用于狩猎和体育运动的枪支和弹药，可凭枪支运输许可证或者国务院体育行政部门的批准证明作为托运行李运输，但不得作为非托运行李带入客舱。枪支必须卸下子弹和扣上保险并妥善包装。弹药的运输应当按危险物品运输的有关规定办理。

第三十九条　属于古董或者旅游纪念品的剑、刀及类似物品，只能作为托运行李运输并符合有关规定。

第四十条　在行李收运前或者运输期间，行李中装有本规则第三十二条规定范围以外的物品或者装有本规则第三十六条规定的任何物品，承运人有权拒绝承运或者续运。

第四十一条　因旅客行李内装物品造成旅客本人伤害或者其行李损失的，承运人不承担责任。因旅客行李内装物品对他人造成伤害或者对他人物品或者承运人财产造成损失的，该旅客应当赔偿承运人的损失和由此支付的费用。

第四十二条　承运人为了运输安全，可以按规定程序对旅客行李进行检查；必要时，由有关部门进行检查。对拒绝接受行李检查的，承运人有权拒绝运输该旅客的行李。

第四十五条　承运人依据其规定向旅客提供行李声明价值服务。旅客可对其超过承运人赔偿责任限额的托运行李办理声明价值，并支付声明价值附加费。承运人可以规定每一旅客托运行李声明价值的最高限额。

托运行李的部分运输由不提供行李声明价值服务的其他承运人承担的，承运人有权拒绝提供托运行李的声明价值服务。

旅客携带的小动物，不予办理声明价值服务。

旅客行李的声明价值超过承运人规定限额的，承运人可拒绝收运。

第四十七条　托运行李应当符合下列要求：

（一）旅客托运行李，必须凭有效的“客票及行李票”；

（二）旅客应当在承运人指定的地点和时间内办理行李托运手续；

（三）承运人将旅客托运行李和非托运行李的重量和件数填入“客票及行李票”的有关部分后，即视为已填开行李票。承运人应当对每件托运行李拴挂行李牌，并将行李牌识别联交给旅客，作为旅客认领行李的凭据；

（四）托运行李的重量和体积不得超过承运人规定，超过规定的托运行李应当事先经承运人同意；

（五）旅客的托运行李应当与旅客同机运输。旅客的托运行李确实不能同机运输的，承运人应当向旅客说明，在确保安全的情况下安排在后续航班上运输。

中国民用航空旅客、行李国内运输规则

（1985 年 1 月 1 日制定　1996 年 2 月 28 日修订　2004 年 7 月 12 日修订）

第三十六条　承运人承运的行李，只限于符合本规则第三条第二十三项定义范围内的物品。

承运人承运的行李，按照运输责任分为托运行李、自理行李和随身携带物品。

重要文件和资料、外交信袋、证券、货币、汇票、贵重物品、易碎易腐物

品，以及其他需要专人照管的物品，不得夹入行李内托运。承运人对托运行李内夹带上述物品的遗失或损坏按一般托运行李承担赔偿责任。

国家规定的禁运物品、限制运输物品、危险物品，以及具有异味或容易污损飞机的其他物品，不能作为行李或夹入行李内托运。承运人在收运行李前或在运输过程中，发现行李中装有不得作为行李或夹入行李内运输的任何物品，可以拒绝收运或随时终止运输。

旅客不得携带管制刀具乘机。管制刀具以外的利器或钝器应随托运行李托运，不能随身携带。

第三十七条　托运行李必须包装完善、锁扣完好、捆扎牢固，能承受一定的压力，能够在正常的操作条件下安排装卸和运输，并应符合下列条件，否则，承运人可以拒绝收运：

（一）旅行箱、旅行袋和手提包等必须加锁；

（二）两件以上的包件，不能捆为一件；

（三）行李上不能附插其他物品；

（四）竹篮、网兜、草绳、草袋等不能作为行李的外包装物；

（五）行李上应写明旅客的姓名、详细地址、电话号码。

托运行李的重量每件不能超过 50 公斤，体积不能超过 40 × 60 × 100 厘米，超过上述规定的行李，须事先征得承运人的同意才能托运。

自理行李的重量不能超过 10 公斤，体积每件不超过 20 × 40 × 55 厘米。

随身携带物品的重量，每位旅客以 5 公斤为限。持头等舱客票的旅客，每人可随身携带两件物品；持公务舱或经济舱客票的旅客，每人只能随身携带一件物品。每件随身携带物品的体积均不得超过 20 × 40 × 55 厘米。超过上述重量、件数或体积限制的随身携带物品，应作为托运行李托运。

第三十八条　每位旅客的免费行李额（包括托运和自理行李）：持成人或儿童票的头等舱旅客为 40 公斤，公务舱旅客为 30 公斤，经济舱旅客为 20 公斤。持婴儿票的旅客，无免费行李额。

搭乘同一航班前往同一目的地的两个以上的同行旅客，如在同一时间、同一地点办理行李托运手续，其免费行李额可以按照各自的客票价等级标准合并计算。

构成国际运输的国内航段，每位旅客的免费行李额按适用的国际航线免费行李额计算。

第三十九条　旅客必须凭有效客票托运行李。承运人应在客票及行李票上注明托运行李的件数和重量。

承运人一般应在航班离站当日办理乘机手续时收运行李；如团体旅客的行李过多，或因其他原因需要提前托运时，可与旅客约定时间、地点收运。

承运人对旅客托运的每件行李应拴挂行李牌，并将其中的识别联交给旅客。经承运人同意的自理行李应与托运行李合并计重后，交由旅客带入客舱自行照管，并在行李上拴挂自理行李牌。

不属于行李的物品应按货物托运，不能作为行李托运。

第四十条　旅客的逾重行李在其所乘飞机载量允许的情况下，应与旅客同机运送。旅客应对逾重行李付逾重行李费，逾重行李费率以每公斤按经济舱票价的1.5%计算，金额以元为单位。

第四十一条　承运人为了运输安全，可以会同旅客对其行李进行检查；必要时，可会同有关部门进行检查。如果旅客拒绝接受检查，承运人对该行李有权拒绝运输。

第四十二条　旅客的托运行李，应与旅客同机运送，特殊情况下不能同机运送时，承运人应向旅客说明，并优先安排在后续的航班上运送。

第四十三条　旅客的托运行李，每公斤价值超过人民币50元时，可办理行李的声明价值。

承运人应按旅客声明的价值中超过本条第一款规定限额部分的价值的5‰收取声明价值附加费。金额以元为单位。

托运行李的声明价值不能超过行李本身的实际价值。每一旅客的行李声明价值最高限额人民币8000元。如承运人对声明价值有异议而旅客又拒绝接受检查时，承运人有权拒绝收运。

第四十四条　小动物是指家庭饲养的猫、狗或其它小动物。小动物运输，应按下列规定办理：

旅客必须在定座或购票时提出，并提供运输检疫证明，经承运人同意后方可托运。

旅客应在乘机的当日，按承运人指定的时间，将小动物自行运到机场办理托运手续。

装运小动物的容器应符合下列要求：

（一）能防止小动物破坏、逃逸和伸出容器以外损伤旅客、行李或货物。

（二）保证空气流通，不致使小动物窒息。

（三）能防止粪便渗溢，以免污染飞机、机上设备及其他物品。

旅客携带的小动物，除经承运人特许外，一律不能放在客舱内运输。

小动物及其容器的重量应按逾重行李费的标准单独收费。

第四十六条　旅客的托运行李、自理行李和随身携带物品中，凡夹带国家规定的禁运物品、限制携带物品或危险物品等，其整件行李称为违章行李。对违章行李的处理规定如下：

（一）在始发地发现违章行李，应拒绝收运；如已承运，应取消运输，或将违章夹带物品取出后运输，已收逾重行李费不退。

（二）在经停地发现违章行李，应立即停运，已收逾重行李费不退。

（三）对违章行李中夹带的国家规定的禁运物品、限制携带物品或危险物品，交有关部门处理。

第四十七条　由于承运人的原因，需要安排旅客改乘其他航班，行李运输应随旅客作相应的变更，已收逾重行李费多退少不补；已交付的声明价值附加费不退。

行李的退运按如下规定办理：

（一）旅客在始发地要求退运行李，必须在行李装机前提出。如旅客退票，已托运的行李也必须同时退运。以上退运，均应退还已收逾重行李费。

（二）旅客在经停地退运行李，该航班未使用航段的已收逾重行李费不退。

（三）办理声明价值的行李退运时，在始发地退还已交付的声明价值附加费，在经停地不退已交付的声明价值附加费。

第四十八条　旅客应在航班到达后立即在机场凭行李牌的识别联领取行李。必要时，应交验客票。

承运人凭行李牌的识别联交付行李，对于领取行李的人是否确系旅客本人，以及由此造成的损失及费用，不承担责任。

旅客行李延误到达后，承运人应立即通知旅客领取，也可直接送达旅客。

旅客在领取行李时，如果没有提出异议，即为托运行李已经完好交付。

旅客遗失行李牌的识别联，应立即向承运人挂失。旅客如要求领取行李，应向承运人提供足够的证明，并在领取行李时出具收据。如在声明挂失前行李已被冒领，承运人不承担责任。

第四十九条 无法交付的行李，自行李到达的次日起，超过 90 天仍无人领取，承运人可按照无法交付行李的有关规定处理。

第五十条 行李运输发生延误、丢失或损坏，该航班经停地或目的地的承运人或其代理人应会同旅客填写《行李运输事故记录》，尽快查明情况和原因，并将调查结果答复旅客和有关单位。如发生行李赔偿，在经停地或目的地办理。

因承运人原因使旅客的托运行李未能与旅客同机到达，造成旅客旅途生活的不便，在经停地或目的地应给予旅客适当的临时生活用品补偿费。

第五十一条 旅客的托运行李全部或部分损坏、丢失，赔偿金额每公斤不超过人民币 50 元。如行李的价值每公斤低于 50 元时，按实际价值赔偿。已收逾重行李费退还。

旅客丢失行李的重量按实际托运行李的重量计算，无法确定重量时，每一旅客的丢失行李最多只能按该旅客享受的免费行李额赔偿。

旅客的丢失行李如已办理行李声明价值，应按声明的价值赔偿，声明价值附加费不退。行李的声明价值高于实际价值时，应按实际价值赔偿。

行李损坏时，按照行李降低的价值赔偿或负担修理费用。

由于发生在上、下航空器期间或航空器上的事件造成旅客的自理行李和随身携带物品灭失，承运人承担的最高赔偿金额每位旅客不超过人民币 2000 元。

构成国际运输的国内航段，行李赔偿按适用的国际运输行李赔偿规定办理。

已赔偿的旅客丢失行李找到后，承运人应迅速通知旅客领取，旅客应将自己的行李领回，退回全部赔款。临时生活用品补偿费不退。发现旅客有明显的欺诈行为，承运人有权追回全部赔偿。

第五十二条 旅客的托运行李丢失或损坏，应按法定时限向承运人或其代理人提出赔偿要求，并随附客票（或影印件）、行李牌的识别联、《行李运输事故记录》、证明行李内容和价值的凭证以及其他有关的证明。

专家释惑

要对旅客的伤亡进行赔偿，首先要确定是国际航空运输还是国内航空运输，然后再根据相关法律的规定，确定具体赔偿数额。对于托运行李也是如此。根据旅客所持的机票，如果是国际航空运输，依据《华沙公约》第18条第1款和第22条第2款的规定，对托运行李或货物因毁灭、遗失或损坏而产生的损失，如果造成这种损失的事故是发生在航空运输期间，承运人应负责任。在托运行李和货物运输中，承运人对行李或货物的责任以每公斤250法郎为限。当然，如果托运人在交运时曾特别声明行李或货物运到后的价值，并缴付必要的附加费，则不受上述每公斤250法郎的限制。此外，关于旅客自己保管的物件，承运人对每个旅客所负的责任，以5000法郎为限。我国《民用航空法》第129条规定，国际航空运输承运人对托运行李或者货物的赔偿责任限额为每公斤17计算单位，对每名旅客随身携带物品的赔偿责任限额以332为计算单位。

航空公司对行李的要求是有限定范围的。《中国民用航空旅客、行李国际运输规则》（简称《国际客规》）第37条规定，旅客不得在托运行李中夹带易碎或者易腐物品、货币、珠宝、贵重金属、金银制品、流通票证、有价证券和其他贵重物品、商业文件、护照和其他证明文件或者样品。对旅客违反上述规定而造成的损失，承运人不承担责任。《中国民用航空旅客、行李国内运输规则》（简称《国内客规》）第36条规定，对旅客违反上述规定而造成的遗失或损坏，按一般托运行李承担赔偿责任。本案中，徐某申报的行李物品中，除部分衣物外，还装有：铂金项链、玉链、水晶链、摄像机、黄金戒指、身份证、银行存折、美元、人民币等，价值44035元，已经远远超出了行李的范围，违反了《国际客规》的规定。

对于旅客行李延误时的临时生活补偿费，《国内客规》第50条规定，因承运人原因使旅客的托运行李未能与旅客同机到达，造成旅客旅途生活的不便，在经停地或目的地应给予旅客适当的临时生活用品补偿费。但没有规定具体的补偿标准。对于国内航空运输，各航空公司基本上都规定为 100 元人民币。对于国际航空运输，客票及行李票上写明行李的延误、损坏、丢失按每公斤 17 个计算单位（约合 20 美元）计算。但国内各航空公司现在基本上执行的都是进港旅客除联营航班外，普通舱是 250 元人民币、出港旅客是相当于 50 美元的当地货币的标准。

对于行李损失，什么情况下可免除或减轻航空公司的责任呢？《华沙公约》第 20、21 条规定了两个方面：一是采取了一切必要措施；二是由于受害人的过失所引起或促成的损失，航空公司不承担责任。1999 年《蒙特利尔公约》第 17、19、20 条分别规定了三个方面，其中两点同《华沙公约》的规定基本相同，另外一点是行李损失是由于行李的固有缺陷、质量或者瑕疵造成的，在此范围内承运人不承担责任。总之，免除或减轻航空公司责任的情形有三：一是由于行李的固有缺陷、质量或者瑕疵造成的；二是航空公司采取了一切可合理要求的措施的；三是由相关权利人的过失或者其他不当作为、不作为造成或者促成的。

联系本案

旅客在托运行李时，对于比较贵重的物品，如果认为机票乘机联前面的须知条款规定的责任限额过低而不足以保护自己的利益时，可以就托运行李在目的地点交付时的利益向航空公司作特别声明，航空公司应按声明金额对旅客进行赔偿。当然，旅客声明金额，必须向航空公司支付一定的附加费，作为其声明金额的代价。我国《国内客规》第 43 条规定，旅客的托运行李，每公斤价值超过人民币 50 元时，可办理行李的声明价值。承运人应按旅客声明的价值中超过本条第一款规定限额部分的价值的 5‰收支声明价值附加费。金额以元为单位。托运行李的声明价值不能超过行李本身的实际价值。每一旅客的行李声明价值最高限额人民币 8000 元。如承运人对声明价值有异议而旅客又拒绝接受检查时，承运人有权拒绝收运。

乘坐国内航班的旅客，应该执行民航总局制定的国内客规，该规则对旅客的受损行李赔偿限额为：每公斤 50 元人民币，按照每位旅客享受的免费行李额 20 公斤计，一件行李的赔偿额最高为 1000 元人民币。另外，航空公司为了尽快为旅客找到行李，通常会让旅客填写一张“行李内物调查表”，此表仅用于为旅客查找和在必要时核对行李。少数旅客为了减少损失，在填写“行李内物调查表”时，不实事求是，甚至据此高额或欺诈性索赔。这样做既不利于查找行李，还可能触犯法律。作为航空运输的消费者，我们在购买飞机票的同时，如果能认真仔细地阅读机票上的内容，了解相关的规定，向出票人咨询相关的问题，就会减少您可能遇到的麻烦。在此，我们介绍几种减少托运行李损失的方法：1. 当你在办理交运行李时，认为所托运的行李价值较高时，可以在办理手续的柜台边，同时购买保险公司的行李保险。2. 在行李上或行李内，标注明显的个人标识，或拴挂、粘贴有联系方式的个人名签，以便于一旦您的行李出现问题，航空公司可以尽快与您取得联系。3. 如果您在航空旅行时，行李出现问题，请尽快与当地机场的行李查询部门取得联系。

六、空运货物被冒领怎么办?

案例 63　湖南高纯化学试剂厂诉湖南长沙黄花国际机场航空运输服务有限公司等航空货物运输合同纠纷案

事情是这样的

2005 年 7 月至 8 月间，案外人吴某、何某（均已判刑）密谋以虚假的深圳市银河实业有限公司的名义，与湖南高纯化学试剂厂（以下简称“高纯厂”）商谈银粉的购销事宜，意图骗取银粉。其中吴某充当公司采购员苏某，负责业务洽谈；何某充当公司业务员，负责接发传真。经吴某与高纯厂法定代表人陈某商谈后，2005年8月8日，吴某将拟订的合同传真给高纯厂，约定以2390元/公斤的价格购银粉120公斤，发货的同时汇款。第二天，吴某和何某又将一份伪造的汇票传真给高纯厂，并催促高纯厂发货。高纯厂将一份假的发货单传真给吴某，吴某看出发货单是假的，就打电话给陈某说要取消生意。高纯厂表示马上发货。

2005年8月10日下午16时19分，高纯厂员工王某接受指派，以个人名义到黄花机场为公司办理空运银粉事宜。王某按普通货物向黄花机场公司交纳了航空运费370元，燃油附加费26元，合计396元。黄花机场公司开出了湖南长沙黄花国际机场航空运输服务有限公司货运、快递发票，并将其中的发票联、抵扣联、收货人联交给高纯厂。发票上注明的始发站是“长沙”，目的站是“深圳”，托运人是“王某”，收货人是高纯厂法定代表人“陈某”，提货方式为“机场自提”，货物毛重132公斤，费率为2.8%，货物品名是“银粉”，并留下了王某和陈某的联系电话。收货人联上有“提货注意事项”，其中第1条明确记载“收货人凭本收货人联或其复印件和本人居民身份证或其他有效身份证件提货；委托他人提货时，凭本货运单所指定的收货人及提货人的居民身份证或其他有效身份证件提货。如承运人或其代理人要求出具单位介绍信或其他有效证明时，收货人应予提供”。办理托运手续时王某没有声明货物的价值。16时20分，黄花机场公司将该笔业务以132元的价格交给深圳航空公司实际承运。货物运到目的地深圳宝安机场后，深圳航空公司将货物交给深圳机场公司代为交货。

在此期间，吴某利用高纯厂传真过来的假发货单，推测出货物运输方式和始发站，打电话给黄花机场公司的机场发货处，冒充高纯厂工作人员说自己忘记了货单号，骗得发货处工作人员的信任，取得了涉案银粉的航班号、提货单号，并得知提货单上指定的收货人为陈某。吴某和何某立即找人伪造了陈某的身份证、驾驶证。2005年8月11日上午8时许，吴某与何某前往深圳机场公司提货处以伪造的陈某的身份证提取了120公斤银粉。当日晚，由何某将银粉卖至番禺，得赃款219600元。

事发后，吴某、何某已被深圳市宝安区人民法院依法分别判处有期徒刑。经鉴定，涉案银粉价值286800元，但没有追回任何赃物赃款。后高纯厂向黄花机场公司发函要求该公司全额赔偿未果，于是诉至湖南省长沙市芙蓉区人民法院。法院随后追加深圳航空公司和深圳机场公司为共同被告。

高纯厂认为，此事件是由于承运人提货手续不合法、不规范，未尽谨慎注意义务造成的，完全是承运人的过错。黄花机场公司已违反合同，应承担违约责任全额赔偿高纯厂的货物损失286800元。深圳航空公司与深圳机场公司应共同承担赔偿责任。

黄花机场公司辩称：货物的损失是托运人的过错造成的，黄花机场公司不应当承担责任。由于高纯厂没有向机场声明货物是贵重货物，也没有说明货物是危险物品，即使要赔也是限额赔偿，即按每公斤100元进行赔偿。深圳航空公司辩称：该公司与高纯厂不存在航空货运合同关系，也不是第一承运人，不应成为本案被告。该公司作为承运人已经安全正点将托运货物运至合同指定的地点深圳机场，并按规定将货物交付深圳机场公司处理，没有过错和违约行为。高纯厂将运输方式、运输时间、提货人等重要信息透露给罪犯，且在与罪犯磋商过程中存在不当行为，对货物的丢失存在过错，应当承担货物丢失的不利后果。高纯厂托运时没有声明货物价值，应按照规定的责任限额进行赔偿。深圳机场公司辩称：高纯厂存在重大过失，泄露了有关信息，托运也未声明货物是贵重物品，不符合运输规定。罪犯凭身份证与提货单号提走货物，该公司已经完全尽到了谨慎的责任和义务，办理提货时手续合法规范，不应承担任何民事赔偿责任。

法院经审理后认为，深圳机场公司和黄花机场公司应该互负连带赔偿责任赔偿高纯厂的货物损失。深圳航空公司不承担本案的赔偿责任。由于黄花机场公司与深圳机场公司在运输过程中有明显的过错，本案不适用限额赔偿。但由于高纯厂在托运时没有说明所运货物是贵重物品，没有按规定如实声明货物的实际价值，没有交纳足额的运输费，根据公平和诚实信用的民法基本原则，为了维护市场秩序，促进公平交易，在当事人之间实现利益平衡，应该酌情减轻承运人承担的责任。黄花机场公司与深圳机场公司承担本案货物全部损失的80%（即229440元）为宜。经合议庭评议并报请审判委员会讨论，判决如下：

一、被告湖南长沙黄花国际机场航空运输服务有限公司与被告深圳市机场股份有限公司互负连带责任赔偿原告湖南高纯化学试剂厂货物损失229440元，限两被告在本判决生效之日起5日内付清，逾期则按《中华人民共和国民事诉讼法》第232条规定办理；

二、驳回原告湖南高纯化学试剂厂的其他诉讼请求。

律师专线

这是一起国内航空货物运输合同纠纷。黄花机场公司向高纯厂出具的货运发票收货人联中有提货注意事项，已明确约定“收货人凭本收货人联或其复印件和本人居民身份证或其他有效身份证件提货”，虽然罪犯吴某、何某持有伪造的身份证件，但未持有发票中的收货人联原件或者复印件，深圳机场公司在未进行相应核对的情况下即向罪犯发货，以致损失发生，深圳机场公司应当明知自己的行为可能造成损失而轻率地作为，该轻率发货的行为是损失发生的主要原因。黄花机场公司在吴某冒充高纯厂工作人员套取运输信息时没有认真核实对方身份，从而随意泄露了货物运输的航班号、提货单号和提货人姓名，该轻率泄露运输信息的行为是货物被骗受损的次要原因。

《民用航空法》第138条规定：“除本节另有规定外，缔约承运人和实际承运人都应当受本章规定的约束。缔约承运人应当对合同约定的全部运输负责。实际承运人应当对其履行的运输负责。”本案中，作为缔约承运人的黄花机场公司没有依照合同约定将托运货物交付收货人，应当承担相应违约责任。作为实际承运人的深圳机场公司在所履行的运输中没有完成向指定收货人交货的义务，应当对该行为产生的后果直接负责。《民用航空法》第139条第1款规定："实际承运人的作为和不作为，实际承运人的受雇人、代理人在受雇、代理范围内的作为和不作为，关系到实际承运人履行的运输的，应当视为缔约承运人的作为和不作为。"该条第2款规定："缔约承运人的作为和不作为，缔约承运人的受雇人、代理人在受雇、代理范围内的作为和不作为，关系到实际承运人履行的运输的，应当视为实际承运人的作为和不作为；但是，实际承运人承担的责任不因此种作为或者不作为而超过法定的赔偿责任限额。"本案中，黄花机场公司轻率泄露信息的行为与深圳机场公司轻率交货的行为均与对方应该履行的义务相关联。黄花机场公司作为缔约承运人，在对合同约定的全部运输负责的同时，还应当对深圳机场公司的过错承担责任；深圳机场公司对自己的过错承担责任的同时，还应该对黄花机场公司的过错承担责任。因此，黄花机场公司与深圳机场公司应该互负连带赔偿责任赔偿高纯厂的货物损失。

深圳航空公司已经按照合同约定履行了空运货物的义务，并且对本案货物发生损失没有任何过错，根据《民用航空法》第138条和第139条第1、2款的规定，不应当承担本案的赔偿责任。

《民用航空法》第132条规定："经证明，航空运输中的损失是由于承运人或者其受雇人、代理人的故意或者明知可能造成损失而轻率地作为或者不作为造成的，承运人无权援用本法第一百二十八条、第一百二十九条有关赔偿责任限制的规定。"由于黄花机场公司与深圳机场公司在运输过程中有明显的过错，因此，虽然高纯厂在托运时没有声明货物的实际利益及其危险性，没有交纳附加费，但本案仍然不适用限额赔偿。

法律规范

中华人民共和国民用航空法

（1995年10月30日第八届全国人民代表大会常务委员会第十六次会议通过）

第一百二十八条　国内航空运输承运人的赔偿责任限额由国务院民用航空主管部门制定，报国务院批准后公布执行。

旅客或者托运人在交运托运行李或者货物时，特别声明在目的地点交付时的利益，并在必要时支付附加费的，除承运人证明旅客或者托运人声明的金额高于托运行李或者货物在目的地点交付时的实际利益外，承运人应当在声明金额范围内承担责任；本法第一百二十九条的其他规定，除赔偿责任限额外，适用于国内航空运输。

第一百二十九条　国际航空运输承运人的赔偿责任限额按照下列规定执行：

（一）对每名旅客的赔偿责任限额为16600计算单位；但是，旅客可以同承运人书面约定高于本项规定的赔偿责任限额。

（二）对托运行李或者货物的赔偿责任限额，每公斤为17计算单位。旅客或者托运人在交运托运行李或者货物时，特别声明在目的地点交付时的利益，并在必要时支付附加费的，除承运人证明旅客或者托运人声明的金额高于托运行李或者货物在目的地点交付时的实际利益外，承运人应当在声明金额范围内承担责任。

托运行李或者货物的一部分或者托运行李、货物中的任何物件毁灭、遗失、损坏或者延误的，用以确定承运人赔偿责任限额的重量，仅为该一包件或者数包件的总重量；但是，因托运行李或者货物的一部分或者托运行李、货物中的任何物件的毁灭、遗失、损坏或者延误，影响同一份行李票或者同一份航空货运单所列其他包件的价值的，确定承运人的赔偿责任限额时，此种包件的总重量也应当考虑在内。

（三）对每名旅客随身携带的物品的赔偿责任限额为332计算单位。

第一百三十二条　经证明，航空运输中的损失是由于承运人或者其受雇人、代理人的故意或者明知可能造成损失而轻率地作为或者不作为造成的，承运人无权援用本法第一百二十八条、第一百二十九条有关赔偿责任限制的规定；证明承运人的受雇人、代理人有此种作为或者不作为的，还应当证明该受雇人、代理人是在受雇、代理范围内行事。

第一百三十四条　旅客或者收货人收受托运行李或者货物而未提出异议，为托运行李或者货物已经完好交付并与运输凭证相符的初步证据。

托运行李或者货物发生损失的，旅客或者收货人应当在发现损失后向承运人提出异议。托运行李发生损失的，至迟应当自收到托运行李之日起七日内提出；货物发生损失的，至迟应当自收到货物之日起十四日内提出。托运行李或者货物发生延误的，至迟应当自托运行李或者货物交付旅客或者收货人处置之日起二十一日内提出。

任何异议均应当在前款规定的期间内写在运输凭证上或者另以书面提出。

除承运人有欺诈行为外，旅客或者收货人未在本条第二款规定的期间内提出异议的，不能向承运人提出索赔诉讼。

第一百三十五条　航空运输的诉讼时效期间为二年，自民用航空器到达目的地点、应当到达目的地点或者运输终止之日起计算。

第一百三十七条　本节所称缔约承运人，是指以本人名义与旅客或者托运人，或者与旅客或者托运人的代理人，订立本章调整的航空运输合同的人。

本节所称实际承运人，是指根据缔约承运人的授权，履行前款全部或者部分运输的人，不是指本章规定的连续承运人；在没有相反证明时，此种授权被认为是存在的。

第一百三十八条　除本节另有规定外，缔约承运人和实际承运人都应当受本章规定的约束。缔约承运人应当对合同约定的全部运输负责。实际承运人应当对其履行的运输负责。

第一百三十九条　实际承运人的作为和不作为，实际承运人的受雇人、代理人在受雇、代理范围内的作为和不作为，关系到实际承运人履行的运输的，应当视为缔约承运人的作为和不作为。

缔约承运人的作为和不作为，缔约承运人的受雇人、代理人在受雇、代理范围内的作为和不作为，关系到实际承运人履行的运输的，应当视为实际承运人的作为和不作为；但是，实际承运人承担的责任不因此种作为或者不作为而超过法定的赔偿责任限额。

任何有关缔约承运人承担本章未规定的义务或者放弃本章赋予的权利的特别协议，或者任何有关依照本法第一百二十八条、第一百二十九条规定所作的在目的地点交付时利益的特别声明，除经实际承运人同意外，均不得影响实际承运人。

国内航空运输承运人赔偿责任限额规定

（中国民用航空总局令第164号）

第三条　国内航空运输承运人（以下简称承运人）应当在下列规定的赔偿

责任限额内按照实际损害承担赔偿责任，但是《民用航空法》另有规定的除外：

（一）对每名旅客的赔偿责任限额为人民币40万元；

（二）对每名旅客随身携带物品的赔偿责任限额为人民币3000元；

（三）对旅客托运的行李和对运输的货物的赔偿责任限额，为每公斤人民币100元。

中国民用航空货物国内运输规则

（1986年1月1日制定　1996年2月29日修订　民航总局发布）

第四十五条　由于承运人的原因造成货物丢失、短缺、变质、污染、损坏，应按照下列规定赔偿：

（一）货物没有办理声明价值的，承运人按照实际损失的价值进行赔偿，但赔偿最高限额为毛重每公斤人民币20元。

（二）已向承运人办理货物声明价值的货物，按声明的价值赔偿；如承运人证明托运人的声明价值高于货物的实际价值时，按实际损失赔偿。

第四十六条　超过货物运输合同约定期限运达的货物，承运人应当按照运输合同的约定进行赔偿。

第四十七条　托运人或收货人发现货物有丢失、短缺、变质、污染、损坏或延误到达情况，收货人应当场向承运人提出，承运人应当按规定填写运输事故记录并由双方签字或盖章。如有索赔要求，收货人或托运人应当于签发事故记录的次日起，按法定时限向承运人或其代理人提出索赔要求。向承运人提出赔偿要求时应当填写货物索赔单，并随附货运单、运输事故记录和能证明货物内容、价格的凭证或其他有效证明。

超过法定索赔期限收货人或托运人未提出赔偿要求，则视为自动放弃索赔权利。

第四十八条　索赔要求一般在到达站处理。承运人对托运人或收货人提出的赔偿要求，应当在两个月内处理答复。

不属于受理索赔的承运人接到索赔要求时，应当及时将索赔要求转交有关的承运人，并通知索赔人。

统一国际航空运输某些规则的公约（华沙公约）

（1929年10月12日在华沙签订　1933年2月13日起生效　1958年10月18日对我国生效）

第二十五条

一、如果损失的发生是由于承运人有意的不良行为，或由于承运人的过失，而根据受理法院的法律，这种过失被认为等于有意的不良行为，承运人就无权引用本公约关于免除或限制承运人责任的规定。

同样，如果上述情况造成的损失是承运人的代理人之一在执行他的职务范围内所造成的，承运人也无权引用这种规定。

修改1929年10月12日在华沙签订的统一国际航空运输某些规则的公约的议定书（海牙议定书）

（1955年9月28日在海牙签订　1963年8月1日起生效　1975年11月18日对我国生效）

第十三条

在本公约第二十五条内删去第一、二款，改用下文：

“如经证明造成损失系出于承运人、受雇人或代理人故意造成损失或明知可能造成损失而漠不关心的行为或不行为，则不适用第二十二条规定的责任限额；如系受雇人或代理人有上述行为或不行为，还必须证明他是在执行其受雇职务范围内行事。”

统一国际航空运输某些规则的公约（1999年蒙特利尔公约）

（1999年5月28日在蒙特利尔签订　2003年11月4日正式生效　2005年7月31日正式对我国生效）

第二十二条　延误、行李和货物的责任限额

一、在人员运输中因第十九条所指延误造成损失的，承运人对每名旅客的责任以4150特别提款权为限。

二、在行李运输中造成毁灭、遗失、损坏或者延误的，承运人的责任以每名旅客1000特别提款权为限，除非旅客在向承运人交运托运行李时，特别声明在目的地点交付时的利益，并在必要时支付附加费。在此种情况下，除承运人证明旅客声明的金额高于在目的地点交付时旅客的实际利益外，承运人在声明金额范围内承担责任。

三、在货物运输中造成毁灭、遗失、损坏或者延误的，承运人的责任以每公斤 17 特别提款权为限，除非托运人在向承运人交运包件时，特别声明在目的地点交付时的利益，并在必要时支付附加费。在此种情况下，除承运人证明托运人声明的金额高于在目的地点交付时托运人的实际利益外，承运人在声明金额范围内承担责任。

四、货物的一部分或者货物中任何物件毁灭、遗失、损坏或者延误的，用以确定承运人赔偿责任限额的重量，仅为该包件或者该数包件的总重量。但是，因货物一部分或者货物中某一物件的毁灭、遗失、损坏或者延误，影响同一份航空货运单、货物收据或者在未出具此两种凭证时按第四条第二款所指其他方法保存的记录所列的其他包件的价值的，确定承运人的赔偿责任限额时，该包件或者数包件的总重量也应当考虑在内。

五、经证明，损失是由于承运人、其受雇人或者代理人的故意或者明知可能造成损失而轻率地作为或者不作为造成的，不适用本条第一款和第二款的规定；对于受雇人、代理人的此种作为或者不作为，还应当证明该受雇人、代理人是在受雇、代理范围内行事。

六、第二十一条和本条规定的限额不妨碍法院按照其法律另外加判全部或者一部分法院费用及原告所产生的其他诉讼费用，包括利息。判给的赔偿金额，不含法院费用及其他诉讼费用，不超过承运人在造成损失的事情发生后六个月内或者已过六个月而在起诉以前已书面向原告提出的金额的，不适用上述规定。

专家释惑

因承运人的代理人的过失导致托运人的货物丢失，而这种过失若被法院认定为我国《民用航空法》第 132 条所规定的“轻率地作为或不作为”，将不适用限额赔偿，以所造成的实际经济损失予赔偿。有关国际公约对此均有规定，如《华沙公约》第 25 条规定的“有意的不良行为”、《海牙议定书》第 13 条和《1999 年蒙特利尔公约》第 22 条第 5 款规定的“轻率地作为或者不作为”。

我国《民用航空法》第132条规定中的“故意”，是指承运人、其受雇人或者代理人有意造成旅客的伤亡、延误，行李的毁灭、遗失、损坏或者延误的心理状态。承运人明知可能会造成损害而希望这种损害结果的发生。“明知可能造成损失而轻率地作为或者不作为”是一种重大过错，与故意地作为与不作为相近。所谓“轻率”是指行为人已经预见到其行为很可能会造成损失，而置若罔闻、漠不关心，对产生损失的结果持放任不管的心理状态。在这种心理状态下，承运人、其受雇人或者代理人知道实施某种行为或不实施某种行为，损失很可能发生，他仍然实施了此种行为或未实施此种行为，最终导致了损失的发生。一旦承运人或其代理人、受雇人有此种行为，则无权援引公约关于责任限额的规定。当然，对于这种行为的举证责任，由原告承担，即旅客或者托运人、收货人以及其他有权提起诉讼的人承担。

联系本案

托运人或收货人对国内航空货物运输中损失的索赔程序和期限的规定。1. 托运人或收货人向承运人提出索赔要求。托运人或收货人发现货物有丢失、短缺、变质、污染、损坏或延误到达情况，收货人应当场向承运人提出，承运人应当按规定填写运输事故记录并由双方签字或盖章。如有索赔要求，收货人或托运人应当于签发事故记录的次日起，按法定时限向承运人或其代理人提出索赔要求。具体期限如下：货物发生丢失、短缺、变质、污染、损坏的，收货人应当自收到货物之日起14日内提出；托运货物发生延误的，托运人或者收货人应当自货物交付收货人处置之日起21日内提出。在上述规定期限内收货人或托运人如果没有提出赔偿要求，视为其自动放弃索赔权利，逾期不能再向承运人提起索赔要求。承运人有欺诈行为除外。索赔一般在到达站处理，托运人或者收货人向承运人提出赔偿要求时，应当填写货物索赔单，并随附运单、运输事故记录和能证明货物内容、价格和凭证或其他的有效证明。2. 承运人理赔。承运人接到托运人或收货人提出的赔偿要求后，应当对货物的损失情况等依法进行确定，依据货物的实际损失情况和法律的有关规定，决定具体的赔偿数额，然后向托运人或收货人支付赔偿金。一般说来，承运人对托运人或收货人提出的赔偿要求，应当在 2 个月内处理答复。如果是不属于受理索赔的承运人接到索赔要求时，应当及时将索赔要求转交有关的承运人，并通知索赔人。

如果托运人或收货人对承运人赔偿数额认定等不服或存在异议，有权向人民法院提起诉讼。索赔人在提出诉讼时应注意下列事项：

1. 有关航空运输货物发生损失的诉讼索赔人只能依照我国相关民用航空法律规定的条件和赔偿责任限额提出，但是不妨碍当事人的其他权利。如果经证明货物损失是由承运人或者受雇人、代理人的故意或者明知可能造成损失而轻率地作为或者不作为造成的，且受雇人、代理人是在受雇、代理范围内发生事故，承运人不得援用有关赔偿责任限额的规定。

2. 索赔人对实际承运人履行的货物运输提起的诉讼，可以分别对实际承运人或者缔约承运人提起，也可以同时对实际承运人和缔约承运人提起。

3. 航空货物运输的诉讼时效为 2 年，起算日与旅客运输人身损害诉讼时效相同，即自民用航空器到达目的地点、应当到达目的地点或者运输终止之日起计算。

第四章　水上（海上）运输事故

内容提要

随着海上运输业的发展，国内、国际海上（水上）运输纠纷也随之增多，我国的《海商法》是处理这些纠纷的主要依据，其第四章第二节、第三节对承运人和托运人的责任有较详细的规定，承运人应当保持船舶适航、管货和按时交货等义务，托运人具有妥善包装运输货物、合理通知和支付运费等义务。因为海上运输基本采用合同形式，所以也适用《合同法》中相关合同双方权利义务的规定，又由于海上运输纠纷乃民事纠纷，《民法通则》当然也调整其中的某些关系，如违约赔偿、侵权赔偿等。

一、无单放货后造成的损失由谁负责？

案例64　浙江花神丝绸进出口有限责任公司诉日昇物流和日昇航运海上货物运输无单放货赔偿纠纷案

事情是这样的

2005年9月，浙江花神丝绸进出口有限责任公司（以下简称花神丝绸公司）与美国耀强国际贸易（集团）有限公司（以下简称耀强公司）签订了一份货物买卖合同，买卖标的为价值62429.50美元的服装，由花神丝绸公司负责将货物从上海运送到美国洛杉矶。在货物的运输中，日昇物流上海办事处接受日昇航运的委托，从事相关的联络工作。同年

9月18日，日昇物流通过耀强公司史某向花神丝绸公司发出货物进仓通知书。四天后，由日昇航运向花神丝绸公司出具了一份已装船提单，提单以日昇航运为承运人，以花神丝绸公司为托运人，以耀强公司为收货人。货物在运抵洛杉矶后，日昇航运在没有收回正本提单的情况下即将货物放行，同年11月30日，耀强公司向花神丝绸公司出具保函，保证在2005年12月20日前付清货款62429.50美元。花神丝绸公司在向日昇物流和日昇航运索赔未果后向上海海事法院提起诉讼。

上海海事法院依法受理了此案，在审查双方提交的证据和主持双方当事人质证后认定这是一起海上货物运输合同无单放货损害赔偿纠纷，除以上事实外，法院还查明，日昇航运和日昇物流均为在香港注册成立的有限公司。日昇航运股本总额为1万港元，日昇物流股本总额为500万港元，日昇航运和日昇物流的“有股本公司成员”不完全相同，公司“个人董事”完全相同。法院最后作出判决，认为提单显示的承运人与日昇航运自认其为承运人相符，应该确认日昇航运为涉案承运人。日昇航运无单放货，应该向提单持有人花神丝绸公司承担赔偿责任，但没有证据表明日昇物流也是本案的承运人，故驳回了原告要求日昇物流赔偿的请求。

原告不服，向上海市高级人民法院提出上诉。认为日昇航运和日昇物流实际为一家公司，存在互用公章并互借抬头从事涉案业务的事实。涉案提单由日昇物流直接在上海签发，日昇物流还具体指示货物交接、安排货物报关、进仓等，可以认为其实际从事了部分货物运输。日昇物流和日昇航运滥用法人人格、两公司人格混同，原审法院理应判令该两家公司就无单放货承担连带赔偿责任。法院另查明，日昇航运在中国内地不具备无船承运人资格，日昇物流与日昇航运关系高度密切，但不属于一家公司，日昇物流在此次承运中属于违法代理，应与日昇航运承担连带赔偿责任。综上，依照《中华人民共和国民事诉讼法》第153条第1款第3项、第158条，《中华人民共和国海商法》第42条第2项、第

63 条、第 71 条，《中华人民共和国民法通则》第 67 条，《中华人民共和国国际海运条例》第 7 条、第 26 条之规定，判决维持上海海事法院关于日昇航运承担赔偿责任的判决；并判被上诉人日昇物流有限公司对本判决第一项被上诉人日昇航运有限公司之赔付义务承担连带赔偿责任。

律师在线

本案作为一起海上货物运输无单放货赔偿纠纷案来看并不难，因为无单放货既侵犯了物权又违反了债权债务法律关系，所造成的损失都由承运人承担。

本案的一个难点就是日昇物流和日昇航运的关系。从总的来说，它们不仅涉及违法代理，还有规避法律逃避责任的主观恶意。日昇物流虽是在香港注册的另一家公司，但由于日昇物流拥有日昇航运的全部股份，日昇航运的代表董事与日昇物流的代表董事完全相同，两者的董事会决议、股东名称重叠，两者的登记注册地址和办公地址完全相同等因素，两家公司虽不能从法律上说就是一家公司，但两家公司必然有着高度紧密的关系。正是这种高度紧密的关系，在日昇物流承办托运人的货运任务时应当知道日昇航运在中国内地不具备无船承运人资格，不得在中国内地经营无船承运业务，但其仍违法代理，帮助日昇航运在中国内地从事货运联络工作并以日昇物流上海代表处的名义发出“进仓通知书”等，其行为违反了我国《民法通则》中关于代理的规定。虽然日昇物流表面上只是日昇航运委托其在中国进行相关事务的联络，但在提单签发前，日昇物流在上海的代表处即在中国内地从事货运联络工作、发出“进仓通知书”等原本归属于承运人的事宜，因此，日昇物流不仅违法代理，而且实际参与了本案货物的运输，是本案运输合同的实际承运人。但与花神丝绸公司签订运输合同的为何是日昇航运？而日昇物流本身就可以直接承担此项业务，况且日昇航运在中国无法人资格不能从事无船承运业务，从它们的高度紧密的联系和注册资本可以看出其中的蹊跷，日昇物流的股本金为 500 万港元，而出面与托运人订立运输合同的日昇航运股本金只有 1 万港元，这可以推出在日昇航运实施了无单放货等严重民事侵权行为之后，完全可能因其过小的注册股本金，使权利人陷于权利不能得到有效实现或完全清偿的困境。虽然提单上显示的承运人是日昇航运，但我们可以认为日昇航运与日昇物流具有规避法律、侵害托运人或提单持有人权利之主观恶意。因此，日昇物流虽然躲在提单背后，但应认定为本案实际的承运人，应与提单上显示的承运人日昇航运一起，共同对涉案货物在目的港被无单放行而产生的民事法律后果承担连带责任。

一审仅从在办理承运事务的多寡中来进行分析，因而作出错误的判决，认为承运人就是日昇航运。二审法官在认定此问题时眼界显然更加开阔，综合各方证据，得出日昇物流违法代理且有规避法律的行为，从而作出了正确的判决。

法律规范

中华人民共和国海商法

（1992 年 11 月 7 日第七届全国人民代表大会常务委员会第二十八次会议通过　自 1993 年 7 月 1 日起施行）

第四十二条　本章下列用语的含义：

（一）“承运人”，是指本人或者委托他人名义与托运人订立海上货物运输合同的人。

（二）“实际承运人”，是指接受承运人委托，从事货物运输或中分运输的人，包括接受转委托从事此项运输的其他人。

（三）“托运人”，是指：

1. 本人或者委托他人以本人名义或者委托他人为本人与承运人订立海上货物运输合的人；

2. 本人或者委托他人以本人名义或者委托他人为本人将货物交给与海上货物运输合同有关的承运人的人。

（四）“收货人”，是指有权提取货物的人。

（五）“货物”，包括活动动物和托运人提供的用于集装货物的集装箱、货盘或者类似的装运器具。

第六十三条　承运人与实际承运人都负有赔偿责任的，应当在此项责任范围内负连带责任。

第七十一条　提单，是指用以证明海上货物运输合同和货物已经由承运人接收或者装船，以及承运人保证据以交付货物的单证。提单中载明的向记名人交付货物，或者按照指示人的指示交付货物，或者向提单持有人交付货物的条款，构成承运人据以交付货物的保证。

中华人民共和国国际海运条例

（2001 年 12 月 5 日国务院第 49 次常务会议通过　自 2002 年 1 月 1 日起施行）

第七条　经营无船承运业务，应当向国务院交通主管部门办理提单登记，并交纳保证金。

前款所称无船承运业务，是指无船承运业务经营者以承运人身份接受托运人的货载，签发自己的提单或者其他运输单证，向托运人收取运费，通过国际船舶运输经营者完成国际海上货物运输，承担承运人责任的国际海上运输经营活动。

在中国境内经营无船承运业务，应当在中国境内依法设立企业法人。

第二十六条　未依照本条例的规定办理提单登记并交纳保证金的，不得经营无船承运业务。

中华人民共和国民法通则

（1986 年 4 月 12 日第六届全国人民代表大会第四次会议通过　自 1987 年 1 月 1 日起施行）

第六十七条　代理人知道被委托代理的事项违法仍然进行代理活动的，或者被代理人知道代理人的代理行为违法不表示反对的，由被代理人和代理人负连带责任。

中华人民共和国民事诉讼法

（1991 年 4 月 9 日第七届全国人民代表大会第四次会议通过　根据 2007 年 10 月 28 日第十届全国人民代表大会常务委员会第三十次会议《关于修改〈中华人民共和国民事诉讼法的决定〉修正》自 2008 年 4 月 1 日起施行）

第一百五十三条　第二审人民法院对上诉案件，经过审理，按照下列情形，分别处理：

（一）原判决认定事实清楚，适用法律正确的，判决驳回上诉，维持原判决；

（二）原判决适用法律错误的，依法改判；

（三）原判决认定事实错误，或者原判决认定事实不清，证据不足，裁定撤销原判决，发回原审人民法院重审，或者查清事实后改判；

（四）原判决违反法定程序，可能影响案件正确判决的，裁定撤销原判决，发回原审人民法院重审。

当事人对重审案件的判决、裁定，可以上诉。

第一百五十八条　第二审人民法院的判决、裁定，是终审的判决、裁定。

专家释惑

本案提到的无单放货是指在卸货港提货人没有合法持有正本提单的情况下承运人向其交付货物的行为。凭正本提单提货是国际海运的基本原则。但无单放货的行为在国际货物运输过程中经常会出现。随着现代航运技术和物流体系的高速发展，货物在海运途中的时间缩短，而提单却因为流转环节多、速度慢，经常出现船货已到而提单未到的倒置局面。于是承运人往往凭提货人的提单副本和担保函无单放货。但我国《海商法》第 71 条规定："提单，是指用以证明海上货物运输合同和货物已经由承运人接收或者装船，以及承运人保证据以交付货物的单证。提单中载明的向记名人交付货物，或者按照指示人的指示交付货物，或者向提单持有人交付货物的条款，构成承运人据以交付货物的保证。"其中"承运人保证据以交付货物的单证"这一规定，成为我国"凭正本提单交货"这一原则的最直接法律依据，也是法院在处理此类案件中运用最多的审判依据之一。虽然在一些情况中提货人可能会出保函向承运人索要提单，但承运人必须凭正本提单交付货物，且有保函并不可以免除承运人的责任，只是承运人对托运人承担责任后可以通过保函从保证人处得到赔偿。所以本案中的承运人应当向托运人承担赔偿责任。

联系本案

在现代航运实际中，无单放货的情形时常出现，承运人虽然可以节约时间节省成本，但也要冒保证人无法偿付的风险，从交易安全的角度考虑，应当尽量避免，以减少相互之间的纠纷。

由于法律的不完善，在现代社会存在大量的规避法律现象，滥用企业法人人格是比较典型的一种，因为其承担的是有限责任，它往往使得权利人的权益得不到充分的满足，但又无可奈何。因此在交易时应了解交易对象，不能被一些表面的现象所迷惑，应究其根源，查清幕后的意图，保障交易的安全、顺利、有序进行。

二、海上作业中雇员因工受伤，雇主应赔偿吗?

案例 65　凌某诉梁某海上人身伤害赔偿纠纷案

事情是这样的

原告凌某是湛江市东海岛经济开发试验区硇洲镇北港村委会梁屋村的渔民，与其同村的渔民梁某即本案的被告拥有一艘编号为“粤湛江04158”的渔船。2006 年 9 月 1 日，梁某雇佣原告凌某到其“粤湛江04158”渔船上从事海上捕捞蟹笼作业，但未签订劳动合同。同年 9 月 21 日，凌某在海上作业起笼时被船上机器绞断右手无名指一节。受伤后，凌某自行到湛江市第二人民医院治疗。包扎伤口、取药，共用去医药费 629.50 元，原告有湛江市第二人民医院的门诊收费收据作证；在治疗中花去交通费 77.50 元，原告有交通集团的运输发票作证。在庭审中，原告还请求证人黄某某出面出具证言，黄某某证明原告凌某受伤后回家休养了 3 个月，由于受伤后原告身体素质降低，做事不灵便，致使工钱很低，综上，原告请求法院判令被告支付医药费 629.50 元，受案暂收款 100 元，4 个月的养伤误工费 8400 元，住宿费 1800 元，120 天的营养费 1580 元，人身伤残补助费 6785.30 元，共计 20000 元。

被告未做书面答辩。但提供证据证明自己在原告受伤期间已支付100元，有原告收据作证。

法院查明，原、被告双方就赔偿事宜曾到司法局调解，但由于凌某要求一次性给予20000元治疗费，但梁某仅同意支付300元而未能达成一致意见。

法院另查明，《广东省2007年度人身损害赔偿计算标准》规定，渔业生产的年收入为7320元，即每月平均收入为610元；广东省一般地区的伙食补助费为每人每天30元。

综合各方证据及经过庭上质证，法院确认虽然原告与被告未签订劳动合同，但存在事实上的雇佣关系，该雇佣关系没有违反法律的强制性规范，故就他们的雇佣关系予以确认。法院就原告提供的证据求的医药费、交通费予以确认，对原告诉请中的4个月的养伤误工费应分两部分计算，首先是治疗期间的伙食费，凌某未提供其在医院住院接受治疗的医疗机构证明，其医疗期间可以根据其提供的医疗机构收费收据的起止日期计算，共计35天，根据广东省国家机关一般工作人员出差每人每天30元的伙食补助标准，酌情给予原告1050元的伙食补助。对其休养期间的误工费，由于原告没有固定的工作，又无法举证证明其近三年的平均收入，所以参照广东省同行业即渔业上一年度职工的平均工资计算，三个月误工费1830元，综上，法院判决被告梁某应赔偿原告凌某医疗费、交通费、误工费、伙食补助费共计4309.70元，梁某已支付的100元应予扣减，即最终应向凌某赔偿4209.70元。

律师专线

这是一起比较简单的海上人身伤害赔偿纠纷案，首先看双方的雇佣关系是否存在，虽然双方未签订雇佣关系合同，但根据新的《劳动合同法》第2条，即中华人民共和国境内的企业、个体经济组织、民办非企业单位等组织（以下称用人单位）与劳动者建立劳动关系，订立、履行、变更、解除或者终止劳动合同，适用本法。只要是建立了劳动关系就受到《劳动法》的保护。对于受伤的事实本案是没有争议的，关键就是在索赔上，索赔的范围到底是什么？什么是我们应当关注的？依照最高人民法院《关于审理人身损害赔偿案件适用法律若干问题的解释》第17条第1款规定：受害人遭受人身损害，因就医治疗支出的各项费用以及因误工减少的收入，包括医疗费、误工费、护理费、交通费、住宿费、住院伙食补助费、必要的营养费，赔偿义务人应当予以赔偿。又根据最高人民法院《关于审理人身损害赔偿案件适用法律若干问题的解释》第20条的规定：误工费根据受害人的误工时间和收入状况确定；误工时间根据受害人接受治疗的医疗机构出具的证明确定。受害人因伤致残持续误工的，误工时间可以计算至定残日前一天。受害人有固定收入的，误工费按照实际减少的收入计算。受害人无固定收入的，按照其最近三年的平均收入计算；受害人不能举证证明其最近三年的平均收入状况的，可以参照受诉法院所在地相同或者相近行业上一年度职工的平均工资计算。所以法院对原告各方面的赔偿数额的计算是正确的。

法律规范

中华人民共和国劳动合同法

（2007年6月29日第十届全国人民代表大会常务委员会第二十八次会议通过　自2008年1月1日起施行）

第二条　中华人民共和国境内的企业、个体经济组织、民办非企业单位等组织（以下称用人单位）与劳动者建立劳动关系，订立、履行、变更、解除或者终止劳动合同，适用本法。

最高人民法院关于审理人身损害赔偿案件适用法律若干问题的解释

（2003年12月4日最高人民法院审判委员会第1299次会议通过　法释〔2003〕20号）

第十一条　雇员在从事雇佣活动中遭受人身损害，雇主应当承担赔偿责任。雇佣关系以外的第三人造成雇员人身损害的，赔偿权利人可以请求第三人承担赔偿责任，也可以请求雇主承担赔偿责任。雇主承担赔偿责任后，可以向第三人追偿。

雇员在从事雇佣活动中因安全生产事故遭受人身损害，发包人、分包人知道或者应当知道接受发包或者分包业务的雇主没有相应资质或者安全生产条件的，应当与雇主承担连带赔偿责任。

属于《工伤保险条例》调整的劳动关系和工伤保险范围的，不适用本条规定。

第十七条　受害人遭受人身损害，因就医治疗支出的各项费用以及因误工减少的收入，包括医疗费、误工费、护理费、交通费、住宿费、住院伙食补助费、必要的营养费，赔偿义务人应当予以赔偿。

受害人因伤致残的，其因增加生活上需要所支出的必要费用以及因丧失劳动能力导致的收入损失，包括残疾赔偿金、残疾辅助器具费、被扶养人生活费，以及因康复护理、继续治疗实际发生的必要的康复费、护理费、后续治疗费，赔偿义务人也应当予以赔偿。

受害人死亡的，赔偿义务人除应当根据抢救治疗情况赔偿本条第一款规定的相关费用外，还应当赔偿丧葬费、被扶养人生活费、死亡补偿费以及受害人亲属办理丧葬事宜支出的交通费、住宿费和误工损失等其他合理费用。

中华人民共和国民法通则

（1986 年 4 月 12 日第六届全国人民代表大会第四次会议通过　自 1987 年 1 月 1 日起施行）

第一百零六条　公民、法人违反合同或者不履行其他义务的，应当承担民事责任。

公民、法人由于过错侵害国家的、集体的财产，侵害他人财产、人身的，应当承担民事责任。

没有过错，但法律规定应当承担民事责任的，应当承担民事责任。

专家释惑

《劳动合同法》实施生效后，在社会上引起了极大的反响，总的来说，这部法律对劳动者的保护更加得力，仅从本案的情况看，可涉及以下法条，首先是该法的第 2 条：中华人民共和国境内的企业、个体经济组织、民办非企业单位等组织（以下称用人单位）与劳动者建立劳动关系，订立、履行、变更、解除或者终止劳动合同，适用本法。从法条的意思看，只要是用人单位与劳动者建立了劳动关系，不管有没有签订劳动合同，都是适用本法的，即只要有事实上的劳动关系即可。本案的被告显然属于适用该法主体的中的个体经济组织，所以他们的雇佣关系是受《劳动合同法》保护的。再次涉及的条款是本法的第82条：用人单位自用工之日起超过一个月不满一年未与劳动者订立书面劳动合同的，应当向劳动者每月支付二倍的工资。这是本法新增加的条款，意在加大对劳动者的保护，对现实生活中不签订劳动合同的用人现象督促用人单位进行规范，法条的出发点是好的，但依本人的意见，劳动者如果主张这条稍显困难，因为举证比较困难，首先因为没有签订劳动合同，所以具体哪天开始用工无书面的证据，用人单位为了以后减少麻烦也会千方百计不留这方面的证据，可能有人会主张用人证，但就证明劳动关系的人证有个特点就是基本都是用人单位的职工，一般人不会为了当人证而得罪用人单位，所以还是被用人在进单位工作时多长个心眼。

本案还有个需要注意的地方就是赔偿范围问题，从法条上可以看出，赔偿范围包括：医疗费、误工费、护理费、交通费、住宿费、住院伙食补助费、必要的营养费，虽然法律规定了这些范围，但受害者在受伤治疗期间应到正规的医院就医，留有正规的发票，以免法庭到时不予承认。且对残疾或者死亡还有另外的补偿，根据《工伤与职业病鉴定标准》，就本案看，无名指断一节应算是十级伤残，这也有具体的补偿标准。原告在诉讼中没有提起，根据不告不理原则，法院当然也不能就此作出判决，但原告可在日后鉴定完伤残等级后另行起诉。

联系本案

在中国这个农业大国，存在大量的农民工外出打工的现象，并且大多数是文化程度不高的，在用人单位打工基本没有签订劳动合同，自己的合法利益经常得不到保护，我们的普法活动应当广泛深入地开展，使越来越多的人，特别是农民工等弱势群体知道怎么样用法律的武器来维护自己的合法利益。

三、海上运输货物被抢，未签发提单情况下应向谁承担赔偿责任？

案例 66　中国平安财产保险股份有限公司江门中心支公司诉中国外运广东有限公司江门分公司海上货物运输合同货损赔偿纠纷案

事情是这样的

广东江门瑞怡乐甜味剂厂有限公司（以下称瑞怡乐公司）与俄罗斯圣彼得堡 OBD 公司签订了一份货物买卖合同，贸易术语采用 CIF。2005 年 2 月 18 日，瑞怡乐公司找到中国外运广东有限公司江门分公司（以下称外运江门分公司），与其签订了一份货物运输合同，由江门公司负责将瑞怡乐公司出口俄罗斯的一批甜味剂从江门高沙经深圳运往圣彼得堡，该批甜味剂分为 Rio Gold 300、Rio Gold 450、Rio Gold 1200 三个型号，总计 965 箱，毛重 781 公斤，总价 27419.70 美元。瑞怡乐公司就该批货物向中国平安财产保险股份有限公司江门中心支公司（下称江门平保）投保货物运输保险，江门平保当日接受了瑞怡乐公司的投保，并出具了货物保单。同日，外运江门分公司安排伟达船务用驳船将运该批甜味剂的 CCLU2247619 号集装箱运至香港，并卸载到趸船“金生 88”轮等待转运。2005 年 2 月 19 日，趸船“金生 88”轮在香港屯门河贸易码头靠泊时该集装箱货物被人抢走，当时船上只有一名值班船员。瑞怡乐公司于2005年2月21日填报《出险通知书》，向江门平保报险。后货物在广州海关被追回，警方将货物交还并存放在趸船“金生88”轮上，于9月初交还瑞怡乐公司。

瑞怡乐公司在收到货物后立即委托江门市质量计量监督检验所进行检验，在经过三次检验后证明已经全部失去原有价值。瑞怡乐公司遂申请货物全损，经广东省高级人民法院受理后于2006年11月27日判决认定涉案货物全损，判令江门平保赔偿江门瑞怡乐甜味剂厂有限公司货物损失本息26672.84美元、检验费损失人民币4683元。江门平保向瑞怡乐公司赔付了人民币219239.58元后向外运江门分公司提出赔偿要求。外运江门分公司认为江门瑞怡乐甜味剂厂有限公司的贸易合同采用的是CIF价格术语，货物灭失损坏的风险是以第一程船的船舷为界，转移给买方。因此，索赔主体应当是买方，卖方不应当遭受任何损失。而保险人的代位求偿权是基于被保险人的权利的，既然江门瑞怡乐甜味剂厂有限公司不是适格的索赔主体，江门平保自然也就没有代位求偿权，江门平保遂起诉至法院要求外运江门分公司予以赔偿。

法院受理案件后依法组成合议庭进行了公开开庭审理，经过相互质证后，确认外运江门分公司并没有给瑞怡乐公司签发提单，在外运江门分公司没有签发提单货物被抢并予以退回的情况下，江门瑞怡乐甜味剂厂有限公司有权就承运人责任期间对货物发生的灭失或者损坏向承运人提出索赔，江门平保赔付了保险金，根据《中华人民共和国海商法》第252条第1款“保险标的发生保险责任范围内的损失是由第三人造成的，被保险人向第三人要求赔偿的权利，自保险人支付赔偿之日起，相应转移给保险人”。遂认为江门平保符合诉讼主体要求，又因为外运江门分公司是中国外运广东有限公司的分公司，不具有法人资格，所以其责任由中国外运广东有限公司承担。综上所述，依照《中华人民共和国海事诉讼特别程序法》第93条、《中华人民共和国海商法》第46条、《中华人民共和国公司法》第 14 条第 1 款的规定，判决中国外运广东有限公司赔偿原告江门平保人民币219239.58元及其从 2007 年 1 月 18 日起计算至本判决确定的赔付之日止按中国人民银行同期贷款利率计算的利息。

律师专线

货物被抢，承运人能否以此作为免责的事由而无需赔偿货物损失呢？海上货物运输承运人没有签发提单，货物风险由谁承担？保险人在赔偿了保险金之后是否能向承运人求偿呢？

本案是一起海上货物运输合同货损赔偿纠纷案，从案例中我们可以知道，承运人在接受货物后并没有尽到应有的照管义务——在香港转运时只有一人在船上看守，致使货物被抢，其存在重大过失，应当负责赔偿货物损失；根据国际贸易术语 CIF（全称是 Cost Insurance and Freight，意思是成本加运费加保险费到指定目的港），风险转移是在货物越过船舷之时。按此术语，本案的货物在香港被抢，风险已经转移给买方，按规定货物的灭失或损坏的风险应由俄罗斯圣彼得堡 OBD 公司承担，但本案的一个特殊之处是承运人并没有向托运人签发提单，因此在承运期间货物的灭失和损坏卖方仍然有权提出索赔，保险公司仍应向瑞怡乐公司赔付保险金；但保险公司有没有权利向承运人追偿呢？答案是肯定的。因为保险公司已经先行向货物的风险承担人——圣彼得堡 OBD 公司赔付保险金，根据《海商法》第 252 条第 1 款“保险标的发生保险责任范围内的损失是由第三人造成的，被保险人向第三人要求赔偿的权利，自保险人支付赔偿之日起，相应转移给保险人”，江门平保当然取得要求赔偿的权利。所以最后的赔偿人还是有过错的承运人，由于本案的承运人是一家分公司，没有法人资格，所以它的最后责任由其总公司承担，法院的判决是正确的。

法律规范

2000 年国际贸易术语解释通则

（1999 年 7 月国际商会第六次修订　2000 年 1 月 1 日生效）

E 组（发货）

EXW　工厂交货（……指定地点）

F 组（主要运费未付）

FCA　货交承运人（……指定地点）

FAS　船边交货（……指定装运港）

FOB　船上交货（……指定装运港）

C 组（主要运费已付）

CFR　成本加运费（……指定目的港）

CIF　成本、保险费加运费（……指定目的港）

CPI　运费付至（……指定目的地）

CIP　运费、保险费付至（……指定目的地）

D 组（到达）

DAF　边境交货（……指定地点）

DES　目的港船上交货（……指定目的港）

DEQ　目的港码头交货（……指定目的港）

DDU　未完税交货（……指定目的地）

DDP　完税后交货（……指定目的地）

中华人民共和国海商法

（1992 年 11 月 7 日第七届全国人民代表大会常务委员会第二十八次会议通过　自 1993 年 7 月 1 日起施行）

第四十六条　承运人对集装箱装运的货物的责任期间，是指从装货港接收货物时起至卸货港交付货物时止，货物处于承运人掌管之下的全部期间。承运人对非集装箱装运的货物的责任期间，是指从货物装上船时起至卸下船时止，货物处于承运人掌管之下的全部期间。在承运人的责任期间，货物发生灭失或者损坏，除本节另有规定外，承运人应当负赔偿责任。

前款规定，不影响承运人就非集装箱装运的货物，在装船前和卸船后所承担的责任，达成任何协议。

第二百五十二条　保险标的发生保险责任范围内的损失是由第三人造成的，被保险人向第三人要求赔偿的权利，自保险人支付赔偿之日起，相应转移给保险人。

被保险人应当向保险人提供必要的文件和其所需要知道的情况，并尽力协助保险人向第三人追偿。

中华人民共和国公司法

（1993年12月29日第八届全国人民代表大会常务委员会第五次会议通过　根据1999年12月25日第九届全国人民代表大会常务委员会第十三次会议《关于修改〈中华人民共和国公司法〉的决定》第一次修正　根据2004年8月28日第十届全国人民代表大会常务委员会第十一次会议《关于修改〈中华人民共和国公司法〉的决定》第二次修正　2005年10月27日第十届全国人民代表大会常务委员会第十八次会议修订通过　自2006年1月1日起施行）

第十四条　公司可以设立分公司。设立分公司，应当向公司登记机关申请登记，领取营业执照。分公司不具有法人资格，其民事责任由公司承担。

公司可以设立子公司，子公司具有法人资格，依法独立承担民事责任。

中华人民共和国海事诉讼特别程序法

（1999年12月25日第九届全国人民代表大会常务委员会第十三次会议通过　自2000年7月1日起施行）

第九十三条　因第三人造成保险事故，保险人向被保险人支付保险赔偿后，在保险赔偿范围内可以代位行使被保险人对第三人请求赔偿的权利。

专家释惑

国际交易中，买卖双方通常选用国际贸易术语，国际贸易术语，又叫“价格术语”、“交货条件”，是在国际贸易实践中逐渐形成的用以确定买卖标的物的价格，买卖双方各自承担的费用、风险、责任范围的英文缩写表示的专门术语，这在很大程度上方便了贸易的进行。术语的使用，使得买卖双方的权利义务清晰明了，从而被大多数国家所采用。目前适用最广泛的是国际商会制定的《国际贸易术语解释通则》，现行版本是2000年生效的版本。此版本根据卖方承担义务的不同，将13种贸易术语划分为4组。从E到D，卖方的义务依次加重，买方的义务依次减轻。“E组”仅包括EXW一种贸易术语。每一组术语的意思相近，但还是有微小区别，下面列出来，以示注意：“F组”三个术语相同点是，由买方负责签订运输合同并指定承运人。卖方只要将货物交给买方指定的承运人或交通工具就完成交货义务。其不同点是：在 FCA 下，卖方只要在指定地点将货物交给买方指定的承运人就完成交货义务；在 FAS 下，卖方只要在指定装运港码头将货物置于买方指定船只的船边就完成了交货义务；在 FOB 下，卖方在指定装运港将货物装上买方指定船只才完成交货义务。"C 组"四个贸易术语的共同点有二：一是四个贸易术语均属于"装运合同"，也就是说，装运等于交货，或货交承运人等于交货。二是买卖双方费用划分的地点与风险划分的地点都不一样。也就是说，卖方应负担货物运抵指定目的港或指定目的地的正常运费，而风险是在装运港货物越过船舷或在货物交给承运人或第一承运人掌管时转移。它们的不同点是：CFR 和 CIF 只适用于传统的海上运输方式；CPT 和 CIP 可适用于任何运输方式和多式联运。"D 组"五个贸易术语均属于"到达合同"，也就是说，卖方应自负费用并承担风险将货物运抵指定的目的地，置于买方的掌管下。其不同点是在 DAF、DES 和 DDU 下，卖方不负责办理进口手续和支付进口税，而在 DEQ 和 DDP 下，卖方负责办理进口手续并支付进口税。

根据《民事诉讼法》第 49 条"公民、法人和其他组织可以作为民事诉讼的当事人"及最高人民法院《关于适用〈中华人民共和国民事诉讼法〉若干问题的意见》第 40 条第 5 项"民事诉讼法第四十九条规定的其他组织是指合法成立、有一定的组织机构和财产，但又不具备法人资格的组织，包括：（5）法人依法设立并领取营业执照的分支机构"的规定，可知分公司可以成为诉讼的当事人，但又不能独立承担法律责任，因为其不是法人，没有主体资格，没有自己独立的财产，所以必须是由其总公司对它的行为进行负责。在诉讼中一般将分公司和总公司列为共同诉讼当事人。

联系本案

本案中，承运人在承运期间没有尽到合理的注意义务，致使货物被抢，从主观上其存在重大过失，因为承运人在运输期间必须对所承运的货物尽到妥善地、谨慎地保管义务。货物被抢，是否属于海盗行为呢？根据案情的介绍来看，是不属于的，只是一般的犯罪行为，之所以提到海盗行为，是因为在海上运输中，海盗行为是承运人不能克服和避免的意外事故，是免责的事由。

本案中如果承运人适时地向托运人签发了提单，则该风险就转向了圣彼得堡公司，应由圣彼得堡公司向保险公司要求赔付保险金，保险公司在赔付保险金之后才能向承运人要求赔偿。这就提醒我们在现实案例中要注意贸易术语所涵盖的意思，以便更好地保护自己的权益。

现实中诉讼时效期间大多数是两年，但在海上运输中，时效的规定就有点不一样，《海商法》第 257 条规定："就海上货物运输向承运人要求赔偿的请求权，时效期间为一年，自承运人交付或者应当交付货物之日起计算；在时效期间内或者时效期间届满后，被认定为负有责任的人向第三人提起追偿请求的，时效期间为 90 日，自追偿请求人解决原赔偿请求之日起或者收到受理对其本人提起诉讼的法院的起诉状副本之日起计算。"我们在起诉的时候还应当注意到时效是否已过的问题，受损方应当及时起诉，以免超过诉讼时效而使自己的权益不能得到法律的保护。

四、船舶碰撞事故双方当事人的责任如何认定？

案例 67　"天通"号渔船诉"观龙"号货轮海上碰撞损害赔偿纠纷案

事情是这样的

2006 年 1 月 10 日，由船长陈某带领船员文某、莫某、石某、徐某、洪某、冯某六人驾驶载满渔货的“天通”号渔船（以下简称渔船）从广东省向阳港向北海返航。陈某的船长证书于2005年7月4日审证，冯某的轮机长证书于2005年7月核发，其他船员文某、徐某、洪某、莫某、石某的船员职务证书由广西渔港监督局颁发。1月16日约中午12时，渔船结队一起向北海返航。1月17日约中午13时，渔船到达琼州海峡中部海安湾附近水域，当时的航速约9节（约19千米每小时），航向约265°。大约在中午14时，船长陈某上驾驶台接班，水手冯某负责在船头瞭望。下午15点左右，海上大雾渐浓，能见距离不足100米，船长将航速降至3节（约6千米每小时）左右，命令冯某挂起铁盒用铁锤每隔几秒钟敲打一次。同时，由船长王某驾驶的新加坡籍一艘“观龙”号货轮（以下简称货轮）也在同一航道上行驶，货轮航行过西口报告线进入琼州海峡，二副程辉向大副邓林福交班。此时航向100°，航速9.5节至9.7节，船位在北纬20°10′线稍偏北，船长王某、大副和操舵水手王某在驾驶台值班。在驾驶室里的船长也注意到海上雾气渐浓，能见度很差，其在驾驶台上最远看到船中吊机，看不到船首。但货轮始终未加派船员瞭头，未鸣放声号。在下午16时到17时这一时间段内，货轮雷达感应器上回波逐渐增多，在船首前方呈现有很多小目标。船长指示大副查看情况，大副称，当时分不清目标是渔栅、渔网或渔船，货轮经常左右转向避让目标，转向角度大时至右舵20°。下午16时25分左右，大副从雷达上发现船首前方有一些比渔网回波大的目标，距离约有两海里，立即向船长报告，并在雷达上指出目标。随着目标距离的接近，目标发生混淆，货轮左右转向避让通过目标。据在下午15点50分接班的货轮水手王某称，在其接班后1个半小时内，曾感到货轮颤动厉害，貌似撞上了什么物体。但货轮未采取减速措施，航速保持9.5节至9.7节。据渔船船长陈某介绍，在下午16时左右，他听到站在船头的冯某大喊：船首左前方有灯光。船长看到距离水手约几十米有大船的白色灯光（并无其他醒目提醒标志），立即采取右满舵，但还来不及打满舵，几秒钟内两船发生碰撞，碰撞部位在渔船左舷驾驶台偏后部位。碰撞后，货轮并未减速停船，而是迅速离开现场。渔船被撞后立即向后侧翻沉，当时在舱内休息的船员都来不及逃生，船长陈某奋力游出海面，发现翻沉后处于半浮状态的渔船，拼命寻找其他船员。船长陈某称，冯某看到来船后跑到舱口叫其他船员逃生时被甩到舱内或海里失踪。大约40分钟后，在后面航行的“桂合渔999998”号船船员发现翻船及船长，随后，“桂合渔88889”号等渔船相继到场搜救遇险船员。

碰撞事故发生后，海南海事局随即对事故进行调查，认定与渔船发生碰撞的为货轮，碰撞时间为1月17日约16点30分，碰撞地点为中国琼州海峡北纬20°10′，东经109°59′。又据海南省海上搜救中心介绍，该中心在约17点55分左右，向该货轮通报有渔船在附近水域发生事故、人员遇险，要求其掉头搜救。货轮答复：由于雾大，渔栅、渔网多，航行困难，无法参加搜救。随后，继续向东航行。晚20时零3分，该中心又要求货轮返回搜救，货轮开始返航至事发地。20时13分，船长向海南省海上搜救中心报告发现船首有碰撞痕迹。约21时43分，货轮在返航途中接到琼州海峡交管中心指令开往海口港锚地接受调查。

该案由广西北海海事法院受理并经审判委员会作出一审判决，判决“观龙”号货轮承担事故的主要责任，“天通”号渔船承担事故的次要责任。货轮不服提出上诉，称一审法院在事故过错认定上存在错误，二审经广西高级人民法院审理后认为一审判决对两船碰撞的责任划分的认定正确，本院予以维持。

律师专线

海上交通事故是一种非常复杂的案件，涉及的当事人较多，且案情一般比较复杂，海上取证困难，就本案而言，是典型的海上船舶碰撞侵权赔偿纠纷案。对于此案，首先涉及的是管辖权的问题，根据《海事诉讼特别程序法》第6条第2款第1项、最高人民法院《关于适用〈中华人民共和国海事诉讼特别程序法〉若干问题的解释》第4条的规定，本案碰撞发生地、碰撞船舶最先到达地、加害船舶被扣留地或者被告住所地和原告船籍港所在地海事法院均可行使管辖权。

其次要解决的是准据法的问题，根据《海商法》第273条，应适用中国法律审理此案，并根据《民事诉讼法》第238条的规定，适用《1972年国际海上避碰规则》（下称《避碰规则》）。因此，《避碰规则》、《海商法》、最高人民法院《关于审理船舶碰撞和触碰案件财产损害赔偿的规则》（下称《碰撞规定》）等都成为本案的准据法。

本案最主要是解决当事人之间的责任比例问题，该案事故发生在琼州海峡水域，海南海事局作为该水域负责调查处理水上交通事故的行政主管机关，碰撞事故发生后，该局依职权对碰撞地点附近多艘船舶当事人进行多方调查，在进行了全面的调查，取得大量调查材料的基础上出具碰撞事故调查报告，系其履行行政职责的行为，在没有相反证据的情况下，该调查报告应作为认定碰撞事故经过及认定事故双方责任的依据。这是法院在处理交通事故责任认定时的主要依据，如果当事人对调查事故报告不服，认为其缺乏真实性的，可另行提起行政复议或者另行起诉。从案件的介绍来看，双方主要存在以下过错，货轮存在以下过错：（一）瞭望疏忽。货轮在大雾天气航行时，特别是在琼州海峡这样水域船舶交通密度大、碍航渔栅及渔网较多的航道上航行，再加上当时能见度差等影响因素，虽然通知船长上驾驶台，但未及时加派船员到船头瞭望，使本船无法对周边的环境如渔船、渔栅及渔网等进行判断，无法以视觉及听觉发现来船，至碰撞前的瞬间根本未察觉碰撞危险；从而未能及早对局面作出正确判断。据此，货轮在瞭望方面存在疏忽，违反了《避碰规则》第5条“每一船舶应经常用视觉、听觉以及适合当时环境和情况下一切有效的手段保持正规的瞭望，以便对局面和碰撞危险作出充分的估计”的规定。（二）未使用安全航速。货轮在能见度不良、前途碍航物甚多、无法判别目标动向、避让困难时，未根据当时环境和情况及时减速并使用安全航速行驶，为本船和他船预留足够时间充分分析视听资料及据此采取适当有效的避碰行动，导致碰撞后渔船立即翻沉、船员来不及逃生的严重后果，违背了《避碰规则》第6条和第19条要求船舶使用“安全航速”和“船舶在能见度不良时的行动规则”的规定。（三）采取驾驶措施不当。16点10分后至船舶碰撞期间，货轮在能见度不良、雷达目标增多的情况下，未充分判断目标性质、动态，未充分考虑当时存在的碰撞危险，未采取减速、停止或倒转推进器停船等措施，而是在航行中持续左右迂回，大幅度转向，以致对方船舶难以判断其行驶意向，从而及早作出有效规避措施，违反了《避碰规则》第 8 条“避免碰撞的行动”和第 19 条的规定。本案证据显示，货轮在碰撞前根本未察觉渔船，故对于渔船而言，货轮根本未采取过任何避碰措施。（四）未使用声号彰显本船及警醒他船注意。根据《避碰规则》第 35 条“能见度不良时使用的声号”的规定，在“能见度不良的水域中或者附近时，不论日间还是夜间，本条规定的声号应使用如下：1. 机动船对水移动时，应以每次不超过 2 分钟的间隔鸣放 1 长声”和第 36 条“如有必要招引他船注意，任何船舶可以发出灯光或声响信号”，而货轮当时并未使用声号。如果货轮鸣号前行，根据《避碰规则》附录三“号笛的声强和可听距离”的规定，他船可以从两海里之外凭声源判断，而采取措施规避。货轮船长不具有船员通常知识，不知雾钟系船舶雾航时启用的重要设备，反而认为“雾大鸣号也没用”，导致货轮在前途障碍物较多且雾中夜航的情况下，左冲右突高速航行又不鸣号，造成与渔船相撞并使之顷刻间翻沉。（五）货轮肇事逃逸。当事船舶值班船员的陈述，为两船碰撞情况的直接证据。其在明知相撞的情况下仍然按照原来的速度迅速离开。渔船的过错：（一）未保持正规瞭望。渔船尽管有水手瞭头，但由于缺乏雷达助航，无法及时发现目标，及时对局面和碰撞危险充分估计，违反了《避碰规则》第 5 条的规定。（二）未按规定使用声号。尽管渔船在遭遇大雾后，派瞭望水手敲打铁盒作为雾号，但此种雾号并不符合《避碰规则》对能见度不良时船舶使用声号的要求。所以法院最后作出货轮承担 90% 的责任、渔船承担 10% 的责任的判决是正确的。

法律规范

中华人民共和国海事诉讼特别程序法

（1999 年 12 月 25 日第九届全国人民代表大会常务委员会第十三次会议通过　自 2000 年 7 月 1 日起施行）

第六条：……

下列海事诉讼的地域管辖，依照以下规定：

（一）因海事侵权行为提起的诉讼，除依照《中华人民共和国民事诉讼法》

第二十九条至第三十一条的规定以外，还可以由船籍港所在地海事法院管辖；

……

中华人民共和国民事诉讼法

（1991年4月9日第七届全国人民代表大会第四次会议通过　根据2007年10月28日第十届全国人民代表大会常务委员会第三十次会议《关于修改〈中华人民共和国民事诉讼法〉的决定》修正）

第二十九条　因侵权行为提起的诉讼，由侵权行为地或者被告住所地人民法院管辖。

第三十一条　因船舶碰撞或者其他海事损害事故请求损害赔偿提起的诉讼，由碰撞发生地、碰撞船舶最先到达地、加害船舶被扣留地或者被告住所地人民法院管辖。

第二百三十六条　中华人民共和国缔结或者参加的国际条约同本法有不同规定的，适用该国际条约的规定，但中华人民共和国声明保留的条款除外。

中华人民共和国海商法

（1992年11月7日第七届全国人民代表大会常务委员会第二十八次会议通过　自1993年7月1日起施行）

第二百七十三条　船舶碰撞的损害赔偿，适用侵权行为地法律。

船舶在公海上发生碰撞的损害赔偿，适用受理案件的法院所在地法律。

同一国籍的船舶，不论碰撞发生于何地，碰撞船舶之间的损害赔偿适用船旗国法律。

1972年国际海上避碰规则

（国际海事组织于1989年10月19日以A·678（16）号决议通过《一九七二年国际海上避碰规则公约》修正案　该修正案已达到生效条件并于1991年4月19日正式生效）

第五条　每一船舶应经常用视觉、听觉以及适合当时环境和情况下一切有效的手段保持正规的瞭望，以便对局面和碰撞危险作出充分的估计。

第六条　每一船舶在任何时候应用安全航速行驶，以便能采取适当而有效的避碰行动，并能在适合当时环境和情况的距离以内把船停住。

在决定安全航速时，考虑的因素中应包括下列各点：

1. 对所有船舶：

（1）能见度情况；

（2）通航密度，包括渔船或者任何其他船舶的密集程度；

（3）船舶的操纵性能，特别是在当时情况下的冲程和旋回性能；

（4）夜间出现的背景亮光，诸如来自岸上的灯光或本船灯光的反向散射；

（5）风、浪和流的状况以及靠近航海危险物的情况；

（5）吃水与可用水深的关系。

2. 对备有可使用的雷达的船舶，还须考虑：

（1）雷达设备的特性、效率和局限性；

（2）所选用的雷达距离标尺带来的任何限制；

（3）海况、天气和其他干扰源对雷达探测的影响；

（4）在适当距离内，雷达对小船、浮冰和其他漂浮物有探测不到的可能性；

（5）雷达探测到的船舶数目、位置和动态；

（6）当用雷达测定附近船舶或其他物体的距离时，可能对能见度作出更确切的估计。

第八条　1. 为避免碰撞所采取的任何行动，如当时环境许可，应是积极地，并应及早地进行和注意运用良好的船艺。

2. 为避免碰撞而作的航向和（或）航速的任何变动，如当时环境许可，应大得足以使他船用视觉或雷达观察时容易察觉到；应避免对航向和（或）航速作一连串的小变动。

3. 如有足够的水域，则单用转向可能是避免紧迫局面的最有效行动，倘若这种行动是及时的，大幅度的并且不致造成另一紧迫局面。

4. 为避免与船碰撞而采取的行动，应能导致在安全的距离驶过。应细心查核避让行动的有效性，直到最后驶过让清他船为止。

5. 如须避免碰撞或须留有更多时间来估计局面，船舶应当减速或者停止或倒转推进器把船停住。

第十九条　船舶在能见度不良时的行动规则

1. 本条适用于在能见度不良的水域中或在其附近航行时相互看不见的船舶。

2. 每一船舶应以适合当时能见度不良的环境和情况的安全航速行驶，机动船应将机器作好随时操纵的准备。

3. 在遵守本章第一节各条时，每一船舶应适当考虑到当时能见度不良的环境和情况。

4. 一船仅凭雷达测到他船时，应判定是否正在形成紧迫局面和（或）存在着碰撞危险。若是如此，应及早地采取避让行动，这种行动如包括转向，则应尽可能避免如下各点：

（1）除对被追越船外，对正横前的船舶采取向左转向；

（2）对正横或正横后的船舶采取朝着它转向。

5. 除已断定不存在碰撞危险外，每一船舶当听到他船的雾号显似在本船正横以前，或者与正横以前的他船不能避免紧迫局面时，应将航速减到能维持其航向的最小速度。必要时，应把船完全停住，而且，无论如何，应极其谨慎地驾驶，直到碰撞危险过去为止。

第三十三条　长度为 12 米或 12 米以上的船舶应配备一个号笛，长度为 20 米或 20 米以上的船舶，除了号笛以外还应配备一个号钟；长度为 100 米或 100 米以上的船舶，除了号笛和号钟以外还应配备一个号锣。号锣的音调和声音不可与号钟相混淆。号笛、号钟和号锣应符合本规则附录 III 所载规格。号钟、号锣或二者均可用与其各自声音特性相同的其他设备代替，但任何时候都要能以手动鸣放规定的声号。

第三十五条　能见度不良的水域中或其附近时，不论日间还是夜间，本条规定的声号应使用如下：

1. 机动船对水移动时，应以每次不超过 2 分钟的间隔鸣放 1 长声。

2. 机动船在航但已停车，并且不对水移动时，应以每次不超过 2 分钟的间隔连续鸣放 2 长声，2 长声间的间隔约 2 秒钟。

3. 失去控制的船舶、操纵能力受到限制的船舶、限于吃水的船舶、帆船、从事捕鱼的船舶，以及从事拖带或顶推他船的船舶，应以每次不超过 2 分钟的间隔连续鸣放 3 声，即 1 长声继以 2 短声，以取代本条 1 或 2 款规定的声号。

4. 从事捕鱼的船舶锚泊时，以及操纵能力受到限制的船舶在锚泊中执行任务时，应当鸣放本条3款规定的声号以取代本条7款规定的声号。

5. 一艘被拖船或者多艘被拖船的最后一艘，如配有船员，应以每次不超过2分钟的间隔连续鸣放4声，即1长声继以3短声。当可行时，这种声号应在拖轮鸣放声号之后立即鸣放。

6. 当一顶推船和一被顶推船牢固地连接成为一个组合体时，应作为一艘机动船，鸣放本条1或2款规定的声号。

7. 锚泊中的船舶，应以每次不超过1分钟的间隔急敲号钟约5秒钟。长度为100米或100米以上的船舶，应在船的前部敲打号钟，并应在紧接钟声之后，在船的后部急敲号锣约5秒钟。此外，锚泊中的船舶，还可以连续鸣放3声，即一短、一长和一短声，以警告驶近的船舶注意本船位置和碰撞的可能性。

8. 搁浅的船舶应鸣放本条6款规定的钟号，如有要求，应加发锣号。此外，还应在紧接急敲号钟之前和之后，各分隔而清楚地敲打号钟3下，搁浅的船舶还可以鸣放合适的笛号。

9. 长度小于12米的船舶，不要求鸣放上述声号，但如不鸣放上述声号，则应以每次不超过2分钟的间隔鸣放他种有效的声号。

10. 引航船当执行引航任务时，除本条1、2或6款规定的声号外，还可以鸣放由4短声组成的识别声号。

第三十六条　如有必要招引他船注意，任何船舶可以发出灯光或声响信号，但这种信号应不致被误认为本规则其他各条所准许的任何信号，或者可用不致妨碍任何船舶的方式把探照灯的光束朝着危险的方向。任何招引他船注意的灯光，应不致被误认为是任何助航标志的灯光。为此目的，应避免使用诸如频闪灯这样高亮度的间歇灯或旋转灯。

专家释惑

我国在涉外民事案件的法律适用上基本依据《民法通则》第142条的规定："涉外民事关系的法律适用，依照本章的规定确定。中华人民共和国缔结或者参加的国际条约同中华人民共和国的民事法律有不同规定的，适用国际条约的规定，但中华人民共和国声明保留的条款除外。中华人民共和国法律和中华人民共和国缔结或者参加的国际条约没有规定的，可以适用国际惯例。”从该条可以看出，在法律的优先级别上，我国承认国际条约在处理涉外案件上具有优先适用的地位，并且还列出当法律与国际条约都没有规定时的做法——适用国际惯例，这条可谓是为涉外案件的法律适用提供极其明确的指引。因为一国的法律具有属地性，不能对其管辖范围外的纠纷进行管辖，但国际交往的密切又是不可逆转的事实，怎样调和二者之间的矛盾是国际贸易顺利发展的重要基础，又由于各国的法律文化传统的区别，各国的法律不可能将所有事情都规定在法律内，当法律出现空白时如何解决也显得尤其重要，所以《民法通则》的上述规定正是出于这样的考虑而作出的规定。使得本案在中国船舶避碰规则上只有内河避碰规则而没有海上的避碰规则的情况下，国际海事组织制定的《避碰规则》得以适用。

联系本案

从案例中可以看出，海上交通事故多是因为人为的原因造成的，在海上行驶时船长及船员应做好相应的准备，不能疏忽大意，每次出海时应检查船舶是否适航，在自然条件不好的时候减速慢行，充分尽好相应的提示、注意义务；事故发生后，应本着人道主义的精神首先对落水人员进行救助，而不应袖手旁观甚至逃逸，以把损失减少到最低程度。在海事局对事故进行调查时本着实事求是的原则配合其工作，使其能将事故的前因后果调查清楚，充分取证，以形成正确的事故调查报告，最后有利于事故的解决。

五、船舶触碰码头设施如何赔偿？

案例 68　上海集装箱码头有限公司诉上海船厂船舶触碰侵权损害赔偿纠纷案

事情是这样的

这是一起船舶触碰码头设施赔偿纠纷案。原告上海集装箱码头有限公司，被告上海船厂。原告状告上海船厂在其船舶适航途经上海港黄浦江水域时撞击其所属军工路码头的 J103 号起重机，致使该机当即倾覆损毁并使司机陆伟中受伤，码头结构和事发地附近船舶、集装箱和货物也造成损坏，且事故是由被告单方面过失造成，故要求上海船厂赔偿所有损失共计人民币 66523175.00 元及利息。被告则辩称此次事故是其合理避让其他船舶而造成的，不应负全责，并反诉原告所属 J103 桥吊违章停放，阻碍船舶安全航行，在紧迫局面出现后，又未能采取避让措施，应负主要责任。

事故经过："爱丽丝·奥登道夫"轮（下称"爱"轮）是上海船厂所拥有的一艘新船，船籍为上海，船长 189.50 米，船宽 32.20 米，型深 16.60 米，总吨为 27825 吨，净吨为 13830 吨，主机种类为内燃机，功率为 8580 千瓦。中华人民共和国船舶检验局同意"爱"轮试航的"爱"轮船舶试航证书记载的内容与"爱"轮临时国籍证书记载的内容一致，并核准试航人数为 160 人，试航区域为东海花鸟山海域，证书有效期至 1999 年 10 月 30 日。1999 年 10 月 9 日，"爱"轮在结束试航后返航驶往上海港黄浦江被告的码头，当时江面上船舶众多，"爱"轮只能微速行驶。当船到达吴淞崇明船码头时，"爱"轮为避让小船而停驶 2 分钟，造成船舶失去舵效，船首偏向浦东面，形成了极大的风压角和流压角，使船位压向浦西面。在微速的情况下，船向岸边越压越拢，"爱"轮此刻换成了手动掌舵，让过军工路码头停泊的第一条、第二条船，与第三条船左舷外档扬出的克令吊发生触碰，随即触碰了该轮左舷外档另一克令吊，由于水流作用，“爱”轮继续前冲，与军工路码头伸向江面的J103桥吊发生触碰，造成该桥吊倒塌。由于惯性的作用，轮船继续向前并连续与六条船发生了碰撞，最后撞坏了码头上的一些设施，J103桥吊的倒塌还砸坏了“华航三号”轮上的集装箱。

案件的争议主要在J103桥吊的作业是否违规和J103桥吊停产损失问题。

被告以原告向上海市工商行政管理局申报材料中有J103桥吊外伸限度为29米，以及《上海港船舶并靠码头、浮筒停泊规定》记载的军工路码头并靠区域为36米，应溯及上空为由，而原告的J103桥吊在事故发生时伸出的实际为38.5米为由认定原告J103桥吊在事故发生时系违章作业。但法院查明，根据《上海港船舶并靠码头、浮筒停泊规定》的记载，原告所属军工路码头的并靠区域为36米，但无任何法律或法规对桥吊作业时伸出江面的距离作出限制，作为主管机关的上海港务监督也未对此作出过明确规定，故J103桥吊外伸距离为38.5米，尚不能认为该桥吊构成违章安装或违章作业。

由于就J103桥吊停产损失问题原、被告争议比较大，在征得原、被告同意的情况下，法院委托上海立信长江会计师事务所有限公司中国注册会计师付某、张某对J103桥吊停产损失依法独立进行审计。审计报告称：原告系沪港合资企业，双方各占50%股权，经营期限自1993年至2043年；原告拥有张华浜、军工路及宝山三个国际集装箱专用码头，共配置16台桥吊，其中军工路码头配置6台。经改造，张华浜、军工路码头各增加1台，至案发前1999年7月11日安装完毕投产，9月份才取得稳定作业箱量纪录。根据原告提供原告所属全公司三码头1999年度7月至9月收入、税金、成本、毛利、箱量分析表和同年7月至12月18台桥吊作业量的统计，面对原告全公司桥吊1999年4季度（事故发生在10月）反而大于1999年3季度的事实，考虑到三码头桥吊作业的互补性，剔除1999年9月新装2台桥吊的不可比因素等，依照最高人民法院《关于审理船舶碰撞和触碰案件财产损害赔偿的规定》中设施使用和收益损失，以实际减少的净收益计算的原则，会计师于2002年4月23日对该审计报告作了审计最终结论：每天损失金额净利润为人民币24256.08元。

被告随后提出一项责任限制要求，主张根据中华人民共和国交通部《关于不满300总吨船舶及沿海运输、沿海作业船舶海事赔偿限额的规定》以及《中华人民共和国海商法》的有关规定享受赔偿责任限额。

律师专线

分析本案，首先看“爱”轮号对此次触碰的责任，虽然“爱”轮是为避让他船而造成“爱”轮被压向码头，但“爱”轮在黄浦江航行时，应与在码头上靠泊的船舶及设施保持一定的安全距离，同时不排除“爱”轮应避免碰撞靠泊船舶的义务。又由于“爱”主张的原告所属J103桥吊有违章作业行为，但由于没有足够的事实和法律依据，法院不支持其主张，所以本起事故应属“爱”轮操纵不当所致，根据《民法通则》第106条的规定，被告应承担全部责任。

其承担的责任如何计算呢？一般的损失可依照《民法通则》第117条的规定进行或恢复原状或折价赔偿。但就桥吊的停产损失问题因为双方当事人争议较大，在双方协商一致的情况下，法院委托会计师事务所对其进行估算，这里涉及了一个重要法规——最高人民法院《关于审理船舶碰撞和触碰案件财产损害赔偿的规定》，会计师按照此规定的第12条规定的原则对停产损失进行计算。在计算过程中还要将此桥吊与码头上的其他桥吊做一个整体研究，因为它们具有作业上的互补性，这样计算出来的数额才是真实、客观的。根据中国注册会计师独立审计准则，结合原告公司的实际情况所进行的审计，得出的审计结论合法、有效，应以承认。

对被告主张的享受责任限额如何处理呢？首先看其赔偿的数额是否达到限额的数量，如果没达到就没有处理的意义，如果超过了，再看其是否符合享受的主体，从案情和法律的规定来看，只有从事中华人民共和国港口之间货物运输或者沿海作业的船舶才适用，而被告船舶“爱”轮只是在试航而非从事货物运输或沿海作业，故也不能适用此限额赔偿。

法律规范

中华人民共和国海上交通安全法

（1983 年 9 月 2 日第六届全国人民代表大会常务委员会第二次会议通过 自 1984 年 1 月 1 日起施行）

第二十二条　未经主管机关批准，不得在港区、锚地、航道、通航密集区以及主管机关公布的航路内设置、构筑设施或者进行其他有碍航行安全的活动。

对在上述区域内擅自设置、构筑的设施，主管机关有权责令其所有人限期搬迁或拆除。

交通部关于上海水上安全监督规则规定

（1995 年 1 月 9 日 交安监发〔1995〕27 号文批复）

第三条　适用对象

本规则适用于第二条规定范围内的一切船舶、设施及其所有人、经营人、代理人、船员、引航员和其他有关单位和个人。

第六十九条　码头安全秩序管理

一、码头前沿应保持足够水深，并在允许的设计水深内疏浚。

二、码头所有人或经营人，在船舶离靠前应进行清理并按该船总长 120% 的长度留足泊位，并应显示规定的信号。

三、码头所有人或经营人应按本码头设计靠泊能力、规定的码头并靠宽度进行指泊。

四、码头外沿或靠把，不应留有突出的坚硬物。码头上的机械设备不得影响船舶的安全离靠。

五、专用码头如对外国籍船舶开放、停靠船舶超出码头原设计能力和功能，其所有人或经营人应报经主管机关核准。

最高人民法院关于审理船舶碰撞和触碰案件财产损害赔偿的规定

（1995 年 10 月 18 日最高人民法院审判委员会第 735 次会议讨论通过）

五、船舶触碰造成设施损害的赔偿包括：

设施的全损或者部分损坏修复费用；

设施修复前不能正常使用所产生的合理的收益损失。

十二、设施损害赔偿的计算：

期限：以实际停止使用期间扣除常规检修的期间为限；

设施部分损坏或者全损，分别以合理的修复费用或者重新建造的费用，扣除已使用年限的折旧费计算；

设施使用的收益损失，以实际减少的净收益，即按停止使用前 3 个月的平均净盈利计算；部分使用并有收益的，应当扣减。

中华人民共和国民法通则

（1986 年 4 月 12 日第六届全国人民代表大会第四次会议通过　自 1987 年 1 月 1 日起施行）

第一百零六条　公民、法人违反合同或者不履行其他义务的，应当承担民事责任。

公民、法人由于过错侵害国家的、集体的财产，侵害他人财产、人身的，应当承担民事责任。

没有过错，但法律规定应当承担民事责任的，应当承担民事责任。

第一百一十七条　侵占国家的、集体的财产或者他人财产的，应当返还财产，不能返还财产的，应当折价赔偿。

损坏国家的、集体的财产或者他人财产的，应当恢复原状或者折价赔偿。

受害人因此遭受其他重大损失的，侵害人并应当赔偿损失。

中华人民共和国海商法

（1992 年 11 月 7 日第七届全国人民代表大会常务委员会第二十八次会议通过　自 1993 年 7 月 1 日起施行）

第二百一十条　除本法第二百一十一条另有规定外，海事赔偿责任限制，依照下列规定计算赔偿限额：

（一）关于人身伤亡的赔偿请求

1．总吨位 300 吨 至 500 吨的船舶，赔偿限额为 333000 计算单位；

2．总吨位超过 500 吨的船舶，500 吨以下部分适用本项第 1 目的规定，500 吨以上的部分，应当增加下列数额：

501 吨至 3000 吨的部分，每吨增加 500 计算单位；

3001 吨至 30000 吨的部分，每吨增加 333 计算单位；

30001 吨至 70000 吨的部分，每吨增加 250 计算单位；

超过 70000 吨的部分，每吨增加 167 计算单位。

（二）关于非人身伤亡的赔偿请求

1. 总吨位 300 吨至 500 吨的船舶，赔偿限额为 167000 计算单位；

2. 总吨位超过 500 吨的船舶，500 吨以下部分适用本项第 1 目的规定，500 吨以上的部分，应当增加下列数额：

501 吨至 30000 吨的部分，每吨增加 167 计算单位；

30001 吨至 70000 吨的部分，每吨增加 125 计算单位；

超过 70000 吨的部分，每吨增加 83 计算单位。

关于不满 300 总吨船舶及沿海运输、沿海作业船舶海事赔偿限额的决定

（1993 年 11 月 7 日国务院批准　1993 年 11 月 15 日交通部令第 5 号发）

第二条　本规定适用于超过 20 总吨、不满 300 总吨的船舶及 300 总吨以上从事中华人民共和国港口之间货物运输或者沿海作业的船舶。

第三条　除本规定第四条另有规定外，不满 300 总吨船舶的海事赔偿责任限制，依照下列规定计算赔偿限额：

（一）关于人身伤亡的赔偿请求；

1. 超过 20 总吨、21 总吨以下的船舶，赔偿限额为 54000 计算单位；

2. 超过 21 总吨的船舶，超过部分每吨增加 1000 计算单位。

（二）关于非人身伤亡的赔偿请求：

1. 超过 20 总吨、21 总吨以下的船舶，赔偿限额为 27500 计算单位；

2. 超过 21 总吨的船舶，超过部分每吨增加 500 计算单位。

专家释惑

这起触碰侵权案件让人难理解的知识点主要是 J103 桥吊的停产损失的计算，根据最高人民法院《关于审理船舶碰撞和触碰案件财产损害赔偿的规定》第 12 条的规定："设施损害赔偿的计算：期限：以实际停止使用期间扣除常规检修的期间为限；设施部分损坏或者

全损，分别以合理的修复费用或者重新建造的费用，扣除已使用年限的折旧费计算；设施使用的收益损失，以实际减少的净收益，即按停止使用前 3 个月的平均净盈利计算；部分使用并有收益的，应当扣减。”从案情来看，J103 桥吊在触碰中已经倒塌全损，应按固定资产折旧方案赔偿次项损失，故停产的日期应从触碰发生之日起计算到新桥完全安装完毕并能正常使用止，此外要注意的是还有一个试营运期间的问题，如试营运期间没有出现异常情况，则安装完毕之日为停产的终期，如在试营运期间出现问题则应算到该检修至正常之日。试营运期间之外出现异常则属于正常损坏，于停产无关。

在其他的案件中，有当事人主张桥吊的损失应比照船舶的损失进行计算，因为它们都是能移动的，此主张欠妥。根据最高人民法院《关于审理船舶碰撞和触碰案件财产损害赔偿的规定》第 16 条中有关“设施”解释：指人为设置的固定或者可移动的构造物，包括固定平台、浮鼓、码头、堤坝、桥梁、敷设或者架设的电缆、管道等。虽然桥吊在操纵过程中可以移动，但桥吊只能在固定的轨道上移动，其与船舶的移动是两个截然不同的概念，故不能与船舶混同。

联系本案

由于船舶的行驶条件和自身的特点使得它不像陆上交通工具那么容易操控，所以船舶在航行时务必遵守海上（水上）交通规则，谨慎驾驶，“小心驶得万年船”。

六、货物在海上运输过程中变质损坏，该由谁负责？

案例 69　中设（南通）机械设备进出口公司进口分公司诉新加坡成功海事私人有限公司海上货物损害赔偿纠纷案

事情是这样的

中设（南通）机械设备进出口公司进口分公司（以下简称中设公

司）向印度一家公司进口13650吨的印度黄豆粕，价格术语用的是CIF天津每吨158美元，保险费共计9517.90美元，印度公司委托新加坡成功海事私人有限公司（以下简称成功公司）进行运输。1998年12月成功公司派其所有的“CONTINETAL GLORY”（大陆之荣）轮承担此次运输任务，在对所载货物进行检查后签发了清洁提单（提单号为CIG—03/001），提单载明：货物从印度坎德拉（KANDLA）至天津港，收货人为中设公司，在卸货方面注明为“FREE OUT”，即船东不负责卸货费用。该轮于1998年12月25日到达天津，中设公司在天津港持正本提单向被告提货。

在提货的过程中发现货物有结块现象，于是中设公司和成功公司分别申请了天津进出口商品检验局和中国进出口商品检验天津公司对受损情况进行检验，经两家检验机构的检验，得出共同的结论为：检验货物时一、二、三号舱的货物已经卸货完毕，四号舱的货物也几乎卸完，一些结块豆粕被暂时堆放于四号舱甲板的左右舷，结块货物已变色（黑红色和灰白色），由于部分结块货物质地疏松、极易破碎，破碎后的残货混杂在货物中，使该批货物的颜色出现变化，色泽发暗。进入轮船四号舱时发现剩余的货物因受热结块，颜色暗红，残货与正常货物混杂，货舱底部及舱壁的温度用手触方式检查，发现货舱底部的两处地方（中部的前方和后方）及周围的舱壁温度较高，货物正是因为温度过高导致了变质。并同时检验到该轮四号舱的下面中部是四号燃料油舱。并根据船方的资料可知，此轮在1998年12月2日至13日期间一直使用四号油舱。所检验的货物是畜用饲料，出现此种货损后，禽畜类食用将出现蛋白不吸收，产生消化不良，甚至导致死亡，因此影响正常使用。中设公司同时又请验船师对“CONTINETAL GLORY”（大陆之荣）轮进行检验，发现四号舱底板材质为钢板，油漆已经基本脱落。经过近观检查，没有发现明显缺陷。货舱内底板上面没有设置垫舱材料。根据现有图纸资料和验船师的现场调查，该轮燃油舱加热介质为锅炉蒸汽。锅炉蒸汽流经机舱内的蒸汽分配阀箱，进入各自舱中的加热管系以加热燃油，然后再流回锅炉冷凝器。其中，二、三号燃油舱的蒸汽管系是先穿过四号燃油舱中部，然后进入各自舱中，再通过四号舱中部流回机舱的。经验船师检验，该轮燃油舱加热系统上没有油舱温度控制或温度报警装置。

中设公司据此要求成功公司赔偿已变质的货物及因放在甲板上而变质的货物的损失，而成功公司认为四号舱的热量是其在航海中正常行驶产生的，自己并没有过错，不应对变质的货物负责，至于甲板上的变质货物因为提单上明确写明"FREE OUT"，所以对卸货不存在任何义务，也拒绝赔偿；双方协商不成，中设公司最终将成功公司诉诸法院。

律师在线

就本案来看，我们先要了解的是一个专业术语"CIF"，此术语意思是由卖方支付运费，货物风险在越过船舷时转移到买方，并且船方不负责卸货的卸货费用，提单里提到的"FREE OUT"是不负卸货费用的再强调。由于船方签发了清洁提单，说明货物在装船时表面是完好无损的，不可能有上述的变色等症状，进而说明变质是在运输过程中产生的，由于是在运输过程中，所以在货物的风险已经转移给了买方的情况下，中设公司有权也只能起诉成功公司要求赔偿。而成功公司在没有相反的证据的情况下应当承担赔偿责任。

在调查承运人的责任时，从货物检验报告的结果以及轮船检验的结果可知：货损是因为对燃油进行加温，货舱底部靠近加热系统的部分温度随之增高，黄豆粕其属性表明不能长期承受过高的温度，因此靠近舱底的豆粕受热变质。而其他舱的货物在温度正常的情况下没有发生变质。该轮是由南方开往北方的，在行进过程中需要对燃油进行加温，加温行为属于正常的管船行为，但船方没有考虑到自身船舶的条件，其二、三号燃油舱加热时热量都会从四号舱经过，再加上船上没有油舱温度控制或温度报警装置，正是因为如此使得四号舱的温度长期过高。因为当事人双方是海上货物运输合同关系，根据《海商法》第48条的规定，承运人有妥善地、谨慎地装载、搬移、积载、运输、保管、照料和卸载所运货物的义务。其在行船过程中四号舱的温度过高是其应当能预见到的，其在装运的时候对豆粕在运输过程中长期遇热会变质的特性也是应当了解的。

正是由于承运人未履行妥善积载的义务，属于管货过失，应当承担由此给原告造成的货物损失。

虽然在提单中注明了船方不负卸货费用，但并不能免除承运人在运货中的责任，如果是由于卸货工人过失而造成货损的，承运人仍然应当负责。案例中，一些四号舱的货物在卸货时堆放在甲板上，使变质的和完好的混杂一起，造成了完好豆粕的损坏，成功公司也应当对此负责。

法律规范

中华人民共和国海商法

（1992 年 11 月 7 日第七届全国人民代表大会常务委员会第二十八次会议通过　自 1993 年 7 月 1 日起施行）

第四十七条　承运人在船舶开航前和开航当时，应当谨慎处理，使船舶处于适航状态，妥善配备船员、装备船舶和配备供应品，并使货舱、冷藏舱、冷气舱和其他载货处所适于并能安全收受、载运和保管货物。

第四十八条　承运人应当妥善地、谨慎地装载、搬移、积载、运输、保管、照料和卸载所运货物。

第五十五条　货物灭失的赔偿额，按照货物的实际价值计算；货物损坏的赔偿额，按照货物受损前后实际价值的差额或者货物的修复费用计算。

货物的实际价值，按照货物装船时的价值加保险费加运费计算。

前款规定的货物实际价值，赔偿时应当减去因货物灭失或者损坏而少付或者免付的有关费用。

第七十六条　承运人或者代其签发提单的人未在提单上批注货物表面状况的，视为货物的表面状况良好。

2000 年国际贸易术语解释通则

（1999 年 7 月国际商会第六次修订　2000 年 1 月 1 日生效）

E 组（发货）

EXW　工厂交货（……　指定地点）

F 组（主要运费未付）

FCA　货交承运人（……指定地点）

FAS　船边交货（……指定装运港）

FOB　船上交货（……指定装运港）

C 组(主要运费已付)

CFR　成本加运费（……指定目的港）

CIF　成本、保险费加运费（……指定目的港）

CPT　运费付至（……指定目的地）

CIP　运费、保险费付至（……指定目的地）

D 组(到达)

DAF　边境交货（……指定地点）

DES　目的港船上交货（……指定目的港）

DEQ　目的港码头交货（……指定目的港）

DDU　未完税交货（……指定目的地）

DDP　完税后交货（……指定目的地）

专家释惑

本案涉及的法律适用比较简单，主要就是合同方的义务问题。只要把事情的经过弄清楚，案件的判断还是很简单的。但这涉及了一个较专业的术语——清洁提单。所谓清洁提单就是指没有在提单上对货物的表面状况作出货损或包装不良之类批注的提单，它表明承运人在接收/装船时，该货物的表面状况良好。如果承运人对货物表面良好有异议，就加以批注。如（羊毛）“破包”、（新闻纸）“撕破”等。货物的表面状况是不需要用设备检验的，仅需目测。关于签发清洁提单的责任，承运人签发清洁提单后，表明货物在外表状态上良好，如果在运输过程中出现了损坏现象，货物所有人可要求承运人就此赔偿损失。但承运人签发清洁只表明承运人凭目力或者通常的方法所能观察到的货物状况。外表状态良好，并不排除货物内容存在凭目力或者通常的方法不能发现的缺陷。即清洁提单只是货物表面状态良好的初步证明，并不能完全排除货物在交承运人时包装没有瑕疵。同时，相对于托运人而言，清洁提单只是承运人已经按照提单所载状况收到货物或者货物已经装船的初步证据，如果有相反证据足以推翻提单的记载，则承运人和托运人实际交接的货物状况由新的证据确定。就本案而言，如果承运人有新的证据能证明货物在装载前就已经存在了内在瑕疵，而只是在运输的这段时间内显现出来而已，那案件的结果就要改变。

联系本案

在此种合同纠纷中，对货物特别是一些食品、饲料等，一旦发现有瑕疵应当立即委托相关部门进行检验，以免货物进一步变质或者货物在空间上的多方改变后而难以取证；承运人在运输此类货物时对它们的特性应当提起应有的注意，防止在运输过程中发生损坏。

七、违约方就扩大的损失应该承担责任吗？

案例70　青岛铁路旅游发展有限公司诉北海海运总公司海上旅客运输合同损害纠纷案

事情是这样的

2001年，青岛铁路旅游发展有限公司（以下简称青旅公司）针对老年人推出经典旅游路线——桂林、海南7日游。旅游路线是：先在青岛乘坐“夕阳红”专列到桂林，然后再经北海到海南，最后原路返回。同年10月10日，青旅公司的一批游客结束了在海南的浏览欲由海南返回桂林乘坐12日下午16点由桂林开往青岛的“夕阳红”专列，青旅公司为此委托北海中联国际旅行社有限责任公司（以下简称北海中旅）代购该批游客由海南至北海的船票。北海中旅向北海海运总公司（以下简称北海公司）订购了船票，北海公司当天派两艘客轮执行此次运输任务，其中“北部湾1号”客轮在从北海驶往海口的途中发生搁浅事故，未能如期抵达海口载运旅客，造成该批游客未能在当晚18点离开海口。北海公司在当晚19时告知青旅公司客轮搁浅，并且到达时间无法确定。

于是双方就滞留旅客的安排问题展开磋商，北海公司愿意负担滞留旅客当晚的住宿费，但这样就会造成延误第二天早上9点从北海开往桂林的火车，于是双方就火车延误一事进行交涉，但一直没有达成一致意见。最后，北海公司表示第二天派船来接该批旅客，并提出，如果青旅公司同意滞留的旅客等“北部湾1号”客轮脱浅后继续乘坐该轮前往北海，旅客滞留期间发生的费用由北海公司承担，青旅公司没有接受该条件。为了不耽误12日下午的“夕阳红”专列，青旅公司决定包机从海南直接飞往桂林，并准时坐上了开往青岛的专列。为此，青旅公司支出了120000元的包机费、14800元的机场建设费。在与北海公司就此批费用的偿付问题进行协商时，双方发生了严重的分歧。青旅公司认为包机费用应当由北海公司支付，因为根据《合同法》第113条的规定，北海公司没有按照约定履行合同，致使旅客滞留港口，而采取其他途径已经不可能再赶上由桂林开往青岛的专列，于是决定包机，其包机行为是合理合时的。而北海公司认为，根据《合同法》第113条规定，不应承担船票以外的非承运人造成的、无法预见的损失责任。

由于双方协商不成，青旅公司向海南海事法院提起了诉讼。在综合各方证据并经过双方当事人出庭质证后，法院认为，青旅公司通过委托北海中旅代购并获得北海—海口往返船票，青旅公司已与北海公司形成了海上旅客运输合同关系。青旅公司作为搭乘“北部湾1号”客轮旅客的组织者和船票持有人，以及作为包机将旅客从海口送抵桂林的实际出资者，是海上旅客运输合同的一方当事人，其有权就合同项下经济损失向有关责任方进行索赔。本案的合同当事人北海公司没有尽到自己的义务，在履约过程中构成了迟延运输，并过后没有积极采取有效补救措施；青旅公司在当时的情况下，只有包机是唯一可供选择之途径的情况下，青旅公司为了履行与旅客之间的合同，被迫采取包机直飞桂林是合理的，不属于故意扩大损失。根据《合同法》第107条的规定，海南海事法院判决北海公司赔偿青旅公司经济损失共计134800元。

北海公司不服，向海南省高级人民法院上诉，海南省高级人民法院经审理后认为原判事实清楚，适用法律正确，依照《民事诉讼法》第153条第1款第1项之规定判决驳回上诉，维持原判。

律师专线

本案是一起海上旅客运输合同纠纷案，虽然船票是北海中旅向北海公司购买的，但北海中旅系受青旅公司的委托而为之的，且船票是不记名的乘船凭证，中途可以自由转让，北海公司作为船票的持有人，由于合同的履行受到损害是有权提出赔偿要求。根据《合同法》第60条规定：当事人应当按照约定全面履行自己的义务。北海公司的义务就是按照合同的约定按时将旅客安全地运送到指定的目的地，但由于自己的原因而未能履行上述义务。所以北海公司应当就滞留旅客的安排负有积极的责任，应该承担因此造成的损失。在包机的费用上，双方争议较大，法院作出北海公司赔偿包机费用的法律依据是《合同法》第113条："当事人一方不履行合同义务或者履行合同义务不符合约定，给对方造成损失的，损失赔偿额应当相当于因违约所造成的损失，包括合同履行后可以获得的利益，但不得超过违反合同一方订立合同时预见到或者应当预见到的因违反合同可能造成的损失。"北海公司应当知道青旅公司作为一家旅行社如果不按时到达目的地将会影响其他行程，而青旅公司在没有其他更便宜途径可选的情况下，选择包机是合理的行为。北海公司应当就此向青旅公司偿付包机费及机场建设费用。

法律规范

中华人民共和国合同法

（1999年3月15日第九届全国人民代表大会第二次会议通过　自1999年10月1日起施行）

第一百零七条　当事人一方不履行合同义务或者履行合同义务不符合约定的，应当承担继续履行、采取补救措施或者赔偿损失等违约责任。

第一百一十三条　当事人一方不履行合同义务或者履行合同义务不符合约定，给对方造成损失的，损失赔偿额应当相当于因违约所造成的损失，包括合同履行后可以获得的利益，但不得超过违反合同一方订立合同时预见到或者应当预见到的因违反合同可能造成的损失。

经营者对消费者提供商品或者服务有欺诈行为的，依照《中华人民共和国消费者权益保护法》的规定承担损害赔偿责任。

第二百九十九条　承运人应当按照客票载明的时间和班次运输旅客。承运人迟延运输的，应当根据旅客的要求安排改乘其他班次或者退票。

中华人民共和国民事诉讼法

（1991 年 4 月 9 日第七届全国人民代表大会第四次会议通过　根据 2007 年 10 月 28 日第十届全国人民代表大会常务委员会第三十次会议《关于修改〈中华人民共和国民事诉讼法〉的决定》修正　自 2008 年 4 月 11 日起施行）

第一百五十三条　第二审人民法院对上诉案件，经过审理，按照下列情形，分别处理：

（一）原判决认定事实清楚，适用法律正确的，判决驳回上诉，维持原判决；

（二）原判决适用法律错误的，依法改判；

（三）原判决认定事实错误，或者原判决认定事实不清，证据不足，裁定撤销原判决，发回原审人民法院重审，或者查清事实后改判；

（四）原判决违反法定程序，可能影响案件正确判决的，裁定撤销原判决，发回原审人民法院重审。

当事人对重审案件的判决、裁定，可以上诉。

专家释惑

《合同法》第 113 条规定："当事人一方不履行合同义务或者履行合同义务不符合约定，给对方造成损失的，损失赔偿额应当相当于因违约所造成的损失，包括合同履行后可以获得的利益，但不得超过违反合同一方订立合同时预见到或者应当预见到的因违反合同可能造成的损失。"在本案件中原告包机行为的合理性得出被告须赔偿的判决。

在合同中赔偿损失的范围可由法律直接规定，或由双方约定。在法律没有特别规定和当事人没有另行约定的情况下，应按完全赔偿原则，赔偿全部损失，包括直接损失和间接损失。直接损失指财产上的直接减少。间接损失又称所失利益，指失去的可以预期取得的利益。可以获得的预期的利益，简称可得利益。可得的利益指利润，而不是营业额。例如，汽车修理厂与出租车司机约定10日修理好损坏的夏利车，汽车修理厂迟延3日交付，司机开出租车每日可获利润200元。3日的可得利益为600元，汽车修理厂违约，应赔偿600元的间接损失。

可得利益的求偿需坚持客观确定性，即预期取得的利益不仅主观上是可能的，客观上还需要确定的。因违约行为的发生，使此利益丧失，若无违约行为，这种利益按通常情形是必得的。例如，建筑公司承建一商厦迟延10日交付，商厦10日的营业利润额即为可得利益。

可得利益的求偿不能任意扩大。法律采取预见性限制赔偿范围的随意扩大。预见性有三个要件：一是预见的主体为违约人，而不是非违约人。二是预见的时间为订立合同之时，而不是违约之时。三是预见的内容为立约时应当预见的违约的损失，预见不到的损失，不在赔偿范围之列。例如，旅客言飞机误点使其耽误了一笔买卖，要求赔偿。该买卖是否耽搁，航空公司在售票时是无法预见的，故此间接损失不予赔偿。

公平原则是民法中的一项基本原则，在合同领域此原则尤其突出，因为只有公平才能促成交易的进行，当发生损害时，一方对另一方的赔偿也应遵循公平原则，可预期利益就是为此目的设计的，如单就合同的内容进行赔偿，势必造成不公平的现象。但可预期利益也应当合理，否则又会造成另一方的不公平。

联系本案

《合同法》第113条的目的在于防止损失的扩大。当事人一方违反合同的，另一方不能无动于衷任凭损失的扩大，而应当采取积极措施，减少损失。当事人一方已经尽了最大努力仍然不能履行或者不能完全履行合同的，应当及时向对方说明情况，尽量避免或者减少可能造成的损失。对方在接到通知后，如果能够采取有效措施防止损失的发生或者扩大，不能履行或者不能完全履行合同的一方对此发生或者扩大的损失不承担民事责任。当事人一方因另一方违反合同受到损失的，即使没有接到违反合同一方的通知，也应当及时采取措施防止损失的扩大；没有及时采取措施致使损失扩大的，无权就扩大的损失请求赔偿。当事人因防止损失扩大支出的合理费用，由违约方承担。所以在现实中要衡量守约方为防止损失扩大而采取的减损措施的合理性，而且减损措施应当是守约方根据当时的情境可以做到且成本不能过高的措施。

八、海上运输提单中既约定了管辖法院又有仲裁条款的，以哪个为准？

案例71　日本安斯法特运输公司诉大连腾发进出口有限责任公司海上货物运输合同损害纠纷案

事情是这样的

2003年9月大连腾发进出口有限责任公司（以下简称腾发公司）接受比利时MORIYER CUOLE SEDRT公司的邀约，准备向其出口3吨硝化丙三醇乙醇溶液，总价格是156740美元，由腾发公司负责将货物运输到比利时的安特卫普港，以信用证方式付款，交货日期为2003年10月25日前。2003年9月15日，腾发公司将此批货物经过特殊包装后交由日本安斯法特运输公司（以下简称安斯公司）运输，9月16日安斯公司向托运人腾发公司签发了74/9805LD02号货物装船提单，提单载明：承运货物为3吨硝化丙三醇乙醇溶液，分别由1、2、3号特殊油罐装运。分别隔离载于货船甲板的5、6、7号固定械器上。承运人为安斯公司，承运船舶为“特伦斯号”轮，托运人为腾发公司，收货人凭指示。另外，在提单的背部有一些约定条款，其中第二条为：所有因此提单产生的争议应按照中华人民共和国法律在中华人民共和国法院审理或在中华人民共和国仲裁。

“特伦斯号”轮为了此次运输任务的顺利完成，专门聘请了危险物品押运员两名跟船运输，以防在运输过程中发生意外，且在甲板显眼处挂有多块危险品警示牌和禁止烟火的图案图标，该轮于9月17号起航，在货物运输到香港附近的海域时，轮船突然起火，船长组织船员用海水奋力扑救，但终由于火势凶猛而不得不弃船逃离，随后赶到的香港海上消防将大火扑灭，香港顺发拖船公司将“特伦斯号”轮拖至香港港口。应安斯公司的请求，香港海事处理及组织人员对此次事故进行了调查，之后形成了一份事故调查报告，报告称：“特伦斯号”轮起火的原因主要是位于该船7号甲板固定械器上的油罐输油管内螺丝脱落，由于轮船在海上的颠簸使得里面的硝化丙三醇乙醇溶液有少量溢出，由于硝化丙三醇乙醇溶液具有易燃易爆的特性，在与空气混合后发生小型爆炸，致使轮船起火。此次火灾造成“特伦斯号”轮主体部分严重损坏，船上装置基本报废，船上其他物资也被大火烧毁或被海水浸泡而无法使用。

安斯公司随后要求腾发公司就此次火灾负责，称其在装运危险货物时没有使用安全的装置，使得危险物品溢出爆炸起火，要求其赔偿轮船及货物毁坏损失共计1567900万元。而腾发公司认为，此次事故是由于安斯公司在运输途中没有尽到很好的注意义务，没有在甲板上将油罐固定好，致使其在海上剧烈颠簸而导致硝化丙三醇乙醇溶液溢出，自己提供的装置是安全的。由于承运人照管货物的过失，火灾不可免责，所以要求安斯公司赔偿自己货物损失156740美元，按当前汇率支付相应人民币。双方就此次事故协商不成，于是安斯公司向广州海事法院提起诉讼，要求腾飞公司赔偿损失，而腾飞公司则向中国仲裁委员会申请仲裁。最后广州海事法院根据《中华人民共和国仲裁法》第18条、第20条，《中华人民共和国民事诉讼法》第141条第1款第11项的规定，裁定74/9805LD02号提单背面条款第2条管辖权条款中的仲裁协议无效。并就案件进入了实体的审理，对于双方争议较大的油罐输油管螺丝脱落的原因问题，在征得双方同意后，法院委托广东省船舶器械检验中心对该船进行检验，检验报告表明：位于“特伦斯号”轮7号位的油罐输油管因使用时间过长，已有发芽现象，是轮船在海上航行时发生正常颠簸的情况下脱落。“特伦斯号”轮甲板的7号位械器装置状态正常。综上，法院根据《中华人民共和国海商法》第47、48、68、70条的规定，判决安斯公司胜诉。

律师在线

此案是典型的由于合同一方没有尽到应有的义务而造成的合同纠纷案，案情比较简单，较有争议的是关于提单背面第2条的规定，本案属涉外案件，对于认定本案所涉仲裁协议效力的法律适用，本案当事人确定的准据法是中华人民共和国法律，故本案应适用中华人民共和国法律，对仲裁协议的效力则根据最高人民法院对湖北省高级法院就该案涉及的因国际商事仲裁协议的效力所作请示的经法（1999）143号答复：“本案当事人在合同的仲裁条款中约定在香港依据国际商会的仲裁规则进行仲裁。按仲裁地香港的法律，该仲裁条款是有效的、可以执行的。”答复表明，仲裁协议的效力适用仲裁地的法律。在本案所涉管辖权条款中，当事人既约定了进行仲裁，又约定了进行诉讼，且仅在条款中规定在中国仲裁，但没有指明具体的仲裁机构，且双方当事人事后没有关于仲裁的补充协议，根据我国《仲裁法》第16条第2款的规定，并参照该法第18条的规定，应认定该仲裁协议无效。

本案在解决了法院的管辖权及其适用的法律之后开始对案件的事实进行分析，就案件事实来说，主要的争议是在输油管的螺丝脱落的原因问题，因为这关系到双方当事人是否就合同性质尽到了自己应尽的义务。涉案的运输货物为危险物品，无论是托运人还是承运人都应当尽到相当的注意义务，案件中，原告安斯公司不仅在载货的甲板上立有明显的危险物品的装置，还有严禁烟火的装置，且船上配有专门的危险品的押运员，经过检验后证实其装运装置合格安全、符合规定。而就腾发公司来说，其提供的油罐年月已久，且在装载前没有做必要的检修，检验报告也证明了输油管的螺丝脱落是因为螺纹发芽造成的。由此可见，是腾发公司没有尽到自己的注意义务，显然违反合同，依照《海商法》第 47、48、68、70 条的规定，应当承担责任。法院的判决是正确的。

法律规范

中华人民共和国海商法

（1992 年 11 月 7 日第七届全国人民代表大会常务委员会第二十八次会议通过　自 1993 年 7 月 1 日起施行）

第四十七条　承运人在船舶开航前和开航当时，应当谨慎处理，使船舶处于适航状态，妥善配备船员、装备船舶和配备供应品，并使货舱、冷藏舱、冷气舱和其他载货处所适于并能安全收受、载运和保管货物。

第四十八条　承运人应当妥善地、谨慎地装载、搬移、积载、运输、保管、照料和卸载所运货物。

第五十一条　在责任期间货物发生的灭失或者损坏是由于下列原因之一造成的，承运人不负赔偿责任：

（一）船长、船员、引航员或者承运人的其他受雇人在驾驶船舶或者管理船舶中的过失；

（二）火灾，但是由于承运人本人的过失所造成的除外；

（三）天灾，海上或者其他可航水域的危险或者意外事故；

（四）战争或者武装冲突；

（五）政府或者主管部门的行为、检疫限制或者司法扣押；

（六）罢工、停工或者劳动受到限制；

（七）在海上救助或者企图救助人命或者财产；

（八）托运人、货物所有人或者他们的代理人的行为；

（九）货物的自然特性或者固有缺陷；

（十）货物包装不良或者标志欠缺、不清；

（十一）经谨慎处理仍未发现的船舶潜在缺陷；

（十二）非由于承运人或者承运人的受雇人、代理人的过失造成的其他原因。

承运人依照前款规定免除赔偿责任的，除第（二）项规定的原因外，应当负举证责任。

第六十八条　托运人托运危险货物，应当依照有关海上危险货物运输的规定，妥善包装，作出危险品标志和标签，并将其正式名称和性质以及应当采取的预防危害措施书面通知承运人；托运人未通知或者通知有误的，承运人可以在任何时间、任何地点根据情况需要将货物卸下、销毁或者使之不能为害，而不负赔偿责任。托运人对承运人因运输此类货物所受到的损害，应当负赔偿责任。

承运人知道危险货物的性质并已同意装运的，仍然可以在该项货物对于船舶、人员或者其他货物构成实际危险时，将货物卸下、销毁或者使之不能为害，而不负赔偿责任。但是，本款规定不影响共同海损的分摊。

第七十条　托运人对承运人、实际承运人所遭受的损失或者船舶所遭受的损坏，不负赔偿责任；但是，此种损失或者损坏是由于托运人或者托运人的受雇人、代理人的过失造成的除外。

托运人的受雇人、代理人对承运人、实际承运人所遭受的损失或者船舶所遭受的损坏，不负赔偿责任；但是，这种损失或者损坏是由于托运人的受雇人、代理人的过失造成的除外。

中华人民共和国仲裁法

（1994 年 8 月 31 日第八届全国人民代表大会常务委员会第九次会议通过　自 1995 年 9 月 1 日起施行）

第十六条　仲裁协议包括合同中订立的仲裁条款和以其他书面方式在纠纷发生前或者纠纷发生后达成的请求仲裁的协议。

仲裁协议应当具有下列内容：

（一）请求仲裁的意思表示；

（二）仲裁事项；

（三）选定的仲裁委员会。

第十八条　仲裁协议对仲裁事项或者仲裁委员会没有约定或者约定不明确

的，当事人可以补充协议；达不成补充协议的，仲裁协议无效。

第二十条　当事人对仲裁协议的效力有异议的，可以请求仲裁委员会作出决定或者请求人民法院作出裁定。一方请求仲裁委员会作出决定，另一方请求人民法院作出裁定的，由人民法院裁定。

当事人对仲裁协议的效力有异议，应当在仲裁庭首次开庭前提出。

最高人民法院关于适用《中华人民共和国民事诉讼法》若干问题的意见

（1992年7月14日最高人民法院审判委员会第528次会议讨论通过　法发〔1992〕22号）

304．当事人一方或双方是外国人、无国籍人、外国企业或组织，或者当事人之间民事法律关系的设立、变更、终止的法律事实发生在外国，或者诉讼标的物在外国的民事案件，为涉外民事案件。

中华人民共和国民事诉讼法

（1991年4月9日第七届全国人民代表大会第四次会议通过　根据2007年10月28日第十届全国人民代表大会常务委员会第三十次会议《关于修改〈中华人民共和国事诉讼法〉的决定》修正自2008年4月1日起施行）

第二百四十二条　涉外合同或者涉外财产权益纠纷的当事人，可以用书面协议选择与争议有实际联系的地点的法院管辖。选择中华人民共和国人民法院管辖的，不得违反本法关于级别管辖和专属管辖的规定。

中华人民共和国民法通则

（1986年4月12日第六届全国人民代表大会第四次会议通过　自1987年1月1日起施行）

第一百四十五条　涉外合同的当事人可以选择处理合同争议所适用的法律，法律另有规定的除外。

涉外合同的当事人没有选择的，适用与合同有最密切联系的国家的法律。

专家释惑

在涉外案件中，管辖问题及准据法的适用问题是一个难点和重点问题。最高人民法院《关于适用〈中华人民共和国民事诉讼法〉

若干问题的意见》第304条规定，当事人一方或双方是外国人、无国籍人、外国企业或组织，或者当事人之间民事法律关系的设立、变更、终止的法律事实发生在外国，或者诉讼标的物在外国的民事案件，为涉外民事案件。本案原告是外国企业，是一起涉外民事案件。按照特别法优于一般法的原则，涉外案件应首先适用对涉外案件的特殊规定。涉外民事诉讼管辖是指一国法院受理涉外民事案件的范围。我国《民事诉讼法》确定涉外民事诉讼管辖权是以以下原则为依据的：1．诉讼与法院所在地实际联系的原则。即凡是诉讼与我国法院所在地存在一定实际联系的，我国人民法院都有管辖权；2．尊重当事人的原则。即无论当事人一方是否为中国公民、法人和其他组织，在不违反级别管辖和专属管辖的前提下，都可以选择与争议有实际联系地点的法院管辖。3．维护国家主权原则。司法管辖权是国家主权的重要组成部分。对涉外民事诉讼案件行使专属管辖权，充分体现了维护国家主权的原则。随着国际经济贸易的发展，意思自治原则显然成为当今国际交易的一个重要法律选择原则。在法院管辖上特别是涉外案件的管辖上，协议管辖占有很重要的地位，我国就此作出了明确的规定，我国《民事诉讼法》第242条规定："涉外合同或者涉外财产权益纠纷的当事人，可以用书面协议选择与争议有实际联系的地点的法院管辖。选择中华人民共和国法院管辖的，不得违反本法关于级别管辖和专属管辖的规定。"这就是明示协议管辖的规定。根据该规定，书面协议是协议管辖的前提条件，双方当事人既可以约定中国法院管辖，也可以约定外国法院管辖。涉外协议管辖应当具备以下成立条件：

第一，涉外协议管辖的案件仅限于涉外合同或者涉外财产权益纠纷的案件。涉及身份关系的纠纷，一般要根据国籍等因素确定管辖法院，不能协议管辖。

第二，涉外协议管辖的协议，必须采取书面形式。

第三，协议选择的管辖法院，必须是与争议案件有实际联系地点的法院。例如，涉外合同纠纷案件中，合同签订地、合同履行地、标的物所在地、原告住所地和被告住所地法院，均属于与案件有实际联系地点的法院。

第四，当事人只能协议约定案件的第一审管辖法院，而不能协议约定第二审管辖法院。

第五，涉外协议选择管辖法院，不得违反我国民事诉讼法关于级别管辖和专属管辖的规定。

司法实践中，当事人协议选择的法院不符合我国法律关于级别规定的管辖，人民法院不应认定该协议无效，而应当按照我国法律关于级别管辖的规定办理。有关案件已经由有关人民法院受理的，受理案件的法院应当按照级别管辖的规定移送有管辖权的人民法院审理。

就涉外合同准据法的选择，我国的法律主要有以下规定，我国《民法通则》第 145 条明确规定："涉外合同的当事人可以选择处理合同争议所适用的法律，法律另有规定的除外；涉外合同的当事人没有选择的，适用与合同有最密切联系的国家的法律。"《海商法》、《民用航空法》等专门法律中，也对有关的涉外合同的法律适用作了类似的规定。也就是说，在涉外合同中，我国就准据法的选择上遵循两个原则，一是意思自治原则，当事人选择合同的准据法，必须是经双方协商一致的和明示的，其选择法律的时间可推迟到开庭审理时，选择的法律既可以是中国法也可以是外国法；二是最密切联系原则，《合同法》第 126 条第 1 款也规定："涉外合同的当事人没有选择的，适用与合同有最密切联系的国家的法律。"最密切联系原则是对意思自治原则的补充，也是当今各国处理涉外案件的主流方式。

关于当事人在合同中既选择法院管辖又选择仲裁机构仲裁的，在我国的司法实践中一般认定无效，因为当事人约定进行仲裁又约定进行诉讼的，该仲裁协议应认定为无效，因为一项争议的解决如果约定了提交仲裁，那么它本身应排斥诉讼。仲裁和诉讼是不能同时进行的，否则就违背了仲裁制度的根本原则。因此，如果当事人之间的仲裁协议既约定了仲裁又约定了诉讼，人民法院就可以该条款无效而拥有对该争议案件的管辖权。我国最高人民法院在判决时，认定该仲裁约定无效的主要依据是：仲裁协议的规定不明确，既可仲裁又可诉讼，违背了或裁或审，一裁终局的仲裁原则，自然应该被认定为无效。此问题属于有争议的问题，在此不做赘述。

联系本案

涉外合同当事人在选择法律和法院管辖或者仲裁机构仲裁时应当明确具体，以免在日后发生不必要的纷争。

九、轮船失火造成损害，船票丢失的乘客的赔偿请求能否获得支持?

案例 72　王日奎诉中国大连航运集团大连海运总公司海上旅客运输合同损害纠纷案

事情是这样的

拥有日本永住者居住资格的王日奎先生于2004年11月16日乘坐中国大连航运集团大连海运总公司（以下简称大连公司）的“辽海”轮602航次由山东烟台港出发，准备到大连港下船，当轮船差不多到大连港时发生火灾，王先生根据船长的安排，按照船上的紧急逃跑通道外逃，就在其从轮船上跳下救生船时腰部受伤。在救生船到岸后，伤者随后在大连公司的安排下到附近医院接受住院治疗，其他人员被送到大连海桥大酒店住宿。王先生到医院后经过医生的检查被要求送其他医院治疗，大连公司立即将其送到沈阳铁路局大连医院住院治疗。经诊断，王先生的腰椎体压缩骨折。原告于2005年4月26日出院。出院医嘱载明：休息两个月；功能锻炼；随诊。大连公司支付了王先生的医疗费和伙食费，其他费用均没有支付。王先生多次与大连公司交涉未果，于2005年8月向法院提起诉讼。

王先生（原告）诉称，由于其乘坐大连公司所属的“辽海”轮在航行过程中发生火灾，在逃跑过程中从高处坠落，致使其腰椎骨折。住院治疗5个月零10天，出院后按医生嘱咐休养2个月。为此而误工7个月零10天，造成误工损失人民币146109元。且在治疗和休养期间又花费交通费人民币232.50元、机票费人民币30842.20元。自己为证明损失支付公证认证费人民币4760元、因火灾造成衣服损失人民币800元、治疗期间的营养费人民币3200元。上述费用应由被告支付，故诉至法院要求判令被告赔偿误工损失、交通费、医疗费、机票费、公证认证费、衣服损失费和营养费共计人民币185943.70元，并承担本案的诉讼费用。

大连公司（被告）辩称：原告没有提供证据证明原告是“辽海”轮602航次的旅客，并在该航次运输中受伤；如果能证明此项，大连公司愿意承担原告上述费用中除机票费、公证费、衣服损失费外的其他费用。

法院在经过仔细审核双方提交的证据并经质证后查明：原告具有中国国籍，1987年去的日本，其居住资格审批的日期到2007年2月17号。原告自2004年4月5日至2004年11月6日在日本有限会社十八子通商从事操作员工作。2004年9月，原告出勤24天，所得工资260490日元。原告没有提交其是“辽海”轮乘客的证明，没有相关船票。其所诉求的费用都有相关票证证明，其中的机票费是其妻子从日本飞到大连的费用，公证费是其起诉而在日本办理有关其身份、职业和收入的公证认证手续而产生的费用，衣物损失费原告没有提交相关证据。综上，法院最后依照最高人民法院《关于贯彻执行〈中华人民共和国民法通则〉若干问题的意见》第178条，《中华人民共和国海商法》第107条、第114条第1款、第3款、第117条第4款，《中华人民共和国港口海上旅客运输赔偿责任限额规定》第3条第1款第1项，最高人民法院《关于审理人身损害赔偿案件适用法律若干问题的解释》第17条第1款、第19条第1款、第20条、第22条、第24条之规定，判决被告中国大连航运集团大连海运总公司于本判决生效之日起10日内一次性赔偿原告王日奎人民币40000元；驳回原告王日奎的其他诉讼请求。

律师在线

就案件的事实来看，这是一起海上合同损害赔偿纠纷案。我们首先要解决的是原告王先生与被告大连公司的运输合同是否成立。就客船运输合同的证明来说船票应该是最直接和有力的证据，但原告在法庭上没有提供这个证据，那是不是就说必然认为原告与被告的合同关系无法证明呢？答案是否定的，因为证据有多种多样，除了船票外，其他的相关辅助证据也能证明。首先大连公司对王先生有积极救助的事实，医院的病历上有证明，且被告为原告垫付住院期间部分费用；船舶失火，在紧急情况下，原告在逃跑过程中将船票弄丢是可能的；且原告就火灾发生的时间、地点和救护经过有清晰的记忆；且伤好出院后，原告就赔款问题多次找被告协商等事实，是完全可以认定原告是“辽海”轮602航次的旅客，原、被告间构成合法有效的海上旅客运输合同关系。

其次要解决的问题是案件是否属于涉外案件，根据最高人民法院《关于贯彻执行〈中华人民共和国民法通则〉若干问题的意见》第178条的规定，由于原告具有中国国籍，大连公司从其名称上可知其是中国的公司，轮船火灾发生的地点也是在中国境内，所以本案不是涉外案件，就相关的赔偿法律应当适用国务院批准的《中华人民共和国港口海上旅客运输赔偿责任限额规定》第3条第1款第1项规定，承运人在每次海上旅客运输中的赔偿责任限额，旅客人身伤亡，每名旅客不超过人民币40000元。而不适用最高人民法院《关于审理涉外海上人身伤亡案件损害赔偿的具体规定》。

就被告抗辩的公证费用、衣物损失费及机票费用问题，由于公证认证费用是原告起诉必须的，且这个费用的数额是合理的，被告抗辩不合理；关于衣物的损失，原告没有进一步的举证，所以支持被告的抗辩；机票费用是原告妻子在其住院期间从日本飞大连的费用，根据《损害赔偿解释》第17条第1款和第22条的规定，不属于依法保护的交通费，被告抗辩有理。

根据最高人民法院《关于审理人身损害赔偿案件适用法律若干问题的解释》（以下称《损害赔偿解释》）第20条规定，原告的误工损失以其工作的日平均工资乘以误工的天数，就误工天数双方没有异议，原告的平均工资以其出勤的24天所得工资的数据来计算。其请求的营养费，根据《损害赔偿解释》第24条，应根据伤残情况参照医疗机构意见确定。原告没有提供相关机构意见，故得不到支持。

综上所述，以上费用合计人民币的数额已经超过被告的责任赔偿限额，故被告只需赔偿40000元人民币，需要指出的是此40000元人民币不包括医疗费用人民币168846.56元、护理费人民币6628.50元、伙食费人民币5700元、血费人民币2100元。这些费用原告没有请求，属于被告自愿承担，不受赔偿责任限额的限制。

法律规范

最高人民法院关于贯彻执行《中华人民共和国民法通则》若干问题的意见（试行）

（1988年1月26日最高人民法院审判委员会讨论通过　法(办)发〔1988〕6号　1988年4月2日发布并生效）

178．凡民事关系的一方或者双方当事人是外国人、无国籍人、外国法人的；民事关系的标的物在外国领域内的；产生、变更或者消灭民事权利义务关系的法律事实发生在外国的，均为涉外民事关系。

……

中华人民共和国海商法

（1992年11月7日第七届全国人民代表大会常务委员会第二十八次会议通过　自1993年7月1日起施行）

第一百零七条　海上旅客运输合同，是指承运人以适合运送旅客的船舶经海路将旅客及其行李从一港运送至另一港，由旅客支付票款的合同。

第一百一十四条　在本法第一百一十一条规定的旅客及其行李的运送期间，因承运人或者承运人的受雇人、代理人在受雇或者受委托的范围内的过失引起事故，造成旅客人身伤亡或者行李灭失、损坏的，承运人应当负赔偿责任。

请求人对承运人或者承运人的受雇人、代理人的过失，应当负举证责任；但是，本条第三款和第四款规定的情形除外。

旅客的人身伤亡或者自带行李的灭失、损坏，是由于船舶的沉没、碰撞、搁浅、爆炸、火灾所引起或者是由于船舶的缺陷所引起的，承运人或者承运人的受雇人、代理人除非提出反证，应当视为其有过失。

旅客自带行李以外的其他行李的灭失或者损坏，不论由于何种事故所引起，承运人或者承运人的受雇人、代理人除非提出反证，应当视为其有过失。

第一百一十七条　除本条第四款规定的情形外，承运人在每次海上旅客运输中的赔偿责任限额，依照下列规定执行：

（一）旅客人身伤亡的，每名旅客不超过 46666 计算单位；

（二）旅客自带行李灭失或者损坏的，每名旅客不超过 833 计算单位；

（三）旅客车辆包括该车辆所载行李灭失或者损坏的，每一车辆不超过 3333 计算单位；

（四）本款第（二）、（三）项以外的旅客其他行李灭失或者损坏的，每名旅客不超过 1200 计算单位。

承运人和旅客可以约定，承运人对旅客车辆和旅客车辆以外的其他行李损失的免赔额。但是，对每一车辆损失的免赔额不得超过 117 计算单位，对每名旅客的车辆以外的其他行李损失的免赔额不得超过 13 计算单位。在计算每一车辆或者每名旅客的车辆以外的其他行李的损失赔偿数额时，应当扣除约定的承运人免赔额。

承运人和旅客可以书面约定高于本条第一款规定的赔偿责任限额。

中华人民共和国港口之间的海上旅客运输，承运人的赔偿责任限额，由国务院交通主管部门制定，报国务院批准后施行。

最高人民法院关于审理人身损害赔偿案件适用法律若干问题的解释

（2003 年 12 月 4 日最高人民法院审判委员会第 1299 次会议通过　法释〔2003〕20 号　自 2004 年 5 月 1 日起施行）

第十七条　受害人遭受人身损害，因就医治疗支出的各项费用以及因误工减少的收入，包括医疗费、误工费、护理费、交通费、住宿费、住院伙食补助费、必要的营养费，赔偿义务人应当予以赔偿。

受害人因伤致残的，其因增加生活上需要所支出的必要费用以及因丧失劳动能力导致的收入损失，包括残疾赔偿金、残疾辅助器具费、被扶养人生活费，以及因康复护理、继续治疗实际发生的必要的康复费、护理费、后续治疗费，赔偿义务人也应当予以赔偿。

受害人死亡的，赔偿义务人除应当根据抢救治疗情况赔偿本条第一款规定的相关费用外，还应当赔偿丧葬费、被扶养人生活费、死亡补偿费以及受害人亲属办理丧葬事宜支出的交通费、住宿费和误工损失等其他合理费用。

第十九条　医疗费根据医疗机构出具的医药费、住院费等收款凭证，结合病历和诊断证明等相关证据确定。赔偿义务人对治疗的必要性和合理性有异议的，应当承担相应的举证责任。

医疗费的赔偿数额，按照一审法庭辩论终结前实际发生的数额确定。器官功能恢复训练所必要的康复费、适当的整容费以及其他后续治疗费，赔偿权利人可以待实际发生后另行起诉。但根据医疗证明或者鉴定结论确定必然发生的费用，可以与已经发生的医疗费一并予以赔偿。

第二十条　误工费根据受害人的误工时间和收入状况确定。

误工时间根据受害人接受治疗的医疗机构出具的证明确定。受害人因伤致残持续误工的，误工时间可以计算至定残日前一天。

受害人有固定收入的，误工费按照实际减少的收入计算。受害人无固定收入的，按照其最近三年的平均收入计算；受害人不能举证证明其最近三年的平均收入状况的，可以参照受诉法院所在地相同或者相近行业上一年度职工的平均工资计算。

第二十二条　交通费根据受害人及其必要的陪护人员因就医或者转院治疗

实际发生的费用计算。交通费应当以正式票据为凭；有关凭据应当与就医地点、时间、人数、次数相符合。

第二十四条 营养费根据受害人伤残情况参照医疗机构的意见确定。

中华人民共和国港口间海上旅客运输赔偿责任限额规定

（1993年11月20日国务院批准 1993年12月17日交通部令第6号发布）

第三条 承运人在每次海上旅客运输中的赔偿责任限额，按照下列规定执行：

（一）旅客人身伤亡的，每名旅客不超过4万元人民币；

（二）旅客自带行李灭失或者损坏的，每名旅客不超过800元人民币；

（三）旅客车辆包括该车辆所载行李灭失或者损坏的，每一车辆不超过3200元人民币；

（四）本款第（二）项、第（三）项以外的旅客其他行李灭失或者损坏的，每千克不超过20元人民币。

承运人和旅客可以书面约定高于本条第一款规定的赔偿责任限额。

专家释惑

根据最高人民法院《关于审理人身损害赔偿案件适用法律若干问题的解释》第22条规定：交通费根据受害人及其必要的陪护人员因就医或者转院治疗实际发生的费用计算。交通费应当以正式票据为凭；有关凭据应当与就医地点、时间、人数、次数相符合。此规定表明交通费的产生基于两个原因，一是就医，二是转院；主体为受害人和必要的陪护人员。本案中，虽然原告的妻子是必要的陪护人员，但并不是为了就医或转院，而是在原告已经在治疗的情况下由日本飞到大连陪护，这些费用是被告所无法期待和预见到的，要其负担，有碍民法法理之公平原则，故不应当属于该条规定的交通费。

中国法律法规繁多，且法律经常将一些大体上不影响法律关系稳定的事项下放给法规，让法规规定一些比较具体或者易变的事项，这也是处于立法技术的考虑，因为法规的变更要相对简单得多，并且这种变更不会造成法律关系的不稳定，范围额更加适应社会的发展，促进公平正义的实现。如本案中法院引用了国务院发布的《中华人民共和国港口海上旅客运输赔偿责任限额规定》，规定旅客人身伤亡的赔偿限额是4万元，同时《海商法》第117条也规定了限额，但其第4款规定："中华人民共和国港口之间的海上旅客运输，承运人的赔偿责任限额，由国务院交通主管部门制定，报国务院批准后施行。"所以本案适用国务院规定的赔偿限额。

联系本案

由本案我们可以得到启发，即使没有船票，只要有其他证明仍然可以向违约方提出索赔，索赔的数额也要有法律依据才行，我国对海上人身损害有诸多司法解释，要找准能保护自己的权益的法律，进而提出请求。从赔偿限额看，我们沿用的依然是1993年国务院发布的规定里规定的限额，可以说这是很不合理的，因为本案是2005年发生的，经济状况较1993年已经有了天翻地覆的变化，仍沿用老的赔偿限额有失公平，呼吁有关部门及早修改以使规定与当今经济的发展程度相适应。

十、集装箱里的家具被水泡，责任在谁？

案例73 湛江信威工艺品有限公司诉马士基物流（中国）有限公司广州分公司与湛江港中海集装箱码头有限公司货物损害赔偿纠纷案

事情是这样的

2003年7月14日，美国陈氏产品公司通过其在中国的代理人马士基物流（中国）有限公司广州分公司（以下简称马士基物流）向湛江信威工艺品有限公司（以下简称信威公司）购买松木三截书柜825件，单价为 FOB 湛江 15655 美元/件，装于 15 个 40 英尺（长）的集装箱内，运往查尔斯顿。2003 年 7 月 29 日，信威公司向马士基物流发出电子邮件订舱，马士基物流通过日本邮船（香港）有限公司广州办事处（以下简称日本邮船）订舱运输涉案货物，随后，马士基物流工作人员发给陈氏产品公司并抄送给信威公司电子邮件，载明：订舱号为 NO. HKN56983 的 10 个 40 英尺（长）的集装箱，预计离开湛江时间 8 月 23 日，运往查尔斯顿，承运人日本邮船；订舱号为 NO. HKN57058 的 5 个 40 英尺（长）的集装箱，运往查尔斯顿，预计离开湛江时间 8 月 26 日，承运人日本邮船。

为装货，信威公司向海粤船务有限公司租借集装箱，海粤船务有限公司同意信威公司于 8 月 19 日至 21 日到湛江港中海集装箱码头有限公司（下称湛江中集）提取 15 个 40 英尺（长）的集装箱，并注明了集装箱箱号，通知书上盖有海粤船务有限公司的印章。信威公司将 10 个 40 英尺（长）的集装箱提走后又铅封整箱运回湛江中集码头，交接单上显示发货人为信威公司，箱主和代理均为“海粤”，湛江中集签发场站收据，上面记载：8 月 20 日至 23 日，湛江中集收到了 10 个 40 英尺（长）的集装箱，并注明了相应的箱号，广州中远国际货运有限公司湛江分公司（下称湛江中远）在场站收据抬头处盖章，湛江中集在收据下方盖章。

2003 年 8 月 24 日，湛江海岸电台发出台风警报，湛江气象台资料显示，8 月 25 日 6 时“科罗旺”台风在湛江登陆，台风登陆时风速最大为 38 米/秒，降雨量达 87 毫米，25 日 2：29 时潮高为 1.73 米，9：06 时潮高为 3.67 米。台风过后，信威公司到码头查看集装箱里货物的情况，发现在底层的纸箱已严重湿损，水淹痕迹高 34 厘米至 54 厘米间，纸箱里的书柜下部有不同程序受湿的痕迹，还有几处明显发霉的地方。于是信威公司委托中国进出口商品检验广东公司对货物进行了检验，确定了货损的价值，随后向马士基物流与湛江中集索赔，认为马士基物流与自己形成海上货物运输关系，其没有尽到对货物的合理照看义务，湛江中集与自己形成港口作业合同关系，在台风来前也没有尽到合理的保管义务，遂根据《中华人民共和国海商法》第46条、《中华人民共和国合同法》第11条、《港口货物作业规则》第4条的规定要求双方承担连带责任，马士基物流认为自己没有与信威公司形成海上货物运输关系，湛江中集也认为自己没有与信威公司形成港口作业合同关系，且台风是不可抗力，应当免责，都拒绝赔偿，于是信威公司向法院提起诉讼。

法院受理后，对双方提交的证据进行了审查并组织三方进行质证，认为信威公司与马士基物流不成立海上货物运输合同关系，因为马士基物流只是作为美国陈氏公司在中国的代理人，帮助其处理业务，根本就不是货物的承运人，且在发给信威公司的邮件里明确载明了日本邮船是承运人，故信威公司对马士基物流的请求不成立；湛江中集与信威公司的港口作业合同关系也不成立，虽然信威公司的货物是装在湛江中集的集装箱里，但放箱通知书和集装箱设备交接单显示本案集装箱由海粤船务公司提供，信威公司的此项主张亦不能成立。由于台风到来之前，湛江海岸电台已发出台风警报，是可以预见的，不属于不可抗力。最后法院依照《中华人民共和国民事诉讼法》第64条第1款的规定，驳回了原告的全部诉讼请求。

律师专线

该案件涉及的公司较多，但案情并不复杂，原告之所以败诉主要是将责任弄错了。先是货物承运人的争议，马士基物流实际上只是陈氏公司的代理人，帮助其处理在华事务，由于FOB的贸易术语的含义是卖方将货物装到买方派来的船上完成交货，但并不是就说买方就是承运人，虽然信威公司给其发了订舱单，但在马士基物流工作人员发给陈氏产品公司并抄送给信威公司的电子邮件中明确载明了承运人是日本邮船，所以本案的证据表明，承运人是日本邮船，但其也不负责，因为根据《海商法》第46条的规定，承运人对集装箱装运的货物的责任期间，是指从装货港接收货物时起至卸货港交付货物时止，货物处于承运人掌管之下的全部期间。因为原告还没有交货，所以承运人不负责。

其次是与湛江中集的关系，原告认为根据交通部颁发的《港口货物作业规则》第3条第1项规定："港口货物作业合同（以下简称作业合同），是指港口经营人在港口对水路运输货物进行装卸、驳运、储存、装拆集装箱等作业，作业委托人支付作业费用的合同。"及第3项规定："作业委托人，是指与港口经营人订立作业合同的人。"但从案情的介绍来看，信威公司并没有亲自或者委托他人以本人名义或委托他人与港口订立作业合同，因为放箱通知书载明海粤船务有限公司同意信威公司于8月19日至21日到湛江中集码头提取15个40英尺（长）的集装箱，该通知书盖有海粤船务有限公司的印章，这表明，装运本案货物的集装箱属于海粤船务有限公司。而场站收据载明8月20日至23日，湛江中集收到了10个40英尺（长）的集装箱，湛江中远在场站收据抬头处盖章，湛江中集在收据下方盖章，这表明已装货物的集装箱是由湛江中远向湛江中集提交的。因此放箱通知书和场站收据证明信威公司与湛江中集之间不存在港口作业合同。此外，须特别提出的是信威公司始终没有提供湛江中集为其作业的收费单据，也没有提供证据证明湛江中远为其代理。

关于台风是否属于不可抗力的问题，《民法通则》第153条规定不可抗力"是指不能预见、不能避免并不能克服的客观情况"。台风来临前湛江海岸电台已经发出了警报，是可以预见的，只要做好防范措施，很多损失是可以避免的，所以案中的台风不属于不可抗力。

所以法院的判决是正确的。

法律规范

中华人民共和国海商法

（1992年11月7日第七届全国人民代表大会常务委员会第二十八次会议通过 自1993年7月1日起施行）

第四十六条 承运人对集装箱装运的货物的责任期间，是指从装货港接收货物时起至卸货港交付货物时止，货物处于承运人掌管之下的全部期间。承运人对非集装箱装运的货物的责任期间，是指从货物装上船时起至卸下船时止，货物处于承运人掌管之下的全部期间。在承运人的责任期间，货物发生灭失或者损坏，除本节另有规定外，承运人应当负赔偿责任。

前款规定，不影响承运人就非集装箱装运的货物，在装船前和卸船后所承担的责任，达成任何协议。

中华人民共和国民事诉讼法

（1991 年 4 月 9 日第七届全国人民代表大会第四次会议通过　根据 2007 年 10 月 28 日第十届全国人民代表大会常务委员会第三十次会议《关于修改〈中华人民共和国民事诉讼法〉的决定》修正　自 2008 年 4 月 1 日起施行）

第六十四条　当事人对自己提出的主张，有责任提供证据。

当事人及其诉讼代理人因客观原因不能自行收集的证据，或者人民法院认为审理案件需要的证据，人民法院应当调查收集。

人民法院应当按照法定程序，全面地、客观地审查核实证据。

中华人民共和国合同法

（1999 年 3 月 15 日第九届全国人民代表大会第二次会议通过　自 1999 年 10 月 1 日起施行）

第十一条　书面形式是指合同书、信件和数据电文（包括电报、电传、传真、电子数据交换和电子邮件）等可以有形地表现所载内容的形式。

港口货物作业规则

（2000 年 7 月 17 日经第八次部长办公会议通过　自 2001 年 1 月 1 日起施行）

第三条　本规则下列用语的含义是：

（一）港口货物作业合同（以下简称作业合同），是指港口经营人在港口对水路运输货物进行装卸、驳运、储存、装拆集装箱等作业，作业委托人支付作业费用的合同。

（二）港口经营人，是指与作业委托人订立作业合同的人。

（三）作业委托人，是指与港口经营人订立作业合同的人。

（四）货物接收人，是指作业合同中，由作业委托人指定的从港口经营人处接收货物的人。

中华人民共和国民法通则

（1986 年 4 月 12 日第六届全国人民代表大会第四次会议通过　自 1987 年 1 月 1 日起施行）

第一百五十三条 本法所称的“不可抗力”，是指不能预见、不能避免并不能克服的客观情况。

专家释惑

民法中的证明责任是指当事人对诉讼中提出的主张提供证据加以证明的责任。举证责任的分配规则包括一般规则、倒置规则和特殊规则。

一般责任原则是指“谁主张谁举证”，当主张者的证据不足时，其主张便不能成立。本案为一宗海上货物运输合同货损纠纷案，举证原则是一般责任原则，原告的集装箱货物在装船前由于台风的侵袭而造成损害，由于其未能证明马士基物流是承运人，又因为其未能证明与湛江中集的关系，所以其诉讼主张未能得到法院的支持。

举证责任倒置是指按照法律要件分类就在双方当事人之间分配证明责任后，对依此分配结果原本应当由一方当事人对某法律要件事实存在负证明责任，转由另一方当事人就不存在该事实负证明责任。根据最高人民法院《关于民事诉讼证据的若干规定》第 4 条，适用的案件有：（1）因新产品制造方法发明专利引起的专利侵权诉讼，由制造同样产品的单位或者个人对其产品制造方法不同于专利方法承担举证责任；（2）高度危险作业致人损害的侵权诉讼，由加害人就受害人故意造成损害的事实承担举证责任；（3）因环境污染引起的损害赔偿诉讼，由加害人就法律规定的免责事由及其行为与损害结果之间不存在因果关系承担举证责任；（4）建筑物或者其他设施以及建筑物上的搁置物、悬挂物发生倒塌、脱落、坠落致人损害的侵权诉讼，由所有人或者管理人对其无过错承担举证责任；（5）饲养动物致人损害的侵权诉讼，由动物饲养人或者管理人就受害人有过错或者第三人有过错承担举证责任；（6）因缺陷产品致人损害的侵权诉讼，由产品的生产者就法律规定的免责事由承担举证责任；（7）因共同危险行为致人损害的侵权诉讼，由实施危险行为的人就其行为与损害结果之间不存在因果关系承担举证责任；（8）因医疗行为引起的侵权诉讼，由医疗机构就医疗行为与损害结果之间不存在因果关系及不存在医疗过错承担举证责任。

所谓举证责任的特殊规则，是指在特殊情况下不存在不属于法律和司法解释规定的举证责任倒置，依照法律和司法解释规定的一般举证规则又无法确定举证责任承担的情形，由裁判机构根据公平原则和诚实信用原则，综合当事人的举证能力、证据距离等因素，确定举证责任的承担。所以当事人在诉讼过程中应当知道自己的举证责任，积极列举有利自己的证据，以求自己合法权益的法律保护。

联系本案

诉讼应该找与诉讼相对的当事人进行，如果起诉对象不对，不仅浪费当事人的时间与金钱，对司法资源也是一种极大的浪费。